NOSTRADAMUS, HISTORIEN ET PROPHÈTE

JEAN-CHARLES DE FONTBRUNE

NOSTRADAMUS, HISTORIEN ET PROPHÈTE

Les prophéties de 1555 à l'an 2000

ÉDITIONS DU ROCHER

ISBN : 2-266-03939-3

A mon père, le docteur Max de Fontbrune

CHAPITRE PREMIER

DE LA MÉTHODE!

« L'homme sage dominera par-dessus les influences des planètes, lesquelles ne produisent point nécessairement leurs vertus ès corps terrestres : mais seulement les inclinant et pour ce on s'en peut garder par prudence et discrétion. »

Ptolémée.

De tous les hommes illustres que compte le XVIe siècle, Michel de Nostredame, dit Nostradamus, est incontestablement celui qui *post mortem*, a fait couler le plus d'encre, avec un paroxysme au XXe siècle, objet essentiel de sa vision prophétique.

Un tel intérêt manifesté pour ce personnage énigmatique suppose qu'il ait laissé un « grand-œuvre » hors du commun, doté d'un pouvoir exceptionnel de fascination.

Si l'on exclut les textes apocryphes et que l'on s'en tienne à l'édition de 1568, l'œuvre de Nostradamus est composée de la façon suivante :

1° *La lettre à son fils César :* Texte en prose qui est en réalité un avertissement à son futur traducteur. Ce texte revêt une importance capitale pour la compréhension de l'œuvre.

2° *Douze centuries* réparties comme suit :

– Les centuries I, II, III, IV, V, VI, IX, X comprenant cent quatrains chacune.

– La centurie VII composée de quarante-six quatrains.

– La centurie VIII composée de cent quatrains, augmentée de huit quatrains.

– La centurie XI, composée de deux quatrains.

– La centurie XII composée de onze quatrains.

Soit un total de neuf cent soixante-cinq quatrains.

3° *Un quatrain en latin* placé à la fin de la centurie VI, entre cette centurie et la centurie VII, représentant un avertissement complémentaire.

4° *Des présages* au nombre de cent quarante et un.

5° *Des sixains* au nombre de cinquante-huit.

6° La lettre à Henry, roi de France, second : texte en prose placé à la fin de la centurie VII, et qui constitue une sorte de tableau synoptique de la vision de Nostradamus.

Il est indispensable d'apporter ici une précision de la plus grande importance qui montrera au lecteur comment on peut, presque sans en avoir l'air, en modifiant la forme, changer le fond d'un écrit.

Cette lettre est introduite par un « chapeau » ainsi rédigé dans toutes les éditions anciennes jusqu'à celle de Chevillot à Troyes (1611) : « A l'Invictissime Très-puissant, et Très Chrestien Henry Roy de France second, Michel Nostradamus son très humble, et très obéissant serviteur et subject, victoire et félicité. »

Dans beaucoup d'éditions postérieures à 1611, la modification suivante apparaît : « A l'Invictissime Très-puissant, et Très Chrestien, Henry II Roy de France, Michel Nostradamus... »

La transformation de Henry Roy de France second en Henry II change le sens et le destinataire de ladite lettre. En effet, s'il s'agit d'Henry II, les qualificatifs d'invincible et très puissant ne peuvent s'appliquer à ce roi ayant fort peu régné et étant, de surcroît, mort assez lamentablement dans un tournoi, le 11 juillet 1559. Si, au contraire, la formulation des éditions anciennes est respectée, le mot second placé non à la suite du prénom Henry, mais après roi de France, est en réalité épithète du mot roy et il faut alors chercher sa signification dans le sens latin de ce terme. Secundus au sens figuré signifie favorable, propice, heureux. La lettre s'adresserait donc, non à Henry II, mais à un roi de France qui viendrait dans l'histoire de notre pays à un moment particulièrement critique. Certains auteurs ont donc attribué cette adresse à Henry IV. Mais cette hypothèse ne peut être retenue puisque, dans plusieurs quatrains, Nostradamus précise qu'il s'agit d'un roi qui portera le prénom d'Henry, mais en outre le numéro V. Cette lettre s'adresse donc à un personnage d'une valeur exceptionnelle qui n'a pas encore accompli l'œuvre à lui dévolue par l'histoire.

Cette parenthèse étant fermée, si l'on additionne le nombre de vers écrits par Nostradamus on obtient un total de 4772 vers, composés en vieux français dans une langue encore étroitement liée à ses origines grecques et latines, ce qui explique les difficultés rencontrées par des exégètes qui n'avaient pas la formation littéraire indispensable pour, dans un premier temps, *traduire* l'œuvre en français du XXe siècle et ensuite reconstituer le gigantesque puzzle dont les pièces sont les quatrains. De ce fait, d'innombrables fautes de philologie parsèment bien des livres; ce qui a conduit à accréditer la thèse selon laquelle l'œuvre de Nostradamus n'était qu'un texte obscur et incompréhensible, la critique la plus souvent formulée étant que l'on peut faire dire aux quatrains n'importe quoi! Ce qui supposerait que la langue utilisée par le prophète n'ait aucun sens, assertion pour moi inacceptable.

Un certain nombre d'essais de compréhension des centuries se situe avant le XXe siècle, mais il est fort réduit en comparaison de la quantité très importante qui paraîtra en particulier à partir de 1938, date à laquelle mon père, le docteur Max de Fontbrune, donna, pour la première fois, une étude quasiment exhaustive de l'œuvre.

Avant mon père, la première tentative fut faite par un ami de Nostradamus, en 1594, Jean Aimé de Chavigny[1]. Puis vint Guynaud[2] en 1693, puis Bareste[3] en 1840, qui s'inspira des deux premiers, puis Le Pelletier[4] en 1867, qui s'inspira à son tour des trois exégètes précédents, puis l'abbé Torné-Chavigny[5] en 1870, qui, à son tour, utilisa les premiers décryptages de ses prédécesseurs. Puis vint P. V. Piobb en 1929[6], qui, ne tenant aucun compte des mises en garde de Nostradamus, crut trouver dans l'occultisme la solution du problème.

Tous les auteurs cités ici ne traduisirent que peu de quatrains. Et si nous prenons le plus important, à savoir Le Pelletier, nous constatons qu'il n'a traduit que 194 quatrains sur 965, 4 présages sur 141 et 5 sixains sur 58. On est loin d'une étude complète. Et ce fait qui pourrait surprendre a une raison plus historique que technique : le « message » de Nostradamus ayant été écrit pour le XXe siècle, les textes se rapportant aux siècles antérieurs ne sont là que pour témoigner de la valeur et de l'authenticité de la prophétie.

En 1934, mon père auquel était remis, à Sarlat, dans des conditions mystérieuses, par un inconnu, une édition de 1605, copie intégrale de l'édition de 1568 chez Benoît Rigaud à Lyon, prit le texte de Nostradamus et se mit à avancer pas à pas dans la traduction des quatrains les uns après les autres pour publier la première grande étude, en 1938, dans laquelle il annonçait, outre l'invasion de la France à travers la Belgique par les armées allemandes, la perte de la guerre par l'Allemagne et la fin misérable de Hitler. Ces sombres prévisions lui valurent d'être pourchassé par la Gestapo et de voir son livre saisi et retiré de toutes les librairies de France; et pour parachever cette œuvre destructrice du message prophétique, les plombs de la composition furent fondus à l'imprimerie à Cahors. Voir l'article du

1. *La Première Face du Janus français extraite et colligée des centuries de Michel Nostradamus, les héritiers de Pierre Roussin,* Lyon, 1594. **2.** *Concordance des prophéties depuis Henri II jusqu'à Louis Le Grand,* Jacques Morel, Paris, 1693. **3.** Edition des centuries, Maillet, Paris, 1840. **4.** *Les Oracles de Nostradamus, astrologue, médecin et conseiller ordinaire des rois Henry II, François II et Charles IX,* Le Pelletier, imprimeur-typographe, Paris, 1867, 2 volumes. **5.** Plusieurs ouvrages édités à compte d'auteur entre 1860 et 1878. **6.** *Le Secret de Nostradamus,* Adyar, Paris, 1929.

Journal Sud-Ouest du 24 septembre 1944 ainsi que l'ordre de censure en date du 13 novembre 1940 :

1° *Journal Sud-Ouest :* « LAVAL AVAIT INTERDIT LES PROPHÉTIES DE NOSTRADAMUS parce qu'elles parlaient d'un vieillard « moqué de tous » et « d'un général revenu en triomphateur ».

« Il y a quelques mois, par une intervention personnelle, Pierre Laval faisait retirer du commerce et interdisait l'édition des *Prophéties de Nostradamus,* par le docteur de Fontbrune. Où la prudence va-t-elle se nicher!

« Le docteur de Fontbrune vit tranquillement à Sarlat. Cet homme de science, qui a donné la meilleure traduction des commentaires du grand initié, a maintenant la réputation d'un devin. En tout cas, et pendant la guerre, il a manifesté, comme médecin, une résistance active qui a sauvé, avec une incroyable générosité, beaucoup de nos jeunes camarades.

« Dans son livre sur Nostradamus, le docteur Fontbrune prévoyait : un assaut par l'Afrique, l'entrée des futurs vainqueurs en Italie, la traversée de l'Italie, de grandes batailles aériennes, puis terrestres sur le sol de la France (à Poitiers et à Belfort, singulièrement). Enfin le malheur de la France " sous un vieillard qui serait ensuite méprisé " et, dit le texte ancien, " moqué de tous "; le sauvetage glorieux apporté par un général qui s'était " éloigné momentanément et reviendrait en triomphateur ".

« Cette ultime remarque fut celle qui fit interdire le livre, dont le dernier chapitre annonce l'écroulement de l'Allemagne et sa division. On avouera que ce n'est pas trop mal. Le docteur de Fontbrune et son ami Nostradamus sont vengés... et nous aussi ! »

2° *Ordre de Censure :*

CONTRÔLE DES INFORMATIONS
PRESSE CINÉMA
CENSURE-RADIODIFFUSION
SECTION PRINCIPALE
DE CAHORS

Cahors, le 13-11-1940.

Monsieur Nismes, Censeur Principal à Cahors, à Messieurs les Gérants de l'Imprimerie Coueslant à Cahors.

Je vous confirme par la présente que, par décision de la Vice-Présidence du Conseil, l'ouvrage sorti de vos presses intitulé : Les Prophéties de Maistre Michel Nostradamus, *par le docteur de Fontbrune, Michelet, éditeur à Sarlat, a été l'objet d'un retrait de visa. Il est interdit par conséquent de le laisser mettre en vente, et, si c'est vous qui approvisionnez les librairies de la région en exemplaires de cet ouvrage, veuillez prendre toutes mesures utiles pour faire rentrer la totalité de ces exemplaires chez vous, car ils seront sans doute saisis ultérieurement tant à l'imprimerie que chez l'éditeur de Sarlat. Le numéro de l'édition (6ᵉ, 7ᵉ ou 8ᵉ) de l'ouvrage est sans importance étant donné que, dans toutes les éditions, les commentaires du docteur de Fontbrune risquent de provoquer des réactions assez vives de la part des autorités occupantes.*

Ch. Nismes.
(P.C.C.)

⁂

Né le 29 octobre 1935 dans un contexte nostradamique, je peux dire que j'ai été initié, formé et élevé dans la prophétie de Nostradamus, ayant vécu aux côtés de mon progéniteur jusqu'à sa mort à Montpellier le 6 juin 1959. Après une éclipse de vingt-huit mois due au service militaire, j'ai repris en 1963 l'œuvre de mon père qui contenait encore pas mal d'erreurs ou d'imprécisions. Et à partir de l'extraordinaire vision synthétique qu'il avait eue de l'œuvre complète, j'ai repris, avec la plus grande minutie, l'analyse du texte; ce qui m'a permis de replacer dans le passé quelques textes attribués par mon père à l'avenir, mais aussi de donner pour la première fois la traduction et l'explication de textes jamais traduits ni compris par aucun exégète.

A partir de 1938, vont paraître de nombreux livres sur Nostradamus dont beaucoup s'inspireront de celui du docteur de Fontbrune avec parfois des plagiats outrecuidants. Citons, entre autres essais, le livre d'un astrologue « réputé », M. Maurice Privat, qui publiait un ouvrage en 1938 sur Nostradamus dont le titre, à lui seul, était tout un programme : « 1940, année de grandeur française »[1]... Cet ouvrage paraissait au moment même où celui de mon père annonçait la catastrophe que sera pour la France la Seconde Guerre mondiale.

Certains auteurs ont rendu à mon père l'hommage qui lui était dû :

« Avant la Seconde Guerre mondiale, le docteur de Fontbrune publia une étude approfondie des prophéties[2]. »

« La méthode du docteur de Fontbrune semble la plus communément utilisée depuis que Bareste, en 1840, commença les premiers essais de décryptement[3]. »

« En souvenir du docteur de Fontbrune dans l'œuvre de qui j'ai appris à connaître Nostradamus[4]. »

1. Editions Médicis, Paris, 1938. **2.** Michel Touchard, *Nostradamus*, Grasset, 1972. **3.** Eric Muraise, *Saint-Rémy-de-Provence et les Secrets de Nostradamus*, Julliard, 1969. **4.** Jean Monterey, *Nostradamus, prophète du XXᵉ siècle*, la Nef de Paris, 1961.

« L'un des ouvrages les plus sérieux est sans doute celui du docteur de Fontbrune[1]. »

Citons encore quelques extraits des correspondances de Henry Miller au docteur de Fontbrune qu'il rencontra, en 1953, en Dordogne :

« Encore une fois je souligne votre don d'éclaircir toute chose en peu de mots. Un rare don, croyez-moi. On sent en vous une intégrité inébranlable – ce qui rend lucide tout ce que vous dites. »

« Vous voyez que, sans le vouloir, vous êtes devenu pour moi une sorte de " confesseur ". Ce que je ne dirai jamais à un homme d'Eglise, je peux vous le dire spontanément. J'aime bien les hommes qui ont gagné leur vision du monde et de la vie éternelle. »

« Plus je pense à votre travail, votre création d'interprète, plus je vous admire et estime. La façon dont vous êtes entré dans la prophétie m'étonne toujours, malgré le fait que c'était la seule et l'inévitable façon de l'entreprendre. C'est la part d'un génie de la découvrir. »

Labor omnia vincit improbus[2].
Virgile, les *Géorgiques*.

C'est pourquoi aujourd'hui, je donne ici les premiers résultats de quarante-quatre années d'étude, père et fils réunis.

Le lecteur trouvera dans ce volume tous les textes auxquels l'histoire a déjà donné raison, présentés comme une démonstration difficilement réfutable du caractère d'authentique prophète que l'on doit attribuer à Nostradamus, bien que très modestement celui-ci refuse de se parer d'un tel titre.

Pour comprendre le caractère hermétique de l'œuvre, il est nécessaire de lire la lettre à César que nous donnons ici dans sa traduction intégrale. Les avertissements donnés par Nostradamus à son futur traducteur sont de la plus grande importance pour pouvoir pénétrer le message prophétique. C'est ainsi que sont mis au pilori la magie et l'occultisme.

1. Camille Rouvier, *Nostradamus*, la Savoisienne, Marseille, 1964. **2.** Un travail opiniâtre vient à bout de tout.

PRÉFACE DE M. NOSTRADAMUS A SES PROPHÉTIES

Ad Caesarem Nostradamum filium vie et félicité

Ton tard advènement Cesar Nostredame, mon filz, m'a faict mettre mon long temps par continuelles vigilations nocturnes référer par escript, toy délaisser mémoire, après la corporelle extinction de ton progéniteur, au commun profit des humains de ce que la divine essence par Astronomiques révolutions m'ont donné cognoissance. Et depuis qu'il a pleu au Dieu immortel que tu ne sois venu en naturelle lumière dans ceste terriene plaige, et ne veulx dire les ans qui ne sont encore accompaignés, mais tes moys Martiaux incapables à recevoir dans ton débile entendement ce que je seray contrainct après mes jours desiner[1] : vu qu'il n'est possible te laisser par escript ce que seroit par l'injure du temps oblitéré; car la parolle héréditaire de l'occulte prédiction sera dans mon estomac incluse; consydérant aussi les adventures de l'humain désinement estre incertaines, et que tout est régi et guberné par la puissance de Dieu inextimable, nous inspirant non par bacchante fureur ne par lymphatique mouvement mais par astronomiques assertions, *Soli numine divino afflati proesagiunt et spiritu prophetico particularia.* Combien que de long temps par plusieurs foys j'aye predict long temps auparavant ce que depuis est advenu et en particulières régions, attribuant le tout estre faict par la vertu et inspiration divine et autres félices et sinistres adventures de accélerée promptitude prononcées que depuis sont advenues par les climats du monde – ayant voulu taire et délaisser pour cause de l'injure du temps présent, mais aussi de la plus grande part du futur, de mettre par escript pour ce que les regnes, sectes et religions feront changes si opposites, voyre au respect du present diamétralement, que si je venais à referer ce qu'à l'advenir sera, ceux de règne, secte, religion et foy trouveroient si mal accordant à leur fantaisie auriculaire qu'ils viendroient à damner ce que par les siècles advenir on cognoistra estre veu et apperceu. Consydérant aussi la sentance du vray

1. Latin : *desino* : j'abandonne, je laisse. D.L.L.B.

Sauveur. *Nolite sanctum dare canibus, nec mittatis margaritas ante porcos ne conculcent pedibus et conversi dirumpant vos.* qui a esté cause de faire retirer ma langue au populaire et la plume au papier : puis me suis voulu estendre déclarant pour le commun advènement par obstruses et perplexes sentences les causes futures, mesme les plus urgentes et celles que j'ay apperceu, quelque humaine mutation que advienne ne scandalisez l'auriculaire fragilité, et le tout escript sous figure nubileuse, plus que du tout prophétique : – combien que, *Abscondisti haec a sapientibus et prudentibus, id est potentibus et regibus et eunucleasti ea exiguis et tenuibus,* et aux Prophètes – par le moyen de Dieu immortel et des bons anges ont receu l'esprit de vaticination par lequel ils voyent les causes loingtaines et viennent à prévoyr les futurs advènements car rien ne se peult parachever sans luy – auxquels si grande est la puissance et la bonté aux subjects que pendant qu'ils demeurent en eulx, toutesfois aux aultres effects subjects pour la similitude et la cause du bon Genius, celle chaleur et puissance vaticinatrice s'approche de nous : comme il nous advient des rayons du soleil, qui se viennent jettans leurs influences aux corps elementeres et non elementeres. – Quant à nous qui sommes humains ne pouvons rien de nostre naturelle cognoissance et inclination d'engin, cognoistre des secretz obtruses de Dieu le créateur, *Quia non est nostrum noscere tempora nec momenta,* etc. Combien que de présent peuvent advenir et estre personnaiges que Dieu le créateur aye voulu reveler par imaginatives impressions, quelques secretz de l'advenir accordés à l'astrologie judicielle comme du passé, que certaine puissance et volontaire faculté venoit par eulx » comme flambe de feu apparoir, que luy inspirant on venoit à juger les divines et humaines inspirations. – Car les œuvres divines, que totalement sont absolues, Dieu les vient parachever : la moyenne qui est au milieu, les anges; la troisième, les mauvais. – Mais, mon filz, je te parle icy un peu trop obstrusement; mais quant aux occultes vaticinations que l'on vient à recevoyr par le subtil esprit du feu qui quelque foys par l'entendement agité contemplant le plus hault des astres, comme estant vigilant, mesme que aux prononciations estant surprins escripts prononceant sans crainte moins attainct d'inverecunde loquacité : mais à quoy? tout procedoit de la puissance divine du grand Dieu éternel, de qui toute bonté procède. – Encores, mon filz, que j'aye inséré le nom de prophète, je ne me veulx attribuer tiltre de si haulte sublimité pour le temps présent : car qui *Propheta dicitur hodie, olim vocabatur videns;* car prophète proprement, mon filz, est celuy qui voit choses loingtaines de la cognoissance naturelle de toute créature. – Et cas advenant que le prophète moyennant la parfaicte lumière de la prophètie lui apaire manifestement des choses divines, comme humaines : que ne ce peult fayre, veu les effects de la future prédiction s'estendant au loing. – Car les secretz de Dieu sont incompréhensibles et la vertu effectrice, contingent de longue estendue de la cognoissance naturelle, prenant son plus prochain origine du libéral arbitre, fait apparoir les causes qui d'elles mesmes ne peuvent acquérir celle notice[1] pour estre cognües ne par les humains augures, ne par aultre cognoissance ou vertu occulte comprinse soubz la concavité du ciel, mesme du faict présent de la totale éternité que vient en soy embrasser tout le temps. – Mais moyennant quelque indivisible éternité par comitiale agitation Hiraclienne[2], les causes par le celeste mouvement sont cognües. – Je ne dis pas, mon fils afin que bien l'entendes, que la cognoissance de ceste matière ne se peult encores imprimer dans ton debile cerveau, que les causes futures bien loingtaines ne soient à la cognoissance de la créature raisonnable : si sont nonobstant bonement la créature de l'âme intellectuelle, des causes présentes loingtaines ne luy sont du tout ne trop occultes ne trop referées : – Mais la parfaicte des causes notice ne se peult aquérir sans celle divine inspiration : veu que toute inspiration prophetique reçoit prenant son principal principe mouvant de Dieu le créateur, puis de l'heur et de nature. – Par quoy estant les causes indifférantes, indifferentement produictes et non produictes, le présage partie advient ou a esté prédict. – Car l'entendement créé intellectuellement ne peult voyr occultement, sinon par la voix faicte au lymbe[3] moyennant la exiguë flamme en quelle partie les causes futures se viendront à incliner. – Et aussi, mon filz, je te supplie que jamais tu ne veuilles emploier ton entendement à telles resveries et vanités qui seichent le corps et mettent à perdition l'âme, donnant trouble au foyble sens : mesme la vanité de la plus qu'exécrable magie reprouvée jadis par les sacrées escriptures et par les divins canons : – au chef duquel est excepté le jugement de l'astrologie judicielle : par laquelle et moyennant inspiration et révélation divine, par continuelles veilles et supputations, avons nos prophéties redigées par escript. – Et combien que cette occulte Philosophie ne fusse reprouvée, n'ay onques voulu présenter leurs effrenées persuasions : – Combien que plusieurs volumes qui ont esté cachés par longs siècles me sont esté manifestés. Mais doutant ce qui adviendroit en ay faict, après lecture, présent à Vulcan, que pendant qu'il les venoit à dévorer, la flamme leschant l'air rendoit une clarté insolite, plus claire que naturelle flamme, comme lumière de feu de clystre fulgurant, illuminant subit la maison, comme si elle fust esté en subite conflagration. – Parquoy affin que à l'advenir ni feusses abusé perscrutant la parfaicte transformation tant selme

1. Latin : *notitia :* connaissance. D.L.L.B. **2.** Nostradamus compare son œuvre, qui comprend douze centuries, aux douze travaux d'Hercule, pour en préciser l'importance. **3.** Latin : *limbus :* cercle zodiacal. D.L.L.B.

que solaire, et soubz terre metaux incorruptibles, et aux undes occultes, les ay en cendres convertis. – Mais quant au jugement qui se vient parachever moyennant le jugement celeste cela te veux-je manifester : parquoy avoir cognoissance des causes futures, rejectant loing les fantastiques imaginations qui adviendront, limitant la particularité des lieux par divine inspiration supernaturelle, accordant aux celestes figures, les lieux et une partie du temps de propriété occulte par vertu, puissance et faculté divine : en présence de laquelle les trois temps sont comprins par éternité, révolution tenant à la cause passée, présente et future : *quia omnia sunt nuda et aperta,* etc. Parquoy, mon filz, tu peulx facilement nonobstant ton tendre cerveau, comprendre que les choses qui doivent advenir se peuvent prophetizer par les nocturnes et celestes lumières que sont naturelles et par l'esprit de prophétie : non que je me veuille attribuer nomination ni effect prophétique, mais par révélée inspiration, comme homme mortel, esloigné non moins de sens au ciel que des pieds en terre, *Possum non errare, falli, decipi* : suis pecheur plus grand que nul de ce monde, subject à toutes humaines afflictions. – Mais estant surprins par foy la sepmaine lymphatiquant, et par longue calculation rendant les estudes nocturnes de souesve odeur, j'ay composé Livres de prophéties, contenant chacun cent quatrains astronomiques de prophéties, lesquelles j'ay un peu voulu raboter obscurément : et sont perpétuelles vaticinations, pour d'yci à l'année 3797. Que possible fera retirer le front à quelques-uns en voyant si longue extension; et par souz toute la concavité de la lune aura lieu et intelligence : et ce entendant universellement les causes, mon fils – que si tu vis l'aage naturel et humain, tu verras devers ton climat, au propre ciel de ta nativité, les futures adventures prévoir. – Combien que le seul Dieu éternel, soit celuy qui cognoit l'éternité de sa lumière, procédant de luy mesme : et je dis franchement qu'à ceulx à qui sa magnitude immense, qui est sans mesure et incompréhensible, a voulu révéler par longue inspiration melancholique, que moyennant icelle cause occulte manifestée divinement, principalement de deux causes principales qui sont comprinses à l'entendement de celui inspiré qui prophétise : l'une est que vient à infuser, esclarcissant la lumière supernaturelle au personnaige qui predit par la doctrine des astres et prophétise par inspirée révélation : – laquelle est une certaine participation de la divine éternité : moyennant le prophète vient à juger de cela que son divin esprit luy a donné par le moyen de Dieu le créateur et par une naturelle instigation : c'est assavoir que ce que predict est vray, et a prins son origine ethereément; et telle lumière et flambe exiguë est de toute efficace et de telle altitude : non moins que la naturelle clarté et naturelle lumière rend les philosophes si asseurés que moyennant les principes de la première cause ont attainct à plus profonds abysmes de plus haute doctrine. – Mais à celle fin, mon fils, que je ne vague trop profondément pour la capacité de ton sens, et aussi que je trouve que les lettres feront si grande et incomparable jacture, que je treuve le monde avant l'universelle conflagration advenir tant de déluges et si hautes inundations, qu'il ne sera gueres terroir qui ne soit couvert d'eau : – Et sera par si long temps que hors mis enographies et topographies, que le tout soit péri; – aussi avant telles et après inundations, en plusieurs contrées les pluies seront si exiguës et tombera du ciel si grande abondance de feu et de pierres candantes, que n'y demourra rien qui ne soit consummé; et ce ci advenir, et en brief et avant la dernière conflagration. – Car encores que la planète Mars parachève son siècle et à la fin de son dernier periode, si le reprendra-t-il; mais assemblés les uns en Aquarius par plusieurs années, les autres en Cancer par plus longues et continues. – Et maintenant que sommes conduicts par la lune, moyennant la totale puissance du Dieu eternel, que autant qu'elle aye parachevé son total circuit, le Soleil viendra et puis Saturne. – Car selon les signes celestes le regne de Saturne sera de retour, que le tout calculé, le monde s'approche d'une anaragonique[1] révolution : – et que de présent que ceci j'escriptz avant cent septante sept ans troys moys unze jours, par pestilence, longue famine et guerres, et plus par les inundations le monde entre cy et ce terme préfix, avant et après par plusieurs foys sera si diminué, et si peu de monde sera que l'on ne trouvera qui veuille prendre les champs qui deviendront libres aussi longuement qu'ils ont été en servitude; – et ce, quant au visible jugement celeste, que encores que nous soyons au septiesme nombre de mille qui parachève le tout, nous approchant du huictiesme, où est le firmament de la huictiesme sphère, que est en dimension latitudinaire, où le grand Dieu eternel viendra parachever la révolution : où les images celestes retourneront à se mouvoir, et le mouvement supérieur qui nous rend la terre stable et ferme, *non inclinabitur in saeculum saeculi :* – hors mis que, quand son vouloir sera accompli, ce sera, mais non poinct aultrement : – Combien que par ambiguës opinions excédans toutes raisons naturelles par songes Mahométiques, – aussi aucunes foys Dieu le créateur par les ministres de ses messagiers de feu en flamme missive vient à proposer aux sens extérieurs mesmement à nos yeulx, les causes de future prédiction significatrices du cas futur, qui se doit à celui qui presaige manifester. – Car le presaige qui se faict de la lumière extérieure vient infailliblement à juger partie avecques et moyennant le lume extérieur : – combien vrayment que la partie qui semble avoir par l'œil de l'entendement, ce que n'est pas la lésion du sens imaginatif : la raison est par trop évidente,

1. Mot fabriqué à partir du futur du verbe ἀναῤῥήννυμι : faire éclater. D.G.F.

le tout estre predict par afflation de divinité et par le moyen de l'esprit angélique inspiré à l'homme prophétisant, rendant oinctes de vaticinations, le venant à illuminer, lui esmouvant le devant de la phantasie par diverses nocturnes apparitions, qui par diurne certitude prophétise par administration astronomique, conjoincte de la sanctissime future prédiction, ne consistant d'ailleurs que au courage libre. Vient à ceste heure entendre, mon filz, que je trouve par mes révolutions que sont accordantes à révellée inspiration, que le mortel glaive s'approche de nous par peste, guerre plus horrible qu'a vie de trois hommes n'a esté, et famine, lequel tombera en terre et y retournera souvent, – car les astres s'accordent à la révolution : et aussi a dict : *Visitabo in virga ferrea iniquitates eorum, et in verberibus percutiam eos.* Car la misericorde du Seigneur ne sera point dispergée un temps, mon filz, que la plupart de mes prophéties seront accomplies et viendront estre par accomplie-ment revoluës. – Alors, par plusieurs foys durant les sinistres tempestes, *Conteram ergo,* dira le Seigneur, *et confringam et non miserebor;* et mille aultres adventures qui adviendront par eaux et continuelles pluyes, comme plus à plain j'ay rédigé par escript aux miennes aultres prophéties qui sont composées tout au long, *in soluta oratione,* limitant les lieux temps et le terme préfix que les humains après venus verront cognoissant les aventures avenues infailliblement, comme avons noté par les autres, parlans plus clairement : non obstant que sous nuée seront comprinses les intelligences : *Sed quando submovenda erit ignorantia,* le cas sera plus esclairci. – Faisant fin, mon filz, prens donc ce don de ton père M. Nostradamus, esperant toy déclarer une chascune prophétie des quatrains icy mis. Priant le Dieu immortel qu'il te veuille prester vie longue en bonne et prospère félicité.

De Salon ce 1. de mars 1555.

PRÉFACE DE M. MICHEL NOSTRADAMUS A SES PROPHÉTIES A CÉSAR NOSTRADAMUS VIE ET FÉLICITÉ

TRADUCTION

Ton arrivée tardive, César Nostredame mon fils, m'a fait passer un long temps par continuelles veilles nocturnes pour te rapporter par écrit et te laisser ce mémoire, après la mort de ton progéniteur[1], pour le commun profit des hommes (particulièrement des Français), à partir de ce que la divine essence m'a donné à connaître avec l'aide du mouvement des astres. Et depuis qu'il a plu au Dieu immortel que tu ne sois pas né dans cette région[2] (La Provence), et je ne veux pas parler ici des années qui n'ont pas encore suivi[3], mais de tes mois de guerre pendant lesquels tu ne seras pas capable, dans ton débile entendement de comprendre ce que je serai contraint après ma mort, de t'abandonner[4] : étant donné qu'il ne m'est pas possible de te laisser par écrit ce qui serait détruit[5] par l'injustice[6] de l'époque (1555). Car la parole de la prédiction cachée dont tu hériteras, sera enfermée[7] dans mon cœur[8]. Considérant aussi que les aventures ici définies ne sont pas déterminées; et que le tout est régi et gouverné par la puissance incommensurable de Dieu, nous inspirant non par ivresse, ni par des mouvements de délire[9], mais par des affirmations astronomiques : ils ont fait des prédictions animés par la seule volonté divine et particulièrement par l'esprit de

1. Latin : *progenitor :* aïeul, ancêtre, D.L.L.B. **2.** Latin : *plaga :* étendue de terre, zone, région, contrée, D.L.L.B. **3.** Synonyme : accompagner, escorter, suivre, D.L.7.V. **4.** Latin : *desino :* j'abandonne, je laisse. D.L.L.B. **5.** Latin : *oblittero :* j'efface, je détruis. D.L.L.B. **6.** Latin : *injuria :* injustice. D.L.L.B. **7.** Latin : *interclusus :* fermé, enfermé. D.L.L.B. **8.** Estomac : « Ledit ventricule a deux orifices, à savoir un supérieur nommé estomac et vulgairement cœur; et l'autre inférieur nommé pylore. » A. Paré D.L. **9.** Latin : *lymphaticus :* délirant, fou. D.L.L.B. Peut-être une allusion aux tables tournantes et à la télékinésie (mouvement à distance).

prophétie. Combien depuis longtemps, à plusieurs reprises, j'ai prédit longtemps auparavant ce qui depuis est arrivé, et cela dans des régions particulières, attribuant le tout à l'action de la vertu et de l'inspiration divine, ainsi que d'autres aventures heureuses ou malheureuses annoncées à l'avance dans leur soudaineté accélérée qui sont arrivées depuis sous diverses latitudes du monde. Mais j'ai voulu me taire et abandonner mon œuvre à cause de l'injustice, non seulement du temps présent (l'Inquisition) mais aussi de la plus grande part des temps futurs : ne pas mettre par écrit parce que les gouvernements, les sectes et les pays subiront des changements si opposés; voire diamétralement opposés à ceux du présent, que si je venais à rapporter ce que sera l'avenir (sous-entendu en clair), les gens de gouvernements, de secte et de religions et convictions, le trouveraient si mal accordé à leurs oreilles fantaisistes, qu'ils seraient amenés à condamner ce que l'on saura voir et reconnaître dans les siècles à venir (le XXe siècle). Considérant aussi la sentence du vrai sauveur : *Ne donnez pas aux chiens ce qui est sacré et ne jetez pas les perles aux porcs, de peur qu'ils ne les foulent aux pieds et se retournent ensuite contre vous.* Raison pour laquelle j'ai retiré mon langage de devant le populaire, et ma plume du papier, puis j'ai voulu étendre ma déclaration au sujet de l'avènement du commun (le communisme), par des phrases cachées[1] et énigmatiques[2] au sujet des causes à venir, même les plus proches, et celles que j'ai aperçues, quelque changement humain qui advienne, ne scandaliseront pas les oreilles fragiles, le tout ayant été écrit sous une forme nébuleuse, plus qu'à partir de toute la prophétie; à tel point que *cela a été caché aux savants et aux sages, aux puissants et aux rois, et révélé aux petits et aux humbles :* et par le moyen de Dieu immortel, aux prophètes qui ont reçu l'esprit de vaticination, par lequel ils voient des choses lointaines et arrivent à prévoir les événements futurs : car rien ne peut s'accomplir sans lui; si grande est la puissance et la bonté pour les sujets à qui elles sont données que, pendant qu'ils méditent en eux-mêmes, ces sujets sont soumis à d'autres effets ayant comme même origine le bon esprit; cette chaleur et cette puissance vaticinatrice s'approchent de nous : comme le font les rayons du soleil, qui vont jeter leur influence aux corps simples et composés. Quant à nous qui sommes humains, nous ne pouvons rien par notre connaissance naturelle et notre inclination d'esprit[3], pour connaître les secrets cachés de Dieu le Créateur. *Parce qu'il ne nous appartient pas de connaître les temps, ni les moments,* etc. A tel point que des personnages à venir peuvent être vus dès à présent, parce

1. Latin : *obtrusus :* enfermé, caché. D.L.L.B. **2.** Latin : *perplexus :* embrouillé, compliqué, énigmatique. D.L.L.B. **3.** Latin : *ingenium :* esprit, intelligence. D.L.L.B.

que Dieu le Créateur a voulu les révéler par des images imprimées, avec quelques secrets de l'avenir, en accord avec l'astrologie judiciaire, comme ceux du passé, que certaine puissance et faculté voulue étaient données par eux, comme la flamme du feu apparaît, qui, en les lui inspirant, l'amenait à juger les inspirations divines et humaines. Car Dieu vient parachever les œuvres divines qui sont toutes absolues : la moyenne qui est au milieu des Anges, la troisième les méchants. Mais, mon fils, je te parle ici d'une manière un peu trop cachée. Mais quant aux vaticinations occultes que l'on reçoit de l'esprit subtil du feu, qui excite la compréhension en contemplant le plus haut des astres, comme en état de veille, de même que par des publications[1], étant surpris de publier des écrits sans crainte d'être atteint par une impudente[2] loquacité : mais parce que tout procédait de la puissance divine du grand Dieu éternel de qui procède toute bonté. Encore, mon fils, que je ne t'ai mis[3] ici le nom de prophète, je ne veux pas m'attribuer un titre aussi sublime pour le temps présent, car, qui est dit prophète aujourd'hui, jadis était appelé voyant : car prophète, à proprement parler, mon fils, est celui qui voit les choses lointaines par la connaissance naturelle de toute créature. Et il peut arriver que le prophète, moyennant la parfaite lumière de la prophétie, fasse apparaître, d'une façon manifeste, des choses divines et humaines, parce que ça ne peut se faire autrement, vu que les effets de la prédiction future s'étendent loin dans le temps. Car les secrets de Dieu sont incompréhensibles, et la vertu causale[4] touche à[5] la longue étendue de la connaissance naturelle, prenant son origine la plus immédiate dans le libre arbitre, fait apparaître les causes qui ne peuvent d'elles-mêmes faire acquérir cette connaissance pour être révélées, ni par les interprétations[6] des hommes, ni par un autre mode de connaissance, ou science occulte comme sous la voûte céleste, du fait présent jusqu'à la totale éternité qui embrasse la globalité du temps. Mais moyennant cette indivisible éternité, par une puissante agitation épileptiforme, les causes sont connues par le mouvement du ciel. Je ne dis pas, mon fils, afin que tu le comprennes bien, que la connaissance de cette matière ne peut encore s'imprimer dans ton cerveau débile, à savoir que les causes futures bien lointaines ne soient à la portée de la connaissance de la créature raisonnable, si ces causes sont nonobstant portées à la connaissance de la créature de l'âme intellectuelle, des choses présentes et lointaines ne lui sont ni trop cachées, ni trop révélées : mais la parfaite connaissance de ces causes ne peut s'acquérir sans l'inspiration divine; vu que toute inspiration prophétique tire sa principale origine de l'émotion de Dieu le

1. Latin : *pronuntio :* je publie, j'édicte. **2.** Latin : *inverecundus :* impudent. **3.** Latin : *insero :* je mets dans. **4.** Latin : *effectrix :* cause. **5.** Latin : *contingo :* je touche à. **6.** Latin : *augurium :* prophétie, prédiction, interprétation.

Créateur, puis de la chance et de la nature. Parce que les causes indifférentes sont produites et non produites indifféremment, le présage se réalise en partie tel qu'il a été prédit. Car la compréhension créée par l'intelligence ne peut être acquise de façon occulte; sinon par la voix faite à l'aide du zodiaque[1], moyennant la petite flamme dans laquelle une partie des causes futures viendront se dévoiler. Et aussi, mon fils, je te supplie de ne jamais employer ton entendement à de telles rêveries et vanités qui dessèchent le corps et entraînent la perdition de l'âme, troublant notre faible sens, et surtout la vanité de la plus qu'exécrable magie réprouvée jadis par les écritures sacrées et les divins Canons, en tête desquels est excepté le jugement de l'Astrologie judiciaire : par laquelle, avec le secours de l'inspiration et de la révélation divines, par continuelles supputations, j'ai rédigé par écrit mes prophéties. Et craignant que cette philosophie occulte ne soit condamnée, je n'ai donc pas voulu présenter leur terrible persuasion; craignant aussi que plusieurs livres cachés pendant de longs siècles ne soient connus, et redoutant ce qui pourrait en advenir, après les avoir lus, j'en ai fait présent à Vulcain (je les ai brûlés); et pendant que le feu les dévorait, la flamme léchant l'air rendait une clarté insolite, plus claire qu'une simple flamme, comme la lumière d'un feu provenant d'un cataclysme fulgurant, illuminant soudain la maison, comme si elle eût été subitement embrasée. C'est pourquoi, afin qu'à l'avenir vous ne soyez abusés en recherchant avec attention[2] la parfaite transmutation, tant républicaine[3] que monarchique[4] qui mettra sous terre les choses les plus pures, par des troubles occultes, je les ai réduits en cendres. Mais quant au jugement qui vient se parachever avec l'aide du jugement céleste, je tiens à te le faire connaître : en rejetant au loin les imaginations fantasques, par le jugement on peut voir la connaissance des causes futures qui se produiront en te limitant à la particularité des noms de lieux par l'inspiration surnaturelle en accordant aux figures du ciel, les lieux et une partie du temps par une vertu ayant une propriété cachée, à savoir, par la puissance et la faculté divines, en présence desquelles les trois temps (passé, présent et avenir) sont compris dans le Temps dont le déroulement est lié à la cause passée, présente et à venir : *Parce que tout est simple et manifeste,* etc. C'est pourquoi, mon fils, tu peux facilement, malgré ton jeune cerveau, comprendre que les choses qui doivent arriver peuvent être prophétisées par les lumières nocturnes et célestes qui sont naturelles, et par l'esprit de prophétie : non que je veuille m'attribuer la dénomination et l'action du prophète, mais par une inspiration révélée, en tant qu'homme mortel, dont la perception est moins

1. Latin : *limbus :* cercle zodiacal. **2.** Latin : *perscruto :* je recherche avec attention. **3.** Grec : Σξλήνη : lune : pris par Nostradamus comme symbole de la république. **4.** Monarchie vient du grec : μόνος : solitaire.

éloignée du ciel que les pieds de la terre. *Je ne peux tromper, ni abuser, ni duper* bien que je sois plus grand pécheur en ce monde que nul autre et sujet à toutes les afflictions humaines. Mais étant parfois surpris dans la semaine comme délirant, par un long calcul qui donnait aux études nocturnes une odeur agréable, j'ai composé des livres de prophéties contenant chacun cent quatrains astronomiques, que j'ai voulu un peu raboter obscurément, et qui constituent de perpétuelles vaticinations d'aujourd'hui à 3797. Il est possible que cela fasse retirer leur réflexion à quelques-uns en voyant une si longue étendue de temps, et cela se produira et sera compris sous toute la plénitude de la République : et les causes seront comprises universellement sur toute la terre, mon fils. Car si tu vis l'âge moyen de l'homme, tu connaîtras sous ton propre climat, au propre ciel de ta naissance, les événements futurs à prévoir. Car seul Dieu Eternel connaît l'Éternité de sa lumière qui procède de lui-même, et je dis franchement à ceux à qui sa grandeur incommensurable, immense et incompréhensible a bien voulu donner des révélations par une longue inspiration mélancolique, qu'à l'aide de cette cause cachée manifestée par Dieu, il y a deux causes principales qui sont comprises dans l'intelligence de celui qui prophétise : la première est incluse dans l'esprit de celui qui, en s'éclairant de la lumière surnaturelle, prédit par la science des astres, et la seconde lui permet de prophétiser par la révélation inspirée qui n'est qu'une part de la divine éternité; moyennant quoi le Prophète peut en juger grâce à ce que lui a donné l'esprit divin par le moyen de Dieu le Créateur et par un don naturel. A savoir que ce qui est prédit est vrai et a pris son origine dans le ciel[1]. Et une telle lumière et la petite flamme sont plus efficaces que tout et une telle élévation ne l'est pas moins que la clarté de la nature, car la lumière de la nature (humaine) rend les philosophes si sûrs d'eux-mêmes qu'avec les principes de la première cause (naturelle) ils atteignent par les plus hautes doctrines, les abîmes les plus profonds. Mais, mon fils, afin que je ne sois pas entraîné trop loin pour la capacité future de ta perception, sache que les hommes de lettres feront une si grande et incomparable jactance sur la façon dont j'ai trouvé le monde, avant la conflagration mondiale qui doit apporter tant de bombardements et des révolutions si fortes qu'il ne sera guère de pays qui ne soit touché par les troubles et cela durera jusqu'à ce que tout soit mort hormis l'histoire[2] et les lieux. C'est pourquoi avant et après de telles révolutions en plusieurs pays, les pluies seront si réduites et il tombera du ciel une si grande abondance de feu et de projectiles incendiaires que rien n'échappera à l'embrasement. Et cela arrivera avant la

1. Ether : divinité allégorique qui personnifiait la région supérieure de l'air, les profondeurs du ciel. Plus tard, on le confondit avec Zeus. D.L.7.V. **2.** Grec : 'Ενος : de l'année passée, ancien. Enographie : l'histoire.

dernière conflagration (1999). Car, avant que la guerre achève son siècle (XXe siècle) et à la fin de sa dernière période (1975-1999) elle tiendra ce siècle sous son règne. Les uns serons tenus par la Révolution[1] pendant plusieurs années et d'autres par la ruine pendant d'encore plus nombreuses et plus longues années. Et maintenant que nous sommes conduits par la République, avec le secours de la toute-puissance de Dieu éternel, qu'avant qu'elle ait achevé son cycle complet, la monarchie reviendra, puis l'âge d'or[2] (l'ère du Verseau, après 1999). Car selon les signes du ciel, l'âge d'or reviendra, après qu'ayant tout calculé, le monde s'étant approché d'une révolution qui renverserait tout de fond en comble : et que depuis le moment présent où j'écris il passera cent soixante-dix-sept ans trois mois et onze jours[3] : seront la pestilence, une longue famine et des guerres, et plus encore des inondations entre maintenant et le terme fixé d'avance; avant et après l'humanité sera plusieurs fois si diminuée, et il y aura si peu de monde qu'on ne trouvera quiconque qui veuille occuper les champs qui seront devenus libres aussi longtemps qu'ils avaient été tenus en servitude. Et ceci après le jugement visible du ciel avant que nous ne soyons parvenus au septième millénaire qui parachèvera le tout, nous approchant du huitième où se trouve le firmament de la huitième sphère qui est de dimension étendue, où le grand Dieu éternel viendra parfaire la révolution, où les constellations reprendront leur mouvement, ainsi que le mouvement supérieur qui rend la terre stable et ferme, sa course ne durera pas dans les siècles des siècles : étant exclu que sa volonté ne soit faite. En dépit des opinions ambiguës dépassant toutes raisons naturelles par les rêveries de Mahomet; c'est pourquoi Dieu le Créateur par le ministère de ses envoyés de feu, avec leur flamme, vient proposer à nos perceptions ainsi qu'à nos yeux les causes des prédictions futures, significatives de l'événement futur qui doit se manifester à celui qui présage. Car le présage qui provient de la lumière extérieure parvient à juger infailliblement en partie avec elle et moyennant cette lumière extérieure. Si bien que la partie qui semble posséder le pouvoir de l'entendement n'est pas due à une maladie de l'imagination. La raison doit être mise en évidence. Tout est prédit par un souffle[4] divin et grâce à l'esprit angélique inspiré à l'homme qui prophétise, lui rendant des vaticinations consacrées par l'onction qui l'illuminent, lui enlevant toute fantaisie par diverses apparitions nocturnes, autant que par une certitude

1. Latin : *aquarius :* relatif à l'eau. D.L.L.B. **2.** Le règne de Saturne fut l'âge d'or, ses paisibles sujets étant gouvernés avec douceur. C'était pour rappeler la mémoire de cet âge heureux qu'on célébrait à Rome les saturnales. M.G.R. **3.** 1555 + 177 = 1732. « Sorti de l'hospice des catéchumènes à Turin, J.-J. Rousseau se mit à enseigner la musique à Lausanne, vient en *1732* à Paris... » D.H.B. Nostradamus considère J.-J. Rousseau comme le père des idées révolutionnaires. **4.** Latin : *afflatus* : touché d'un souffle ou d'une flamme. D.L.L.B.

diurne, il prophétise par la science de l'astronomie, avec l'aide de la très sainte prédiction future, en ne considérant que son courage dans la liberté. Viens à cette heure, mon fils, comprendre ce que j'ai trouvé par mes calculs qui s'accordent à l'inspiration révélée, parce que le glaive de la mort s'approche de nous maintenant, par épidémie, par guerre plus horrible qu'il n'en fut jamais de la vie, à cause de trois hommes, et par famine; et ce glaive frappera la terre et y reviendra souvent : car les astres s'accordent avec cette révolution, ainsi qu'a dit le Seigneur : Je les affligerai[1] avec une verge de fer pour leurs iniquités et je les frapperai dans leurs paroles; car la miséricorde de Dieu ne se répandra[2] plus pendant un certain temps, mon fils, jusqu'à ce que la plupart de mes prophéties soient accomplies et que cet accomplissement soit total. Alors, plusieurs fois, durant les sinistres tempêtes, je les frapperai donc, dira le Seigneur, et je les briserai et n'aurai point de pitié; et mille autres événements qui se produiront par inondations et continuelles pluies (ou troubles et révolutions)[3] comme je l'ai plus complètement rédigé par écrit dans mes autres prophéties qui sont composées tout au long, dans un discours sans ordre, limitant les lieux, les temps et le terme fixé d'avance que les hommes à venir verront en connaissant les événements qui se produiront infailliblement, comme je l'ai noté pour les autres dans un langage plus clair, car malgré cette forme voilée, ces choses deviendront intelligibles : mais quand l'ignorance aura été dissipée, le cas sera alors plus clair. Pour terminer, mon fils, prends donc ce don de ton père Michel Nostradamus en souhaitant que tu fasses connaître chaque prophétie mise ici dans chaque quatrain. Priant le Dieu immortel qu'il veuille bien te prêter longue vie, en bonne et prospère félicité.

De Salon, ce 1er mars 1555.

*
**

Le sérieux du personnage, son côté « homme de science », est d'autant moins discutable qu'il a été obligé de se retrancher dans l'hermétisme pour ne pas être inquiété et ses concitoyens salonnais l'ayant brûlé en effigie devant sa maison, il alla chercher protection à la cour de France auprès de la reine Catherine de Médicis, elle-même, qui, non seulement, la lui accorda, mais encore lui rendit visite à Salon même, ce qui cloua le bec aux mauvaises langues de cette petite cité bourgeoise. « Nul n'est prophète en son pays! »

C'est ainsi qu'il découvrit le mode de transmission de la peste et inventa près de quatre siècles avant Pasteur la « méthode

1. Latin : *visito :* j'éprouve, j'afflige. D.L.L.B. 2. Latin : *dispergo :* je répands. D.L.L.B. 3. Symbole biblique constant dans l'œuvre de Nostradamus.

aseptique ». En effet, lorsqu'on lit les chroniques du XVIe siècle qui décrivent les moyens utilisés par Nostradamus pour enrayer les épidémies de peste à Aix-en-Provence, Marseille et Lyon, on y découvre que notre médecin provençal prenait des mesures d'asepsie très poussées, ayant fabriqué une poudre de son invention pour cacher sa découverte scientifque qui, si elle eût été exprimée, aurait pu le conduire au bûcher pour sorcellerie. L'Eglise considérait alors que la maladie, les épidémies, étaient des punitions infligées à l'homme par Dieu pour le punir de ses péchés et qu'elles ne pouvaient donc être dues à un phénomène naturel. N'oublions pas que l'Inquisition faisait régner la terreur et que Galilée né en 1564, deux ans avant la mort de Nostradamus, sera lui aussi victime de ce courant anti-scientifique, pour avoir dit que la terre tournait.

Une application inattendue de sa découverte de la « méthode aseptique » est le traité des confitures[1]. Faire cuire des fruits ne demande aucun génie, par contre conserver la préparation pose un tout autre problème. Quelle ménagère faisant ses propres conserves n'a pas trouvé un pot mal stérilisé couvert de moisissures? Les détracteurs de Nostradamus passant à côté de l'homme de science n'y ont vu que manière vénale de s'enrichir.

Il est encore plus compréhensible que Nostradamus ait volontairement voilé ses prophéties dans un brouillard philologique et même astrologique, car, s'il avait exprimé en clair sa vision de l'avenir, celle-ci ne serait certainement pas parvenue à la postérité; elle aurait probablement été détruite par les autorités religieuses d'alors.

La mésaventure advenue à mon père et à son livre en 1940 est une illustration de ce qui peut arriver lorsqu'un « message » prophétique est exprimé de la façon la plus évidente. Ce qui nous oblige à constater que l'inquisition n'a pas d'âge... Quelle belle application de cet extrait de l'Ecriture Sainte citée par Nostradamus dans sa lettre à son fils César : « Ne donnez pas aux chiens (les nazis pour le docteur de Fontbrune) ce qui est sacré et ne jetez pas les perles aux porcs de peur qu'ils ne les foulent aux pieds et se retournent ensuite contre vous... »

La prophétie de Nostradamus a donc été écrite au XVIe siècle pour dépeindre le XXe siècle qui capitalise à lui seul les deux tiers de l'œuvre, l'auteur sachant alors que son texte ne serait compris et révélé qu'au siècle même, objet de sa vision. Ne dit-il pas dans la lettre à César : « Si je rapportais ce que sera l'avenir, les hommes de gouvernement, de partis ou de religion et de croyance le trouveraient si mal accordé à leurs oreilles qu'ils ne manqueraient pas de condamner ce que l'on verra et reconnaîtra dans les siècles à venir... »

1. *Traité des fardements et confitures*. Antoine Voland, Lyon 1555. Excellent et très utile opuscule de plusieurs exquises receptes, Benoist Rigaud. Lyon, 1572.

Quant au terme de la prophétie de Nostradamus, des auteurs l'ont trouvé ou inventé, qui par des calculs astrologiques, qui par des « clés » plus ou moins mathématiques, qui à l'aide de la cabale, etc.

En réalité la prophétie de Nostradamus s'arrête à la fin du septième millénaire, selon la chronologie biblique, c'est-à-dire à la fin de l'ère des Poissons, aux environs de l'an 2000 de l'ère chrétienne. Là encore Nostradamus a caché cette donnée derrière un astucieux calcul qui ne pouvait être restitué qu'en partant de la chronologie biblique qu'il donne dans la lettre à Henry Roy de France second et qui est la suivante :

« Le premier homme Adam fut devant Noé »	1 242 ans
« Après Noé vint Abraham »	1 080 ans
« Après vint Moyse »	515 ans
« Entre le temps de David et Moyse »	570 ans
« Entre le temps de David et N. Sauveur J.-C. »	1 350 ans
Soit un total d'Adam à J.-C. de	4 757 ans

Or dans la lettre à César, Nostradamus écrit : « J'ai composé des livres de prophéties et ils contiennent de perpétuelles vaticinations depuis maintenant (où j'écris) jusqu'en l'an 3797. »

Du moment où il écrit (la lettre à César est datée de 1555) jusqu'à 3797 il y a une différence de 2 242 ans.

Si l'on ajoute cet espace de temps à la chronologie biblique déjà citée, on obtient 4 757 + 2 242 = 6 999 de ladite chronologie, soit 1999 de la chronologie chrétienne, date donnée en clair par Nostradamus pour le point de départ des guerres de l'Antéchrist :

X-72.

L'an mil neuf cent nonante neuf sept mois
Du ciel viendra un grand Roy d'effrayeur
Ressusciter le grand Roy d'Angoulmois[1],
Avant apres Mars regner par bonheur.

Traduction :

L'année 1999 sept mois (en juillet 1999) – viendra par la voie des airs un grand chef effrayant – qui fera revivre le grand Conquérant de l'Angoumois – avant et après, la Guerre régnera par bonheur.

1. L'Angoumois fut conquis par les Wisigoths et bientôt menacé par les Huns, race mongole, sous le commandement d'Attila, « le Fléau de Dieu ». On notera la perfection de l'analogie dans le fait que les Huns occupèrent d'abord la Panonie pour ravager la France et l'Italie.

Nostradamus n'a donné que peu de dates en clair. Outre 1999, il écrit dans la lettre à Henry Roy de France second : « et durera celle-ci (la Monarchie) jusqu'en l'an 1792 que l'on croira être une rénovation de siècle... »

La projection écrite que le prophète fait de sa vision nous amène à considérer que ces deux dates ont moins d'importance en tant que telles, qu'en tant que point de départ et point d'arrivée : 1792[1] représentant le commencement de la fin de l'ère chrétienne (l'ère des Poissons), et 1999 la fin elle-même, ouvrant ainsi l'ère du Verseau, dans les douleurs de l'enfantement apocalyptique nécessaires pour que l'homme cesse enfin d'axer son action dans des œuvres de destruction de plus en plus terrifiantes. C'est la raison pour laquelle Nostradamus fait chuter son quatrain sur ce surprenant vers :

« Avant après Mars (la guerre) régner *par bonheur.* »

⁂

Nostradamus : historien et prophète. Pourquoi un tel titre ?

Une prophétie qui se réalise devient histoire. Illustrons cette assertion par un exemple :

Nostradamus écrit à propos de Napoléon Ier :

Centurie VII – Quatrain 13

« De la cité marine et tributaire
La tête rase prendra la Satrapie[2]
Chassez sordide qui puis sera contraire
Par quatorze ans tiendra sa tyrannie. »

Traduction :

« Du port sous domination étrangère – Le petit tondu prendra le pouvoir. – Il chassera les révolutionnaires sordides, le vent de l'histoire ayant tourné – Et exercera sa tyrannie pendant 14 ans. »

Commentaire : D'Alexandrie qui est devenue tributaire de la France – « Bonaparte organise l'Egypte en une sorte de protectorat puis embarque pour la France dont l'évolution politique l'inquiète »[2]. Il aide au renversement du Directoire et par le coup d'Etat du 18 brumaire il prend le pouvoir qu'il va exercer de manière absolue jusqu'au jour de l'entrée des alliés dans

1. Proclamation de la Première République. **2.** Satrapes : on nommait ainsi, dans l'Empire médo-persan, les gouverneurs des provinces chargés de l'Administration et du recouvrement des impôts. (Napoléon réforma l'Administration du pays et est considéré comme le père du « CODE CIVIL ».) **3.** L.C.H.3.

Paris le 31 mars 1814, soit après quatorze ans, quatre mois et onze jours de règne.

J'ai choisi ce quatrain parce que, comme beaucoup d'autres, il s'étale dans le temps. En effet, le 18 brumaire 1799, la première partie du quatrain est réalisée; elle fait donc partie de l'histoire, mais la seconde partie est encore une prophétie, elle cesse à son tour de l'être le 31 mars 1814.

Cette « promenade » à travers le temps et l'espace qui est une habitude du prophète interdit, à qui le tenterait, tout classement chronologique rationnel.

Ainsi un quatrain où est évoquée la retraite de Russie (Centurie II, quatrain 99) devra-t-il être classé avant ou après le quatrain que nous avons pris comme exemple? La retraite de Russie est postérieure au coup d'Etat du 18 brumaire, mais antérieure à l'abdication de Fontainebleau du 6 avril 1814.

La prophétie de Nostradamus constitue donc une vision de l'histoire qui n'a rien de commun avec celle que nos maîtres nous ont inculquée sur les bancs d'école, à travers des auteurs qui, c'est le moins qu'on puisse dire, n'ont pas particulièrement donné aux Français la passion de l'histoire.

Ce quatrain sur Napoléon Ier me permet d'édicter un autre grand principe utile à qui veut s'intéresser à une prophétie telle que celle de Nostradamus et qui va l'obliger à se débarrasser des conceptions acquises. Les événements en particulier et l'histoire en général ne se déroulent jamais selon les prévisions cartésiennes des hommes.

Je n'en prendrai pour preuve que nos éminents économistes modernes du « Club de Rome » qui prévoyaient avec une grande assurance en 1972 que la France serait la troisième puissance mondiale en 1980. Ils faisaient là œuvre de prospective. Brutalement, en septembre 1973, éclate la guerre israélo-arabe qui déclenche la crise économique mondiale et ébranle l'Occident, réduisant à néant les belles promesses optimistes de nos rationalistes de l'économie politique.

Mais pour illustrer cet illogisme apparent de l'histoire, reprenons le cas de Napoléon Ier et imaginons que le 2 décembre 1805, où vient de briller le soleil d'Austerlitz et où l'Empereur a le monde à ses pieds, un prophète annonce la fin misérable de l'Empereur prisonnier des Anglais sur une île perdue au milieu de l'Atlantique, il y a de fortes chances pour que notre oracle soit jeté en prison, exécuté ou encore interné dans un asile d'aliénés!

Ainsi mon père fut victime de railleries lorsqu'en 1946, et durant les années suivantes, il affirmait que le général de Gaulle, qui venait d'abandonner toute action politique pour ce que l'on appellera la « traversée du désert », reviendrait au pouvoir par un coup d'Etat. Des amis qui souriaient alors poliment lui écrivirent après le 13 mai 1958, éberlués par la réalisation d'un événement qu'ils avaient « jugé », douze ans plus tôt, irréalisable.

L'histoire qui est devant nous, les événements à venir sont presque toujours en contradiction totale, tant sur le fond que sur la forme, avec le moment que nous sommes en train de vivre. Alfred Sauvy a parfaitement perçu cette loi quand il écrit : « L'humanité n'a jamais progressé de façon rationnelle[1]. » Et il ajoute dans le même ouvrage : « En matière de malheur, l'avenir se laisse d'autant moins facilement explorer que les situations sont inédites. »

Voilà pourquoi peu de gens accèdent à la perception que le prophète a tenté de transmettre à la postérité. L'obstacle à la compréhension de l'esprit prophétique tient essentiellement dans l'antagonisme entre la vision et le rationalisme dont les tenants ne peuvent sortir d'une logique, pour entrer dans une autre forme de raisonnement. La faculté la plus importante, requise pour aborder la prophétie, est donc une grande souplesse de pensée que donnaient si bien la formation et l'enseignement humanistes.

*
**

Poursuivant le travail fondamental accompli par mon père, j'ai réalisé, durant cinq années, une étude complète du vocabulaire de Nostradamus. Cela m'a permis de préciser, à quelques détails près peut-être, la langue du prophète et de corriger des fautes de traduction faites par de nombreux commentateurs des centuries. Ainsi pas mal de fautes de traduction se trouvent dans les livres de Le Pelletier et elles furent recopiées telles quelles par d'autres auteurs.

Je prendrai pour exemple le plus célèbre quatrain qui prédisait la mort du roi Henri II dans un tournoi :

Centurie I, Quatrain 35

« Le lyon jeune le vieux surmontera,
En champs bellique par singulier duelle,
Dans cage d'or les yeux lui crèvera
Deux classes une, puis mourir mort cruelle. »

Traduction :

« Le jeune lion l'emportera sur le vieux dans un tournoi (singulier duelle). Il lui crèvera les yeux dans une cage d'or, dans l'un des deux combats[2], puis il mourra de façon cruelle. »

1. Alfred Sauvy, *Croissance zéro*, Ed. Calmann-Lévy, Paris, 1973. **2.** Noter la construction latine : deux classes une, pour une des deux classes.

Le comte de Montgomery, lieutenant des gardes écossais et dont les armes étaient « d'or au lion d'Ecosse passant de gueules », jouta avec Henry II, qui venait de faire un tournoi avec le duc de Guise. La lance de Montgomery se rompit et pénétra dans le heaume doré du roi.

En ce qui concerne ce quatrain Le Pelletier et les exégètes qui ont recopié sa traduction font venir le mot classe du mot grec χλαοις brisure, ébranchement, et traduisent : « Voici le premier des deux ébranchements. » Ce que n'ont pas noté les « disciples » de Le Pelletier, c'est que ce dernier traduit le mot classe correctement pour le quatrain 99 de la Centurie II[1] en faisant venir ce mot du latin classis : flotte, armée, combat; ce mot étant toujours utilisé par Nostradamus dans ce sens.

N'ayant donc pas compris que c'est dans un des deux tournois que le roi devait disputer qu'il serait blessé, Le Pelletier, par convenance personnelle, a fait, pour l'occasion, venir le mot classe d'un mot grec escamotant l'un des deux S du mot classe.

Pour ne citer qu'un autre exemple des erreurs de philologie que l'on retrouve dans de nombreux ouvrages (les erreurs ont la vie dure!) je prendrai le mot oruche (Centurie VI, quatrain 99) que les exégètes font, à tort, venir du mot grec 'ορος qui signifie montagne, alors qu'il vient du mot 'ορνχή qui veut dire fouille.

Voilà comment d'aucuns peuvent affirmer que l'on a fait dire à Nostradamus n'importe quoi!

C'est pourquoi j'essaie ici de démontrer que le prophète a composé un texte précis et auquel on ne peut trouver plusieurs sens, sans se tromper soi-même.

Le lecteur découvrira, à travers la traduction de chaque quatrain, comment j'ai procédé pour « serrer » au maximum le texte, considérant que la seule « clé » possible est philologique; ce qui demandait donc un travail d'enquête identique à celui qu'aurait pu effectuer Sherlock Holmes, ne laissant aucun détail au hasard, pour déchiffrer une énigme policière. Cela m'a semblé d'autant plus évident que Nostradamus, jouant de l'anagramme, du jeu de mot, de l'étymologie, a fait œuvre de véritable alchimiste de la langue latine « francisée » pour voiler son message prophétique, mêlant à cette jonglerie intellectuelle une immense culture humaniste qui a découragé bien des gens qui croyaient avoir une vocation d'interprète des centuries.

L'un des premiers livres après Jean Aimé de Chavigny et Guynaud qui fut écrit sur le texte de Nostradamus est celui du Curé de Louvicamp : *La Clé de Nostradamus, isagoge ou*

1. *Les Oracles* de Michel de Nostredame, tome I, p. 203.

introduction du véritable sens des Prophéties de ce fameux Auteur[1]. Cet auteur n'est que très rarement cité, alors qu'il est le premier à avoir compris quelle avait été la méthode de Nostradamus pour rédiger ses prophéties. Le Pelletier, d'ailleurs, s'en est amplement inspiré. « Je veux dire et conclure, écrit ce prêtre, que quand l'Oracle de la France a fait ses Prophéties gauloises tant préfaces, que quatrains et sixains, il ne s'est souvent point éloigné de la manière de parler des Latins, en parlant souvent latin, sous ombre de parler français, non seulement dans l'Etymologie des mots comme quand il dit d'un Prince *Flagrand d'ardent libide,* qui est comme s'il disait *flagrans ardenti libidine :* pour dire brûlant *d'un horrible feu de concupiscence;* mais même il a encore souvent parlé latin en français, en faisant attention et allusion à la phrase latine, dans l'arrangement ou situation des mots les uns avec les autres, ce que nous appelons Syntaxe... Les poètes latins ont souvent eu recours au métaplasme, je veux dire au changement ou à la transformation des mots, en ôtant, ajoutant, changeant, ou transposant des lettres ou syllabes aux mots pour faire et embellir leurs vers : tout de même Nostradamus a aussi quelquefois un peu métamorphosé ou transformé les mots ordinaires dans ses vers, tant pour avoir le rythme et la mesure ordinaire que pour détourner en même temps du véritable sens de ses Prophéties les personnes qui ne savent point l'usage des belles lettres. Car il est à remarquer qu'on trouve dans cet auteur des exemples d'aphérèse, de syncope, d'apocope, de prosthèse, d'épenthèse, d'antithèse, de métathèse, d'anastrophe, etc., tout comme les poètes latins, à l'exception de la paragoge, qui ajoute une lettre ou une syllabe à la fin du mot. »

Définissons donc, avec le Curé de Louvicamp, ces figures de grammaire :

1° *L'aphérèse* est une figure qui ôte une lettre ou une syllabe du commencement d'un mot : bondance pour abondance, versée pour renversée, lone pour Olone, tendant pour attendant.

2° *La syncope* est une figure qui retranche une lettre ou une syllabe au milieu d'un mot : donra pour donnera, emprise pour entreprise.

3° *L'apocope* est une figure qui ôte une lettre ou une syllabe à la fin du mot : De fin porphyre profond' colon' trouvée, pour une profonde colonne trouvée.

4° *Prosthèse, épenthèse et paragoge :* au lieu d'ôter une lettre ou une syllabe, on l'ajoute au commencement, au milieu ou à la fin des mots : ainsi Virgile dit par épenthèse, métathèse et même par apocope : Tymbre pour Tyberis (le Tibre) de même aussi Nostradamus a parfois dit le Tymbre à son imitation, au lieu de dire le Tibre.

1. A Paris, chez Pierre Giffard, 1710.

Nostradamus a, d'autre part, comme il le dit lui-même dans la lettre à son fils César, « raboté » ses prophéties soit par besoin d'obscurcir son texte, soit souvent pour conserver à ses vers le nombre de pieds voulu, puisqu'il a composé ses centuries en vers décasyllabiques.

Ça n'est donc que par une étude extrêmement minutieuse des mots, des phrases et de leur construction, que l'on peut parvenir à traduire en français actuel les sentences prophétiques de notre médecin salonnais.

Parmi les constructions latines, il est une tournure dont il a abondamment usé, à savoir l'illustre « ablatif absolu » qui a tant fait peiner de potaches sur les bancs d'école. Souvent aussi il a escamoté les prépositions comme si la langue française, à l'instar du latin, avait des cas tels que le génitif, le datif ou l'ablatif, ce qui oblige à repenser le mot dans son contexte afin de découvrir le cas que l'on doit lui attribuer : ainsi « la voye auxelle... » équivaudra au latin : Medium auxillio : le moyen à l'aide duquel (VIII, 27).

Nostradamus au XVIe siècle a donc écrit en français tout en pensant en latin, d'où l'apparente incompréhension de ses écrits et les difficultés rebutantes qu'ont rencontrées la plupart des exégètes.

Enfin pour compliquer le tout et égarer les « profanes vulgaires » sur des chemins d'erreur, il a francisé des mots grecs. Ce qui permet de supposer qu'il voulait, par là, éliminer, pour la compréhension de ses prophéties, tous les exégètes qui n'auraient pas fait leurs « humanités », c'est-à-dire qui n'auraient pas acquis une culture gréco-latine absolument indispensable.

Il a, par exemple, fabriqué les mots oruche et genest : Le premier venant, comme nous l'avons vu précédemment, du mot 'ορνχή qui signifie fouille et le second venant de γενέοθαι, infinitif aoriste du verbe γιγνομαι qui veut dire naître.

Le lecteur comprendra ici que si l'on ne sait pas lire le grec, et, d'autre part, les mots oruche et genest ne se trouvant dans aucun dictionnaire français ou même latin, nul ne pourra comprendre le sens du quatrain dans lequel est inclus chacun de ces mots.

Les textes de Nostradamus que je donne ici ont été pris dans la seconde édition de 1605 faite par Benoist Rigaud à Lyon, et remise à mon père en 1934, copie intégrale de l'édition de 1568, considérée comme la meilleure, avec le moins de fautes de typographie. A la lecture de nombreux ouvrages modernes, on s'aperçoit, au premier coup d'œil, que la plupart des éditions proposent des textes truffés de fautes au regard de l'édition de référence. Prenons l'exemple du quatrième vers du quatrain 61 de la centurie VIII :

« Portant au coq don du TAG armifère. »

Beaucoup d'éditions postérieures à celle de Chevillot à Troyes de 1610 mentionnent :

« Portant au coq don du TAO armifère », ce qui permet aux exégètes forcenés de l'ésotérisme d'introduire dans le texte de Nostradamus le taoïsme !

Il m'a donc semblé très important de faire savoir à mon lecteur sur quel document authentique j'avais travaillé.

J'ai voulu, pour la première fois, réaliser une grande confrontation entre le texte de Nostradamus et l'histoire elle-même; fort des nombreuses critiques dont ont été accablés la plupart des « commentateurs » auxquels il est le plus souvent reproché d'avoir utilisé l'œuvre de Nostradamus à des fins d'idéologie personnelle.

Pour ce faire, j'ai utilisé, non un seul livre d'histoire, mais plusieurs ouvrages d'auteurs fort différents et de conceptions politiques, philosophiques ou religieuses opposées. J'ai même puisé ma documentation dans des manuels scolaires. Le lecteur se rendra ainsi compte que la prophétie de Nostradamus n'est en réalité que de l'histoire à l'état pur, au-delà de l'étroitesse de vue des historiens. Il sera sans doute surpris, parfois même choqué, par les jugements de valeurs portés par Nostradamus comme, par exemple : « la République misérable malheureuse[1] »; ou « qu'on trouvera moins prince que boucher[2] » pour Napoléon Ier.

J'ai été obligé de compulser de nombreux livres d'histoire parce que aucun n'est suffisamment complet pour couvrir la vision de Michel de Nostredame. C'est pourquoi un quatrain sera souvent confronté à des extraits de plusieurs ouvrages. Il a été d'ailleurs souvent amusant pour moi de réunir pour la cause deux historiens tels que Victor Duruy, républicain, athée et anticlérical convaincu d'une part, et Pierre Gaxotte, conservateur, d'autre part; démontrant ainsi qu'il existe une transcendance de l'histoire au-delà des conceptions étriquées, partisanes, éphémères et surtout orgueilleuses des hommes, et cela particulièrement au XXe siècle où le manichéisme a envahi tous les domaines de la pensée, dressant le fils contre le père, un pays contre un autre pays, un parti politique contre un autre, et enfin, le plus grave de tout, un peuple contre lui-même par mouvement de libération interposé, réalisant ainsi cette prophétie du Christ : « Vous entendrez parler de guerres et de bruits de guerre, gardez-vous d'être troublés, car il faut que ces choses arrivent. Mais ce ne sera pas encore la fin. Une nation s'élèvera contre une nation, et un royaume contre un royaume, et il y

1. I, 61 – Centurie I, quatrain 61. **2.** I, 60 – Centurie I, quatrain 60.

aura en divers lieux des famines et des tremblements de terre. Tout cela ne sera que le commencement des douleurs. » Matthieu, chapitre 24.

En ce qui concerne le choix de telle ou telle définition prise dans tel ou tel dictionnaire, je me dois de préciser que, chaque fois, ce choix a été guidé par le sens du vers, replacé lui-même dans le contexte du quatrain. En effet, si l'on prend certains mots, soit dans leur signification moderne, soit dans leur sens premier et concret, le texte est incompréhensible. Il faut donc rechercher l'explication du mot dans sa signification étymologique ou dans son sens figuré. Prenons l'exemple du quatrain 34 de la centurie IX :

« Par cinq cens un trahyr sera titré »...

Si l'on admet que le verte trahir est pris ici comme substantif, puisqu'il est précédé d'un article indéfini, on ne peut donner au verbe titrer son sens moderne ou courant. En effet, « une trahison sera titrée » ne veut rien dire. Si l'on cherche donc dans un dictionnaire, on va trouver un verbe titrer qui signifie machiner, manigancer. Le texte prend alors brusquement un sens précis : une trahison sera machinée ou manigancée par cinq cents personnes. Cela est une belle illustration des pièges philologiques que Nostradamus a tendus à ses futurs traducteurs.

Mon père lui-même est tombé dans certains de ces pièges, faisant par trop confiance à ses connaissances et ne contrôlant pas assez les mots, les expressions et les gallicismes dont Nostradamus a fait abondamment usage.

D'autre part, dans le livre de mon père[1] il n'y a que soixante-seize quatrains pour couvrir la période de l'histoire allant de 1555 à 1945; ce qui me parut bien peu, étant donné l'importance de l'œuvre de Nostradamus et la profusion de détails qu'il a donnés pour certains événements. Il était donc indispensable de reprendre l'œuvre de Nostradamus de A à Z, et dans le menu détail, afin, en avançant pas à pas et avec opiniâtreté, de reconstituer le puzzle en éliminant au passage certaines pièces (quatrains) sans portée prophétique ou à sens multiples, et mises par Nostradamus au milieu de son œuvre pour égarer encore davantage la plupart des commentateurs, et tout particulièrement ceux qui ne verraient dans son œuvre qu'un moyen astucieux de s'enrichir, usant et abusant de la renommée de cet illustre personnage à des fins purement commerciales.

La confrontation à l'histoire demande de très importantes

1. *Ce que Nostradamus a vraiment dit*, Editions Stock, 1976.

recherches; ce qui commande de nombreuses lectures de livres d'histoire. En effet, Nostradamus, comme il le dit dans la lettre à César, a donné à son traducteur des points de repère géographiques d'une très grande précision. Lorsqu'il s'agit de la petite ville de Varennes (IX, 20), il est des plus facile de situer le quatrain tant l'arrestation du roi Louis XVI dans cette petite ville est célèbre. Et c'est pourquoi ce quatrain se trouve commenté, avec plus ou moins d'erreurs d'ailleurs, dans tous les livres postérieurs à 1792. Par contre, lorsqu'un quatrain mentionne la ville de Vitry-le-François, et qu'on ignore que c'est là que Kellermann rassembla l'armée française pour livrer la bataille de Valmy, l'exégète ne pourra pas situer ce quatrain. Je prendrai un autre exemple aussi significatif: Nostradamus cite dans un quatrain la petite ville italienne de Buffalora (VIII, 12). Bien peu de gens savent, sans doute, que c'est là que le général Mac-Mahon campait avec son armée pour lancer la campagne d'Italie qui conduira aux victoires de Magenta et Solférino, deux noms, bien entendu, beaucoup plus célèbres.

Nostradamus a donc caché des noms de villes rendues célèbres par d'importants événements derrière des petits villages voisins. Ainsi Aquin, en Italie, désignera Naples, dont il est tout proche; le village d'Apameste désignera la Calabre à laquelle il appartient; l'axe Rimini-Prato, le lieu de naissance de Mussolini, qui est équidistant de ces deux villes. Pour demander un peu plus d'efforts de recherche, Nostradamus a banalisé des noms de villes en les cachant derrière des noms communs, écrits bien sûr sans lettre majuscule. Ainsi le village d'Apameste en Calabre est écrit : apamé, la dernière syllabe ayant été enlevée par apocope (IX,95). Mais l'exemple le plus frappant pour illustrer cette méthode est le mot herbipolique que Nostradamus a fabriqué à partir du mot HERBIPOLIS, nom latin de la ville de WURTZBOURG en Allemagne (X, 13).

Enfin, Nostradamus a francisé des noms géographiques de pays étrangers en respectant des règles de phonétique ou de correspondance de lettres d'une langue à l'autre. Ainsi la ville d'Allemagne de l'Est BALLENSTEDT devient BALLENES par francisation et par apocope; ainsi la ville de LUNEGIANE devient LUNAGE par une combinaison d'apocope et d'anagramme, et LLANES, petit port des Asturies en Espagne, devient LAIGNE par francisation.

Quelques fautes de typographie, heureusement rares, compliquent encore le décodage. Certaines erreurs sont faciles à corriger, telles que MADRIC pour MADRID; mais d'autres sont plus difficiles à découvrir et ne peuvent l'être qu'en tenant compte du contexte et d'autres quatrains se rapportant au même personnage ou au même événement. Ainsi le quatrain 49 de la centurie VI cite le mot MAMMER que l'on doit rapprocher du mot MAMMEL du quatrain 44 de la centurie X, les deux mots désignant le NIEMEN, fleuve qui jusqu'en 1772, année du démembrement du royaume de Pologne, se trouvait au centre de ce pays. En outre, les typographes du XVIe siècle utilisaient couramment la lettre y pour le i, la lettre u pour le v, à l'instar de l'écriture latine, le z pour le s ou, inversement, le s pour le z. Parfois aussi la lettre h a été enlevée ou ajoutée à un mot, comme Ebreu pour Hébreux.

Les nombreuses erreurs, souvent grossières, commises par de nombreux exégètes, l'ont été par un manque de recherche, un manque de minutie, mais surtout par un excès patent soit de subjectivité, soit d'engagement politique, philosophique ou religieux.

Pour les besoins de la poétique en général, et de la rythmique en particulier, Nostradamus a été obligé de raccourcir des mots en utilisant une ou parfois deux figures de grammaire, comme le mot D'MOUR pour DUMOURIEZ (X,46), qui a été modifié par syncope et par apocope.

A l'instar des auteurs latins, dans de très nombreux quatrains Nostradamus n'a pas exprimé les auxiliaires être et avoir, qu'il faut, en conséquence, restituer pour rétablir la construction moderne. Parodiant Tacite, il a en outre escamoté des substantifs tels que personnage, ou des verbes de mouvement tels que aller, se rendre, attaquer, etc. et que seul le contexte permet de retrouver.

Que l'on veuille bien comprendre la somme colossale de travail nécessaire pour parvenir à décrypter des quatrains dans lesquels le prophète a tout, ou presque tout, codé à l'aide de constructions latines, de sens étymologique des mots, de figures de grammaire, de lieux géographiques peu connus et enfin d'anagrammes qu'il a parfois combinés avec des figures de grammaire.

De nombreux exégètes ont spéculé sur le passage suivant de la lettre à son fils César : « Craignant aussi que plusieurs livres cachés pendant de longs siècles ne soient connus, et redoutant ce qui pourrait en advenir, après les avoir lus, j'en ai fait présent à Vulcain » (c'est-à-dire : je les ai brûlés). Cette phrase a fait supposer que Nostradamus avait eu des livres secrets dans lesquels il aurait puisé toute sa prophétie, lui enlevant de par là même tout mérite personnel, pour l'attribuer à des occultistes, des mages, des astrologues ou des cabalistes antérieurs à lui. L'étude très « positiviste » que j'ai réalisée m'a amené à une conclusion beaucoup moins ésotérique ou mystérieuse et qui décevra sans doute les tenants de l'occultisme.

En effet, au fur et à mesure que j'avançais dans l'étude philologique et historique du texte de Nostradamus, une idée s'imposait peu à peu à moi. Certes, l'on connaît l'immense culture qu'avaient les humanistes du XVIe siècle, et particulièrement dans le domaine des langues et de l'histoire anciennes.

Plus j'avançais dans mon étude et plus il me semblait impossible qu'un cerveau humain ait pu emmagasiner tant de connaissances. Et j'en arrivais à imaginer Nostradamus dans son cabinet de travail, compulsant de nombreux ouvrages de connaissances littéraires, historiques et géographiques, pour coder la vision qui venait de s'imposer à lui. Cette idée devenait pour moi une certitude au regard de l'énormité de la documentation que j'ai dû compulser pour parvenir à comprendre, dans un premier temps, le sens des quatrains, et ensuite à les confronter aux pages d'histoire qu'ils décrivaient.

Les livres utilisés par Nostradamus constituaient donc la clé des centuries; et sachant l'usage qui serait fait de son message, s'il était immédiatement compris, il détruisit les livres qu'il avait utilisés, jetant au feu, du même coup, la clé et le code du coffre-fort que représente son œuvre. Et pour percer ce coffre, il fallait donc d'abord préparer un outillage très important et le plus complet possible, dans de nombreuses disciplines.

Il fallait, enfin, s'éloigner de toute fantaisie d'esprit et de subjectivité humaine, oublier l'imagination, « cette maîtresse d'erreur et de fausseté, et d'autant plus fourbe qu'elle ne l'est pas toujours », comme l'écrivait si justement Blaise Pascal dans ses *Pensées.* Nostradamus lui-même donnait ce conseil, qui ne fut pratiquement jamais suivi. Ainsi écrit-il, dans la lettre à César : « En rejetant au loin les imaginations fantasques, par le jugement, on peut avoir la connaissance des causes futures qui se produiront en se limitant à la particularité des noms de lieux... » Cette mise en garde constitue un véritable appel au rationalisme et à l'objectivité.

J'ai, dans ce livre, volontairement tout référencé, livrant au jugement du lecteur un travail exhaustif où tout est contrôlable : définitions, citations, extraits de livres d'histoire. Ces références devant permettre à qui le souhaiterait d'approfondir tel ou tel point d'histoire rapporté par un quatrain ou un sixain. J'ai également répété des définitions de mots souvent utilisés, afin qu'en avançant dans la lecture du livre, le lecteur mémorise petit à petit un certain nombre de mots usuels, ce qui devrait lui faciliter la tâche, me rendant bien compte qu'un tel ouvrage ne pourra se lire comme un roman.

Je me suis abstenu, tant pour les quatrains déjà révélés par l'histoire que pour ceux qui le seront par les événements à venir, de faire des commentaires plus ou moins fantaisistes, voulant ainsi me comporter vis-à-vis du texte de Nostradamus différemment de tous les « consommateurs », respectant l'avertissement donné par le médecin et prophète provençal, qui a écrit dans la lettre à son fils César : « Mais, mon fils, afin que je ne sois pas entraîné trop loin pour la capacité future de ta perception, sache que les hommes de lettres feront une si grande et incomparable jactance sur la façon dont j'ai trouvé le monde... » Nostradamus annonçait donc par là, prophétiquement, qu'un grand nombre de livres concernant son œuvre ne seraient, en fin de compte, qu'une « très grande et incomparable jactance »; preuve en est la bibliographie importante que le lecteur trouvera à la fin de cet ouvrage.

Je demande donc à mon lecteur de m'excuser de l'absence de verbiage – trop de logorrhées ayant déjà suffisamment nui à l'œuvre de Nostradamus et à son sérieux –, me refusant à participer à de multiples écritures qui permirent à un grand nombre de détracteurs d'affirmer que l'on pouvait tirer des centuries à peu près tout ce que l'on voulait y trouver, cette œuvre merveilleuse ayant été souvent transformée en une vulgaire « auberge espagnole » par des « farfadets » de la littérature.

En travaillant au décryptage de quatrains particulièrement précis quant aux noms de lieux qu'ils mentionnent, je me suis aperçu que les exégètes les avaient systématiquement laissés de côté pour ne conserver que ceux que l'on pouvait torturer à souhait, afin d'y mettre leurs propres convictions ou, mieux, des événements historiques inventés ou déformés pour les besoins de la cause. Et ce n'est pas qu'en Histoire que des « trahisons » furent commises vis-à-vis du texte de Nostradamus; en effet, j'ai découvert, dans de nombreux livres, des définitions de mots ou des traductions de mots latins que l'on ne pouvait retrouver dans aucun dictionnaire, ce qui oblige à conclure que lesdites définitions avaient été inventées au gré du désir des traducteurs de trouver, à tout prix, un sens quelconque à tel ou tel mot.

D'autre part, Nostradamus écrivant, dans la lettre à César, qu'il a rédigé ses quatrains sans ordre, je me demande souvent comment certains exégètes, certainement persuadés de chercher dans une bonne direction, ont écrit des livres pour démontrer qu'ils avaient découvert soit une grille chiffrée, soit un calcul savant qui, à l'évidence et à l'examen des résultats, les ont conduits dans une voie sans issue.

Quant à l'astrologie, il faut se demander pourquoi aucun astrologue n'a jamais annoncé, avant coup bien sûr, un événement quelconque. Si la position des astres dans le ciel déterminait l'histoire de l'homme, il y a bien longtemps que tous les événements auraient été programmés, jour après jour, mois après mois, année après année. C'est ainsi que l'on aurait dû savoir que le premier septembre 1939, de par la position des astres ce jour-là, la Deuxième Guerre mondiale allait éclater ou que, le 13 mai 1958, l'Algérie serait saisie d'un soubresaut qui la conduirait à l'Indépendance. On comprend donc la mise en garde sévère de Nostradamus adressée aux astrologues : « Que tous les astrologues, les sots et les barbares s'éloignent de mon œuvre. »

Une telle proposition enlèverait à l'homme tout libre arbitre, en ferait une sorte de robot programmé pour une suite ininterrompue de catastrophes, et nous transformerait tous en un troupeau d'irresponsables dont la vie n'aurait plus aucun sens. Le prophète ne fait donc que voir à l'avance le comportement des hommes écrivant eux-mêmes leur histoire, avec leurs propres volontés, leurs décisions et surtout leurs entières, lourdes et inaliénables responsabilités.

L'étude du texte de Nostradamus a été, depuis de nombreuses années, et continue d'être aujourd'hui pour moi, un merveilleux instrument d'enrichissement personnel et de culture, tant est encyclopédique l'esprit et le contenu des centuries, ouvrant l'intelligence à de nombreuses disciplines et réconciliant l'adulte avec des matières que le « potache » avait trouvées rébarbatives.

***

Il faut maintenant en venir au but de la prophétie de Nostradamus. Dans quel domaine, sur quel pays, sur quels changements de l'histoire Nostradamus a-t-il donc « reçu » une vision détaillée?

Voilà bien la question au sujet de laquelle les exégètes ont le plus ergoté; les auteurs anglo-saxons et américains, en particulier, ont essayé d'y trouver le plus d'événements possible concernant les Etats-Unis d'Amérique.

Notons tout d'abord que Nostradamus est Français et bon catholique, que l'Eglise à laquelle il appartient va être, dans son œuvre, sa seule référence à une quelconque appartenance.

Son message va donc être centré sur la France et sur l'histoire de l'Eglise catholique, vue à travers la Papauté, véritable colonne vertébrale de la civilisation occidentale chrétienne, puisqu'elle représente la seule continuité historique de ladite civilisation. Et lorsqu'on sait, grâce à Nostradamus mais aussi à Malachie[1], que la fin de la civilisation occidentale correspond à la fin de l'Eglise catholique, avec la destruction de Rome, on comprend facilement pourquoi les pays les plus cités par Nostradamus sont, dans l'ordre, la France, l'Italie et l'Espagne, les trois sœurs latines, porteuses du catholicisme.

C'est pourquoi un grand nombre d'auteurs, animés d'un anticléricalisme viscéral et primaire, et ne pouvant s'élever au-dessus de leurs intolérance partisanes, n'ont pu accéder au sens profond du message de Michel de Nostredame. C'est pourquoi aussi les Etats-Unis d'Amérique ont peu intéressé le prophète, puisqu'ils représentent, dans la civilisation occidentale, une puissance matérielle et technologique, et non spirituel-

1. Premier évêque d'Armagh, en Irlande; a écrit la célèbre prophétie des papes.

le, et qu'en outre il s'agit d'un pays protestant, relativement peu concerné, sur un plan métaphysique, par, dans un premier temps, la destruction de Paris, capitale de la France, fille aînée de l'Eglise, et par celle de Rome, berceau du catholicisme.

Et c'est peut-être cet état de fait qui est responsable de l'aveuglement constant et répété des dirigeants américains devant les dangers qui menacent l'Europe catholique; l'exception à cette constatation étant, à l'évidence, représentée par la lucidité de John Kennedy, premier président des Etats-Unis qui fût catholique.

Nostradamus a donc promené un long regard sur la période qui s'étend de 1792, année du commencement de la fin de la civilisation occidentale, et l'année 1999, qui en est la fin proprement dite.

Et l'on comprend alors que Nostradamus ait consacré à Napoléon Ier un nombre très important de quatrains, portant sur le personnage un jugement sévère en fonction de sa lutte contre l'Eglise catholique; l'anticléricalisme des philosophes du XVIIIe siècle ayant été mis en application par les révolutionnaires de « prairial » est poursuivi par l'enfant de la révolution : « le général vendémiaire ». C'est pourquoi, également, Napoléon III et Garibaldi, dont le combat commun contre la Papauté conduira à la fin du pouvoir temporel du pape, ont eu droit à bien des détails de leur vie. Pour Nostradamus, l'histoire de la civilisation chrétienne est étroitement liée à celle du peuple d'Israël car il ne faut jamais oublier que le christianisme se répandit sur le monde à partir de la Palestine. Ainsi, tout ce qui concerne le monde musulman, et particulièrement dans la deuxième moitié du XXe siècle, a intéressé Nostradamus au point qu'il lui a réservé un nombre très important de textes, en le décrivant par de multiples qualificatifs : Barbares, à cause des côtes Barbaresques, Arabes, Croissant, Ismaélites, Maures, Lunaires, Perse, Tunisie, Algérie, Byzance, Turquie, Maroc, Fez, Mahomet, Annibal et Punique, à cause de la haine que les Carthaginois vouaient à Rome, Syrie, Judée, Palestine, Hebron, Soliman, Mésopotamie (l'Irak); tous ces mots ne représentent pas moins de cent dix quatrains. Cette seule donnée statistique constitue déjà un tour de force prophétique car Nostradamus vit simultanément l'arrêt de l'expansion de l'Empire ottoman à Lépante, en 1571, et le retour de la puissance musulmane dans la deuxième moitié du XXe siècle.

Si Nostradamus a mis dans son œuvre une importante quantité de quatrains particulièrement précis, tels ceux où l'on trouve Varennes (IX, 20), Buffalora (VIII, 12), Magnavacca (IX, 3), etc., c'est pour que le jour où ces textes seraient – enfin ! – compris, la valeur de son œuvre soit reconnue, ce qu'il prédit dans la lettre à César : « et les causes seront comprises universellement sur toute la terre... Car la miséricorde de Dieu ne se répandra plus pendant un certain temps, mon fils, jusqu'à ce que la plupart de mes prophéties soient accomplies et que cet accomplissement soit total... malgré cette forme voilée, ces choses deviendront intelligibles : mais quand l'ignorance aura été dissipée, le cas sera alors plus clair ».

A Aix-en-Provence, le 1er juin 1980.

ABRÉVIATIONS

A.E.	: « ALPHA » Encyclopédie – 17 volumes.
A.V.L.	: Atlas Vidal-Lablache.
A.U.	: Atlas Universalis.
C.U.C.D.	: Chronologie Universelle – Ch. Dreyss – Hachette, 1873.
D.A.F.L.	: Dictionnaire d'Ancien Français Larousse.
D.D.P.	: Dictionnaire des Papes. Hans Kuhner. Buchet-Chastel, 1958.
D.E.N.F.	: Dictionnaire étymologique des noms de famille. Albert Dauzat. Librairie Larousse, 1951.
D.G.F.	: Dictionnaire Grec-Français. A. Chassang.
D.H.3.	: Documents d'Histoire – 3e – Cours Chaulanges.
D.H.4.	: Documents d'Histoire – 4e – Cours Chaulanges.
D.H.B.	: Dictionnaire d'Histoire – N.M. Bouillet. Hachette, 1880.
D.H.C.D.	: Dictionnaire d'Histoire. Ch. Dezobry. 2 vol.
D.L.	: Dictionnaire Littré, 4 volumes.
D.L.L.B.	: Dictionnaire Latin. Le Bègue.
D.L.7.V.	: Dictionnaire Larousse, 7 volumes.
D.P.	: Dictionnaire de la Provence et du Comté Venaissin. Jean Mossy. Marseille, 1785.
D.S.G.M.	: Dictionnaire de la Seconde Guerre mondiale. Jean Dumont. Historama, 1971.
D.S.H.	: Dossiers secrets de l'Histoire. A. Decaux. Librairie académique Perrin, 1966.
E.U.	: Encyclopædia Universalis. 20 vol.
G.P. & M.R.	: Garibaldi. Paolo et Monika Romani. Les géants de l'Histoire. Fayolle, 1978.
H.A.B.	: Hitler. Allan Bullock. Marabout Université, 1963.
H.C.4.	: Histoire classe de 4e, Fernand Nathan.

H.D.A. : Histoire de l'Allemagne. André Maurois. Hachette, 1965.

H.D.C.A.E. : Histoire de Chypre. Achille Emilianides. PUF « Que sais-je? » nº 1009.

H.D.G.M. : Histoire de la Grèce moderne. Nicolas Svoronos. « Que sais-je? » nº 578.

H.D.M.J.G. : Histoire de Malte. Jacques Grodechot. « Que sais-je? » nº 509.

H.D.V.F.T. : Histoire de Venise. Freddy Thiriet. « Que sais-je? » nº 522.

H.E.F.D.P. : Histoire d'Espagne. Fernando Diaz Plaja. France-Loisirs.

H.F.A. : Histoire de France, Anquetil. Paris, 1829.

H.F.A.C.A.D. : Histoire de France et des Français. André Castelot et Alain Decaux. 13 volumes. Plon et Librairie académique Perrin, 1972.

H.F.A.M. : Histoire de France, Albert Malet.

H.F.J.B. : Histoire de France. Jacques Bainville.

H.F.P.G. : Histoire des Français, Pierre Gaxotte.

H.F.V.D. : Histoire de France, Victor Duruy.

H.R.U. : Histoire du Royaume-Uni. Coll. Armand Colin, 1967.

H.I.S.R. : Histoire de l'Italie, du Risorgimento à nos jours. Sergio Romano. Coll. Point. Le Seuil, 1977.

H.L.F.R.A. : Histoire de la Libération de la France. R. Aron. Fayard.

H.S.F. : Histoire de la Société Française. L. Alphan et R. Doucet.

L.C.H.3. et 4. : La Classe d'Histoire en 3e, en 4e.

L.C.I. : La campagne d'Italie Maréchal Juin. Ed. Guy Victor, 1962.

L.D.G. : La Dernière Guerre. Ed. Alphée. Monaco.

L.D.R. : Le dossier Romanov. Anthony Summers. Tom Mangold. Albin Michel, 1980.

L.F.L. XIV : La France de Louis XIV. Culture, Art, Loisirs.

L.G.E.S.G.M. : Les Grandes Enigmes de la Seconde Guerre mondiale. Ed. St-Clair. Paris.

L.G.R. : Les Guerres de Religion. Pierre Miquel. Fayard, 1980.

L.G.T. : La Grande Terreur. Robert Conquest. Stock, 1970.

L.M.C. : Le Monde Contemporain. Hatier.

L.M.S.H. : Le Mémorial de Sainte-Hélène. Las Cases.

L.R.F.P.G. : La Révolution française. Pierre Gaxotte. Fayard.

L.S.E.O.A. : Le Second Empire. Octave Aubry. Fayard.

L.T.R. : Le temps des Révolutions. Louis Girard.

L. XIV.J.R. : Louis XIV. Jacques Roujon. Ed. du Livre Moderne, 1943.

M.A.B. : Mussolini, le Fascisme. A. Brissaud. Cercle Européen du Livre, Robert Langeac, 1976.

M.C.H. : Mussolini. Christopher, Hibbert. R. Laffont, 1963.

M.G.R. : Mythologie grecque et romaine. Classiques Garnier.

N.E.E. : Napoléon et l'Empire. Hachette, 1968.

N.E.L.G.I. : Napoléon et la Garde Impériale. Commandant Henry Lachouque. Ed. Bloud et Gay.

N.L.M. : Napoléon. Louis Madelin. Hachette.

P.C.H.F. : Précis chronologique d'Histoire de France. G. Dujarric. Albin Michel, 1977.

P.G.B. : Pétain. Georges Blond. Presses de la Cité, 1966.

V.C.A.H.U. : Vingt-cinq ans d'Histoire Universelle. Michel Mourre. Ed. Universitaires, 1971.

CHAPITRE II

NOSTRADAMUS : HISTORIEN

Les quatrains d'avertissement

I, 1.

Estant assis de nuict secret[1] estude,
Seul, reposé sur la selle[2] d'aerain?
Flambe[3] exiguë sortant de sollitude,
Fait prospérer[4] qui n'est à croire vain.

Traduction :

Assis, de nuit, étudiant seul dans un lieu retiré, posé sur un siège de bronze, une petite flamme sort de la solitude et fait réussir des choses (prédictions) qu'il ne faudra pas croire vaines.

L'histoire :

Plusieurs exégètes ont voulu à tout prix que Nostradamus ait été un « grand initié » et ait travaillé en groupe, secte, loge, atelier, etc. Or il dément formellement cette assertion dans ce premier quatrain de sa première Centurie en répétant deux fois en deux vers qu'il a été inspiré et a travaillé *seul*, dans son cabinet de travail à SALON.

Ce siège de bronze a prêté à de nombreuses interprétations ésotériques plus ou moins fantaisistes. Sans aller chercher midi à quatorze heures, il est plus simple de se référer à la symbolique chrétienne pour y trouver la recherche d'une certaine mortification corporelle. En s'asseyant sur un siège dur et travaillant de nuit, Nostradamus pouvait lutter contre la somnolence et garder l'esprit éveillé.

1. Latin : *secretum :* lieu retiré, retraite. D.L.L.B. **2.** Latin : *sella :* siège, chaise. D.L.L.B. **3.** De l'ancien français : flamme. D.A.F.L. **4.** Latin : *prospero :* je fais réussir, je favorise. D.L.L.B.

Quant à la petite flamme, elle est identique à celle qui descendit sur la tête des apôtres à la Pentecôte. Elle symbolise L'ESPRIT et donc l'inspiration divine.

I, 2.

La verge[1] en mains mise au milieu de Branches[2]
De l'onde[3] il moulle[4] et le limbe[5] et le pied,
Un peur[6] et voix fremissent par les manches[7],
Splendeur divine le divin près s'assied.

Traduction :

La baguette magique ou son symbole de médecin, le caducée de Mercure, en mains mis pour celui qui a le don de prophétie, du flot (de paroles) il modèle le tour et le pied (de ses vers); de quoi faire frémir de frayeur les débiles : splendeur divine, le divin s'assied à côté de lui.

Ce quatrain a également donné lieu à des interprétations magiques et ésotériques alors que dans la foulée du 1er quatrain il continue l'explication du comment de la prophétie qui va suivre. Et pour que son lecteur ne s'égare pas dans les hypothèses scabreuses quant à l'inspiration qui le fait écrire, Nostradamus, comme dans le quatrain précédent, répète deux fois ce qui est le plus important à savoir le mot divin; reprenant ainsi, comme un leitmotiv, ce qu'il affirmait déjà dans la lettre à César : « ... avec le secours de l'inspiration et de la révélation divines, en de continuelles veilles et supputations, j'ai rédigé mes prophéties ».

1. Latin : *virga :* branche mince, baguette magique, mais aussi caducée de Mercure. D.L.L.B. **2.** Branchus, prête d'Apollon qui tenait de ce dernier le don de prophétie. D.L.L.B. **3.** Latin : *unda :* eau en mouvement, flot. D.L.L.B. **4.** Latin : *mollire* qui a donné modeler (modler en ancien français). D.A.F.L. **5.** Latin : *limbus :* bordure, tour, lisière. D.L.L.B. **6.** Latin : *pavor :* substantif masculin : peur, frayeur. D.L.L.B. **7.** Ancien français : manchot, débile. D.A.F.L.

Legis cautio contra ineptos criticos[1]

Qui legent hosce versus nature censunto :
Prophanum vulgus et inscium ne attrectato :
Omnesque Astrologi, Blenni. Barbari procul sunto,
Qui aliter faxit, is, rite sacer esto.

Traduction :

Précaution de règle contre les sottes critiques.
Que ceux qui liront ces vers les jugent naturellement :
Que la foule profane et ignorante ne soit pas attirée :
Et que tous les Astrologues, les sots et les barbares s'éloi [gnent,
Que celui qui fait autrement soit justement sacré.

Il s'agit ici d'une série d'avertissements capitaux et tout particulièrement en ce qui concerne les Astrologues assimilés aux sots et aux barbares. L'on pourrait trouver une contradiction avec ce que Nostradamus écrit dans sa lettre à César quand il dit avoir utilisé l'astrologie judiciaire.

Cependant il n'y a rien là de contradictoire car l'Astrologie au XVIe siècle n'était autre chose que l'étude des astres et donc synonyme d'astronomie. Par contre au XXe siècle ces deux mots recouvrent des disciplines très différentes; il est donc bien évident que Nostradamus s'adresse aux astrologues modernes. J'illustrerai ce quatrain par l'exemple d'un livre écrit en 1938 par un « éminent » astrologue appliquant sa « science » à Nostradamus, à savoir Maurice Privat qui titrait ainsi son ouvrage : *1940, prédictions mondiales, année de grandeur française*[2].

Ce livre sortait de l'imprimerie quelques mois après celui de mon père dans lequel la guerre franco-allemande était annoncée !

1. Ce quatrain est le seul que Nostradamus ait écrit en latin. Il n'est pas numéroté et est situé dans l'œuvre entre le quatrain 100 de la VIe centurie et le quatrain I de la VIIe, soit exactement au milieu des XIIe centuries. **2.** Editions Médicis, Paris, 1938.

La révolte du duc d'Albe contre le pape Paul IV – 1557 Guerre entre le duc d'Albe et le duc de Guise – 1557

VII, 29.

Le grand Duc d'Albe se viendra rebeller[1],
A ses grands pères fera le tradiment[2] :
Le grand de Guise le viendra debeller[3],
Captif mené et dressé monnument[4].

Traduction :

Le grand duc d'Albe se révoltera et trahira les pères (de l'Eglise), il terminera la guerre par une victoire contre le duc de Guise, les prisonniers ayant été amenés et l'on se souviendra de lui.

L'histoire :

« Paul IV avait surpris des lettres du ministre d'Espagne à sa cour, qui rendait compte au *duc d'Albe* des levées de troupes de certains barons romains et de leurs dispositions à *la révolte*, pour peu qu'ils fussent soutenus par lui. Sur cette connaissance, non seulement il dépouille les uns et excommunie les autres, mais il fait même arrêter l'un des envoyés de l'Espagne. En vain le duc le redemande, en vain il offre des voies d'accommodement, le pape est sourd à toutes ces propositions. *Le duc fait alors entrer ses troupes sur les terres de l'Eglise* et prend possession des différentes villes dont il s'empare au nom du Saint-Siège et du pape futur... Le pape avait déjà un pressant besoin de l'appui de la France. La décision du conseil de France lui rendit bientôt toute sa hauteur, et il en donna un éclatant témoignage en faisant déclarer Philippe, roi d'Espagne, *rebelle* envers son suzerain, et, comme tel, déchu de son royaume de Naples. Philippe, de son côté, usait de tous les mauvais procédés qui pouvaient appeler la guerre avec la France. *L'échange des prisonniers* (captif mené), qui avait été le motif de la trêve, éprouvait chaque jour des retardements... Brusquement, le *duc de Guise*, à la tête d'une armée, passe les monts et s'avance jusqu'au Milanais pour se diriger immédiatement sur Naples. Le duc d'Albe, vice-roi n'ayant pas de troupes suffisantes devant une si puissante armée, fut d'abord embarrassé... Le duc de Guise, mal secondé, ne fit aucun progrès; l'armée de terre se ruinait en marches et en contremarches pour attirer le

1. Latin : *rebello :* je recommence la guerre, je me soulève, je me révolte. D.L.L.B. 2. Latin : *trado :* je trahis. D.L.L.B. 3. Latin : *debello :* je termine la guerre par une victoire. D.L.L.B. 4. Latin : *monumentum :* tout ce qui rappelle un souvenir. D.L.L.B.

duc d'Albe à une bataille; mais celui-ci avait compris que c'était vaincre que de rester sur la défensive contre un ennemi qui tente une invasion. Il ne put être forcé à intervertir le plan qu'il s'était formé, et tous les *honneurs* (dressé monument) de la campagne lui restèrent[1]. »

Mort d'Henri II – 10 juillet 1559

I, 35.

Le Lyon jeune le vieux surmontera,
En champ bellique[2] par singulier duelle,
Dans cage d'or les yeux lui crèvera,
deux classes[3] une puis mourir mort cruelle.

Traduction :

Le jeune lion l'emportera sur le vieux par un tournoi dans la lice. Il lui crèvera l'œil dans le heaume doré, dans l'un des deux combats, puis il mourra de mort cruelle.

L'histoire :

« Le troisième combat va commencer. Le roi monte un cheval qui appartient à Emmanuel-Philibert. Il est enchanté de la joyeuse ardeur témoignée par sa monture et le fait dire à son futur beau-frère, qui lui répond en lui demandant, au nom de la reine, " de ne plus travailler ", l'heure étant déjà " tardive et le temps extrêmement chaud ". Midi vient en effet de sonner, mais Henri répond qu'il est *tenant* et qu'à ce titre, selon l'usage, il doit courir trois courses. Déjà son adversaire est en selle. C'est le commandant de la garde écossaise : Gabriel de Lorges, comte de Montgomery. " Trompettes et clairons sonnent et fanfarent à tue-tête et étourdissements d'oreilles. " Les deux hommes ont pris du champ, puis foncent. Le choc est terrible, les deux lances se brisent, mais les combattants ne mordent pas la poussière. Le roi pourrait s'arrêter, mais veut rompre une nouvelle lance (deux classes une). " Sire, supplie Vieilleville, je jure, le dieu vivant qu'il y a plus de trois nuits que ne fais que songer qu'il doit vous arriver quelque malheur aujourd'hui, et que ce dernier juin vous est fatal. Vous en ferez comme il vous plaira. " Montgomery insiste lui aussi pour arrêter le combat, mais le roi décide de poursuivre. Le tenant et l'assaillant se précipitent l'un vers l'autre. A nouveau, le choc est terrible, les deux lances se brisent, cavaliers et montures ont du mal à retrouver leur aplomb. Arrivés au bout du couloir, les deux combattants font demi-tour. Henri II prend une nouvelle lance, mais Montgomery oublie de jeter le tronçon qu'il tient à la

1. H.F.A. **2.** Champ bellique : lice, palissade fermant l'espace destiné aux tournois. D.A.F.L. **3.** Latin : *classis :* armée, flotte, combat; *classe depugnare :* livrer un combat. D.L.L.B.

main. Contrairement à l'usage, et l'on ne sait pourquoi, les trompettes se sont tues. Les cavaliers drapés de fer repartent au grand galop, et l'on n'entend qu'un grand grincement d'acier et le martèlement des sabots sur le sable répandu sur la chaussée. Les spectateurs retiennent leur respiration, tous voient que le commandant de la garde écossaise a omis de jeter son arme brisée, il la tient toujours devant lui. Les deux hommes se heurtent une nouvelle fois, le morceau de lance de Montgomery glisse sur la cuirasse, soulève *la visière du casque* et pénètre dans la tête du roi... On transporte le roi aux Tournelles. La blessure est atroce. La lance est entrée par l'*œil* droit et sortie par l'oreille... Tandis que le roi *agonisait* (mort cruelle), Diane demeurait cloîtrée chez elle... Le 10 juillet au matin le roi expire[1]. »

La conjuration d'Amboise
Mars 1560

IV, 62.

Un coronel[2] machine[3] ambition[4]
Se saisira de la plus grande armée :
Contre son prince feinte invention
Et descouvert sera sous la ramée[5].

Traduction :

Des menées par intrigues pour s'emparer de la couronne conduiront à la saisie des principales forces militaires du pays. Contre son roi sera imaginée une ruse qui sera découverte sous la ramée.

L'histoire :

« Les protestants *complotèrent d'enlever* le roi au château d'Amboise pour le soustraire à l'influence des Guise. Un gentilhomme inconnu, La Renaudie, fut le chef nominal du complot, dont le chef secret était le Prince de Condé. Mais la conjuration d'Amboise fut découverte; *surpris dans les forêts voisines* (sous la ramée) les conjurés furent noyés, décapités, pendus jusqu'aux merlons du château[6]. »

« Le premier mouvement de fureur passé, on songea à donner une couleur de justice aux exécutions précédentes, en condamnant juridiquement quelques chefs des conjurés. Un des *plus considérables* fut Castelnau. Il s'était livré lui-même sur la foi de Jacques de Savoie, duc de Nemours. Celui-ci l'ayant investi, avec des forces très supérieures, dans le château de Noizai, *dépôt des armes* des conjurés, entra en pourparlers avec

1. H.F.A.C.A.D. **2.** Latin : *coronalis :* de couronne. D.L.L.B. **3.** Latin : *machina :* au figuré, ruse, artifice, intrigue. D.L.L.B. **4.** Latin : *ambitio :* brigue, menées. D.L.L.B. **5.** Latin : *raim :* branchage. D.A.F.L. **6.** H.F.A.M.

lui... Nemours fit le serment de le ramener en sûreté. Castelnau le suivit, mais il ne fut pas plus tôt à Amboise qu'on le mit dans les fers[1]. »

Le tumulte et la Guerre des Guise – 1560
La Guerre de Condé – 1562

XII, 62.

Guerres, débats[2], à Blois guerre et tumulte,
Divers aguets[3], adveux inopinables[4] :
Entrer dedans Chasteau Trompette[5], insulte[6],
Chasteau du Ha[7], qui en seront coupables.

Traduction :

Il y aura des guerres et des débats (états généraux) à Blois ainsi que du tumulte, diverses embuscades et d'incroyables aveux. On attaquera le Château-Trompette pour y entrer, mais ceux qui en seront coupables seront emprisonnés.

L'histoire :

« Pour avoir l'absolution de Calvin, il fallait rallier les princes du sang. Ils se gardaient de prendre parti, se contentant d'encourager en sous-main les opposants qui faisaient ainsi figure de *conspirateurs*. Condé, qui avait le moins à perdre, était le plus hardi. Bourbon ne bougeait pas. On trouva enfin un gentilhomme perdu de fortune, La Renaudie, pour prendre la tête d'un étrange *complot* qui voulait mettre les Guise en accusation pour crimes de concussion et de lèse-majesté! Condé accepta de prendre la tête du complot. Quand La Renaudie envoya dans les provinces des messagers incitant les gens fidèles au roi à se rassembler pour faire échec à la néfaste politique des Guise, des milliers d'hommes se mirent en route. En février 1560, un *immense tumulte* s'ébauchait à l'embouchure de la Loire. La Cour, qui était à *Blois*, crut prudent de se réfugier aussitôt dans le château d'Amboise.

« Condé, cependant, enrôlait, il avait le champ libre : Bourbon était l'otage de Catherine. Dans les régions, les Huguenots mobilisaient, la prise d'armes était générale. Cependant à Paris Condé hésite. Il est pris de court par Guise qui se précipite au château de Fontainebleau, ramène de force le roi et la reine à

1. H.F.A. **2.** Les états de Blois de 1576 furent un triomphe pour la Ligue. Les députés revendiquèrent les droits de la nation à l'administration de la chose publique, et ils votèrent la continuation de *la lutte* contre les protestants. Les seconds états de Blois de 1588 furent également un triomphe pour les Ligueurs, qui arrivèrent *plus violents* encore qu'en 1576, D.L. 7.V. **3.** Guet, embuscade. D.A.F.L. **4.** Latin : *inopinabilis :* inconcevable, incroyable. D.L.L.B. **5.** Forteresse célèbre qui s'élevait à Bordeaux au bord de la Garonne, démolie en 1785, D.L. 7.V. **6.** Latin : *insulto :* j'attaque, je brave. D.L.L.B. **7.** Ham : chef-lieu de canton de la Somme, célèbre château fort, construit en 1470 et qui sert de *prison d'Etat*. D.H.B. Exemple d'apocope.

Paris. Condé peut croire et faire dire qu'ils sont prisonniers. Mais Catherine multiplie les déclarations favorables aux Guise, dénonce les comploteurs huguenots. Les Guise doivent la laisser faire : elle prend la tête de leur parti... De Meaux, Condé a gagné Orléans qu'il a " libérée " avec une poignée de cavaliers. Toute la vallée de la Loire tombe entre ses mains. Les villes se donnent à lui, dans l'enthousiasme des *assemblées* (débats) réformées, très nombreuses à Tours, *Blois* et Angers. C'est la revanche du "*tumulte*" manqué. Dès le début d'avril, la prise d'armes gagne la province comme une traînée de poudre... Duras avait échoué, en 1562, quand il avait *tenté d'enlever*, sur ordre de Condé, le *château Trompette*. Montluc l'avait écarté de la ville. Après son intervention, les magistrats ou " jurats " avaient promis de " n'épargner ni leurs biens ni leur sang pour le service du roi et de la bonne religion ancienne, catholique et romaine ". La persécution avait éliminé physiquement les calvinistes les plus en vue. Les autres se tenaient cois ou revenaient au catholicisme[1]... »

Le roi de Navarre, Antoine de Bourbon, se livre au triumvirat 1561 Mort d'Antoine de Bourbon au siège de Rouen 1562

IV, 88.

Le grand Antoine[2] du nom de faict sordide,
De Phtyriase[3] à son dernier rongé :
Un qui de plomb[4] voudra estre cupide,
Passant le port d'esleu sera plongé.

Traduction :

Le grand Antoine du nom (Bourbon) (se livrera) à un acte sordide, à son dernier (jour) il sera rongé par la vermine, parce qu'il aura été un de ceux qui auront été cupides de plomb, en passant dans le port, il sera plongé (dans la tombe) par ceux qui l'auront choisi.

L'histoire :

« Pour attacher le roi de Navarre au triumvirat, le roi

1. L.G.R. **2.** Antoine de Bourbon, roi de Navarre, duc de Vendôme, né en 1518, devint en 1548 roi de Navarre par son mariage avec Jeanne d'Albret. A la tête de l'armée catholique, il eut à *combattre son propre frère*, Condé, qui était à la tête des protestants. Né au sein de la Réforme il s'attira la haine des protestants, en abandonnant leur culte; il fut *peu regretté des catholiques* eux-mêmes. D.H.B. **3.** Maladie pédiculaire, vermine. D.L.7.V. **4.** Sardaigne : Les richesses minérales sont abondantes : les mines, exploitées déjà par les Romains, donnent du *plomb*, de l'argent, du zinc et du fer. D.L.7.V.

d'Espagne, en dédommagement de la partie de Navarre qu'il retenait, promit le royaume de *Sardaigne*. On publia de cette île, de sa fertilité, de ses *ports*, de ses villes, les descriptions les plus pompeuses. On fit entendre aussi au faible *Antoine* que c'était le seul moyen de tirer de l'Espagne un équivalent des terres que cette monarchie lui retenait, que, s'attachant aux réformés, il se fermait pour jamais le chemin de la fortune. Ces considérations déterminèrent le roi de Navarre : il se lia ouvertement avec les Guise, se déclara sans réserve en faveur des catholiques... Il rompit aussi avec les calvinistes... »

« Le siège de *Rouen*[1] est fameux par la mort du roi de Navarre. Il y reçut une blessure, dont les chirurgiens n'eurent pas d'abord mauvaise opinion, mais, en peu de jours, son mal le conduisit au tombeau. Il y *descendit*, avec les flatteuses espérances que le roi d'Espagne lui avait données de posséder la Sardaigne; et l'idée agréable de la vie qu'il comptait mener dans cette île[2]. »

Mort de Nostradamus
2 juillet 1566

Présage 141.

De retour d'Ambassade, don de Roy mis au lieu
Plus n'en fera : sera allé à Dieu
Parans plus proches, amis, frères du sang,
Trouvé tout mort près du lict et du banc.

Traduction :

Rentré d'une visite et le don que lui fit le roi mis en lieu sûr, il ne pourra plus agir étant mort. Ses parents proches, ses amis, ses consanguins l'auront trouvé mort près de son lit et du banc.

L'histoire :

Ce célèbre quatrain où Nostradamus prédit sa mort se retrouve chez tous les exégètes.

En 1564 Nostradamus rendit visite à Charles IX qui lui offrit trois cents écus d'or. Sa famille et ses amis le trouveront mort près de son lit et au pied du banc où il avait l'habitude de s'asseoir.

Son œuvre était terminée.

Ce quatrain est le dernier de l'œuvre de Nostradamus puisqu'il est suivi des 58 sixains qui closent l'œuvre. Il est à noter que dans la lettre à César qui débute la prophétie, Nostradamus parlait déjà à son fils de « la corporelle extinction de ton progéniteur ».

1. Rouen : *port* sur la Seine à 120 kilomètres de la mer. D.L.7.V. **2.** H.F.A.

Le siège de Malte par les Turcs – 1565
Participation des Maltais
à la bataille de Lépante – 1571
Réunion de la flotte chrétienne
à Messine – 24 août 1571

IX, 61.

La pille faite à la coste marine,
Incita[1] nova[2] et parens amenez :
Plusieurs de Malte par le fait de Messine,
Estoit serrez seront mel[3] guerdonnez[4].

Traduction :

Le pillage fait sur les côtes maritimes, de nouvelles incursions et l'enlèvement de parents conduiront plusieurs hommes de Malte à participer à l'action de Messine. Ceux qui étaient assiégés seront récompensés de douceur.

L'histoire :

« En 1565, il ne pouvait plus y avoir de doute : à Constantinople, le vieux Soliman II préparait des armements gigantesques. L'objectif restait mystérieux. Mais *Malte* semblait le plus probable... Or, à l'aube du 18 mai, c'étaient cent trente-huit galères turques que les vigies signalaient à l'horizon. Commandées par Piali Pacha, elles transportaient un corps de débarquement de plus de trente-huit mille hommes avec cinquante canons sous les ordres de Mustafa Pacha... Enfin le 26 août l'expédition de secours quitte Syracuse. Les Turcs sans tenter davantage le sort commencèrent leur rembarquement. Le 12 septembre, les derniers bâtiments musulmans avaient quitté les eaux de Malte. Le grand *siège* (serrez) était terminé. Il avait semblé que du sort de Malte dépendait celui de tout l'Occident... La victoire de Malte marque le début du déclin maritime de la Turquie. On n'en eut pas le sentiment tout de suite, et l'on craignit encore pendant les années suivantes un retour offensif du Musulman. Mais six ans après le siège de Malte, la grande victoire remportée à Lépante, dans le golfe de Corinthe, le 7 octobre 1571, par la Sainte Ligue (à laquelle collaborèrent quatre galères de l'*Ordre de Malte*) vint montrer d'une manière éclatante que le Turc avait perdu la domination de la Méditerranée : deux cent trente bateaux de guerre turcs pris ou détruits, trente mille tués ou blessés, trois mille prisonniers, quinze mille esclaves chrétiens libérés (parens amenez). On décida alors la construction d'une ville neuve entourée de fortifications gigan-

1. Latin : *incitus :* poussé, lancé, impétueux. D.L.L.B. **2.** Latin : *novus :* nouveau. D.L.L.B. **3.** Latin : *mel :* miel, chose douce. D.L.L.B. **4.** Récompenser. D.A.F.L.

tesques. Tous les souverains catholiques envoyèrent des *dons*, le Roi de France souscrivit la plus grosse somme, 140000 livres (mel guerdonnez)[1]. »

« La bataille de Lépante : toute la noblesse italienne et espagnole accourt pour se ranger sous la bannière de Don Juan d'Autriche. Le rendez-vous a été fixé à *Messine.* De Gênes, ce sont 25 galères qui lèvent l'ancre, commandées par les plus illustres patriciens... Arrivé à *Messine* le 24 août avec 90 galères espagnoles, Don Juan en repart le 16 septembre. Il écrit au roi qu'il a pris la décision de partir à la recherche de la flotte turque[2]... »

La prise de Chypre par les Turcs – 1571
Le sac de l'île

XII, 36.

Assault farouche en Cypre se prépare,
La larme à l'œil[3], de ta ruine proche :
Bysance classe, Morisque si grand tare;
Deux différents le grand vast par la roche.

Traduction :

Un assaut farouche se prépare contre Chypre, qui s'apprête à pleurer car sa ruine est proche, par la flotte turque; l'Islam fera de très grands dégâts, et deux (armées) différentes dévasteront ces lieux rocheux.

L'histoire :

« La puissance turque ascendante alarme la République de Venise qui, pour conserver ses possessions, veut garder la plus stricte neutralité. Mais elle ne le pourra pas. En 1566, les Turcs occupent l'île de Chio. En 1567, ils s'emparent de Naxos. Le sultan Sélim II devient de plus en plus arrogant envers les Vénitiens, *il ne cache plus son intention d'occuper Chypre.* En 1570, il envoie à Venise un ambassadeur qui demande la cession de l'île pour des raisons de sécurité et de voisinage géographique. Mais le Sénat de la République rejette avec mépris cette demande, et fait savoir à l'ambassadeur que Venise tient à garder Chypre à tout prix. A partir de ce moment commence le *Conflit armé.* Le sultan, offensé par la réponse négative des Vénitiens, donne l'ordre à Lala Mustafa, chef de son armée, de *préparer une expédition contre Chypre,* et quelques mois plus tard, le 1er juillet 1570, *la flotte turque* débarque dans le port de Larnaca qu'elle occupe sans résistance. Mais les Vénitiens ont réservé leurs forces pour la défense de Nicosie, la capitale, et de Famagouste, le principal port.

1. H.D.M.J.G. 2. « Lépante, une bataille de géants pour sauver l'Occident »; André Thévenet, in *Historama.* 3. Avoir la larme à l'œil : être sur le point de pleurer. D.L.7.V.

Les Turcs, malgré leurs assauts successifs, ne réussissent pas à abattre les Vénitiens, et proposent alors à leurs adversaires la reddition volontaire de la ville que les défenseurs rejettent sans discussion. Alors, les assiégeants, renforcés par l'armée de Piali Pacha qui vient de débarquer, reprennent leurs assauts. Dès les premiers jours de septembre, la position des Vénitiens devient de plus en plus désespérée et, le 9 septembre, Nicosie capitule. Le drapeau portant le croissant est hissé sur les remparts. Pendant trois jours, *tout est pillé, le massacre des Chrétiens est général,* la cathédrale de Sainte-Sophie est convertie en mosquée.

En avril 1571, Mustafa, dont l'armée avait été renforcée par des troupes arrivées de Syrie et d'Asie Mineure (deux différents), commence le siège du dernier bastion vénitien à Chypre. Dans la ville assiégée, Marc-Antoine Bragadino, son vaillant commandant, luttera jusqu'au bout avec ses 7000 hommes.

Vers le commencement du mois d'août, ils décident de proposer à Mustafa la reddition de Famagouste à des conditions honorables que Mustafa accepte.

Mais, lorsque Bragadino arrive à son quartier général, Mustafa ne tient point sa parole: il arrête Bragadino, l'enchaîne et le force à assister au supplice de ses gentilshommes, avant d'être écorché vif[1]. »

La bataille de Lépante - 7 octobre 1571

III, 64.

Le chef[2] de Perse remplira grands Olchades[3]
Classe trirème[4] contre gent mahométique
De Parthe et Mede[5], et piller les Cyclades[6]
Repos longtemps au grand port Ionique[7].

Traduction :

Le schah de Perse remplira de grands navires, quand une flotte romaine ira contre les musulmans à cause de celui qui sera comme un Parthe et un Mède, et du pillage des Cyclades; ce qui assurera la tranquillité pour longtemps en Ionie.

L'histoire :

« C'est dans les eaux du golfe de Lépante qu'a lieu en 1571

1. H.D.C.A.E. **2.** *Schah* : du persan : roi, souverain. D.L.7.V. **3.** Ὀλκας,αδος: vaisseau de transport; par extension : navire quelconque. **4.** Trirème ou trière : vaisseau de guerre à trois rangs de rames superposés. Elle fut adoptée par toutes les marines grecques. La trière resta toujours le type ordinaire du vaisseau de guerre. Les Romains l'adoptèrent en lui donnant le nom de trirème. D.L.7.V. **5.** La Parthie, la Médée et la Perse étaient des provinces de l'Empire perse qui s'étendait à l'ouest jusqu'à la Turquie. **6.** Groupe des îles de la mer Égée. **7.** Ionie : contrée de l'Asie Mineure, comprenant d'une manière générale le littoral de la mer Égée entre les golfes de Smyrne au nord et de Mendelie au sud. D.L.7.V.

une grande bataille navale, où les flottes combinées de Venise, de l'Espagne et du pape, commandées par don Juan d'Autriche, battirent celle des Turcs, qui y perdirent, dit-on, 200 galères et 30000 hommes, et furent, par cette défaite, *arrêtés dans leurs envahissements.* »

« Sélim II, dit l'ivrogne, sultan ottoman, 1566-1574, succéda à son père Soliman II, enleva l'île de Chypre aux Vénitiens, perdit la même année la bataille de Lépante, et mourut de *débauche.* Il ouvrit la série des sultans efféminés et sans gloire[1]. »

« L'orgueil, la cruauté, la fourberie des Parthes étaient proverbiales. Le roi et les grands avaient adopté de bonne heure les habitudes fastueuses, *les vices et la corruption* des monarques orientaux[1]. »

« *La faiblesse* des princes mèdes encouragea les insurrection[1]. »

Don Juan d'Autriche commande la flotte chrétienne à Lépante – 1571 Combat les rebelles aux Pays-Bas – 1578

VI, 75.

Le grand Pilot sera par Roy mandé,
Laisser la classe pour plus haut lieu attaindre :
Sept ans après sera contrebandé,
Barbare armée viendra Venise craindre.

Traduction :

Le grand chef de la flotte sera nommé par le roi. Il laissera la flotte pour atteindre un lieu plus au nord. Sept ans plus tard il se battra contre des bandes (rebelles). L'armée musulmane aura à craindre Venise.

L'histoire :

« La Sainte Ligue, constituée sur l'initiative du pape Pie V avec *Venise* et l'Espagne, réussit du moins à venger le désastre de Chypre, prise par les Turcs le 1er août 1571. Don Juan d'Autriche et Sébastien Venier réussirent pleinement à barrer la route de l'Ouest aux navires turcs, en écrasant la flotte turque à Lépante (7 octobre 1571)[2]. »

« *Philippe II,* fils et successeur de Charles-Quint en Espagne, chargea Don Juan d'Autriche, fils naturel de Charles-Quint (sera par roy mandé), en 1570, de comprimer un soulèvement des Maures de Grenade. Choisi en 1571 par les princes chrétiens pour commander *la flotte* (le grand Pilot) qu'ils envoyaient contre les Turcs, il gagna la célèbre bataille de Lépante, où les

1. D.H.C.D. 2. H.D.V.F.T.

Turcs perdirent trente mille hommes et près de 200 bâtiments. En 1573, il s'empara de Tunis, mais il reperdit cette place l'année suivante. En 1576, il fut envoyé par Philippe II dans les Pays-Bas insurgés (plus haut lieu) et défit les rebelles (contre-bandé) dans la plaine de Gembloux (janvier 1578)[1]. Il mourut peu de mois après près de Namur, emporté par une fièvre maligne[2]. »

Le massacre de la Saint-Barthélemy
24 août 1572

Sixain 52.

La grand Cité qui n'a pain qu'à demy
Encore un coup la Sainct Barthelemy
Engravera au profond de son âme
Nismes, Rochelle, Genève et Montpellier
Castres, Lyon; Mars[3] entrant au Bélier[4],
S'entrebatront le tout pour une dame.

Traduction :

Paris qui souffre de pénurie, au second coup (de cloche), gravera dans ses annales la Saint-Barthélemy. Nîmes, La Rochelle, Genève, Montpellier, Castres et Lyon seront le théâtre de combats à cause d'une dame, la guerre (de religion) commençant (au son de) la cloche.

L'histoire :

« La guerre civile ne profite jamais qu'à l'étranger. Charles IX et sa mère, dénués d'argent, avaient déjà mendié les secours du roi d'Espagne et du duc de Savoie[5]. »

« La réconciliation paraissait se faire entre les deux partis. Les gentilshommes protestants revinrent en grand nombre à la cour. Charles IX avait appelé à son conseil l'amiral de Coligny... Cette faveur de Coligny devait être fatale aux protestants. *Catherine de Médicis* dont l'influence diminuait crut que le pouvoir allait lui échapper. Elle venait de signer un édit analogue à l'édit d'Amboise qui accordait aux protestants *quatre places de sûreté* où ils purent mettre garnison (1570). Elle s'entendit avec le duc Henri de Guise pour se débarrasser de Coligny par un meurtre... Catherine projeta alors, de concert avec Guise, un massacre général des chefs protestants[6]. »

« La cloche de Saint-Germain-l'Auxerrois devait donner le signal à trois heures, dans la nuit du 24 août. On n'attendit pas jusque-là. *A deux heures* (encore un coup) *la cloche* s'ébranla et, un peu plus tard, le tocsin de toutes les églises y répondit[6]. »

1. 1571-1578 : sept ans. **2.** D.H.B. **3.** Dieu de la guerre : symbole des combats et des luttes et des massacres. **4.** Bélier : clochette, parce que le bélier, chef du troupeau, porte à son cou le grelot qui sert au *ralliement.* D.L.7.V. **5.** H.F.P.G. **6.** H.F.A.M.

« L'exemple de Paris fut imité dans *un grand nombre de villes.* Le nombre total des victimes fut d'environ *huit mille*[1]. »

La Saint-Barthélemy. L'assassinat de Coligny 24 août 1572 Le défenseur de Saint-Quentin – 1557

IV, 8.

La grand Cité d'assaut prompt et repentin[2]
Surprins de nuict, gardes interrompus[3] :
Les excubies[4] et veilles Sainct Quintin
Trucidez[5] gardes et les portails rompus.

Traduction :

Paris, par un assaut rapide et imprévu, sera surpris la nuit, les gardes ayant été interceptés. Les gardes et vigiles de Saint-Quentin ayant été massacrés et les portes de la ville enfoncées.

L'histoire :

« Deux choses recommandent à jamais son nom (amiral Coligny) : sa première action de guerre : *la défense de Saint-Quentin*[6]... »

« La Saint-Barthélemy : la municipalité de Paris était prête. Le prévôt des marchands, mandé au Louvre, reçut l'ordre du roi de *fermer les portes...* La cloche de Saint-Germain-l'Auxerrois devait donner le signal à trois heures, *dans la nuit* du 24 août, fête de la Saint-Barthélemy... Un Allemand, Besme, entra le premier dans la chambre. Coligny était debout... Besme lui plongea son épée dans la poitrine[6]. »

« Philibert-Emmanuel, duc de Savoie, se porta tout à coup sur *Saint-Quentin* où sept mille Anglais le rejoignirent. L'amiral de Coligny s'y jeta avec sept cents hommes... Philibert-Emmanuel l'attaqua et le défit complètement... Il y avait plus de *dix mille morts* ou blessés (10 août 1557)[6]. »

« Coligny s'enferma dans Saint-Quentin, assiégé par les Espagnols, et sa valeureuse défense donna le temps au pays de s'armer derrière lui[7]. »

1. H.F.V.D. **2.** Latin : *repentinus :* subit, soudain, imprévu. D.L.L.B. **3.** Latin : *interrumpere :* intercepter. D.L.L.B. **4.** Latin : *excubiae :* gardes, factions. D.L.L.B. **5.** Latin : *trucidare :* massacrer, égorger. D.L.L.B. **6.** H.F.V.D. **7.** D.L.7.V.

Assassinat de l'amiral Coligny 24 août 1572

III, 30.

Celui qu'en luitte et fer au fait bellique
Aura porté le plus grand que lui le pris:
De nuict dans lict six lui feront la picque,
Nud sans harnois[1] subit sera surpris.

Traduction :

Celui qui aura lutté par les armes dans la guerre et aura soutenu un plus grand que lui sera pris : la nuit six le transperceront dans son lit, et il sera surpris subitement nu, sans vêtements.

L'histoire :

« Gaspard de Châtillon, sire de Coligny, amiral de France, après s'être distingué dans *plusieurs campagnes*, fut nommé en 1552 par Henri II colonel-général et amiral; il contribua au gain de la *bataille* de Renty et défendit Saint-Quentin contre les Espagnols. Après le traité de paix conclu à Saint-Germain en 1570, il reparut à la cour et fut accablé de caresses comme tous ceux de son parti. Mais le massacre de la Saint-Barthélemy se préparait et l'amiral en fut une des premières victimes[2]. »

« Le vindicatif Guise avait à peine attendu le signal pour se rendre chez l'amiral. Trois colonels des troupes françaises, accompagnés de Petrucci, Siennois, et de Besme, Allemand, montent précipitamment l'escalier... Besme lui plonge son épée dans le corps; *mille coups* suivent le premier et l'amiral tombe nageant dans son sang. Aux cris, aux hurlements, au vacarme épouvantable qui se fit entendre de tous côtés, sitôt que la cloche du palais sonna, les calvinistes sortent de leur maison à demi *nus*, encore endormis et sans *armes*[3]. »

La guerre des politiques – 1574-1575 entre Henri III et le duc d'Alençon

VI, 11.

Des sept rameaux à trois seront réduicts,
Les plus aisnez seront surprins par morts,
Fraticider les deux seront séduicts,
Les conjurez en dormant[4] seront morts.

1. Art militaire : *armure* de fer que portait l'homme d'arme du XVe au XVIIe siècle... On en portait encore sous le règne de Charles IX et même sous celui d'Henri III, comme le firent *les Huguenots* à la bataille de Coutras. D.L.7.V. **2.** D.H.B. **3.** H.F.A. **4.** Latin : sens figuré : être inactif, désœuvré. D.L.L.B..

Traduction :

Lorsque des sept rejetons, il n'en restera que trois. Les aînés étant morts, deux (des trois) se livreront un combat fratricide, les conjurés mourront réduits à l'inaction.

L'histoire :

La mort des 4 premiers enfants d'Henri II :
- François II mort en 1560
- Élisabeth morte en 1568
- Claude morte en 1573
- Charles IX mort en 1574.

Il reste donc en 1574 trois enfants d'Henri II :
- Henri III
- Marguerite (la reine Margot)
- Le duc d'Alençon.

« Entre les catholiques exaltés et les protestants fanatiques, il s'était formé un nouveau parti, celui des POLITIQUES... Le frère du roi, le duc d'Alençon, en avait pris la conduite... Le nouveau roi s'irrita des menées de son *frère* et il *songea à se défaire de lui*[1]. »

« *Au moment décisif* le duc d'Alençon dévoila tout[1]. »

« La Mole, favori du duc d'Alençon, le comte piémontais Coconasso, autre affidé du duc, furent *condamnés à mort* et exécutés[2]. »

Cinquième guerre de religion 1574-1576

III, 98.

Deux Royals frères si fort guerroyeront,
Qu'entre eux sera la guerre si mortelle,
Qu'un chacun places fortes occuperont,
De règne[3] et vie sera leur grand querelle.

Traduction :

Deux frères de sang royal se feront une telle guerre qu'ils en mourront tous les deux. Ils occuperont chacun des places fortes et se querelleront pour le pouvoir et pour la vie.

L'histoire :

« La couronne passa au dernier fils d'Henri II, Henri, duc d'Anjou... Le royaume avec un tel roi tomba bientôt dans la plus complète anarchie. Les Huguenots recommencèrent *la guerre* dès 1574; ils avaient cette fois pour alliés un groupe de seigneurs catholiques, partisans de la paix religieuse, qui se rangeaient autour du dernier *frère* d'Henri II, le duc d'Alençon;

1. H.F.V.D. 2. D.L.7.V. 3. Latin : *regnum :* gouvernement monarchique, pouvoir absolu. D.L.L.B.

on les appelait les "politiques" ou les "malcontents". Avec 30000 hommes les protestants et les malcontents marchèrent sur Paris et forcèrent Henri III à signer l'édit de Beaulieu (1576)[1]. »

« Le duc d'Anjou, mis à la tête de l'armée de la Loire, se reposa après la prise de La Charité et d'Issoire, et Henri III profita de ces médiocres succès pour faire avec les Huguenots la paix de Bergerac qui accordait aux protestants huit *places de sûreté*[2]. »

L'origine de la Ligue
L'assassinat du duc de Guise
23 décembre 1588

III, 51.

Paris conjure[3] un grand meurtre commettre
Blois le fera sortir en plein effect :
Ceux d'Orléans[4] voudront leur chef remettre,
Angiers, Troyes, Langres, leur feront grand forfait.

Traduction :

A Paris on projette par complot de commettre un grand meurtre qui prendra un plein effet à Blois; ceux qui tiendront Orléans (les protestants) voudront remettre sur le trône leur chef, (les ligueurs) d'Angers, Troyes et Langres leur feront un grand forfait.

L'histoire :

« La Ligue fut une association catholique formée en France par le duc Henri de Guise dès 1568. Elle avait comme but avoué la défense de la religion catholique contre les Huguenots. Bien qu'il y ait eu dès le commencement de la lutte des unions locales de défense contre le mouvement de réformation (en 1563 à Toulouse, en 1565 à *Angers*, en 1567 à Dijon, en 1568 à *Troyes* et à Bourges, on peut voir en elle l'origine de la confédération dont le maréchal d'Humières prit l'initiative en Picardie au lendemain de l'édit de Beaulieu (1567)... Henri III, dès l'origine, s'était proclamé chef de la Ligue; mais ce fut le duc Henri de Guise, dit le Balafré, qui en prit presque aussitôt la direction réelle, et la fit servir à ses *desseins* de détrôner le roi à son profit, surtout après la mort de l'héritier présomptif, le duc d'Anjou, qui livrait *la promesse de cette royale succession au roi*

1. H.F.A.M. 2. H.F.V.D. 3. Comploter, projeter par complot. D.L.7.V. 4. « Henri Ier de Lorraine, duc de Guise, le Balafré, fils aîné de François de Guise, né en 1550, fut témoin du meurtre de son père dans les murs d'*Orléans*, et voua dès ce moment une haine implacable aux protestants... C'est lui qui commença *le massacre de la Saint-Barthélemy* en ordonnant le meurtre de l'amiral (1572). »

de Navarre (le futur Henri IV)... La journée des Barricades faillit décider d'un changement de dynastie. Le coup fut manqué par suite d'un défaut de détermination du duc de Guise; mais le roi chassé de sa capitale ne sut trouver que dans *l'assassinat,* aux états généraux de Blois, du redoutable *factieux* et de son frère (1588) un remède à la désaffection qui allait croissant. »

Henri III, et Henri de Guise assassiné le 23 décembre 1588

III, 55.

En l'an qu'un œil[1] en France régnera,
La Cour sera en un bien fascheux trouble.
Le Grand de Bloys son amy tuera,
Le regne mis en mal et doubte double.

Traduction :

L'année où le pouvoir en France sera partagé en deux la cour sera dans un trouble bien fâcheux; le roi tuera son ami à Blois, le pouvoir sera mis à mal à cause d'un double doute.

L'histoire :

« Le chef de la Ligue désigné d'avance, Henri de Guise, portait ses *vues* plus loin. La Ligue devait être pour lui le marchepied du trône... Mais, la conduite du roi gâtait les meilleurs actes, d'impitoyables pamphlets dévoilaient les turpitudes de cette *cour licencieuse et féroce* où le meurtre alternait avec les plaisirs... Les États généraux réunis dans la ville de *Blois* le 6 décembre 1576 montrèrent à Henri III l'étendue du danger... Chose singulière, ces temps déplorables virent s'accomplir d'importantes réformes législatives. L'ordonnance de Blois (1579) renferme de libérales dispositions pour le droit civil. »

« La mort du duc d'Anjou, frère et héritier de Henri III avait rallumé toutes les passions religieuses et politiques. Jusque-là on n'avait pas songé, si ce n'est vaguement, qu'un Bourbon, un hérétique relaps, pût devenir l'héritier des Valois; maintenant le danger existait, car Henri III, le dernier survivant des fils d'Henri II, *n'avait point de postérité.* »

« Tuer le duc de Guise, ce n'était pas tuer la Ligue. A la nouvelle de sa mort, il y eut à Paris un moment de stupeur, puis *la fureur éclata.* La Sorbonne décréta que le peuple français était délié du serment de fidélité prêté à Henri III. Il était difficile d'ébranler *la fidélité monarchique du Parlement, on l'épura.* »

« Henri III ne s'était point sauvé par le guet-apens de *Blois,*

1. Pouvoir : comme on dit l'œil du maître.

mais il avait sauvé la fortune du roi de Navarre, dans les bras duquel il fut réduit à se jeter. Avant la dernière tragédie, le Béarnais avait été en de cruels *embarras*[1]. »

Assassinat d'Henri III – 2 août 1589 et des Guise – 23 et 24 décembre 1588

IV, 60.

Les sept enfants[2] en hostage laissez
Le tiers[3] viendra son enfant trucider,
Deux par son fils seront d'estoc[4] percez,
Gennes, Florence viendra enconder[5].

Traduction :

Les sept enfants laissés en otage (par Henri II), celui du Tiers (– ordre) viendra tuer son enfant (Henri III). Deux (personnages) seront percés de coups d'épée par son fils (d'Henri II), les villes près de Gênes et Florence ne seront plus mises en réserve.

L'histoire :

« Lorsque Marie Stuart apparaît aux fêtes du sacre de son époux François II avec les bijoux arrachés à Diane, c'est le signe que, pour longtemps, le véritable souverain est Catherine de Médicis[6]. »

« La veille au matin, un jeune frère du couvent des *dominicains*, Jacques Clément, sortit de Paris et se dirigea vers Saint-Cloud... Conduit au roi, l'assassin tira un couteau de sa manche et le lui plongea dans le bas-ventre[7]. »

« Les premiers actes d'Henri III montrèrent ce qu'il fallait attendre de lui. A Turin il paya avec une prodigue magnificence l'hospitalité du duc de Savoie, en lui rendant *Pignerol et Savigliano* (près de Gênes) et *Pérouse* (près de Florence)[7]. »

« Henri leur distribua les poignards... Un des quarante-cinq le saisit par le bras et lui enfonça son *poignard* dans le sein... Tous les poignards se levèrent aussitôt... Ah! s'écrie le cardinal en entendant le bruit, on tue mon frère. Le maréchal d'Aumont le fit emmener, le lendemain on le tua à coups de hallebarde[7]... »

1. H.F.V.D. **2.** Du mariage avec Catherine de Médicis sont nés dix enfants, dont deux mort-nés et un garçon mort prématurément. Les autres sont : L'aîné, le futur époux de Marie-Stuart, François II né en 1544; Elisabeth, l'épouse de Philippe II, née en 1545; Claude, duchesse de Lorraine, née en 1547; Charles IX né en 1549; Alexandre, futur Henri III, né en 1551; Marguerite, la reine Margot, épouse de Henri IV, née en 1553; Hercule-François duc d'Alençon né en 1555. E.U. **3.** *Tiers-Ordre :* nom donné aux séculiers, même mariés, qui s'attachaient à certains ordres religieux (Franciscains, Augustins, *Dominicains*). On les appelait aussi Tiercelins et Tiertiaires. D.H.C.D. **4.** *Estoc :* épée longue et droite. D.A.F.L. **5.** Latin : *inconditus :* non créé, non mis en réserve. D.L.L.B. **6.** E.U. **7.** H.F.V.D.

Henri IV, roi – 1589
Absolution du pape Clément VIII – 1595

X, 18.

Le grand Lorrain fera place à Vendosme[1],
Le haut mis bas et le bas mis en haut,
Le fils d'Hamon[2] sera esleu dans Rome
Et les deux grands seront mis en défaut.

Traduction :

Charles de Lorraine cédera la place à (Henri IV) duc de Vendôme. Celui qui était haut fera sa soumission, celui qui était soumis sera roi. Le fils du huguenot sera élu à Rome et les deux grands (de sang royal) ne régneront pas.

L'histoire :

« Charles de *Lorraine,* duc de Guise, fut arrêté après le meurtre de son père, quoiqu'il n'eût que 17 ans, et détenu à Tours. Il parvint à s'échapper en 1591 et prit d'abord les armes contre Henri IV, mais il fit bientôt après sa *soumission*, et reçut le gouvernement de la Provence[3]. »

« Clément VIII dépêche en Espagne un cardinal pour amener Philippe à souffrir sans obstacle la réconciliation du roi (Henri IV)... Le Saint-Père déclara que la matière était assez importante pour qu'on la discutât plus mûrement qu'une autre, et qu'il ne croyait pas pouvoir mieux y parvenir qu'en écoutant chaque cardinal en secret. Par là le pape se rendait maître des *suffrages...* Pendant ces délibérations, on faisait dans *Rome* des prières publiques par ordre du pape... On lut la requête du roi et les conditions de l'absolution, que du Perron et d'Ossat, au nom du prince, promirent d'observer. Ils abjurèrent ensuite, selon la formule prescrite, les erreurs contraires à la foi catholique[4]. »

« Mayenne (cousin d'Henri IV) attendait l'absolution du pape pour faire sa soumission. Son neveu, le *duc de Guise*, fit mieux encore : il reconquit la Provence et Marseille sur le duc de Savoie, les troupes de Philippe II et des traîtres[5]. »

1. Comté érigé en 1515 en duché-pairie par François Ier en faveur de Charles de Bourbon, grand-père de Henri IV. Celui-ci donna le titre de duc de *Vendôme* à l'un de ses fils qu'il avait eu de Gabrielle d'Estrée. D.H.B. **2.** Amon : roi de Juda, fils de Manassé, imita les impiétés de son père et fut *assassiné* par ses propres serviteurs. D.L.7.V. **3.** D.H.B. **4.** H.F.A. **5.** H.F.V.D.

Le siège de Paris par Henri IV – 1589-1594
son sacre à Chartres – 27 février 1594
son entrée dans Paris – 22 mars 1594

IX, 86.

Du bourg Lareyne parviendront droit à Chartres
Et feront près du pont Anthoni[1] pause :
Sept pour la paix cauteleux[2] comme martres[3]
Feront entrée d'armée à Paris clause[4].

Traduction :

Depuis Bourg-la-Reine (Henri IV et les siens) parviendront droit à Chartres et feront une pause près d'Anthony (à Etampes), et, grâce à sept (personnes) prêtes à devenir martyrs, et qui comploteront pour ramener la paix, ils entreront dans Paris qui avait été fermé.

L'histoire :

« Le 1er novembre 1589, Henri IV est à *Montrouge*, Issy et Vaugirard. Il risque d'emporter la rive gauche... La porte de Saint-Germain résiste. Le roi n'insiste pas. Puis il abandonne de nouveau le siège, marchant cette fois sur le Sud. La prise d'*Etampes* lui permettait de compléter l'encerclement de la capitale. Le roi lui-même avait occupé (pause) la Beauce : les Parisiens n'auraient plus de blé...

« En 1593, Henri IV, de la butte *Montmartre*, peut regarder Paris, les privilégiés du royaume, impatients de retrouver leur aise, lui ont déjà livré la ville...

« Orléans, Bourges se rallient. Les villes de Picardie sont mûres. Pour précipiter les adhésions, Henri IV sait qu'il doit frapper les imaginations, apparaître comme le roi véritable, dans les ornements du sacre. Reims est aux Guise : c'est à *Chartres*, où sa famille possède une chapelle, qu'il se fera sacrer... Le 27 février 1594, l'antique cérémonial commence... Les conditions inhabituelles du sacre ne lui ont aucunement nui : désormais le roi de Navarre est véritablement roi de France. Les Espagnols ne peuvent plus rien contre lui. Et Paris doit se rendre. Le 22 mars 1594, moins d'un mois après le sacre, le roi *y fait son entrée.* Un *complot* lui a livré la ville. Les conjurés ? *Charles de Cossé,* comte de Brissac, gouverneur. *Jean L'Huillier,* prévôt des marchands. *Martin Langlois*, avocat au Parlement, et le premier président *Le Maistre. La duchesse de Neumours,* mère du Neumours de Lyon et de Mayenne, a été informée. " Il paraît clair, dit Cazaux, que *Mayenne* a consenti

1. Bourg-la-Reine et Anthony se trouvent sur l'axe Montrouge-Étampes. **2.** Cauteler : tramer, machiner. D.A.F.L. **3.** Forme populaire issue de *martyrem.* Resté dans Montmartre, mont des martyrs. D.A.F.L. **4.** Latin : *clausum*, participe passé de *claudo :* je ferme. D.L.L.B.

à la reddition de la Capitale. " Dans la nuit du 21 au 22, Brissac et L'Huillier vont eux-mêmes à la porte Neuve pour la faire débloquer par les soldats : elle était *bouchée* (clause) par de hauts talus. La porte Saint-Denis est également dégagée. Un détachement de mille hommes, conduits par *Saint-Luc* (sept), entre aussitôt[1]. »

Le pouvoir d'Henri IV contesté Sa légitimation par Henri III – 1er août 1589 Cambrai prise par Henri III perdue par Henri IV 1581 et 1595

X, 45.

L'ombre[2] du règne de Navarre non vray,
Fera la vie de fort illégitime,
La veu promis incertain de Cambrai,
Roy Orléans[3] donra mur[4] légitime.

Traduction :

L'apparence du règne (d'Henri) de Navarre ne sera pas réelle et rendra l'activité de ce brave, illégitime. Ce qui avait été promis à Cambrai sera vu incertain (Henri III) duc d'Orléans le légitimera par son soutien.

L'histoire :

« On crut d'abord que la blessure d'Henri III ne serait point mortelle; mais bientôt la fièvre violente saisit le malade et annonça une fin prochaine. Henri de *Navarre* se rendit auprès de lui. " Mon frère, dit le roi, vous voyez comme vos ennemis et les miens me traitent : soyez certain que vous ne serez jamais roi si vous ne vous faites catholique. " Puis se tournant vers ceux qui l'entouraient : " Je vous prie, leur dit-il, comme mes amis, et vous ordonne comme votre roi de reconnaître après ma mort mon frère que voilà; prêtez-lui serment en ma présence " (donra mur légitime). Tous jurèrent.

« Vous êtes le roi des *braves* (fort), avait dit à Henri un des seigneurs catholiques. Malgré cette loyale parole, beaucoup de catholiques s'éloignèrent; pour retenir les autres, Henri s'engagea solennellement, dans une assemblée des principaux seigneurs, à maintenir dans son royaume la religion catholique... A Paris, on était d'accord sur la religion, mais non sur les personnes[5]. »

1. L.G.R. **2.** Latin : *umbra :* simulacre, apparence. D.L.L.B. **3.** Henri III fut duc d'*Orléans* (1560) puis duc d'Anjou (1566), avant de succéder à son frère Charles X, décédé le 31 mai 1574. E.U. **4.** Fig. : défense, appui, soutien. D.L.7.V. **5.** H.F.V.D.

« Cateau-Cambrésis : il y fut signé en 1559 un traité entre Henri II, roi de France, et Philippe II, roi d'Espagne; la France recouvrait Saint-Quentin et Ham; la possession de Calais et celle des trois évêchés (Metz, Toul et Verdun) lui étaient assurées. En 1581, les Français prirent le *Cambrésis;* les Espagnols le leur enlevèrent en 1595 (incertain). Repris en 1677, il fut définitivement assuré à la France, en 1678, par le traité de Nimègue[1]. »

La conversion d'Henri IV – 23 juillet 1593
La bataille d'Ivry – 14 mars 1590
Occupation du comté de Savoie – 1596
Tentative d'assassinat d'Henri IV par Châtel – 1595

VI, 62.

Trop tard tous deux les fleurs[2] seront perdues
Contre la loi serpent[3] ne voudra faire,
Des ligueurs forces par gallots[4] confondus[5]
Savone, Albingue[6], par monech[7] grand martyre.

Traduction :

Etant trop tard, ils perdront tous les deux la monarchie, le protestant ne voudra pas agir contre la loi (catholique), les forces des ligueurs seront mises en désordre par des assauts de cavalerie, le duc de Savoie, après que le moine (ligueur) sera martyrisé.

L'histoire :

Henri III et Henri IV, les deux derniers rois portant le prénom Henri, seront assassinés.

« Quoiqu'il en coûtât beaucoup au fils de Jeanne d'Albret de rompre avec les huguenots qui l'avaient apporté sur leurs épaules deçà la rivière de Loire, il suivit l'avis des plus sages et le 23 juillet 1593, après un débat de quelques heures avec les docteurs catholiques réunis à Nantes, il se déclara convaincu... " *Je jure,* dit-il, devant la face du Dieu tout-puissant, *de vivre et de mourir en la religion catholique;* de la protéger et défendre envers et contre tous, *renonçant à toutes les hérésies contraires à icelle.* "

1. D.H.B. **2.** Les 3 fleurs de lis : symbole de la monarchie française. **3.** Les protestants étaient accusés par les catholiques de faire œuvre diabolique. **4.** Autre orthographe de galops. **5.** Latin : *confundere :* mettre en désordre, bouleverser. D.L.L.B. **6.** Les états savoyards comprenaient alors la Bresse et le Bugey, le bassin du Léman, le comté de Nice et *les divers territoires piémontais* dont Turin était la capitale. Au XVIe siècle la maison de Savoie souffrit à la fois de la Réforme qui lui ôta ses possessions suisses et plus encore *des visées françaises sur l'Italie.* Elle perdit la Bresse et le Bugey cédés à Henri IV en 1601 et vit son territoire occupé à maintes reprises par les armées françaises qui utilisaient le *Piémont* comme glacis défensif. D.H.C.D. **7.** Latin : *monachus :* moine, *religieux,* ermite. D.L.L.B.

« Le roi (Henri IV) assiégeait Dreux. Mayenne, pour sauver la ville, livra bataille dans la plaine de Saint-André près d'Ivry (14 mars 1590). *Les ligueurs* avaient 15 à 16.000 hommes dont *4.000 à cheval*, de sorte que leur front se montrait comme une épaisse forêt de lances; les royalistes avaient 8.000 fantassins et *3.000 cavaliers... Tous les escadrons* s'élancèrent à la fois. Le roi chargea les lanciers français et wallons... Au bout de deux heures, toute l'armée de la ligue *était en fuite.* »

« L'Espagne ne fut-elle peut-être pas étrangère à une tentative d'assassinat contre le roi. Jean Châtel[1] lui porta un coup de couteau à la gorge. Henri, en se baissant pour embrasser un seigneur, évita le coup et ne fut frappé qu'à la lèvre. Châtel avait étudié chez *les Jésuites,* et ces *pères* s'étaient montrés dans la Ligue les plus ardents fauteurs des prétentions espagnoles. *Un d'eux fut exécuté après Châtel.* »

« Mayenne sauva peut-être devant Amiens l'armée royale. Son neveu, le duc de Guise, fit mieux encore, il reconquit la Provence et Marseille sur *le duc de Savoie*[2] » ramenant ainsi ses frontières vers Albingue et Savone.

Persécutions des astronomes aux XVIe et XVIIe siècles Copernic et Galilée

IV, 18.

Des plus lettrez dessus les faits celestes,
Seront par princes ignorans reprouvez[3]
Punis d'Edit, chassez, comme scelestes[4],
Et mis à mort la où seront trouvez.

Traduction :

Certains des plus instruits en astronomie seront condamnés, punis par des édits, pourchassés comme des criminels et mis à mort là où on les trouvera.

VIII, 71.

Croistra le nombre si grand des Astronomes
Chassez, bannis et livres censurez :
L'an mil six cens et sept par sacre glomes[5]
Que nul aux sacres ne seront assurés.

1. Jean Châtel : « Les *Jésuites,* accusés de l'avoir excité à ce crime, furent chassés du royaume. Le fameux Jean Boucher écrivit une apologie pour Jean Châtel et les ligueurs inscrivirent ce meurtrier dans leur *martyrologue.* » D.H.C.D. **2.** H.F.V.D. **3.** Latin : *reprobo :* je réprouve, je condamne. D.L.L.B. **4.** Latin : *scelustus :* scélérat, criminel. D.L.L.B. **5.** Latin : *glomus,* de *globus :* globe, boule, sphère. D.L.L.B. Dès le Bas-Empire les actes importants de l'administration civile furent authentiqués au moyen d'un sceau attaché au parchemin. Ce sceau était rond et se nommait bulla (bulle) : de là, par extension, on prit l'habitude de nommer bulles les actes ainsi scellés. D.L.7.V.

Traduction :

Le nombre des astronomes augmentera beaucoup si bien qu'ils seront pourchassés, bannis et leurs livres censurés, en 1607, par des bulles, de telle sorte qu'ils ne seront pas en assurance vis-à-vis du Saint-(Office).

L'histoire :

« Pour l'astronome, Galilée restera célèbre en vertu des deux raisons suivantes : d'une part, comme héraut et *martyr* de la lutte de l'esprit scientifique contre les forces de l'obscurantisme qui, à cette époque, étaient très vives dans une partie au moins de l'*Eglise* catholique; d'autre part, pour avoir introduit, en 1610, l'usage de la lunette pour l'observation astronomique...

« Si Galilée se borne à assurer ainsi, avec beaucoup de précautions, les ressemblances entre la Terre et la Lune et les relations réciproques des échanges lumineux qui les rapprochent l'une de l'autre dans une même situation d'ensemble, lointaine, par rapport au Soleil, c'est que la pièce maîtresse des conceptions reçues, à savoir l'association paradoxale pour la Terre du privilège d'être le centre du Monde et de la propriété d'être le royaume de la corruption et de la mort, constituait, sur la voie d'une solution raisonnable, un obstacle majeur. L'affirmation de l'homogénéité des astres, y compris la Terre, avait eu sa part dans la *condamnation* au bûcher de Giordano Bruno en 1604.

« A la fin de 1615, Galilée se rendit à Rome pour essayer de conjurer une décision fâcheuse, il y parla ouvertement en faveur des arguments convergents qui permettaient ses observations mais, malgré son talent, il n'obtint pas la conviction ferme d'un nombre suffisant de personnes. Le 3 mars 1616, *l'œuvre* de Copernic fut *mise à l'Index... Condamné* par le *Saint-Office* le 22 juin 1633, Galilée ne connaîtra plus jusqu'à sa mort que des résidences surveillées. »

De la paix de Cateau-Cambrésis – 1559 à la paix de Vervins – 1598 Les exécutions sous le pontificat de Clément VIII

IX, 29.

Lors que celuy qu'à nul ne donne lieu,
Abandonner viendra lieu prins non prins :
Feu Nef par saignes[1], Regiment[2] à Charlieu[3],
Seront Guines[4], Calais, Oye[5] reprins.

1. De saignier : ensanglanter. D.A.F.L. **2.** Latin : *regimentum :* action de régir. D.L.L.B. **3.** Ville du Charolais à 45 km au sud de Charolles. D.H.B. et A.V.L. **4.** Chef-lieu de canton du Pas-de-Calais. D.H.B. **5.** Pays d'Oye : petit pays de l'ancienne France (Basse-Picardie), faisait partie du *Pays reconquis.* Il est aujourd'hui compris dans le département du Pas-de-Calais. D.H.B.

Traduction :

Lorsque celui-ci (Philippe II d'Espagne), auquel on ne voudra céder aucun territoire, viendra abandonner un territoire pris et repris, l'Eglise fera couler le sang par le feu, le Charolais sera occupé et Guines, Calais et Oye seront repris (aux Espagnols).

L'histoire :

« La paix de Cateau-Cambrésis : Henri II s'obligea à restituer *Calais, Guines* et le conté d'*Oye*... Henri II, pour les places dont Philippe II s'était emparé en Picardie, rendait le Luxembourg et le *Charolais*[1]. »

« Henri IV termina la guerre religieuse par l'Edit de Nantes (13 avril 1598)... C'était la rupture définitive avec le Moyen Age. Dix-neuf jours après, les députés du roi signaient à Vervins (2 mai 1598) la paix avec l'Espagne. Philippe II, vaincu par l'Angleterre, par les Provinces-Unies de Hollande et par celui qu'il appelait le Prince de Béarn, voyait, après tant d'efforts, son ambition partout (nul lieu) déçue, sa monarchie, comme lui-même, épuisée. Il voulut du moins finir en paix. Le traité de Vervins établit entre les deux Etats les frontières tracées quarante ans auparavant par le traité de Cateau-Cambrésis. *L'Espagne et la France semblaient revenir l'une et l'autre au même point* (pris, non pris)[2]. »

« Le traité de Vervins : l'Espagne rendait Calais, Ardres, La Capelle, Doullens et Le Catelet, c'est-à-dire tout le Vermandois et une partie de la Picardie. La France cédait Cambrai et le *Charolais*[3]. »

« Deux tragédies qui ont continué à occuper la postérité, eurent lieu sous le pontificat de Clément VIII : l'exécution du célèbre hérésiarque Giordano Bruno et celle de la parricide Béatrice Cenci. Dans les deux cas, le pape a été entraîné à prendre parti[4]. »

« Giordano Bruno : il fut arrêté à Venise par l'Inquisition, conduit à Rome et *brûlé vif*, comme hérésiarque et violateur de ses vœux en 1600.

« Francesco Cenci avait quatre fils et une fille, Béatrice Cenci; il les maltraitait cruellement ou les faisait servir à ses plaisirs brutaux. Révoltée de tant d'horreurs, sa fille, Béatrice, de concert avec deux de ses frères et Lucrèce, leur mère, fit assassiner Francesco Cenci. Accusés de parricide, ils périrent tous quatre sur l'échafaud par la sentence de Clément VIII[5]. »

1. H.F.A. **2.** H.F.A.M. **3.** D.L.7.V. et D.H.B. **4.** D.D.P. **5.** D.H.B.

Trahison de Biron avec l'Espagne – 1599
Son exécution – 1602

Sixain 6.

Quand de Robin[1] la traistreuse entreprise
Mettra Seigneurs et en peine[2] un grand Prince,
Sceu par La Fin, Chef on lui trenchera :
La plume au vent[3], amye dans Espagne,
Poste attrapé estant dans la campagne
Et l'escrivain dans l'eau se jettera[4].

Traduction :

Quand la traîtreuse entreprise de Biron mettra dans l'embarras des seigneurs et un grand prince, il sera découvert par La Fin et on lui tranchera la tête : à cause de son égarement et de son amitié avec l'Espagne; des lettres ayant été saisies dans la campagne et celui qui les a écrites, pour éviter un mal, tombant dans un pire.

L'histoire :

« Charles de Gontaut, duc de Biron, célèbre par l'amitié d'Henri IV et par sa *trahison...* Henri lui avait sauvé la vie au combat de Fontaine-Française (1595). Malgré tant de bienfaits, Biron, *égaré* par l'orgueil, l'ambition et la cupidité, *conspira* contre son roi, traita avec l'*Espagne* et la Savoie et s'engagea à prendre les armes contre son pays. Le *Complot* fut révélé par *La Fin*, qui en avait été l'instigateur. Biron voulut *tout nier* (se jeter à l'eau), mais il fut convaincu par ses *écrits*. Henri IV essaya à plusieurs reprises, mais inutilement, d'obtenir l'aveu de son nouveau crime et de son repentir, afin de lui pardonner. Il eut *la tête tranchée* en 1602[5]. »

« On ignore le degré de complicité du comte d'Auvergne et du duc de Bouillon avec le maréchal. Si on en croit Siri, ces deux *seigneurs* ne furent pas les seuls engagés dans cette affaire[6]. »

Henri IV. L'Édit de Nantes. La Bretagne
1589 – 1598 – 1610

X, 26.

Le successeur vengera son beau-frère,
Occuper règne sous[7] ombre de vengeance;
Occis ostacle son sang mort vitupère[8],
Longtemps Bretagne tiendra avec la France.

1. Anagramme de Biron. **2.** Tourment, difficulté, embarras. D.L.7.V. **3.** Mettre la plume au vent : flotter au gré du vent. D.L.7.V. **4.** Se jeter, se mettre dans l'eau : pour éviter un mal, tomber dans un pire. D.L.7.V. **5.** D.H.B. **6.** H.F.A. **7.** Sous pour sans : probablement une faute de typographie. « Sans l'ombre de » étant une expression courante. **8.** Latin : *Cur omen mihi vituperat? :* « Pourquoi est-il pour moi d'un fâcheux présage? » Plaute (D.L.L.B.) – Noter la construction latine du 3e vers.

Traduction :

Le successeur vengera son beau-frère et tiendra le pouvoir sans la moindre idée de vengeance. Celui qui faisait obstacle (au pouvoir) ayant été tué, mauvais présage pour son sang, la Bretagne sera unie à la France pour longtemps.

L'histoire :

Henri IV, beau-frère d'Henri III, succède à celui-ci qui représentait un obstacle à la réconciliation entre catholiques et protestants.

« *L'assassinat d'Henri III* par Jacques Clément était l'aboutissement d'un projet conçu par Mayenne. Henri de Navarre se rendit auprès de lui. Mon frère, dit le roi, vous voyez comme vos ennemis et les miens me traitent : soyez certain que vous ne serez jamais roi si vous ne vous faites catholique. »

« La victoire d'Ivry gagnée, le Béarnais se rappela qu'il était roi : *quartier aux Français!* cria-t-il. »

« Mercœur, prince lorrain, qui s'était fait de la *Bretagne une sorte de souveraineté,* marchandait depuis quatre ans sa soumission. Voyant l'armée royale venir sur lui, il jugea prudent de faire la paix avant qu'elle fût dans sa province. Il offrit la main de sa fille *avec son héritage* à César de Vendôme, fils du roi et de Gabrielle d'Estrées. Mercœur se démit en faveur de son gendre *de son gouvernement.* C'était le dernier des grands chefs ligueurs. La guerre civile était finie. »

« Peu après Henri termina *la guerre religieuse* par l'Edit de Nantes le 13 avril 1598. »

« Henri embrassa Mayenne et le fit promener à grands pas par les jardins. Mayenne, très gros et pesant, suait et soufflait. Henri s'arrêta enfin, et lui tendant la main : voilà le seul mal que vous recevrez jamais de moi. Ce fut en effet la seule *vengeance* qu'il fera du chef de la Ligue[1]. »

Le siège de La Rochelle – 1625-1628
Le prince de Rohan au Blavet,
à Royan et à La Rochelle

VI, 60.

Le Prince hors de son terroir Celtique,
Sera trahy, deceu[2] par interprete[3] :
Roüan[4], Rochelle par ceux de l'Armorique
Au port de blave deceus par moyne et prestre

1. H.F.V.D. 2. Décevoir : tromper. D.A.F.L. 3. Latin : *interpres pacis :* négociateur de la paix, D.L.L.B. 4. Noter le ü à la place du y.

Traduction :

Le prince (de Rohan) quittera la France après avoir été trahi et trompé par un négociateur (Walter Montague). Royan et La Rochelle seront attaquées par des troupes de Bretagne (du duc de Vendôme). Après l'expédition du Blavet, ils seront trompés par un ecclésiastique.

L'histoire :

« *A La Rochelle,* la politique de force inquiétait la population. En face des murailles de la ville, le roi avait construit le fort Louis. Le duc de Guise avait basé la flotte royale à l'île de Ré : ainsi les corsaires rochelais étaient sous surveillance et les navires de commerce n'étaient plus en sécurité. En pleine paix, les Rochelais subissaient la menace. Ils appelèrent Rohan et Soubise. Pour dégager la ville, Soubise imagina une expédition d'une hardiesse rare : avec quelques vaisseaux de faible armement, bourrés de soldats poitevins levés en secret, il attaque et prend par surprise l'île de Ré, en janvier 1625. A l'embouchure du *Blavet* (au port de Blave), il prend sept grands navires de la flotte royale. Il échappe aux troupes du duc de Vendôme, gouverneur de *Bretagne* (ceux de l'Armorique), et s'empare de l'île d'Oléron. Richelieu enrage de ne pouvoir mobiliser et armer contre lui : ses forces sont engagées en Italie contre les Espagnols. Soubise lance ses vaisseaux contre *Royan,* remonte la Gironde, menace Bordeaux...

Dans l'île de Ré, la résistance des Royaux accroche les forces anglaises de débarquement. Les Rochelais se sont enfin déclarés pour la guerre, après deux mois d'hésitations. Aussitôt Richelieu fait bloquer tous les accès par terre... La flotte est confiée à un homme d'Eglise (moine et prêtre) : Sourdis, évêque de Maillezais, extraordinaire animateur, plein de ressources... Grâce à ses efforts, un convoi de 35 voiles parvint à aborder dans l'île, le 16 octobre... D'octobre 1627 à janvier 1628, une armée de maçons limousins travailla à la digue... Buckingham, qui préparait une expédition, est assassiné au début de septembre. La flotte anglaise prend néanmoins la mer, commandée par Lindsey. Le 18 septembre, il est avec Soubise et cinq mille soldats devant Saint-Martin-de-Ré. Canonné, mitraillé par les défenses du havre, il ne s'aventure pas au débarquement. Il envoie un ambassadeur (interprète), Walter Montague, pour proposer la médiation anglaise et met à la voile. La Rochelle capitule contre promesse de vie et de liberté religieuse pour ses habitants. La plupart des survivants durent s'exiler, les murailles furent rasées (trompé)[1]. »

« Henri, duc de Rohan, *prince* de Léon, né en 1579 dans la religion réformée, après la mort de Henri IV, se posa comme

1. L.G.R.

chef des Calvinistes en France, et soutint trois guerres contre le gouvernement de Louis XIII (1620-1622, 1625-1626, 1627-1629); la dernière lui fut fatale : La Rochelle, qu'il défendait, fut prise par Richelieu, et *il dut quitter la France* (hors de son terroir celtique)[1]. »

La révolte de Gaston d'Orléans et du duc de Montmorency contre Richelieu – 1632 Le siège de Beaucaire Sa défense par Monsieur, Frère du Roi

S, 43.

Le petit coing[2], Provinces mutinées,
Par forts Chasteaux se verront dominées,
Encore un coup par la gent militaire,
Dans bref seront fortement assiegez,
Mais ils seront d'un tres-grand soulagez,
Qui aura fait entrée dans Beaucaire.

Traduction :

Une petite portion de la Provence sera l'objet de révolte, mais sera dominée par de puissants châteaux, encore un coup de force de l'armée. Ils seront peu de temps assiégés, mais seront soulagés d'un très grand personnage qui aura fait son entrée à Beaucaire.

L'histoire :

« Le duc Gaston d'Orléans s'arrêta dans le duché de Montpensier, où il comptait trouver beaucoup de gentilshommes disposés à marcher sous ses étendards; et personne ne se présenta. Ce séjour donna moyen aux troupes royales, qui l'avaient toujours côtoyé, de le serrer de plus près; il appréhenda d'être investi, et, malgré les remontrances du duc de Montmorency, Gaston se jeta dans le Languedoc. Il y était attendu par deux armées qui, sous les ordres des maréchaux de la Force et de Schomberg, pénétrèrent dans la *province* sitôt que la Cour fut sûre de la défection du gouverneur. La ressource des états de la province, qu'il comptait faire déclarer en sa faveur, lui manqua, parce que les membres suspects au gouvernement furent arrêtés ou surveillés de si près qu'ils ne purent l'aider. Les Espagnols, malgré leurs promesses, ne lui envoyèrent ni hommes ni argent. Enfin, au premier essai qu'il voulut faire des troupes de Monsieur (frère du roi : un très grand), en attaquant *le Château de Beaucaire,* il vit bien, par la nécessité où il fut de lever *le siège*, qu'il ne devait compter ni sur la bravoure des

1. D.H.B. **2.** Portion peu étendue d'un lieu quelconque. D.L.7.V.

soldats, ni sur l'habileté des capitaines. *Les armées du roi,* au contraire, prospéraient de tous côtés : à mesure qu'elles avançaient, chaque personne qu'on trouvait, les armes à la main, payait de sa tête *sa rébellion,* présage effrayant pour Montmorency. Sa position était des plus critiques. Quoique très aimé de son gouvernement, il ne pouvait compter sur aucune *ville,* parce qu'elles étaient toutes *tenues en bride* (dominées) par les troupes du roi, qui remplissaient *la province*[1]. »

Le siège de La Rochelle – 1627
L'exécution du duc de Montmorency – 1632
L'occupation de la Lorraine – 1634
Guerre contre la maison d'Autriche – 1636

IX, 18.

Le Lys Dauffois[2] portera[3] dans Nansi
Jusques en Flandre Electeur de l'Empire[4].
Neufve obturée[5] au grand Montmorency[6],
Hors lieux[7] prouvez[8] délivre[9] a clere[10] peine.

Traduction :

Le Dauphin (devenu) roi portera (la guerre) en Lorraine et jusqu'en Flandres et en Allemagne. Le grand (Amiral) de Montmorency ayant été devant la nouvelle fermeture (la digue de La Rochelle). Ailleurs (Castelnaudary) il sera convaincu de culpabilité et livré à une peine exemplaire.

L'histoire :

« Le duc de *Lorraine* paya les frais de la guerre. Louis XIII fuit Bar-Le-Duc et *occupa militairement le duché* (1634) qui resta aux mains de la France jusqu'à la fin de ce siècle. »

« Les nombreux traités signés par Richelieu annoncent *l'extension que la guerre* va prendre. Richelieu *la porta* sur toutes nos frontières : aux *Pays-Bas* pour les partager avec la Hollande; sur le Rhin pour couvrir la Champagne et la *Lorraine;* en *Allemagne* pour tendre la main aux Suédois et briser l'omnipotence de l'Autriche[11]... »

1. H.F.A. **2.** Dauphins de France : Louis XII monta sur le trône sans avoir été dauphin. Il eut deux fils morts en bas âge qui portèrent le titre. Puis le nom fut donné au fils de François Ier. Puis viennent successivement Henri II, François II. Henri IV ne fut pas dauphin. Nous trouvons sous son règne Louis XIII. D.L.7.V. **3.** Porter : introduire : porter la guerre dans un pays. D.L.7.V. **4.** Encyclo. Hist. : Electeurs de l'Empire germanique; prince ou évêque appelé à concourir à l'élection de l'Empereur d'Allemagne. D.L.7.V. **5.** Latin : *obturo :* je bouche, je ferme. D.L.L.B. **6.** Henri II, duc de Montmorency, né à Chantilly en 1595. Mort à Toulouse en septembre 1632. **7.** Au pluriel : endroit précis où un fait s'est passé. D.L.7.V. **8.** Prouver : convaincre de culpabilité. D.A.F.L. **9.** Délivrer, livrer : remettre une chose entre les mains d'une autre personne. D.L.7.V. **10.** Latin : *clarus; clara exempla :* exemples célèbres. D.L.L.B. **11.** H.F.V.D.

« Henri de Montmorency, nommé amiral par Louis XIII en 1612, conquit en 1625 les îles de Ré et d'Oléron. Quand *La Rochelle* fut attaquée par Richelieu, il lui vendit moyennant un million la charge d'amiral. Mécontent de la cour qui lui refusait le titre de connétable, il se révolta, avec Gaston d'Orléans, frère du roi; mais fut vaincu par Schomberg à Castelnaudary, *pris*, jugé et *décapité* à Toulouse[1]. »

« *Ce terrible exemple* valut à Richelieu dix années de paix[2]. »

« Du côté de la terre, Richelieu enveloppa la ville d'un retranchement de 12 kilomètres. Du côté de la mer pour *fermer le port* et empêcher l'entrée de tout secours anglais il fit construire en *six mois* une digue de pierre, longue de 1 500 mètres et large de 8 mètres au sommet[2]. »

Les troupes des Louis XIII assiègent Barcelone – 1640 Occupation du duché de Montferrat par les troupes de Louis XIII – 1640 Le titre de « roi de France et de Navarre »

VIII, 26.

De Catones[3] trouvez en Barcelonne,
Mys descouvers lieu terrouers[4] et ruyne :
Le grand qui tient ne tient voudra Pamplonne[5],
Par l'abbage de Montferrat[6] bruyne.

Traduction :

Des hommes licencieux qui se trouveront à Barcelone seront découverts, et l'endroit sera pris de frayeur et ruiné. Le roi n'occupera pas la Navarre mais voudra le titre de « Roi de Navarre » et occupera le Duché de Montferrat à l'automne.

L'histoire :

« Le Marquis de Léganez avait mis le siège devant *Casal,* qui *tenait* toujours garnison française, et dont la possession eût avantageusement couvert le Milanais de ce côté. Le comte d'Harcourt, quoique plus faible de moitié, marcha au secours de la place. Le marquis, au lieu d'aller à sa rencontre, perdit l'avantage du nombre, en se laissant attaquer dans ses lignes.

1. D.H.C.D. **2.** H.F.A.M. **3.** Latin : *Cato, catonis :* Caton. D.L.L.B. On appelait, au XVIe siècle, communément, par manière de moquerie, catons, ceux que l'on voyait graves et sévères en paroles, et en fait désordonnés et *vicieux*. Amyot. D.L. **4.** Latin : *terreo :* j'effraye, j'épouvante. D.L.L.B. **5.** Capitale de la Navarre. Henri III de Bourbon, fils d'Antoine, roi de Navarre, étant monté sur le trône de France en 1589, sous le nom de Henri IV, ses successeurs ajoutèrent le titre de roi de Navarre à celui de roi de France. D.H.B. **6.** Ancien duché d'Italie, borné au N. et à l'O. par le Piémont, au S. par la république de Gênes, à l'E. par le Milanais, avait pour capitale *Casal.* D.H.B.

Elles furent forcées en trois endroits. Le vicomte de Turenne s'y distingua particulièrement. Les Espagnols perdirent une grande partie de leur artillerie, le quart de leurs troupes et furent contraints de lever le siège... »

« L'immensité des fonds nécessaires à une guerre si dispendieuse faisait naître des révoltés en Espagne comme en France. Le dessein conçu par le duc d'Olivarès, de faire contribuer la Catalogne à la défense commune, parut aux Catalans une violation de leurs privilèges. Leur mécontentement s'accrut des corvées auxquelles on les soumit pour le service de l'armée castillane envoyée à la défense du Roussillon, et surtout des excès auxquels se livra cette milice indisciplinée. Quelques soldats du nombre de ceux qui s'étaient *abandonnés à la licence* (Catones), *reconnus* (descouvers) à *Barcelone,* un jour qu'une multitude de paysans se trouvaient dans cette ville, réveillèrent l'indignation et devinrent l'objet de la fureur générale. Le tumulte s'accrut de la résistance que les paysans éprouvèrent de la part du gouverneur, et le meurtre de celui-ci acheva *la révolution* (ruyne) dans cette ville qui sollicita le secours des Français... Des secours plus considérables envoyés en Catalogne, fruit de la résolution que prirent les Catalans de renoncer à leur premier projet de république et de se donner à Louis XIII, ranimèrent leur courage. De concert avec les Français, ils défirent les Espagnols sous le canon du Mont-Joui, citadelle de *Barcelone*[1]. »

La guerre de Trente Ans
La flotte française coulée au large de la Corse – 1646
La fronde des Princes

III, 87.

Classe Gauloise n'approche de Corseigne,
Moins de Sardaigne tu t'en repentiras :
Trestous mourrez frustrez de l'aide grogne[2],
Sang nagera, captif ne me croiras.

Traduction :

Flotte française n'approche pas de la Corse, ni de la Sardaigne, tu t'en repentiras : vous mourrez tous, privés d'aide à cause de la Fronde, la mer sera ensanglantée, et le prisonnier ne me croira pas.

L'histoire :

« En 1646, l'Italie est le principal théâtre de la guerre.

1. H.F.A. 2. *Mécontentement* qu'on témoigne en grognant. D.L.7.V.

Mazarin et de Lionne pensent à donner pour roi aux Napolitains le prince Thomas de Savoie-Carignan. Le pape Innocent X s'affirme ouvertement hostile à ce projet. *Une flotte française* réunie à Toulon et placée sous le commandement du duc de Brezé, grand amiral de France, cingle vers les côtes de Toscane et débarque des troupes françaises et piémontaises qui assiègent Orbitello (en face de la Corse et de la Sardaigne). Le siège traîne. Le prince Thomas montrait peu d'ardeur et le duc de Brezé se faisait *tuer* dans un combat naval qu'il livrait heureusement contre les Espagnols. Sa mort mit le désordre dans notre flotte et dans notre armée. L'effet produit par la malheureuse issue de cette entreprise est considérable à Paris. Le prince de Condé en profite pour demander l'amirauté en faveur du duc d'Enghien qui avait épousé la sœur du duc de Brezé[1]. Mazarin refuse; aussitôt les Condé se rapprochent de Gaston d'Orléans[2]. »

« Condé s'entoure de tous *les mécontents* et se prépare à la guerre; c'est la Fronde des princes. Mazarin se décide à faire arrêter Condé (captif), son frère Conti et son beau-frère le duc de Longueville (18 janvier 1650)... Maître de Paris, Condé gouverne par la terreur, il fait *massacrer* les partisans de Mazarin[3]. »

Le Siècle de Louis XIV

X, 89.

De brique en marbre seront les murs réduicts,
Sept et cinquante années pacifiques,
Joye aux humains, renoué l'aqueduict,
Santé, grands fruits, joye et temps melifique[4].

Traduction :

Les murs de brique seront reconstruits en marbre, cinquante-sept années connaîtront la paix, joie aux hommes, l'aqueduc rénové, santé, grands fruits, époque de joie et de douceur.

L'histoire.

« Le château de Versailles est un résumé d'architecture... Il a existé au moins trois Versailles. Le " château de Cartes ", que fit construire Louis XIII à partir de 1631, est le premier... Il forme aujourd'hui l'essentiel de la " *cour de marbre* ". Quand Louis XIV décide de l'adopter en 1661, il se borne à *l'enjoliver*... Vers les jardins c'est le corps central du jardin actuel... étage et attique se décrochaient brusquement : trou d'ombre profond, laissant au-dessus du rez-de-chaussée une terrasse dallée de *marbre* avec un jet d'eau... »

1. On comprend le lien qu'établit Nostradamus entre le duc de Brezé et la Fronde des princes. **2.** L. XIV. J.R. **3.** D.L.7.V. **4.** Le miel est toujours symbole de douceur chez Nostradamus.

« Le 24 novembre 1658, devant l'indécision de l'Espagne quant au mariage de l'infante avec Louis XIV, Mazarin simule à Lyon un projet de négociations matrimoniales avec la princesse Marguerite de Savoie. Aussitôt Philippe IV, craignant de voir la *paix* lui échapper, envoie un messager secret à Lyon, offrant *le mariage et la paix*, offre immédiatement acceptée par le roi... Le 7 novembre 1659 la France et l'Espagne signent le traité des Pyrénées[1]. »

De 1659 à 1715, mort de Louis XIV, il a cinquante-sept ans.

« Si Louis XIV n'a pas fondé l'Etat, il l'a laissé singulièrement plus fort... Pendant *cinquante ans*, le Parlement n'avait ni repoussé les édits ni combattu les ministres ou le pouvoir. Il n'y avait plus qu'une autorité en France. Les contemporains surent parfaitement reconnaître que la force de *la Nation Française*, ce qui lui avait permis de résister aux assauts de l'Europe, venait de là... Versailles symbolise une civilisation qui a été *pendant de longues années* la civilisation européenne, *notre avance* sur les autres pays étant considérable et notre prestige politique aidant à répandre notre langue et nos arts[2]. »

Exécution de Charles Ier d'Angleterre – 1649
L'occupation de la Belgique par la France – 1658-1714
Les difficultés de l'Angleterre

IX, 49.

Gand et Bruceles marcheront contre Anvers,
Senat[3] de Londres mettront à mort leur Roy :
Le sel et vin luy seront à l'envers,
Pour eux avoir le règne en désarroy.

Traduction :

(Les Français), après Gand et Bruxelles, marcheront contre Anvers. Le parlement anglais mettra à mort son roi. Il connaîtra des revers économiques pour avoir pris le pouvoir en désarroi.

L'histoire :

« En août 1658, Turenne s'empare de Gravelines qui reste à la France. Puis il prend Audenarde et Ypres. Il menace *Gand* et *Bruxelles*. La Flandre est presque entièrement conquise. Cependant les Anglais songent à se saisir de Calais et Philippe IV d'Espagne espère que la discorde éclatera entre le protecteur (Cromwell) et Mazarin. Mais Cromwell meurt et l'Angleterre connaît une nouvelle période de *troubles* (désarroi...). »

« En février 1677, Louis XIV entend frapper un grand coup,

1. L.F.L.XIV. **2.** H.F.J.B. **3.** Latin : *senatus :* réunion, assemblée délibérante. D.L.L.B.

afin de pouvoir négocier sur des positions de force. A la tête d'une armée de cent vingt mille hommes, il se dirige vers la Lorraine, ce qui trompe son adversaire, puis se rabat vers la Flandre et, arrivé devant *Gand,* il investit la ville qui capitule après cinq jours de siège (9-12 mars). La forteresse se rend trois jours plus tard. C'est *Anvers* qui est maintenant menacé... »

« Le 22 mars 1701, l'Angleterre et la Hollande remettent à l'ambassadeur de France à La Haye la liste de leurs conditions. Ils exigent l'évacuation de la *Belgique* par les Français, la promesse qu'aucune possession espagnole ne sera cédée à la France, l'occupation de dix villes " de barrière " par les Hollandais et celle d'Ostende et de Nieuport par les Anglais. A ce mémoire, Louis XIV répond en proposant simplement de confirmer la paix de Ryswick – ce qui ne l'empêche pas de fortifier *Anvers* et les principales villes belges occupées par la France[1]. »

« Commencée en 1642, la révolution aboutit le 30 janvier 1649 à l'exécution de Charles Ier et au vote d'un Acte interdisant de proclamer son successeur, une semaine plus tard à l'abolition de la Chambre haute et de la royauté (règne en désarroi)... A la mort du protecteur (Cromwell), son fils Richard lui succède, mais il est incapable de maintenir un équilibre entre une armée politisée et un Parlement dont les membres veulent le respect de la légalité. Un nouveau Parlement, réuni en janvier 1659, doit être dissous en avril, et Richard, découragé, démissionne. En proie à l'*anarchie,* l'Angleterre connaît alors en quelques mois les destins les plus contradictoires[2]. »

La révolution de 1688
La conspiration contre Jacques II
Le débarquement de Guillaume d'Orange
7 novembre 1688
Le « Bill of the Rights »
Guillaume et Marie, rois d'Angleterre – 1689

IV, 89.

Trente de Londres secret conjureront,
Contre leur Roy, sur le pont[3] l'entreprise :
Luy fatalites la mort desgouteront
Un Roy esleu blonde, natif, de Frize[4].

Traduction :

Trente personnages de Londres conjureront contre leur roi, l'entreprise se fera par mer; les fatalités de la mort (de son père)

1. H.F.A.C.A.D. 2. H.R.U. 3. Grec : πσϑτος : la mer. D.G.F. 4. Une des provinces du royaume de Hollande. D.H.B.

le dégoûteront puis un roi natif de Hollande sera choisi avec une blonde (Marie).

L'histoire :

« En 1685, lorsqu'il monte sur le trône, Jacques II a conscience des dangers qui le menacent et sait que sa foi lui vaudra des inimitiés aussi nombreuses que ses vues politiques... L'émotion atteint son comble le 20 juin 1688 lorsque naît un prince héritier catholique, Jacques-Edouard. Cet événement enlève tout espoir de voir bientôt succéder à un roi, qui a alors 55 ans, un souverain protestant. Dix jours après la naissance, Arthur Herbert, ancien vice-amiral d'Angleterre, apporte à Guillaume d'Orange (natif de Frize) un appel à l'aide signé de plusieurs grands seigneurs (trente de Londres) connus et influents. Le gendre de Jacques II, l'époux de Marie, depuis plusieurs mois *en pourparlers avec les adversaires du souverain anglais,* est ainsi invité à conduire la seconde révolution anglaise... La révolution de 1688 frappe par sa brièveté. Le 7 novembre 1688, Guillaume débarque à Torbay, dans le Devon (sur le pont l'entreprise). Le 25 décembre, Jacques II, dont on a favorisé la fuite, débarque sur le sol français. Le 23 février 1689, la question du trône est réglée... Jacques II est maladroit et ne sait pas faire rapidement les indispensables concessions, alors que la question du trône n'était théoriquement pas posée par un Guillaume dont la popularité personnelle restait incertaine. *Le souvenir de l'exécution de son père* a pesé sur l'attitude du roi et l'a trop déterminé à abandonner la partie (la mort dégoûtera)... Le 13 février 1689, la Convention adopte une loi pour la déclaration des droits et libertés du sujet et pour le *règlement de la succession à la couronne* (Roi élu), plus connue sous le nom de Bill of the Rights... *La loi attribue* conjointement à Guillaume et Marie la couronne d'Angleterre, de France, et d'Irlande et des territoires qui en dépendent, règle leur succession et exclut tout futur prince catholique. Le 23 février, les deux nouveaux souverains sont proclamés dès lors qu'ils ont adhéré au Bill of the Rights[1]. »

Villars et la guerre de la ligue d'Augsbourg
Libération de la Provence occupée par le duc de Savoie – 1707
Villars et la révolte des Camisards – 1702-1705

Présage 2.

La mer Tyrrhene, l'Occean par la garde,
Du grand Neptune[2] et ses tridens soldats :

1. H.R.U. **2.** Dieu de la mer chez les Romains. D.L.7.V. Pris par Nostradamus comme symbole de la puissance maritime anglaise.

Provence seure par la main du grand Tende[1],
Plus Mars Narbon l'héroiq de Vilars.

Traduction :

La mer Tyrrhénienne et l'Océan seront gardés par l'Angleterre et ses marins, la Provence sera délivrée du duc de Savoie, et l'héroïque duc de Villars mettra fin à la guerre en Languedoc.

L'histoire :

« Le plus grand désastre eut lieu sur *l'Océan.* Le roi n'avait pas encore désespéré de replacer Jacques sur son trône; un débarquement de vingt mille hommes devait être protégé par une flotte de soixante-cinq voiles, lorsque toutes les réunions des escadres seraient effectuées. Une partie était *dans la Méditerranée;* les vents et les tempêtes l'empêchèrent de joindre à temps... Le succès qu'obtint *Villars* étendit ses plans... On le priva de divers détachements qu'on lui enlevait pour les porter dans *la Provence,* envahie en ce moment par le *duc de Savoie...* L'invasion de *la Provence* ne répondit pas aux mesures de prudence avec lesquelles elle avait été concertée. *Une flotte anglaise* secondait l'armée de terre, et s'était chargée du transport de la grosse artillerie qu'il eût été difficile d'opérer par la voie des montagnes. L'ennemi, qui ne pouvait être arrêté par des places fortes, pénétra sans obstacle au cœur de la Provence et s'approcha de Toulon vers la fin juillet (1707)... Les alliés (Anglais et duc de Savoie) furent plus heureux à Naples (mer Tyrrhène) qu'ils enlevèrent à Philippe II d'Espagne. Cette dernière expédition fut *le salut de la Provence,* qui peut-être eût succombé à la réunion des forces qui furent employées séparément... L'électeur de Bavière, qui ne pouvait agir en second sous le prince son neveu, fut envoyé sur le Rhin contre le prince Eugène auquel ce n'était pas trop d'opposer *Villars;* et celui-ci fut destiné pour le Dauphiné et *la Provence,* que menaçait encore le duc de Savoie (grand Tende)[2]... »

« La révolte des camisards fut l'un des contrecoups de la révocation de l'Edit de Nantes... Pendant deux ans, Louis XIV dut envoyer contre les rebelles des armées qui s'élevèrent jusqu'à 20000 hommes sous le commandement de maréchaux de France : d'abord le comte Victor-Maurice de Broglie, puis le maréchal de Montrevel, ensuite Villars; Villars se montra homme de guerre (Mars) et diplomate. Aidé de Nicolas Lamoignon de Basville, intendant du *Languedoc,* Villars négocia avec Cavalier, qu'il décida à abandonner la cause de l'insurrection; privés de leur chef principal, les insurgés ne tardèrent pas à être vaincus[3]. »

1. Titre d'un comté qui appartint aux Lascaris de Vintimille, et qui passa ensuite par mariage dans la maison de Savoie. D.H.B. **2.** H.F.A **3.** D.L.7.V.

La Régence – 1715

III, 15.

Cœur, vigueur, gloire, le règne changera,
De tous points, contre ayant son adversaire :
Lors France enfance par mort subjuguera,
Le Grand Régent sera lors plus contraire.

Traduction :

Malgré le courage, la force, la gloire, le pouvoir changera ayant son adversaire opposé dans tous les domaines : l'enfance (du roi) mettra alors la France sous un joug mortel, le Grand Régent lui sera encore plus nuisible.

L'histoire :

« Le trône de France revenait à Louis XV qui était fils du duc de Bourgogne et par conséquent arrière-petit-fils de Louis XIV, mais ce prince n'était encore âgé que de *cinq ans.* Louis XIV avait prévu, par son testament, la composition du Conseil de Régence qui devrait gouverner en attendant la majorité de Louis XV. Mais le neveu de Louis XIV, Philippe, duc d'Orléans, intervint; il fit casser le testament de Louis XIV par le parlement qui lui déféra la régence sans conditions. On ne désigne généralement ce personnage que sous le nom de *Régent :* de même, la période pendant laquelle il a gouverné est la seule de notre histoire à laquelle on donne couramment le nom de régence sans autre désignation.

Le duc d'Orléans était d'une intelligence supérieure, et connu par sa bravoure : mais la légèreté de son esprit, son amour du plaisir et sa faiblesse de caractère furent la cause de *grands malheurs* pour la France[1]. »

La peste de Marseille – 1720

II, 53.

La grande peste de cité maritime
Ne cessera que mort ne soit vengée;
Du juste sang par pris damné sans crime[2]
De la grand dame par feinte n'outragée.

Traduction :

La grande peste de Marseille ne cessera que lorsque la mort sera vengée, le sang du juste pris par le damné sans être accusé, de peur que la monarchie ne soit outragée par cette duperie.

L'histoire :

« Le deuil qui avait couvert la France à l'occasion de la *mort*

1. P.C.H.F. **2.** Latin : *crimen :* accusation. D.L.L.B.

du grand dauphin se renouvela au commencement de 1712, et d'une manière bien plus lugubre, par celle du duc de Bourgogne, qui avait pris le titre de dauphin, celle de l'aimable princesse de Savoie son épouse, et celle enfin du duc de Bretagne, l'aîné des deux enfants qu'ils laissèrent après eux, et qui tous trois succombèrent, en moins d'un mois. *Une telle accumulation de pertes* dans la famille royale *ne fut pas crue naturelle;* et l'irréflexion publique en accusa avec indignation le duc d'Orléans qui, malheureusement, par le mépris affecté de toutes les bienséances et l'ostentation la plus effrontée du vice, prêtait à tous les soupçons de la haine et de la douleur. »

« En 1720, Marseille se vit livrée à un terrible fléau par la négligence des officiers de santé préposés à son lazaret. A la fin de mai, leur imprudence donna lieu à la communication prématurée de l'équipage d'un vaisseau venant de Syrie et infecté de la *peste...* A la fin de septembre un vent du nord commence à dissiper les miasmes putrides qui planaient sur la ville, et qui avaient réduit presque à moitié une population de cent mille âmes. Les grands ravages cessèrent à cette époque mais les derniers symptômes ne disparurent qu'un an après la première invasion[1]. »

La république des lettres – 1720
Les philosophes du XVIIIe siècle

IV, 28.

Lors que Venus[2] du Sol sera couvert :
Soubs l'esplendeur sera forme occulte :
Mercure[3] au feu les aura descouvert,
Par bruit bellique sera mis à l'insulte[4].

Traduction :

Lorsque la parole venimeuse sera sous le couvert de la monarchie, sous sa splendeur se cachera la véritable idée, le feu de l'éloquence la mettra au grand jour, (la monarchie) sera attaquée par un bruit belliqueux.

L'histoire :

« En principe les hommes de lettres sont *sous la surveillance* de l'autorité, gardienne de la religion, des bonnes mœurs et de l'ordre social. En réalité, ils font, *disent* et publient ce qu'ils veulent... Dans son ensemble, la littérature du XVIIIe siècle, celle qui compte et celle qui agit, est antichrétienne. C'est une littérature *militante,* ambitieuse et *agressive.* Les écrivains deviennent des philosophes. Les lettres cessent d'être un noble

1. H.F.A. **2.** Venin, en latin : *venus,* veneris : désir sexuel personnifié en *Vénus* déesse de l'amour. D.L.7.V. **3** Fils de Jupiter, messager des dieux et lui-même dieu de l'éloquence. D.L.7.V. **4.** Latin : *insulto :* j'attaque, je brave. D.L.L.B.

divertissement où l'esprit s'égaie en liberté pour revendiquer contre l'Eglise, *contre l'autorité*, et contre la tradition, un rôle de maître à penser...

Pendant trente ans, Voltaire, plus audacieux, plus fort, plus *impertinent*, va exercer sur les pensées du siècle une dictature sans autre exemple dans l'histoire...

La république des lettres est en 1720 une allégorie; un demi-siècle plus tard, c'est la réalité[1]. »

La littérature du XVIIIe siècle prépare la révolution La révolution, cause des grandes guerres des XIXe et XXe siècles

I, 62.

La grande perte, las que feront les lettres,
Avant le cicle de Latona[2] parfait,
Feu grand déluge plus par ignares sceptres
Que de long siècle ne se verra refait.

Traduction :

La littérature fera de grands ravages avant que la République ait accompli son cycle, puis des pouvoirs incompétents seront causes de grandes guerres qui se perpétueront durant de longs siècles (XIX et XXe).

L'histoire :

« Les philosophes et les économistes eurent une influence énorme, non pas sans doute sur le peuple, trop ignorant et généralement illettré, mais sur les classes instruites, en particulier sur la bourgeoisie. Pour répandre les idées nouvelles, comme il n'y avait pas encore de grands journaux politiques, ils se servirent du théâtre, des livres et des brochures anonymes dont le succès était d'autant plus grand que le Parlement les poursuivait ou que la Police les saisissait. A la même époque, la publication de l'Encyclopédie servait puissamment la propagande des philosophes et des économistes. La publication était achevée en 1772 : elle comprenait vingt-huit volumes. C'était une lourde mais puissante machine de guerre, destinée à *saper par la base* (grande perte) tout l'ancien régime, et à répandre, avec l'irréligion, toutes les idées maîtresses de la philosophie nouvelle.

De France, les idées nouvelles se répandirent dans l'Europe entière[3]. »

« La guerre contre l'Europe : dès 1792, la victoire avait

1. H.F.P.G. 2. Mère d'Apollon. Allusion à la 1re République qui va enfanter Napoléon, le nouvel Apollon. Cf. I,76. 3. H.F.A.M.

soulevé quantité de problèmes. Allait-on négocier ou *poursuivre la guerre?* Révolutionner les territoires conquis ou y respecter l'ancien ordre des choses? En faire des Etats protégés ou les annexer? Le pacifisme de 1789, le cosmopolitisme girondin, les plans de révolution universelle, le vieux rêve des frontières naturelles, la crainte de s'engager dans *une guerre sans fin*, tout est agité à la fois. La solution radicale ne tarde pas à l'emporter. Humanitaire dans son principe, la Révolution était devenue très vite *belliqueuse... la Révolution s'enlisera dans la guerre* continentale; *son héritier*, l'empereur Napoléon, finira par y succomber et *la France paiera les frais de la lutte*[1]. »

La France à la veille de la Révolution – 1789 L'exécution de Louis XVI. Marie-Antoinette

X, 43.

Le trop bon temps, trop de bonté royale
Faicts et déffaicts prompt, subit, négligence,
Léger croira faux d'espouse loyale
Luy mis à mort par sa bénévolence[2].

Traduction :

L'époque étant trop bonne, et le roi trop bon également seront anéantis promptement et subitement par négligence. On croira à tort à la légèreté de l'épouse du roi qui sera mis à mort à cause de sa bonne volonté.

L'histoire :

« La France à la fin du XVIIIe siècle : c'est l'Etat européen le plus étendu (500000 km^2) et *l'un des plus riches* et des plus évolués. Un malaise général pèse cependant sur le pays[3]. » (Le trop bon temps.)

« La misère peut susciter des émeutes. Elle ne cause point de révolutions. Celles-ci ont des causes plus profondes et, en 1789, les Français n'étaient pas malheureux. Les documents les plus sûrs nous prouvent, au contraire, que *la richesse s'était considérablement accrue* depuis un demi-siècle et que l'état matériel de toutes les classes de la société, sauf celui de la noblesse rurale, s'était sensiblement amélioré[4]. »

« Aussi, depuis des siècles, les rois ont-ils pris l'habitude d'emprunter; mais une partie des recettes fiscales est engloutie par les intérêts à verser[3]. » (Par négligence.)

« La reine Marie-Antoinette s'est rendue impopulaire par sa *futilité*[5]. » (*Leger* croira faux d'espouse royale.)

« Louis XVI, *plein de bonne volonté*, a même appelé des

1. H.F.P.G. **2.** Latin : *benevolentia :* bonne volonté, bon vouloir. D.L.L.B. **3.** L.C.H.3. **4.** L.R.F.P.G. **5.** Latin : *benevolentia :* bonne volonté, bon vouloir. D.L.L.B.

ministres capables de faire des réformes : Turgot puis Necker[1]. » (Par sa *bénévolence*!)

Les assignats et la banqueroute de l'Etat – 1789-1796 Les poursuites et les exécutions des hommes de lettres Les émigrés

VI, 8.

Ceux qui estoient en regne pour scavoir,
Au Royal change[2] deviendront appovris :
Uns exilez sans appuy, or n'avoir,
Lettrez et lettres ne seront a grand pris.

Traduction :

Ceux qui étaient au pouvoir à cause de leur savoir (les nobles) seront appauvris par les assignats. Certains seront exilés sans soutien et sans fortune. Les littérateurs et leurs lettres seront peu considérés.

L'histoire :

« Les assignats : papier-monnaie dont la valeur était assignée sur les biens dits « nationaux » (royal change)... Le rôle de l'assignat apparaît, à l'aurore même de la Révolution de 1789... Les émissions se succédèrent sans retenue et sans limite. La dépréciation allait apparaître rapide, presque foudroyante. Un instant on put arrêter la baisse par la conversion de 558 millions de papier en billets au porteur, par la suppression de la Caisse d'escompte et de remboursement des actions en assignats, et enfin par l'emprunt forcé d'un milliard *sur les riches,* décrété par la Convention...

Les lois des 29 messidor, 5 thermidor an IV et 16 pluviose an V abolirent le cours légal entre particuliers des assignats et des mandats territoriaux. *L'Etat* (ceux qui estoient au règne), après avoir fait lui-même *banqueroute* (appauvris), organisait une sorte de faillite concordataire entre particuliers. L'expérience du *papier-monnaie* (royal change) était terminée. Comme combinaison financière, elle avait été déplorable, causant la ruine de milliers de familles[3]. »

« L'histoire de l'*émigration française* commence au lendemain du 14 juillet 1789 et ne se ferme qu'en 1825, avec la loi du " milliard des émigrés ". La semaine qui suit la prise de la Bastille est marquée par un premier exode de princes de sang (comte d'Artois, ducs d'Angoulême et de Berry, prince de

1. L.C.H.3. **2.** Lettre de change : nom que l'on donnait autrefois au papier-monnaie, aux *valeurs de crédits* émises par l'Etat, avec faculté, pour le détenteur, d'en réclamer à volonté le remboursement. D.L.7.V. **3.** D.L.7.V.

Broglie, Vandreuil, Lambesc-Conti). (Ceux qui étaient au règne)... Plus tard, la Convention décréta contre les émigrés le bannissement perpétuel (23 octobre 1792)[1]. »

« Madame Roland, le grand chimiste Lavoisier, Malesherbes, mille autres têtes tombèrent[2]. »

« André Chénier, révolté par les excès de la Révolution, osa les blâmer hautement dans des *Lettres* qu'il fit insérer au Journal de Paris. Traduit pour ce fait devant le tribunal révolutionnaire, il fut condamné à mort en 1794[3]. »

La prise de la Bastille – 14 juillet 1789
La guerre – 20 avril 1792

II, 57.

Avant conflit le grand mur tombera,
Le Grand à mort, mort trop subite et plainte,
Nef imparfait[4] la plus part nagera[5],
Auprès du fleuve de sang la terre teinte.

Traduction :

Avant la guerre le grand mur tombera, le roi sera exécuté, sa mort sera trop subite et plainte, avant qu'il ait achevé son règne. La plupart (des gardes) nagera dans le sang; près de la Seine le sol sera taché de sang.

L'histoire :

« Marat écrit dans l'Ami du Peuple du 14 avril 1791 : Lorsqu'un concours inouï de circonstances eut fait *tomber les murs* mal défendus de la Bastille, les Parisiens se présentèrent devant la forteresse : la curiosité seule les y amena[6]. »

« De Launay, gouverneur de la Bastille, et *toute* la garnison, à l'exception du lieutenant du roi du Puget, furent *massacrés* par la foule, ainsi que les invalides Ferrand et Bécarel[6]. »

« Depuis *juin 1791*, on parle de la *guerre*. A l'étranger l'esprit belliqueux progresse également. Il faut l'avènement du fils de l'Empereur Léopold, le bouillant François II, pour que la *guerre* éclate. A sa sommation de rendre Avignon au Pape, le Roi, d'accord pour une fois avec ses ministres et la majorité de la Législative, répond par *une déclaration de guerre* (20 avril 1792)[7]. »

« L'exécution de Louis XVI soulève l'indignation des royalistes et la *réprobation horrifiée* des rois étrangers (mort trop subite et plainte) qui songent à s'unir contre la France républicaine et belliqueuse qui vient de déclarer la guerre à l'Angleterre. (1er février 1793)[7]. »

1. D.L.7.V. **2.** H.V.D. **3.** D.H.B. **4.** Qui n'est pas achevé D.L.7.V. **5.** Locutions diverses : nager dans le sang : être couvert de sang D.L.7.V. **6.** D.L.7.V. **7.** L.C.H.3.

1792 : fin de la Monarchie

LETTRE A HENRY ROY DE FRANCE SECOND

« ... Et durera ceste cy jusqu'à l'an mil sept cens nonante deux que l'on cuidra estre une rénovation de siècle... »

Traduction :

Et durera celle-ci (la monarchie) jusqu'à l'an 1792 que l'on croira être une rénovation de siècle.

L'histoire :

1792 a été indiqué par Nostradamus et non 1789. La fin de l'ancien régime se situe en réalité au 21 septembre 1792 date à laquelle commence l'an I de la République.

Nostradamus porte un jugement qui pourrait surprendre quand il dit que l'on croira connaître une rénovation de siècles. En réalité, survolant le temps et l'espace, il sait que la monarchie en 1792, depuis le sacre de Clovis à Reims en 496, aura duré 13 siècles, mais il sait aussi que pas une seule des 5 républiques n'atteindra un siècle :

– La 1re République du 21 septembre 1792 au 15 décembre 1799 : 7 ans 3 mois.

– La 2e République de février 1848 au 2 décembre 1851 : 3 ans 7 mois.

– La 3e République du 4 septembre 1870 au 22 juin 1940 : 69 ans 9 mois.

– La 4e République d'octobre 1946 à septembre 1958 : 11 ans 11 mois.

– La 5e République de septembre 1958 à... A suivre!

D'où cette expression « rénovation de siècles! »

La fin de l'Ancien Régime – 1792

II, 2.

Le teste bleue[1] fera la teste blanche[2],
Autant de mal que France a faict leur bien,
Mort à l'Anthene[3], grand pendu sus la branche[4],
Quand pris des siens le roi dira combien.

Traduction :

Le pouvoir républicain fera au pouvoir monarchique autant de mal que ce dernier a fait (de bien) à la France. Mort à la fleur de lis, le roi éprouvera une grande hésitation quand il pourra dire combien des siens ont été arrêtés.

1. Nom que les Vendéens donnaient aux soldats de la *République* à cause de la couleur de leur uniforme. D.L.7.V. **2.** Le blanc, sous l'ancien régime, fut presque constamment la couleur nationale et *royale* en France. D.L.7.V. cf. X, 20 : la pierre blanche. **3.** Grec : ἀνθινος : fleur. D.G.F. Noter le A majuscule. **4.** Cf. X, 20 : deux pars voltorte.

L'histoire :

« Si Napoléon ne sauva pas la République, il sauva de la Révolution tout ce qui pouvait en être sauvé : la mystique, le personnel, la politique étrangère, le cosmopolitisme, l'organisation sociale. Jusqu'alors la France ne concevait le retour à l'ordre que dans la forme d'une *restauration monarchique.* En dix ans, la Révolution avait trompé tous les calculs et déçu tous les espoirs. On en attendait un gouvernement réglé et stable, de bonnes finances, des lois sages, la paix au-dehors et la tranquillité au-dedans. *On avait eu l'anarchie, la guerre, la terreur, la faillite, la famine et deux ou trois banqueroutes...* Les doctrinaires de 1789 avaient voulu régénérer l'humanité et reconstruire le monde. Pour échapper aux Bourbons, les doctrinaires de 1789 en étaient réduits à se donner à un sabre. »

« Louis XVI et Marie-Antoinette avaient d'abord montré des sentiments énergiques. Ils finirent par être gagnés par la panique... Au dernier moment le roi eut *encore une hésitation...*

« En dix jours tout est prêt : les listes de *proscriptions* imprimées, les égorgeurs choisis et embrigadés... On tue aux Carmes, à l'Abbaye, à la Farce, à la Salpêtrière, au Châtelet, à Bicêtre... En quatre jours il y eut plus de onze cents assassinats. Parmi les morts se trouvent *l'ancien ministre* Montmorin, l'archevêque d'Arles, les évêques de Saintes et de Beauvais, les *Suisses* échappés à l'affaire du 10 août[1] »

« La commune insurrectionnelle impose l'internement de la famille royale à la prison du Temple et *l''arrestation de nombreux suspects*[2]. »

Les sept ans de la Ire République
21 septembre 1792 au 15 décembre 1799

VI, 63.

La Dame seule[3] au règne[4] demeurée,
L'unic[5] éteint premier au lict d'honneur,
Sept ans sera de douleur explorée,
Plus longue vie au règne par grand heur.

Traduction :

La république étant arrivée au pouvoir, le roi mort premier au rang des honneurs, sera connue dans la douleur pendant sept ans mais n'en aura plus pour longtemps à vivre par bonheur.

L'histoire :

« La Convention se réunit le 20 septembre 1792, elle abolit la

1. L.R.F.P.G. 2. L.C.H.3. 3. Marianne, la femme sans époux, symbole de la République française. 4. Latin : *regnum :* règne, pouvoir. D.L.L.B. 5. Le roi est unique dans l'exercice du pouvoir monarchique.

royauté. Le lendemain elle décrète que les actes officiels seront désormais datés de l'*An I* de la République[1]. »

« Le gouvernement par le recours à la contrainte sous menace de graves peines, la peine de mort étant le plus couramment appliquée, porte le nom de TERREUR. La loi sur les suspects du 17 septembre 1793 abat toutes les formes possibles d'opposition... A Paris le Tribunal révolutionnaire expédie à l'échafaud les accusés, après *un jugement sommaire* (Marie-Antoinette, les Girondins, etc.). Robespierre obtient la condamnation des hébertistes en mars, puis des dantonistes en avril 1794...

« Après cette sorte d'apothéose, Robespierre prend une des mesures les plus impitoyables : la loi de Prairial (10 juin 1794) qui ne laisse pratiquement aucune chance à un accusé d'échapper à la guillotine. Pendant cette GRANDE TERREUR plus de 1000 exécutions eurent lieu à Paris en 45 jours. »

Le 20 mai 1795 *une émeute de la misère* soulève les Parisiens au cri de « du pain et la constitution de 1793 ! » Les Thermidoriens font marcher la troupe contre les insurgés... Des bagarres de rues les royalistes en viennent aux massacres organisés dans les régions. La TERREUR BLANCHE fait de nombreuses victimes dans le S.E... Les Chouans favorisent un débarquement anglais à Quiberon rapidement cerné et anéanti par les troupes du général Hoche... Les royalistes tentent de provoquer une insurrection à Paris, le 5 octobre 1795. Les conventionnels confient leur défense à un jeune général, Bonaparte, qui mitraille les insurgés.

« Sur les marches de l'église Saint-Roch... Le Directoire retrouve les mêmes adversaires : les royalistes et les Jacobins. Aussi pratique-t-il la politique de bascule frappant tantôt à droite (exécution au printemps 1796 des chefs chouans Stofflet et Charette), tantôt à gauche (écrasement de la Conspiration des Egaux animée par Gracchus Babeuf)[1]... »

De 1792 à 1799 la France connaît une période de troubles et de massacres tels qu'elle n'en avait jamais connus, même aux jours les plus sombres de l'Inquisition ! (Sept ans sera de douleur explorée !)

« Les gens d'affaire, les bourgeois rassurés et contents sont favorables à Bonaparte qui apaise les esprits. Il autorise les émigrés à rentrer en France et s'en attache un grand nombre en leur donnant des places dans l'Administration. Il offre aux chouans une amnistie. »

« La Constitution de l'*An VIII* (15 décembre 1799) attribue le pouvoir exécutif à trois Consuls, élus pour 10 ans; mais le 1er Consul, Bonaparte, *a seul le pouvoir de décision;* de plus Bonaparte a l'initiative des lois[1] ! » La 1re République aura donc

1. L.C.H.3.

vécu 7 ans et un peu plus de 2 mois. (Plus longue vie au règne par grand heur!)

Les Tuileries
20 juin 1792 et 10 août 1792

IX, 34.

Le part[1] soluz[2] Mary sera mittré[3]
Retour conflict passera sur le thuille[4]
Par cinq cens un trahyr[5] sera tiltré[6]
Narbon et Saulce par contaux[7] avons d'huille[8].

Traduction :

Ayant pris parti seul le roi sera coiffé du bonnet phrygien, après son retour (de Varennes) le conflit arrivera jusqu'aux Tuileries, une trahison sera combinée par cinq cents personnes. Pas de force à cause du comte de Narbonne et de Sauce.

L'histoire :

« La population parisienne alertée par les clubs s'insurge contre le mauvais vouloir du roi; le 20 juin une foule de manifestants armés envahit *les Tuileries*, cerne le roi dans une embrasure de fenêtre et réclame *le retrait du veto;* le roi coiffe *le bonnet rouge*, mais *ne cède pas*... Le 10 août Fédérés marseillais et peuple des faubourgs envahissent les Tuileries, massacrent les gardes Suisses[9]... »

« *Narbonne :* en 1791, promu maréchal de camps après son retour à Paris, il prit le 6 décembre le portefeuille de la guerre. Mais bientôt *suspecté* par le parti avancé et par le parti de la cour il résigna ses fonctions le 10 mars 1792 et se rendit à l'armée du Nord. Rentré à Paris trois jours avant le 10 août, *il essaya de sauver la monarchie*[10]. »

« Enfin le 30 juin les Marseillais arrivèrent. Ils étaient cinq cents[11]... »

« Quand la berline se présenta, elle fut subitement entourée de gardes nationaux en armes que commandait le procureur de la commune *Sauce*... De plus en plus embarrassé Sauce a le temps de lancer un exprès sur Paris... Vingt heures après leurs fondés de pouvoirs remettaient à Louis XVI, dans la chambre à

1. Nom masculin : parti (D.A.F.L.) : détermination, résolution (D.L.7.V.) « Sous la révolution le veto suspensif fut déféré à Louis XVI » (D.L.7.V.) 2. Latin : *solus :* seul, solitaire. D.L.L.B. 3. Mitre : « chez les auteurs grecs et latins le terme de mitre désigne une coiffure portée par les hommes et les femmes de l'Inde et de la *Phrygie.* » (D.L.7.V.) 4. Tuilerie : lieu où l'on fait de la tuile. D.L.7.V. 5. Verbe pris comme substantif comme on dit le boire ou le manger. 6. Titrer : fig. combiner, machiner. (D.L.7.V.) 7. Comtal, comtaux : qui appartient aux comtes ou à un comte. (D.L.7.V) 8. Pop : force. (D.L.7.V) 9. L.C.H.3. 10. D.L.7.V. 11. Hist. de la révolution française. A. Thiers

coucher de Sauce, le décret de prise de corps et Louis XVI s'écriait : il n'y a plus de roi en France[1]. »

L'année 1792 : Révoltes en province La Famille royale au Temple

Sixain 9.

Deux estendars[2] du costé de l'Auvergne.
Senestre[3] pris, pour un temps prison regne,
Et une Dame enfans voudra mener,
Au[4] Censuart[5] mais descouvert l'affaire,
Danger de mort murmure[6] sur la terre,
Germain[7], Bastille[8] frère et sœur prisonnier.

Traduction :

Lorsqu'il y aura des révoltes du côté de l'Auvergne, la gauche ayant pris le pouvoir, les emprisonnements régneront pendant un certain temps et la Reine voudra emmener ses enfants, mais l'affaire sera découverte par Sauce; le mécontentement populaire constituera un danger de mort; le frère et la sœur de mêmes parents seront emprisonnés dans un château flanqué de tours (le Temple).

L'histoire :

« En février 1792, il ne se passe pas de jour qui n'apporte la nouvelle de quelque insurrection alarmante... Pillages, massacres dans l'Yonne et la Nièvre où les assaillants sont cette fois les *Morvandiaux*. En mars et en avril 1792, *le Cantal* est la proie d'une jacquerie qui jette l'épouvante dans une vingtaine de communes : châteaux incendiés, propriétaires soumis à des réquisitions forcées, autorités inertes ou complices[9]. »

« En fait au milieu de l'agitation qui suivit le 10 août les pouvoirs réguliers, Assemblée et Conseil exécutif, durent sans cesse composer avec le pouvoir insurrectionnel, *la Commune de Paris* (senestre). Appuyée sur les clubs et les sections populaires, celle-ci exerça une véritable dictature. Malgré l'Assemblée qui avait décrété l'internement de Louis XVI et de la *famille royale* au palais du Luxembourg, elle les fit *enfermer* dans la *tour* du Temple. Bientôt des milliers de " suspects " furent *emprisonnés*[10] »

1. L.R.F.P.G. **2.** Lever l'étendard de la révolte : se révolter. D.L.7.V. **3.** Latin : *senester :* gauche. D.L.L.B. **4.** Pour la préposition latine : a ou ab : par. **5.** Anagramme de SAUCE, les lettres N, R, et T ont été ajoutées par épenthèse et paragoge. **6.** Action de se plaindre; plaintes de personnes mécontentes : les murmures du peuple. D.L.7.V. **7.** Issu du même père et de la même mère : frères germains, sœurs germaines. D.L.7.V. **8.** Château flanqué de tourelles; par extens. prison quelconque. D.L.7.V. **9.** L.R.F.P.G. **10.** H.F.A.M.

En ce qui concerne la fuite à Varennes et le rôle de Sauce, se reporter à IX, 34.

La bataille de Valmy – 20 septembre 1792
Le Triumvirat – 1790
Robespierre et Mirabeau
Mirabeau au Panthéon

IX, 58.

Au costé gauche[1] à l'endroit de Vitri,
Seront guettez les trois rouges de France :
Tous assoumez rouge[2], noir[3] non meurdry[4] :
Par les Bretons remis en asseurance.

Traduction :

A cause de la gauche (on se battra) près de Vitry. Les trois rouges de France seront épiés et anéantis par le rouge, l'aristocrate (Mirabeau) ne sera pas tué et sera mis en sûreté par les Jacobins.

L'histoire :

« Le 17 septembre 1792, Kellermann remonte de *Vitry-le-François* vers le nord-est. Toutes les troupes alliées, comme toutes les troupes françaises sont face à face. Le 20 septembre, c'est la victoire de Valmy. »

« On découvre *à gauche* beaucoup d'hommes de loi comme Tronchet ou l'avocat Le Chapelier, fondateur du club *breton* qui sera le futur club des Jacobins... Très vite la gauche se divise en factions et coteries. La plus fameuse : *le triumvirat* avec Adrien Duport, Charles de Lameth et Barnave. Ils s'opposent à La Fayette et à Mirabeau... Les frères Lameth *émigreront.* Mais l'homme important c'est Barnave. Quand Mirabeau se rapproche de la cour, Barnave s'opposera à lui violemment. En 1791 il défendra le club des Jacobins contre le club des Monarchiens. On sait comment il se rapprochera du roi après Varennes et deviendra partisan d'une monarchie constitutionnelle. Il sera arrêté, condamné, *exécuté*[5]. »

« Suivit le décret de la loi martiale. Il était statué qu'en cas d'attroupement jugé dangereux le canon d'alarme serait tiré; qu'un drapeau *rouge* serait suspendu à l'une des fenêtres de l'Hôtel-de-Ville, comme un signal et un ordre au peuple de se séparer... Le décret fut appuyé par Mirabeau et attaqué par

1. Politique : côté droit, côté gauche. Dans une assemblée délibérante, série de bancs placés à la droite ou à la gauche du président; membres qui occupent ces bancs. D.L.7.V. 2. Latin : *rubeus.* Se dit des républicains très avancés. D.L.7.V. 3. Noirs : nom donné aux députés de l'assemblée constituante qui siégeaient à la droite de la salle. Le nom de Noirs fut donné aux aristocrates tant par analogie que parce que beaucoup d'entre eux portaient le costume ecclésiastique. D.L.7.V. 4. Meurtrir : a signifié tuer, faire périr par un meurtre. D.L.7.V. 5. H.F.A.C.A.D.

Robespierre[1], dont la *démagogie*, déjà plus d'une fois manifestée, commença alors à se prononcer avec plus d'éclat.

« Les discussions, les arrêtés des *Jacobins* étaient prononcés avec emphase... Une séance presque entière s'occupa de la destination de l'église Sainte-Geneviève, que le culte catholique n'avait pas encore consacrée. Le décret fut prononcé pompeusement en ces termes : elle se nommera Panthéon... Le *comte* de Mirabeau y reçut *le premier* les honneurs funèbres[2]. »

Le procès de Louis XVI – 17 janvier 1793
L'Affaire de l'armoire de fer

VIII, 23.

Lettres trouvées de la Royne les coffres[3],
Point de subscrit[4] sans aucun nom d'autheur :
Par la police seront cachez les offres[5],
Qu'on ne sçaura qui sera l'amateur.

Traduction :

Les lettres des armoires de la reine seront découvertes sans signature et sans nom d'auteur. La police dissimulera les actes de défense si bien qu'on ne saura pas qui aura été le bénéficiaire (des fonds).

L'histoire :

« Une lettre de Laporte, qu'on lui dit datée de sa main à lui, Louis. Il dit ne reconnaître ni la lettre ni la date. Deux autres du même, toutes deux apostillées de la main de Louis, 3 mars et 3 avril 1791. Il déclare ne point les reconnaître... Une pièce *sans signature*, contenant un état de défenses, avant d'interpeller Louis sur cette pièce, le président lui fait la question suivante : avez-vous fait construire dans une muraille du château des Tuileries *une armoire* fermée d'une porte de fer et y avez-vous renfermé des papiers? Louis : Je n'en ai eu aucune connaissance, ni de la pièce *sans signature*[6]... »

« J'observais que dans les scellés même que la justice fait apposer sur les papiers de tout accusé, on n'a jamais fait l'inventaire des pièces que les scellés pouvaient renfermer, qu'en présence de l'accusé qui en était l'objet. J'ajouterais qu'autrement rien ne serait plus facile à des malveillants ou à des ennemis, que de glisser sous des scellés des pièces capables de compromettre un accusé et d'en *retirer qui le justifiassent*...

1. Cf, VIII, 19 et 80 – Robespierre : la pierre rouge. **2.** H.F.A. **3.** L'importance des coffres diminue vers le milieu du XVIe siècle par l'usage plus fréquent des cabinets et *armoires*. D.L.7.V. **4.** Latin : *subscriptio :* signature au bas d'un document. D.L.L.B. **5.** Acte par lequel on propose de payer ce qu'on doit ou d'accomplir une obligation, afin de prévenir ou d'arrêter une action judiciaire. D.L.7.V. **6.** Interrogatoire de Louis XVI. H.F.A.

Le domicile de Louis a été envahi; ses *armoires* ont été forcées... On a pu pendant le tumulte de l'invasion *égarer* ou *enlever* des pièces; on a pu égarer surtout celles qui auraient expliqué celles qu'on oppose... Septeuil, dans une déclaration qu'il a rendue publique, explique cette spéculation, avoue lui-même que non seulement elle ne regardait que lui, mais qu'il existait un registre particulier tenu pour les *fonds* de Louis, mais dont *on ne nous a pas donné communication,* et qui indique l'usage de ces fonds même[1]. »

« Louis XVI, dans son interrogatoire, essaya néanmoins de nier qu'il eut connaissance et de la fameuse *armoire* et des *papiers* qu'elle renfermait. Au reste, les pièces les plus importantes auraient été enlevées dans un gros portefeuille, et confiées à la femme de chambre de *Marie-Antoinette,* Madame Campan[2]. »

La fuite à Varennes – 20 juin 1792
Le vote de la mort du Roi
La guerre : 1er février 1793

IX, 20.

De nuict viendra par la forêt de Reines[3],
Deux pars voltorte[4] Herne[5] la pierre blanche[6]
Le moine[7] noir[8] en gris dedans Varennes
Esleu cap[9] cause tempeste, feu, sang, tranche.

Traduction :

Il arrivera de nuit par la forêt de Reims, torturé entre deux parties dans sa volonté de bigot de la monarchie, le moine noble (en livrée) grise à Varennes. La tête de Capet mise aux voix engendre la tempête, la guerre, l'effusion de sang, la guillotine.

1. Défense de Louis par le citoyen de Sèze. H.F.A. **2.** D.L.7.V. **3.** Toutes les éditions anciennes mentionnent REINES. On peut donc penser qu'il s'agit, soit d'une faute de typographie, soit d'une modification apportée par Nostradamus pour les besoins de la rime. La forêt de Reims se trouve avant Varennes et fut traversée par le carrosse royal. **4.** Mot fabriqué avec 2 mots latins : *voluntas :* volonté, sentiments et *tortus :* torturé. Les premiers exégètes ont traduit : route de traverse ou chemin détourné et tous les exégètes qui ont suivi (Hutin, Guerin, Monterey, Colin de Larmor, etc.). Or Properce utilise l'expression *torta via* qui veut dire : détours du labyrinthe. Les éditions postérieures à 1610 portent vaultorte au lieu de voltorte. **5.** Herne : abréviation de Hernute : nom donné à une secte chrétienne qui se distinguait par une grande pureté de mœurs. D.L.7.V. **6.** La pierre blanche : pierre symbole de l'établissement : « tu es Pierre et sur cette pierre je bâtirai mon Eglise ». Jésus-Christ. Le blanc est la couleur de la monarchie. A rapprocher de II-2 : « La tête bleue fera la tête blanche. » **7.** Du grec μόνος : seul, unique. D.G.F. A rapprocher de VI-63. « L'unic éteint... » mais aussi reprise de l'idée du roi-moine. **8.** Noirs : le nom de Noirs fut donné aux aristocrates tant par analogie que parce que beaucoup d'entre eux portaient le costume ecclésiastique. D.L.7.V. **9.** Cap : magnifique jeu de mot raccourci par lequel Nostradamus laisse le choix entre caput : la tête en latin, et l'abréviation de Capet.

L'histoire :

« En France, règne un roi absolu (qui gouverne *seul*) de *droit divin* (hernute)... Le roi a été trop faible pour imposer *sa volonté* (voltorte)... Louis XVI, en dépit de ses *vertus privées* (hernute), n'a pas les qualités d'un souverain[1]. »

« Louis XVI était profondément *pieux... Troublé dans sa conscience* il prit alors la décision de s'échapper[2]... »

« Le roi est *guillotiné* le 21 janvier 1793. Cette exécution soulève l'indignation des royalistes et la réprobation horrifiée des rois étrangers qui songent à s'unir contre la France républicaine et belliqueuse qui vient de déclarer la guerre à l'Angleterre (1er février 1793)[1]. ».

« Par 683 *voix*, Louis *Capet* fut déclaré coupable de conspiration contre la sûreté de l'Etat[3]. »

Exécution de Louis XVI
21 janvier 1793

I, 57

Par grand discord la trombe[4] tremblera
Accord rompu dressant la tête du Ciel
Bouche sanglante dans le sang nagera
Au sol la face oincte de laict et de miel.

Traduction :

Au milieu d'un grand désaccord la révolution fera trembler, l'accord ayant été rompu, (le bourreau) dressant la tête (du roi) du Ciel, la bouche sanglante nagera dans le sang, sa face ointe du lait et du miel (du sacre) sera au sol.

L'histoire :

« Le roi a été emprisonné après la journée du 10 août 1792 (prise des Tuileries et massacre des gardes suisses). Les montagnards réclament son jugement. Les Girondins souhaitent empêcher le procès[1]. » (Par grand discord.)

« Exécution de Louis XVI : le bourreau *montre la tête* du roi au peuple[1]. » (Dressant la tête au ciel.) La tête du roi qui avait été sacré à Reims en 1774 tombera au sol dans le panier de la guillotine.

1. L.C.H.3. **2.** H.F.A.M. **3.** H.F.D.G. **4.** Latin : *tropa :* révolution. D.L.L.B. cf. I, 40.

L'exécution de Louis XVI. Sa descendance

IV, 49.

Devant le peuple sang sera respandu,
Que du haut ciel ne viendra eslonger[1];
Mais d'un long temps ne sera entendu,
L'esprit d'un seul le viendra témoigner.

Traduction :

Le sang sera répandu devant le peuple, et il ne sera pas éloigné du ciel. Pendant un long espace de temps il ne sera plus entendu, jusqu'à ce que l'esprit d'un seul vienne en témoigner.

L'histoire :

« Le roi descendit lentement de voiture, se laissa lier les mains, gravit les degrés et du haut de la plate-forme prononça très haut : « Peuple ! je meurs innocent. »

« Dans son testament, écrit le 25 décembre 1792, après avoir pardonné à ses ennemis et prescrit à son fils d'oublier, comme lui, toute haine et tout ressentiment... il finissait, en déclarant devant Dieu et prêt à *paraître devant lui* qu'il ne se reprochait aucun des crimes dont on l'accusait[2]. »

« L'abbé Edgeworth calma la courte résistance du roi par quelques mots dont une légende a fait la phrase fameuse : Fils de Saint Louis, *montez au ciel !*[3] »

Les deux derniers vers laissent entendre que Louis XVII ne serait pas mort au Temple et qu'un de ses descendants viendrait un jour en témoigner.

L'exécution de Louis XVI. La Terreur 21 janvier 1793

IX, 11.

Le juste à tort à mort l'on viendra mettre
Publiquement et du milieu estaint[4].
Si grande peste[5] en ce lieu viendra naistre
Que les jugeans fouyr seront contraints.

Traduction :

L'on aura tort de mettre le juste à mort exécuté au milieu du peuple. Ce qui entraînera en ce lieu (Paris) une si grande calamité (la Terreur) que ceux qui avaient ou non voté (la mort du roi) seront obligés de fuir.

1. Cf. I-57 : « Dressant la tête au ciel. » **2.** D.H.C.D. **3.** H.F.A.M. **4.** Latin : *exstinguo :* je fais mourir; j'exécute. D.L.L.B. **5.** Latin : *pestis :* malheur, fléau, désastre, calamité. D.L.L.B. Cf. VI-63 : « Sept ans sera de douleur explorée. »

L'histoire :

« Louis n'est point un accusé, vous n'êtes point des *juges*... Vous n'avez point une sentence à rendre pour ou contre un homme, mais une mesure de salut public à prendre... La victoire et le peuple ont décidé que lui seul était rebelle. Louis ne peut donc être *jugé*, il est déjà condamné[1]. »

« Les montagnards prennent le pouvoir et ont à faire face au soulèvement des Vendéens dressés par les Girondins contre la dictature de Paris. Ils constituent un gouvernement révolutionnaire. C'est le régime de la *Terreur*... Le 9 Thermidor (27 juillet 1794), Robespierre est mis en accusation. *Il s'enfuit*, est repris et exécuté sans jugement[2]. »

« Robespierre gisant à mes pieds on vient me dire qu'Henriot *se sauve* par un escalier dérobé. Il me restait encore un pistolet armé, je cours après lui. J'atteins *un fuyard* dans cet escalier : c'était Couthon que l'on sauvait[3]. »

Marie-Antoinette et la duchesse d'Angoulême au Temple – 1793

X, 17.

La Royne Ergaste[4] voyant sa fille blesme[5]
Par un regret dans l'estomach[6] enclos :
Crys lamentables seront lors d'Angoulesme,
Et au germain mariage forclos[7].

Traduction :

La reine détenue comme une esclave, voyant sa fille se flétrir, regrettera dans son sein d'avoir eu des enfants devant les lamentations de la duchesse d'Angoulême mariée à son cousin germain d'un mariage forclos.

L'histoire :

« Marie-Antoinette d'Autriche, reine de France : ... Emprisonnée au Temple jusqu'au 1er août 1793, elle y souffrit tous les outrages, tous les tourments, comme reine, comme épouse, *comme mère*, et sa captivité fut un véritable martyre. »

« Marie-Thérèse-Charlotte de France, duchesse d'Angoulême, née de Louis XVI et de Marie-Antoinette, entra au Temple pour partager la captivité de sa famille... Elle épousa son cousin le duc d'Angoulême, fils du comte d'Artois (futur Charles X) troisième frère de Louis XVI[8]. »

1. Discours de Robespierre à la Convention Nationale (3 décembre 1792). **2.** D.H.C. **3.** Rapport du gendarme chargé d'arrêter Robespierre qui vient d'être mis hors la loi par la Convention. **4.** Latin : *ergastulus :* esclave détenu, prisonnier. D.L.L.B. **5.** Blesmer : se flétrir. D.A.F.L. **6.** Sein de femme. D.L.7.V. **7.** Terme de droit : irrecevable. D.A.F.L. **8.** D.H.C.D.

La survivance des Bourbons après trente générations

VI, 51.

Peuple assemblé voir nouveau expectacle
Princes et Roys par plusieurs assistans,
Pilliers faillir, murs, mais comme miracle
Le Roy sauvé et trente des instans[1].

Traduction :

Le peuple se rassemblera pour un spectacle encore jamais vu (l'exécution d'un roi sur la place publique) en présence de plusieurs princes et chefs de sang royal; les piliers et les murs (de la Bastille) seront abattus, mais miraculeusement le sang royal sera sauvé après les 30 suivants.

L'histoire :

Après la démolition de la Bastille, l'exécution de Louis XVI se fit donc devant le peuple. Mais n'oublions pas que sa mort avait été votée par le prince de sang royal Philippe Egalité.

Voici les trente générations qui vont de Robert le Fort, père du Roi Eudes, jusqu'à Louis XVII : Robert le Fort Duc de France; Robert Roi (frères d'Eudes), Hugues Duc; Hugues Capet Roi, Robert II, Henri Ier, Philippe Ier, Louis VI, Louis VII, Philippe II, Louis VIII, Louis IX, Robert de France Comte de Clermont, Louis Duc de Bourbon, Jacques Comte de la Marche, Jean er Comte de Vendôme, Louis Comte de Vendôme, Charles Duc de Vendôme, Antoine de Bourbon, Henri IV, Louis XIII, Louis XIV, Louis Dauphin, Louis Duc de Bourgogne, Louis XV, Louis Dauphin, Louis XVI, Louis XVII.

Tous les historiens sont maintenant d'accord pour accepter la thèse de l'évasion du Dauphin de la prison du Temple. Si l'on en croit Nostradamus, cette hypothèse devrait un jour devenir réalité historique.

Evasion de Louis XVII de la prison du Temple

II, 58.

Sans pied ne main[2] dent aiguë et forte
Par globe[3] au fort du port[4] et l'aisne nay[5],
Près du portail desloyal se transporte,
Silène[6] luit, petit grand emmené.

1. Latin : *insto :* je suis. D.L.L.B. **2.** Latin : *manus :* main, force. D.L.L.B. **3.** Latin : *globus :* groupe d'hommes, tourbe, foule. D.L.L.B. **4.** Action de porter. D.L.7.V. **5.** Louis XVII, né le 27 mars 1785, porta d'abord le titre de duc de Normandie, et prit celui de dauphin à la mort de son frère *aîné* Louis-Joseph (4 juin 1789). **6.** Dieu phrygien. D.L.7.V. Le bonnet phrygien fut pris comme symbole de la République.

Traduction :

Sans assise et sans force celui qui a la mâchoire acérée et forte, porté au pouvoir par la masse et l'aîné étant mort peu après être né, se transporte déloyalement près du portail (du Temple). La République règne, le petit (par l'âge) grand (par la naissance) est emmené.

L'histoire :

« Le nom de Robespierre sortit de *l'urne électorale* dans les scrutins ouverts à Paris pour les élections à la Convention... Il joua dans le procès de Louis XVI le rôle le plus *odieux,* poussa avec acharnement au dénouement funèbre du 21 janvier 1793... Les Girondins succombèrent, dans la journée du 31 mai, à laquelle il prit une grande part. Dès ce moment son pouvoir fut immense... Il entre au Comité de Salut public où il impose le joug de la *force* et de la terreur, sacrifie sans pitié la vie des hommes aux froids calculs de sa politique... Arrêté dans la grande salle de l'Hôtel-de-Ville, le 10 thermidor, il périt sur l'échafaud[1]. »

« Le Temple était en effet un palais : il comportait une vaste et noble demeure... La disposition était assez similaire à celle de l'hôtel Soubise : une longue cour, entourée d'arcades, se terminant en hémicycle du côté du *portail...* Le cortège amenant les captifs eut un retard considérable[2]... »

Louis XVII évadé du Temple grâce aux époux Simon

IX, 24.

Sur le palais[3] au rocher[4] des fenestres
Seront ravis les deux petits royaux,
Passer aurelle[5] Luthèce, Denis Cloistres[6]
Nonnain[7], mollods[8] avaller verts noyaux.

Traduction :

Dans le palais aux fenêtres escarpées, les deux enfants royaux seront enlevés, ils traverseront Paris comme une brise, échappant aux cloîtres de Saint-Denis, grâce à un religieux[9], les misérables méchants en avaleront de verts noyaux.

1. D.H.C.D. **2.** *Louis XVII et l'énigme du Temple,* G. Lenôtre, Flammarion, 1920. **3.** La Tour du Temple, édifice carré formé d'épaisses murailles et flanqué de tourelles aux quatre angles. Le Palais du Grand Prieuré fut construit en 1767. D.L.7.V. **4.** Rocher : grande masse de pierre dure, escarpée. D.L.7.V. **5.** Aurelle : du latin : *aura* : vent, diminutif : brise. D.L.L.B. **6.** « Dagobert voulut être inhumé à *Saint-Denis,* mais ce n'est qu'avec les rois de la troisième race que l'abbaye de Saint-Denis eut le privilège des sépultures royales. D.L.7.V. **7.** Nonnain : petite nonne, nonne en général. D.L.7.V. Religieux. **8.** Mot formé de deux mots : mol : mal, mauvais, et lods : misérable. D.A.F.L. **9.** Jacobins : moine ou religieuse de l'ordre de Saint-Dominique membre du club des Jacobins constitué en 1789. D.L.7.V.

L'histoire :

« Si Paris vécut dans la stupeur cette sombre journée du 21 janvier 1793, *au troisième étage* de la Tour du Temple, elle s'écoula dans l'angoisse et le désespoir[1]. »

« Antoine Simon : gardien de Louis XVII au Temple. Maître cordonnier à Paris, il devint membre du district et fit partie du club des Jacobins[2]. »

Une autre énigme se greffe sur ce mystère : Simon a quitté le Temple le 19 janvier, très mortifié en apparence et grondant fort contre l'ingratitude de Chaumette et de la Commune. Or, dès le lendemain matin, il s'en va vers le pauvre logement où vivent dans la retraite deux vieilles dames nobles, toutes deux ci-devant *religieuses* et qui reçoivent chez elles *un prêtre* échappé comme elles aux policiers de la Terreur. On célèbre la messe dans leur mansarde, et c'est pourquoi entendant frapper à leur porte elles ont grand-peur. Elles ouvrent cependant et se trouvent en présence d'un homme qu'elles ne connaissent pas : « Ne craignez rien, dit-il, je sais que vous recevez ici un prêtre. Je suis Simon, mais je ne vous trahirai pas... Nombre des plus chauds et des plus sincères partisans de la République demeuraient attachés aux vieilles croyances et respectueux des traditions du passé : Songe-t-on que jusqu'en 1792 tout au moins, l'immense majorité de ceux qui furent les conventionnels, *les Jacobins*, les membres de la Commune avaient fréquenté les églises, assisté aux offices, accompli leurs devoirs *religieux?* Le fait qu'on vient de lire, si surprenant soit-il, montre que Simon était de ceux-là... Les commissaires apprirent ainsi que, entre autres personnes, la citoyenne Simon logée, comme on l'a vu, dans une maison voisine du Temple, se procure ainsi le passage. Que vient faire l'épouse du savetier[3]? »

L'exécution de Marie-Antoinette – 16 octobre 1793
Madame Royale au Temple

Sixain 55.

Un peu devant ou après très grand Dame[4]
Son âme au Ciel[5] et son corps sous la lame,
De plusieurs gens regrettée sera,
Tous ses parents seront en grand'tristesse :
Pleurs et soupirs d'une Dame[6] en jeunesse
Et a deux grands[7] le deuil délaissera.

1. *Louis XVII et l'énigme du Temple.* G. Lenôtre. Flammarion, 1920. **2.** D.L.7.V. **3.** *Louis XVII et l'énigme du Temple.* G. Lenôtre. Flammarion, 1920. **4.** Superlatif pour la reine. **5.** A rapprocher de IV 49 : « Que du haut ciel ne viendra éloigner. » **6.** Marie-Thérèse-Charlotte de France, duchesse d'Angoulême, fille de Louis XVI et de Marie-Antoinette, reçut en naissant le titre de *Madame* Royale. Après le 10 août 1792, elle entra au Temple pour partager la captivité de sa famille. D.H.C.D. **7.** Louis, Dauphin de France, fils de Louis XV et de Marie Leczinska a laissé trois fils : Louis XVI, *Louis XVIII* et *Charles X*, et deux filles : Clotilde, reine de Sardaigne, et Mme Elisabeth. D.L.7.V.

Traduction :

Devant (le peuple) peu après (l'exécution de Louis XVI) la reine sera guillotinée et son âme ira au ciel. Elle sera regrettée par bien des gens. Ses parent en seront bien affligés : les pleurs et les soupirs de sa fille. Elle laissera dans le deuil ses deux (beaux-frères).

L'histoire :

« Marie-Antoinette, emprisonnée au Temple jusqu'au 1er août 1793, elle y souffrit tous les outrages, tous les tourments, comme reine, *comme épouse*, comme *mère*, et sa captivité fut un véritable martyre. Traduite devant le tribunal révolutionnaire, elle fut *condamnée à mort*... Cette infortunée princesse avait néanmoins d'assez éminentes qualités pour être *chérie de tout le monde*, dans un temps ordinaire où on aurait pu, où on aurait voulu la juger sans passion... Conduite au supplice dans une charrette elle montra beaucoup de fermeté, et, comme son époux, mourut *en pardonnant à ses* ennemis[1]. »

Le procès de Marie-Antoinette – 14 octobre 1793 Son exécution – 16 octobre 1793

I, 86.

La grande Royne quand se verra vaincue,
Fera excez de masculin courage :
Sur cheval, fleuve passera toute nuë[2],
Suite par fer, a foy fera outrage.

Traduction :

Quant la grande reine (Marie-Antoinette) se verra perdue, elle fera un excès de courage masculin. Elle passera sur le fleuve (la Seine) tirée par un cheval, mal vêtue. Ensuite elle mourra par le fer (la guillotine), et on fera outrage à la foi.

L'histoire :

« Réclamé depuis le mois d'août par les sections, les clubs, les députés des assemblées primaires et les sociétés populaires, le procès de la reine s'ouvre le 14 octobre devant le tribunal révolutionnaire présidé par Herman, Fouquier-Tinville occupant le siège d'accusateur public. On lui pose les questions les plus insidieuses. On reprend contre elle des accusations déjà lancées au temps de la monarchie par des pamphlétaires hostiles à l'Autrichienne. Simple et digne, la reine répond qu'elle n'a fait qu'obéir à son époux. Pour relancer le débat, Hébert jette contre elle la plus *outrageante* des accusations. Cette femme accablée trouve alors des accents émouvants pour répondre à l'infamante imputation... En dépit des plaidoiries de

1. D.H.C.D. 2. Par exagération, mal vêtue. D.L.7.V.

Tanson-Ducoudray et de Chauveau-Lagarde, la reine est condamnée à mort... Le 16 octobre au matin, elle monte dans une mauvaise charrette et s'assied sur un banc tournant le dos au *cheval : vêtue d'un caraco*, coiffée d'un bonnet blanc, les mains liées derrière le dos, les yeux mi-clos, *impassible et droite* (excès de masculin courage), cette femme qui a été la plus adulée des reines entend la foule grondante qui l'*injurie*. Marie-Antoinette monte très vite les marches qui la séparent de la planche. Quelques instants plus tard son corps *supplicié* (suite par fer) va rejoindre les restes de Louis XVI au cimetière de la Made-
leine. »

« Le 14 octobre 1793, Marie-Antoinette comparaît devant le tribunal révolutionnaire, vêtue d'une robe noire *usée* (nue) et coiffée d'un bonnet de linon orné de " barbes de deuil[1] ". »

« Je viens d'être condamnée non pas à une mort honteuse, elle ne l'est que pour les criminels, mais à rejoindre votre frère : comme lui innocente, j'espère montrer *la même fermeté que lui* dans ses derniers moments (masculin courage)[2]. »

L'alliance de Philippe d'Orléans avec la Révolution Sa mort – 6 novembre 1793

II, 98.

Celui du sang resperse[3] le visage,
De la victime proche sacrifice,
Venant en Leo[4] augure[5] par présage,
Mis estre à mort lors pour la fiancée.

Traduction :

Celui dont le visage est inondé du sang de la victime, son proche (parent) sacrifié, l'adoption du bonnet phrygien sera pour lui un mauvais présage et il sera mis à mort à cause de son alliance.

L'histoire :

« Louis-Philippe d'Orléans, dit Philippe Egalité : ... *se lia* d'abord avec Mirabeau et fut un des premiers à *se réunir* au tiers. Son entourage, sinon lui, ne fut pas étranger aux événements qui amenèrent la prise de la Bastille... Il soutint secrètement les républicains du Champ de Mars (juillet 1791) et devint membre du club des Jacobins... Il se *lia plus intimement* avec les Cordeliers, les Jacobins, la commune de Paris... Effacé par la Montagne, il s'attacha à ses chefs qui, voyant qu'il avait dessein

1. H.F.A.C.A.D. **2.** Testament de Marie-Antoinette, en forme de lettre à sa belle-sœur Elisabeth. H.F.A. **3.** Latin : *respergo :* j'inonde, j'arrose. D.L.L.B. **4.** Latin : *Leo :* prêtre de Mithras adoré chez les Perses sous la forme d'un lion. D.L.L.B. – Mithras : est représenté sous la figure d'un jeune homme coiffé du bonnet *phrygien*. D.H.C.D. **5.** Latin : *auguro :* je prédis. D.L.L.B.

de s'abstenir dans le procès de Louis XVI, le forcèrent par leur menace à voter avec eux; *il vota donc la mort du roi sans sursis*, sans appel au peuple, et *n'en devint pas moins suspect* dès les premiers indices du projet formé par Dumouriez de rétablir la constitution de 1791 et de relever le trône pour un prince d'Orléans. Il fut arrêté le 7 avril 1793, ramené à Paris, jugé comme Girondin par le tribunal révolutionnaire, fut condamné et *exécuté*[1]. »

Exécution de Philippe Egalité 6 novembre 1793

III, 66.

Le Grand Baillif[2] d'Orléans mis à mort,
Sera par un de sang vindicatif:
De mort merite ne mourra ne par fort,
Des pieds et mains mal le faisoit captif.

Traduction :

Le grand député d'Orléans sera mis à mort par ordre d'un personnage sanguinaire et vengeur, il ne mourra d'une mort méritée que par la force car le mal lui enchaînait pieds et mains.

L'histoire :

« Défenseur des droits du tiers à l'*Assemblée* des notables de 1787 et aux états généraux de 1789, protecteur du peuple... Ennemi déclaré de la famille royale, ouvertement révolutionnaire. Membre de la Convention, il siégea à l'extrême gauche... Bien qu'il eût voté la mort du roi, son parent, et qu'il se fût toujours appuyé sur la Montagne, il devint suspect à ses amis de la veille... Le jour même où il parut devant le tribunal révolutionnaire, il mourut sur l'échafaud très courageusement[3]. »

La commission des Douze – mai 1793 L'arrestation des Douze – 2 juin 1793

IV, 11.

Celuy qu'aura couvert de [4] la grand cappe,
Sera induict à quelques cas[5] patrer[6] :
Les Douze rouges viendront fouiller[7] la nappe[8],
Soubz meurtre, meurtre se viendra perpetrer.

1. D.H.C.D. **2.** Forme ancienne de bailli : gouverneurs qui furent remplacés par les députés. (D.A.F.L.) **3.** D.L.7.V. **4.** Combler en bonne ou en mauvaise part : couvrir de honte, d'infamie, de gloire. D.L.7.V. **5.** Latin : *casus :* chute, fin, déclin, mort. D.L.L.B. **6.** Latin : *patro :* je fais, j'exécute, j'accomplis. D.L.L.B. **7.** Au figuré scruter, rechercher, étudier avec attention : fouiller les plaies de la société. D.L.7.V. **8.** Par analogie : couche plane. D.L.7.V.

Traduction :

Celui (Robespierre) qui aura couvert d'infamie le grand Capétien (Louis XVI) sera amené à accomplir quelques chutes : les Douze rouges viendront étudier avec attention les plans, et sous couvert de meurtre, il viendra perpétrer leurs meurtres.

L'histoire :

« Investie de grands pouvoirs et composée de députés dont les noms offraient une garantie à tous les honnêtes gens, la *commission des Douze* pouvait déjouer toutes les tentatives dirigées contre la Convention ou contre quelques-uns de ses membres. C'était rompre tous les *plans* des Jacobins et des Montagnards. Aussi, *Les Douze* furent-ils désignés à la fureur des *assassins* dès le lendemain de leur entrée en fonction, et la guerre qu'on leur fit fut une guerre *à mort*. Les renseignements qui arrivèrent en foule à cette commission lui démontrèrent évidemment qu'il se tramait un complot contre la vie des vingt-deux députés... La certitude acquise du complot contre une partie de la représentation nationale, détermina à lancer un mandat d'arrêt contre Hébert... La commission jugea que cet écrivain était complice du complot qui se tramait, qu'à la bonne ou mauvaise intention ses écrits provoquaient au *meurtre* des représentants du peuple... Couthon se fait porter à la tribune et joignant l'ironie à l'arrogance : « Citoyens, dit-il, tous les membres de la Convention doivent être rassurés sur leurs libertés. " Et il demanda que la Convention décrétât que les vingt-deux seraient mis en arrestation chez eux, ainsi que les membres de la Commission des Douze[1]. »

« Le coup de force du 2 juin provoqua des insurrections dans plusieurs régions. La Convention, sans se laisser effrayer par la grandeur du péril, résolut de poursuivre contre tous ses ennemis la lutte à outrance. Elle confia le pouvoir aux Montagnards les plus intransigeants : Robespierre et ses amis, Couthon et Saint-Just... Jusqu'à la fin de 1794, *2596 personnes furent exécutées* à Paris[2]. »

Les massacres de Nantes
16 et 17 novembre – du 9 au 10 novembre 1793

V, 33.

Des principaux de cité rebellée
Qui tiendront fort pour liberté ravoir;
Destrencher[3] masles infelice[4] meslée
Cris, hurlemens à Nantes; piteux voir.

1. H.F.A. **2.** H.F.A.M. **3.** Détrenchier : tailler en pièces – trancher. D.A.F.L. Latin : *infelix :* malheureux. D.L.L.B.

Traduction :

Des principaux rebelles de la ville, qui se seront battus jusqu'au bout pour conserver leur liberté, les hommes seront guillotinés, des malheureux ayant été emmêlés, les cris et les hurlements à Nantes constitueront un spectacle pitoyable.

L'histoire :

« A Nantes, régnait le Conventionnel Carrier. C'était un procureur auvergnat, âgé de 37 ans...

On l'a vu à Cholet, mais il s'est enfui au bruit de la bataille et depuis lors, travaillé par la peur, il n'a plus qu'une idée : *tuer,* afin de ne pas être tué, sombre obsession qui va, l'ivresse aidant, jusqu'à la folie...

Il y avait sur les pontons *de Nantes*, une centaine de prêtres âgés ou infirmes que l'on n'avait pas pu déporter à la Guyane et que l'on se contentait de promener de prison en prison. Dans la nuit du 16 au 17 novembre, sous prétexte de les ramener une fois de plus à terre, on les fit monter sur un vieux chaland qui servait autrefois à la navigation de la basse Loire et que la stagnation du commerce rendait inutile. *Liés deux à deux,* ils s'exécutèrent sans méfiance, bien qu'on les ait au préalable dépouillés de leur argent et de leurs montres. Tout à coup, l'un des captifs, Hervé, curé de Machecoul, remarqua que le chaland avait été découpé en de nombreux endroits, un peu au-dessous de la ligne de flottaison et que, par ces ouvertures mal bouchées, l'eau filtrait doucement. C'était la révélation du supplice : les prêtres tombèrent à genoux et, à tout hasard, prononcèrent *les uns sur les autres* les paroles d'absolution. Un quart d'heure plus tard, le chaland s'engloutissait avec tous ses passagers, moins quatre. De ceux-ci, trois furent repris et mis à mort. Un seul recueilli par des pêcheurs réussit à se cacher et le peu que l'on sait des derniers moments des victimes vient de lui...

Le 5 décembre : une nouvelle arrivée d'insermentés, 58 curés impotents. " Il faut f... à l'eau tous ces bougres-là ", ordonne Carrier. Dans la nuit du 9 au 10, ils sont noyés à la pointe d'Indret. Le proconsul annonce aussitôt à la Convention le nouveau " naufrage " et termine sa dépêche par cette cynique plaisanterie : " Quel torrent révolutionnaire que la Loire! " *D'autres noyades suivirent* les unes de nuit, les autres de jour : *Onze au moins qui firent 4800 victimes.* A quoi, il faut ajouter les *guillotinades* après jugement : trois commissions travaillaient sur place et le tribunal de Paris ne dédaignait pas la pâture qu'on lui expédiait de Bretagne. Un historien nous assure, il est vrai, que Carrier n'a pas fait plus de victimes que le typhus et les autres maladies qui sévissaient dans les prisons nantaises : C'est assurément une consolation[1]. »

1. L.R.F.P.G.

L'abbé Vaugeois, Président du comité d'insurrection – août 1792 La prise de Chalonnes-sur-Loire par les Vendéens – 22 mars 1793 Massacres de prêtres sur la Loire 17 novembre et 5 décembre 1793

IX, 21.

Au temple[1] hault de Bloys Sacre[2] Salonne
Nuict pont de Loyre, Prelat, Roy pernicant[3] :
Cuiseur victoire aux marests de la Lone[4],
D'ou prélature de blancs[5] abormeant[6].

Traduction :

Le haut personnage d'Eglise de Blois sera maudit à Chalonnes-sur-Loire, un prêtre se trouvera de nuit sur les ponts de la Loire, le roi rendu léger (déchu), les gens d'Olonne remporteront de cuisantes victoires dans les marais; les prêtres royalistes ayant été attachés.

L'histoire :

« Concentration des Fédérés, agitation des sections : tels furent les deux éléments préparatoires de la journée du 10 août (1792). Tout fut conduit par un Comité d'insurrection que présidait le curé Vaugeois, vicaire général de *l'évêque de Blois...* C'est Robespierre qui rédigea les pétitions présentées par les Fédérés pour la *déchéance du Roi*[7]. »

« Le 22 mars 1793, l'armée vendéenne s'empare de *Chalonnes*[8]. »

« *Il y avait sur les pontons* de Nantes une centaine de prêtres âgés ou infirmes. *Dans la nuit* du 16 au 17 novembre, on les fit monter sur un vieux chaland. *Liés* deux à deux, ils s'exécutèrent sans méfiance. Tout à coup l'un des captifs, *curé* de Machecoul, remarqua que le chaland avait été découpé en de nombreux endroits... C'était la révélation du supplice. Un quart d'heure plus tard, le chaland s'engloutissait avec tous ses passagers... Le 5 décembre : nouvelle arrivée d'insermentés, 58 curés impotents. Dans *la nuit* du 9 au 10 août, ils sont noyés à la pointe d'Indret. Le proconsul Carrier termine sa dépêche par cette cynique plaisanterie : « Quel torrent révolutionnaire que *la Loire !* »

1. Poétique : l'Eglise catholique. D.L.7.V. **2.** Latin : *sacro :* vouer aux dieux vengeurs, maudire. D.L.L.B. **3.** Latin : *pernix :* léger. D.L.L.B. **4.** Rabotage d'*Olonne :* commune de la Vendée et à 5 km des Sables-d'Olonne; Château de la Pierre Levée, l'un des quartiers généraux des Vendéens en 1793. D.L.7.V. **5.** Le blanc sous l'ancien régime fut presque constamment la couleur nationale et royale en France. D.L.7.V. **6.** De *ormeger :* j'attache. D.A.F.L. **7.** L.R.F.P.G. **8.** H.F.A.C.A.D.

« Carrier fut rappelé en février 1794. Son départ mit fin aux noyades, mais le général Turreau, successeur de Marceau en Vendée, reprit à sa manière l'œuvre terroriste. Presque tous les chefs vendéens avaient été tués. Les deux survivants Charette et Stofflet furent contraints de reprendre les armes : l'un dans *le Marais*, l'autre dans *le Bocage*. Ce fut une nouvelle guerre inutile, horrible. On peut donc dire qu'en ce début de 1794 la Révolution était pleinement victorieuse de ses ennemis intérieurs[1]. »

Pitt – le Jeune contre la Révolution 1793-1796 L'aide anglaise aux Vendéens – 1795 Le retour au pouvoir du fils Pitt

X, 40.

Le jeune nay au regne Britannique,
Qu'aura le père mourant recommandé :
Iceluy mort LONOLE[2] donra topique[3]
Et à son fils le regne demandé.

Traduction :

« (Pitt) le Jeune[4] arrivé au pouvoir en Angleterre et qui aura reçu de son père mourant des recommandations, après la mort de celui-ci, apportera une aide aux Vendéens (ceux d'Olonne) et on demandera au fils de reprendre le pouvoir. »

L'histoire :

« De 1793 à 1802, l'effort de guerre britannique ne cesse de croître, stimulé jusqu'en 1801 par PITT *le Jeune*. Celui-ci *a hérité de son père* une indéniable méfiance envers la France[5]. »

« Dans les départements de l'Ouest, le parti royaliste s'était relevé avec une audace que les intrigues de l'*Angleterre* entretenaient. Charette et La Rochejacquelein avaient reparu à la tête des *Vendéens* (ceux d'Olonne). Après avoir fait espérer aux Anglais un soulèvement général dans ce pays, si l'on opérait un débarquement d'émigrés, d'armes et de munitions, le marquis de Puisaye s'était entendu avec les Chouans, et ne doutait pas de porter un coup funeste à la république. *Le ministère anglais*, désolé du mauvais succès de la coalition contre nos armées, avait embrassé ce projet avec ardeur et s'était engagé à fournir

1. L.R.F.P.G. **2.** Anagramme d'Ollone ou Olonne : Commune de la Vendée; Château de la Pierre levée, l'un des quartiers généraux des Vendéens en 1793. D.L.7.V. **3.** Se dit des médicaments qui agissent sur des points déterminés à l'extérieur et à l'intérieur du corps. D.L.7.V. **4.** Homme d'état anglais fils de William Pitt (1708-1778). **5.** H.R.U.

soixante mille fusils, ainsi que *l'équipement complet* (topiques) pour une armée de quarante mille hommes[1]. »

« Pour parer aux frais de la guerre, Pitt dut soumettre l'Angleterre à un régime d'exception, sans réussir à empêcher ni les victoires de la France ni la ruine du commerce britannique. Il démissionna en 1801. Addington, son successeur, conclut la paix d'Amiens (1802). La guerre ayant été reprise, *Pitt accepta de nouveau le pouvoir* (1804)[2]. »

Robespierre, ses amis et ses ennemis

VIII, 19.

A[3] soustenir la Grand Cappe troublée
Pour l'esclaircir les rouges marcheront
De mort famille sera presque accablée,
Les rouges rouges le rouge assomeront.

Traduction :

Sans soutien la grande famille capétienne sera perturbée. Les rouges se mettront en marche pour la décimer. La famille royale sera presque accablée par la mort. Des rouges feront abattre le rouge (Robespierre) et d'autres rouges.

L'histoire :

Avec l'exécution de Louis XVI, de Marie-Antoinette, de la sœur de Louis XVI, Mme Elisabeth, et la mort présumée de Louis XVII dans la prison du Temple la famille capétienne est fortement « éclaircie ».

« Quant à Robespierre, ses incontestables vertus sont éclipsées aux yeux de ses collègues par son orgueil, son fanatisme, son intransigeance; il fait peur. Ses *adversaires* se groupent pour *s'en débarrasser*[4]. »

« Les Robespierristes, que la Convention a mis hors la loi, sont arrêtés; Robespierre a la mâchoire fracassée d'un coup de pistolet : le soir même du 10 thermidor, *il est guillotiné avec 22 de ses partisans;* le lendemain et le surlendemain c'est le tour de *83 autres.* Ainsi la Grande Terreur s'achève sur une nouvelle hécatombe[5]. »

Robespierre, Le Rouge Sanguinaire La chute de la Monarchie – 1792

VI, 57.

Celuy qu'estoit bien avant dans le regne,
Ayant chef rouge proche à la hierarchie,
Aspre[6] et cruel et se fera tant craindre,
Succedera à sacrée[7] monarchie.

1. H.F.A. **2.** D.L.7.V. **3.** Alpha privatif : sans. **4.** L.C.H.3. **5.** L.T.R. **6.** Latin : *asper :* dur, farouche, intraitable. D.L.L.B. **7.** Allusion au Sacre des rois.

Traduction :

Celui qui faisait déjà bien avant partie du pouvoir, ayant la tête rouge, se rapprochera du sommet de la hiérarchie; intraitable et cruel il se fera terriblement craindre et succédera à la monarchie consacrée.

L'histoire :

« Maximilien Robespierre, né en 1759 à Arras, était fils d'un avocat au *conseil supérieur* de l'Artois, et remplissait lui-même ces *fonctions* en 1789. Député d'Arras aux états généraux, il y arrive imbu des idées démocratiques du Contrat social de J.-J. Rousseau, siégea à l'extrême-gauche (chef rouge), et manifesta en toute occasion *sa haine contre la monarchie.* Nommé en juin 1791 accusateur public près le tribunal criminel de la Seine, il s'affilia aux Jacobins et à la Commune et fut élu en 1792[1] membre de la Convention. Il dirigea, concurremment avec Danton, le procès de Louis XVI, poussa avec violence à la condamnation à mort, paralysa les efforts faits par les Girondins pour sauver le roi, fit, après l'exécution, décréter le tribunal révolutionnaire et établit par toute la France le système de la Terreur. Siégeant presque perpétuellement au Comité de Salut public, il fit sanctionner les mesures les plus sanguinaires... Il avait fait peser sur la France la plus odieuse tyrannie et n'avait pas épargné ses collègues : ceux qui survivaient, irrités de ses hauteurs ou effrayés par ses menaces, se réunirent enfin contre lui[2]... »

1793 – mort de Louis XVI
Robespierre au pouvoir

III, 34.

Quand le deffaut du Soleil lors sera,
Sur le plein jour le monstre sera veu ;
Tout autrement on l'interprétera,
Cherté n'a garde, nul n'y aura pourveu.

Traduction :

Quand la monarchie chutera, on verra le monstre (Robespierre) en plein jour. On le considérera tout autrement. On ne saura pas se garder de la cherté parce qu'on ne l'aura pas prévue.

L'histoire :

« Entre l'exécution du roi (21 janvier 1793) et la proscription des Girondins (2 juin), il ne s'écoula pas cinq mois. Un plan d'action préparé par Robespierre, entre le 16 et le 19 mai, donna le secret du mécanisme par lequel ils furent épurés à leur

1. La République française fut proclamée le 21 septembre 1792. La Convention succède à l'Assemblée législative et dura du 21 septembre 1792 au 26 octobre 1795. Elle avait été convoquée après l'insurrection du 10 août 1792 et le renversement de la royauté, pour faire une constitution nouvelle. Dès la première séance, elle proclama la République. D.H.B. 2. D.H.B.

tour... Le Comité de Salut Public, institué le 5 avril 1793, fut d'abord sous l'influence de Danton, puis, à partir du 10 juillet, sous celle de Maximilien Robespierre. On l'appelle l'Incorruptible (tout autrement on l'interprétera!). Il fait corps avec le Jacobinisme. Comme lui, il est ombrageux et sombre. Comme lui, il a le délire de persécution (monstre). Toujours dans la ligne du parti, il sut avec une sûreté de *fanatique* écraser les factions coupables de déviation...

Les victoires de 1793 et de 1794 ne provoquèrent pas un relâchement de la dictature jacobine. Au contraire, la *terreur* redoubla. L'agitation partit d'un petit groupe de communistes inspirés par l'ancien curé Jacques Roux. Profitant des difficultés de la soudure entre les récoltes de 1792 et 1793, ils tiennent les sections en effervescence et les animent contre la Convention qu'ils accusent de réduire le peuple à la *famine*... A la suite de diverses manifestations, la Convention s'engage dans une politique qui met sous la direction absolue de l'Etat toutes les branches essentielles de l'activité économique... Alors surgit la véritable difficulté : appliquer ces lois impossibles. Dès que le maximum fut promulgué, les magasins se vidèrent en un instant, chacun se hâtant d'acheter à un prix facticement abaissé ce qu'il payait la veille deux ou trois fois *plus cher*... la *disette* s'installe dans les villes. Du jour au lendemain, il n'y a plus à Paris ni sucre, ni huile, ni chandelles. Le pain est immangeable. Le marché noir sévit[1]. »

Robespierre,
La terreur et la fête de l'Etre Suprême
8 juin 1794

VIII, 80.

Des innocents le sang de veufve et vierge,
Tant de maux faicts par moyen ce grand Roge,
Saints simulachres trempez[2] en ardent cierge :
De frayeur crainte ne vera nul que boge.

Traduction :

Le sang des innocents, des veuves et des vierges coulera; que de malheurs accomplis par ce grand Rouge. Un culte simulé arrangé avec des cierges ardents (brûlots). Par peur panique on ne verra personne bouger.

L'histoire :

« Les Vendéens s'engouffrèrent au Mans où ils furent surpris le 12 décembre, à la tombée de la nuit, puis après une bataille sauvage de 14 heures, accablés et *massacrés*. On ne voit partout que des cadavres, rapporte un bleu... parmi les cadavres *beaucoup de femmes* nues que les soldats ont dépouillées et qu'ils

1. H.F.P.G. **2.** Pour temprer : forme ancienne de tremper : arranger. D.A.F.L.

ont tuées après les avoir violées. Ceux qui réussirent à s'échapper, six mille environ, furent rejoints, cernés et fusillés à Savenay[1]. »

« Robespierre[2] fait décréter *qu'une nouvelle religion* de caractère austère et civique s'imposerait à tous. Il en préside la première grande cérémonie, la Fête de l'Etre Suprême, le 8 juin 1794. Après cette sorte d'apothéose, il prend une des mesures les plus impitoyables : la loi de Prairial (10 juin 1794) qui ne laisse pratiquement aucune chance à un accusé d'échapper à la guillotine. Pendant cette *grande terreur* plus de 1.000 exécutions eurent lieu à Paris en 45 jours. »

« Le gouvernement révolutionnaire : après le coup de force qui abat les Girondins *aucune opposition n'ose se manifester* à la Convention où les Montagnards restent les maîtres[3]. »

Les Montagnards. La Terreur Blanche – 1794

IV, 63.

L'armée Celtique[4] contre les montaignars
Qui seront sceus et prins à la pipée[5] :
Paysans fresz[6] pulseront tost faugnars[7]
Précipitez tous au fil de l'espée.

Traduction :

L'armée des Chouans (se soulèvera) contre les Montagnards qui avertis la prendront au piège; ils repousseront rapidement les paysans en les écrasant dans les marais; ils les anéantiront tous.

L'histoire :

« La Terreur Blanche fait de nombreuses victimes. *En Bretagne* les chouans favorisent un débarquement anglais à Quiberon, *rapidement cerné et anéanti* par les troupes du général Hoche[3]. »

« Devant l'avance victorieuse de l'insurrection des chouans, il fallut envoyer l'armée républicaine régulière commandée par Kléber et Marceau. *Repoussés* devant Granville et battus au Mans, les Vendéens subirent au deuxième passage de la Loire un épouvantable désastre. Ils continuèrent la résistance dans *les marais* et le bocage jusqu'en 1795. Le corps d'émigrés qui avait été débarqué par les Anglais fut vaincu à Quiberon. *La Convention fit fusiller tous les prisonniers*[8]. »

1. L.R.F.P.G. **2.** Du latin *robeus :* rouge D.L.L.B. Robespierre signifie donc pierre rouge – à rapprocher de IX-20: Louis XVI : « La pierre blanche ». **3.** L.C.H.3. **4.** Les Chouans en Bretagne, pays celte. **5.** On dit des dés pipés. **6.** Du latin *fressus* de *frendo :* je broie, j'écrase. D.L.L.B. **7.** Faugnars : fangeux. D.A.F.L. **8.** H.F.A.M.

Naissance de Bonaparte 15 août 1769

I, 60.

Un Empereur naistra près d'Italie
Qui à l'empire sera vendu bien cher,
Diront[1] avec quels[2] gens il se ralie
Qu'on trouvera moins Prince que boucher.

Traduction :

Un Empereur naîtra près de l'Italie, qui coûtera cher à l'empire. On dira avec combien de gens il s'allie et on le jugera moins prince que boucher.

L'histoire :

Lorsque Bonaparte naît le 15 août 1769, il n'y a que deux ans que la Corse a été achetée par Louis XV. Elle n'est donc plus italienne, mais elle n'est pas encore française; d'où l'expression de Nostradamus « près d'Italie ».

« Le Congrès de Vienne (septembre 1814-juin 1815) prétend effacer de la carte d'Europe les modifications apportées par la Révolution et l'Empire... La France entourée d'états-barrières » ne peut plus espérer atteindre les « frontières naturelles[3] ». Il aura donc coûté très cher à la France en morts, en défaites et en ruines de toute sorte.

« Napoléon a mis sur pied la Grande Armée : 700.000 hommes *de toutes les nations*[3]. »

La bataille d'Eylau appelée « la *boucherie* sous la neige » sera l'une des batailles les plus meurtrières livrées par Napoléon. Notons ici que Nostradamus attribue à l'Empereur un qualificatif que l'histoire retiendra!

« Par le traité de Paris de 1815, la France perdait toutes ses conquêtes et se retrouvait plus *petite* qu'avant le début des guerres de la Révolution[4]. » Qui coûtera cher à l'Empire!

Le nom prédestiné de Napoléon

I, 76.

D'un nom farouche tel proféré sera
Que des trois seurs[5] aura fato[6] le nom.
Puis grand peuple par langue et faicts dira[7]
Plus que nul autre aura bruict et renom.

1. Diront pour on dira : latinisme. **2.** Quels dans le sens de combien. **3.** L.C.H.3. **4.** D.H.C. **5.** Les trois Parques : sœurs dans la mythologie, chargées de couper le fil de la vie des hommes. Divinités destructrices. **6.** Latin : ablatif de *fatum :* par le destin. **7.** Latin : *dirare :* éclaircir (un arbre en le taillant). D.L.L.B. Tous les exégètes ont transformé le mot dira en duira pour conduira, à commencer par Le Pelletier.

Traduction :

Il sera porté en avant avec un nom si farouche que ce nom sera, d'une façon prédestinée, semblable à celui des trois Parques, puis par ses discours et ses actions il éclaircira beaucoup de gens, plus que quiconque il sera renommé par le bruit qu'il fera.

L'histoire :

Le nom de Napoléon vient étymologiquement parlant de deux mots grecs : νεοζ : nouveau et 'απολλύων participe présent d'απάλλνμι : exterminant, pris comme substantif, donc Napoléon veut dire : nouvel exterminateur.

Le sens du vers suivant s'accorde donc parfaitement avec la signification étymologique du nom de l'Empereur. Citons les massacres d'Eylau « la boucherie sous la neige », de la retraite de Russie, de Waterloo et cette terrible description des atrocités de la guerre d'Espagne : « Dès lors partout nos malades, nos traîneurs, nos officiers envoyés en ordonnance, surpris et saisis, avaient été, quant aux plus heureux, égorgés sur place; plusieurs autres, jetés dans des chaudières d'eau bouillante; d'autres encore, ou sciés entre des planches, ou brûlés à petit feu [1]... »

« La guerre d'Espagne prend un caractère de fanatisme féroce : les embuscades incessantes grignotent (éclaircissent!) l'armée française [2]... »

L'armée sarde se livre à Bonaparte à Cherasco – 29 avril 1796 Les armées autrichiennes vaincues en 3 mois – Leoben – 18 avril 1797

III, 39.

Les sept en trois mois en concorde,
Pour subjuguer les Alpes Apennines [3],
Mais la tempeste [4] et Ligure [5] couarde,
Les profligent [6] en subites ruyne.

Traduction :

Les sept (armées) seront alliées pendant trois mois pour asservir les Apennins. Mais l'action impétueuse (des armées de

1. *Mémoires d'un aide de camp,* général de Ségur. 2. L.C.H.3. 3. Apennins : longue chaîne de monts qui traversent l'Italie dans toute sa longueur, se détache des Alpes à Cassino, au nord de Gênes, trace un demi-cercle autour du golfe de Gênes et va se terminer en Sicile. D.H.B. 4. Au figuré : action impétueuse. D.L.7.V. 5. Contrée de l'Italie ancienne, formait la partie S.O. de la Gaule cisalpine : elle s'étendit d'abord du côté du nord jusqu'au Pô mais fut ensuite restreinte aux pays situés entre la mer et l'Apennin. D.H.B. Partie des états sardes. 6. Latin : *profligo :* je renverse, je vaincs complètement, je ruine. D.L.L.B.

Bonaparte) et la couardise de l'armée sarde les feront vaincre et ruiner subitement.

L'histoire :

« Pendant ce temps, notre situation en Italie devenait périlleuse par les grands préparatifs que l'Autriche faisait *pour reconquérir* ce pays. »

« L'abattement régnait dans les armées coalisées. Les esprits étaient fort agités en Piémont; les Français n'étaient plus qu'à dix lieues de Turin et les Autrichiens ne pensaient qu'à couvrir Milan. Dans cet état de choses, la cour de Sardaigne ne savait quel parti prendre... Le roi, quoique prévenu contre les Français, ne voulut pas consentir à livrer ses trois premières places à son ambitieux voisin de la Lombardie : il aima mieux *se jeter dans les bras du vainqueur* (couardise), auquel il ne pouvait du reste opposer une longue résistance... L'armistice fut signé le 9 Floréal an IV (29 avril 1796) à Cherasco. Les conditions de cet armistice furent que le roi de Sardaigne quitterait la coalition; les troupes sardes seraient disséminées dans les garnisons; les routes du Piémont resteraient ouvertes à l'armée française; enfin les places de Ceva, Coni, Tortone ou à défaut Alexandrie seraient remises sur-le-champ avec tous les magasins et l'artillerie qu'elles renfermaient[1].

« L'ensemble de ces ordres visait à réunir sur le plateau de Rivoli, dès les premières heures du *14 janvier* (1797), plus de 20.000 hommes dont 1.500 cavaliers et une trentaine de canons... Hoche et Moreau s'ébranlent enfin et les Autrichiens signent, le *18 avril 1797*[2] à Leoben, les préliminaires que Bonaparte leur a proposés deux jours plus tôt. Ils mettent fin à cette campagne, au cours de laquelle Bonaparte a battu *sept années* et triomphé des quatre généraux que Vienne lui a successivement opposés, des vétérans de la guerre de sept ans au jeune archiduc Charles, le propre frère de l'Empereur d'Autriche[3]. »

« Bonaparte s'avança rapidement à travers les montagnes de la Carinthie poussant toutes les arrières-gardes ennemies... Les soldats du Rhin se jetèrent sur les Autrichiens avec *une impétuosité* qui ne permit à ceux-ci de tenir nulle part : tout fut poussé à la baïonnette[4]... »

1. Etats sardes : se composaient de deux parties distinctes : l'île de Sardaigne et les états de terre ferme. Ceux-ci étaient situés au nord de l'Italie, partie de l'est des Alpes, partie à l'ouest de ces montagnes, entre la Suisse au nord, la France à l'ouest, la Lombardie à l'est et la Méditerranée au sud. D.H.B. **2.** H.F.A. **3.** Du 14 janvier au 18 avril : 3 mois et 3 jours. **4.** N.E.E.

Les campagnes d'Italie à travers les Alpes 1796-1800 L'annexion de la Toscane par Napoléon – 1801 Expulsion du Grand-Duc de Toscane, Ferdinand III

V. 20.

Dela les Alpes grand'armée passera,
Un peu devant naistra monstre vapin[1] :
Prodigieux et subit tournera[2],
Le grand Toscan à son lieu plus propin[3].

Traduction :

La Grande Armée franchira les Alpes. Un peu avant naîtra le monstre de Gap qui, d'une façon prodigieuse et subite, obligera le grand-duc de Toscane à s'en retourner vers un lieu voisin.

L'histoire :

« La première campagne d'Italie : Sur *les Alpes, l'armée des Alpes*, aux ordres de Kellermann, tient les hauteurs depuis le mont Blanc jusqu'au col de Largentière, et l'armée d'Italie que commandait Scherer s'étend du col de Tende à la Méditerranée.

« Si l'on s'accorde à estimer que la campagne d'Italie est « son *chef-d'œuvre* indiscuté », Bonaparte lui-même semble en juger ainsi puisqu'il a dit : « la guerre est un singulier art; je vous assure que j'ai livré soixante batailles, eh bien, je n'ai rien appris que je ne susse dès la première ».

« Malgré de grandes difficultés, les plans de Bonaparte se réalisaient, puisque 40.000 hommes de l'armée de réserve avaient franchi le Saint-Bernard avec leur artillerie, que 5.000 hommes descendaient du Petit-Saint-Bernard, que 4.000 débouchaient du Mont-Cenis et que le corps de Moncey descendait du Saint-Gothard sur Milan (mai 1800)[4]. »

« Ferdinand III, *grand-duc de Toscane*, né et mort à Florence (1769-1824)[5]. Pendant les premières guerres de la Révolution, il s'efforça, malgré les menaces de l'Angleterre, de rester dans la neutralité, ce qui lui valut de n'être pas trop maltraité par Bonaparte en 1796. Mais s'étant plus tard laissé entraîner par la seconde coalition, il fut *chassé de ses Etats par les Français* (1799), put, il est vrai, y rentrer quelques mois après, mais en fut de nouveau dépouillé après Marengo par le traité de

1. *Vapincuum :* aujourd'hui Gap. D.H.B. Allusion aux 100 jours : « Napoléon n'avait fait que passer à Sisteron pour aller *prendre gîte à Gap*, le 5 mars 1815. » N.E.E. Exemple d'apocope. **2.** Diriger, gouverner, en parlant d'une personne. D.L.7.V. **3.** Latin : *propinquus :* proche, voisin, rapproché. D.L.L.B. Noter la similitude d'apocope réalisée entre *vapincuum* et *propinquum*. **4.** N.E.E. **5.** Nostradamus établit une corrélation entre Bonaparte et Ferdinand III, nés, tous les deux, la même année : 1769.

Lunéville. Il se retira à Vienne (lieu voisin) pendant que Louis de Parme et Elisa Bonaparte occupaient son trône[1]. »

L'armée de Bonaparte de Vérone à Venise par Vicence – 1797 Défaite du Général Lusignan près de Bellune – 10 mars 1797 La soumission des oligarques de Venise à Bonaparte – 14 mai 1797

VIII, 11.

Peuple infiny[2] paroistre à Vicence,
Sans force feu bruler la basilique[3],
Près de Lunage[4] deffait grand de Valence[5],
Lorsque Vinise par morte prendra pique.

Traduction :

Les Français apparaîtront à Vicence et sans utiliser la force du feu, ils détruiront l'aristocratie. Le général Lusignan sera défait près de Bellune, lorsque Venise prendra la pique pour donner la mort.

L'histoire :

« Le 20 ventôse an V (10 mars 1797); le *général en chef* de l'armée d'Italie mit toute sa ligne en mouvement. L'intrépide Masséna se jeta sur le corps du centre, le repoussa sur Feltre, *Bellune*, Cadore, et s'avança jusque dans les gorges de la Ponteba qui précèdent le col de Tarwis. Dans cette marche rapide, il fit un millier de prisonniers, au nombre desquels était encore *le général Lusignan.* »

« Tout fut en mouvement et en *combustion* dans la haute Italie. Les régiments esclavons, débarqués des *Lagunes*, s'avançaient vers les villes insurgées; les paysans les saccageaient en attendant. Ils *égorgeaient* et *assassinaient* tout ce qu'ils pouvaient prendre de patriotes ou de Français. »

« Comme tous les corps usés, l'aristocratie de *Venise* était divisée. Aussi, les principaux membres du gouvernement ne purent-ils s'entendre. Ils étaient tous effrayés des horreurs d'un siège. Les vieux *oligarques* se virent dans la dure nécessité d'offrir à Bonaparte les modifications à leur constitution qu'il avait demandées quelque temps avant. Satisfait d'avoir jeté

1. D.L.7.V. **2.** L'expression « peuple infini » est toujours utilisée par Nostradamus pour les Français dans les deux sens de peuple éternel, mais aussi peuple très nombreux. La France de Napoléon était le pays le plus peuplé d'Europe. Cf. : I-98. **3.** Grec : βαοιλικός : royal. D.G.F. **4.** Francisation de Lunegiane, région où se trouve Bellune. **5.** Lusignan : en dehors de la branche dite d'outre-mer, c'est de la famille de Lusignan que sont issues les maisons nobles de Lezé, d'Eu, de Pembroke, de La Rochefoucauld, de Die, *de Valence*, de Marais, etc. D.L.7.V.

l'épouvante chez les Vénitiens, Bonaparte, jugeant qu'il valait mieux les amener *à se soumettre que de les vaincre*, leur accorda quelques jours pour traiter, et retourna à Milan où *les plénipotentiaires* ne tardèrent pas à le suivre[1]. »

« Le 25 Floréal an V, *le doge de Venise* est déposé et les Français entrent dans la ville[2]. »

Les 4 ans de Pontificat de Pie VI – 1795-1799
Résistance des États pontificaux contre Bonaparte
L'enlèvement de Pie VI – 1798

VI, 26.

Quatre ans le siège[3] quelque peu bien tiendra,
Un surviendra libidineux[4] de vie :
Ravenne et Pyse Veronne soustiendront[5]
Pour eslever[6] la croix de Pape envie[7].

Traduction :

Il tiendra le Saint-Siège tant bien que mal pendant quatre ans. Surviendra alors un personnage licencieux. Ravenne, Pise et Vérone résisteront contre celui qui souhaite enlever au Pape sa croix (son pouvoir).

L'histoire :

« Pie VI : élu et sacré en 1775, mort en France à Valence en 1799. Le Directoire fit *envahir le territoire pontifical*, et le pape dut signer avec Bonaparte le traité, désastreux pour lui, de Tolentino (1797). A la suite du meurtre dans les rues de Rome (1798) du général Duphot, représentant du gouvernement français, le Directoire *s'empara* de la personne du pape et proclama à Rome la république. Arrêté par le général Berthier, Pie VI fut conduit successivement à Sienne, à la Chartreuse de Florence, à Turin, enfin *emmené* (avril 1799) en France, à Grenoble, puis à Valence où il mourut[8]. »

« Le 8 janvier 1797 Bonaparte qui, de Bologne où il était allé *menacer* le pape, n'avait pas cessé un instant d'avoir l'œil sur l'Adige, apprit qu'*un engagement* avait eu lieu sur tous ses avant-postes. Sur-le-champ, il repasse le Pô avec deux mille hommes, et se rend de sa personne à *Vérone* afin de deviner les projets du Maréchal Alvinzi. »

1. H.F.A. **2.** H.F.A.C.A.D. **3.** Toujours utilisé par Nostradamus dans le sens de Siège pontifical. **4.** Latin : *libidinosus :* licencieux, débauché. D.L.L.B. **5.** Latin : *sustineo :* je résiste. D.L.L.B. **6.** Latin : *elevo :* j'enlève, j'ôte. D.L.L.B. **7.** Souhaiter pour soi. D.L.7.V. **8.** D.L.7.V.

« Le traité de Tolentino fut signé le 19 février 1797. Le pape cédait les légations de Bologne et de Ferrare ainsi que la belle province de la *Romagne*[1]. [2] » Cf. : I, 12, IX, 5, VIII, 33.

Les massacres de Vérone et Venise – 1797 Annexion de la Vénétie et vengeance française La capture de Napoléon par le capitaine Maitland – 15 juillet 1815

VIII, 33.

Le grand naistra[3] de Véronne et Vicence[4],
Qui portera un surnom[5] bien indigne,
Qui à Venise voudra faire vengeance,
Lui-même pris homme du guet[6] et signe[7].

Traduction :

La grandeur de celui qui portera un surnom méprisable résultera (des campagnes) de Vérone et Vicence. Il voudra accomplir une vengeance à Venise et sera lui-même fait prisonnier par un homme du guet et du drapeau rouge.

L'histoire :

« Le 23 nivôse en V (1797), le général Alvinzi attaqua Joubert et le resserra sur Rivoli. Le même jour Provera poussait deux avant-gardes, l'une sur *Vérone*, l'autre sur Legnago. Masséna, qui était à Vérone, en sortit, culbuta cette avant-garde et fit neuf cents prisonniers... *Bonaparte arrivait à Vérone* au moment où Masséna venait de repousser les Autrichiens. »

« Pendant qu'on se réjouissait en France, la plus vive agitation continuait dans la Haute-Italie. Les villes *vénitiennes* de terre ferme étaient toujours en hostilité avec la population des campagnes. C'est à *Vérone* surtout que semblait se préparer de grands événements. Le 28 germinal an V, des bandes de paysans entrèrent dans *Vérone* en criant mort aux jacobins. Balland fit retirer ses troupes dans le fort, mais tous les Français trouvés dans les rues furent égorgés et jetés dans l'Adige... Mais l'instant de *la vengeance* n'était pas éloigné. Des troupes accouraient de toute part au secours de *Vérone*. Après un combat sanglant contre les troupes *vénitiennes*, le général Chabran entoura Vérone qui se rendit sans condition. Quelques-uns des chefs de

1. Ancienne province de l'état ecclésiastique, avait pour chef-lieu *Ravenne*. D.H.B. **2.** H.F.A. **3.** Naître de : provenir, résulter de. D.L.7.V. **4.** Napoléon Ier constitua un duché de Vicence en faveur du général Caulaincourt. D.L.7.V. **5.** Allusion à l'étymologie de Napoléon : nouvel exterminateur. Cf. : I, 76. **6.** Surveillance de nuit dans une place de guerre. D.L.7.V. **7.** Latin : *signum* : drapeau rouge que l'on déploie au moment de l'attaque. D.L.L.B. Le pavillon de guerre de la marine anglaise est une croix rouge sur fond blanc. D.L.7.V.

l'insurrection furent fusillés. Cet événement, qu'on appela les *pâques véronaises*, ne fut pas le seul que les Français eussent à *venger*. Un lougre français qui s'était réfugié sous les batteries du Lido, à *Venise*, y fut reçu à coups de canon et l'équipage fut massacré par des marins esclavons. Quand Bonaparte apprit les massacres de Vérone et l'assassinat du Lido, il ne voulut plus écouter les deux envoyés de *Venise*. Sur-le-champ il publia un long manifeste où sont récapitulés tous les griefs des Français *contre les Vénitiens* et déclara que les hostilités étaient commencées. Le lion de Saint-Marc fut abattu dans toutes les provinces. On proclama partout *l'abolition du gouvernement de Venise*... Ainsi, sans se compromettre, Bonaparte avait renversé l'absurde aristocratie qui l'avait trahi et avait placé Venise dans la même situation que la Lombardie, le Boulonais, le Modénois et le Ferrarois. La révolution faisait tous les jours de nouveaux *progrès* dans toutes les parties de l'Italie. »

« Entre-temps le vaisseau anglais, le Bellérophon, Capitaine Maitland, vint reconnaître la rade : une frégate de la même nation accourut aussi pour *surveiller* les mouvements des frégates et dès lors leur sortie offrit quelques difficultés... »

« Un autre vaisseau de ligne, le Northumberland, reçut le *grand prisonnier*[1]. »

Les annexions de Venise
Occupation de Venise par Bonaparte – 1797
Venise et l'Autriche – 1797-1805-1849

V, 29.

La liberté ne sera recouvrée,
L'occupera noir[2], fier, vilain, inique,
Quand la matière du pont[3] sera ouvrée,
D'Hister[4], Venise faschée la république.

Traduction :

La liberté (de Venise) ne sera pas recouvrée. Un personnage (Bonaparte) (au chapeau) noir, orgueilleux, l'occupera honteusement et injustement quand la matière maritime (la flotte) sera mise en œuvre. Puis la république de Venise sera fâchée par ceux du Danube (les Autrichiens).

L'histoire :

« En 1797, Venise, bien qu'elle fût restée neutre en apparence, fut *occupée* par Bonaparte, qui, par le traité de Campoformio, livra tout son territoire à l'*Autriche* (ne gardant que les îles au S.E), contre la cession du duché de Milan et la limite du Rhin. En 1805, la paix de Presbourg joignit Venise et son territoire au royaume d'Italie, mais le tout revint à *l'Autriche* en

1. H.F.A. **2.** Allusion au chapeau noir de Bonaparte. Cf. « Le noir poil crêpe », cf. I, 74. **3.** Grec : πόντος : mer. D.G.F. **4.** Ancien nom du Danube. D.H.B.

1814, et, uni à la Lombardie, forma le royaume lombard-vénitien. Sous la domination autrichienne, Venise n'a fait que dépérir. En 1848, elle proclama la *république*, mais elle fut *réduite* en 1849 après un long et glorieux siège et vit son sort s'aggraver. Elle a été réunie au royaume d'Italie en 1866[1]. »

« Législateur, arbitre, conseiller des peuples d'Italie, Bonaparte s'occupait aussi de soins plus grands encore. Il s'était emparé de la *Marine de Venise* et avait appelé dans l'Adriatique l'amiral Brueys, avec quatre mille matelots français, pour aller prendre possession des îles vénitiennes de la Grèce. Malte était aussi l'objet de la convoitise de Bonaparte.

« De ces différents postes, écrivait-il au Directoire, nous dominerons la Méditerranée[2]... »

Charles-Emmanuel II, Roi de Sardaigne 1798-1802

VIII, 88.

Dans la Sardaigne un noble Roy viendra,
Qui ne tiendra que trois ans le royaume,
Plusieurs couleurs[3] avec soy conjoindra,
Luy mesme après soin sommeil marrit[4] scome[5].

Traduction :

En Sardaigne viendra un roi de race noble qui ne gardera son royaume que trois ans. Il réunira à son royaume plusieurs autres états, après avoir pris soin de lui-même (de sa succession) il mourra uni à la Compagnie (de Jésus).

L'histoire :

« Charles-Emmanuel II, associé aux infortunes des Bourbons auxquels il était allié, fut forcé de céder à la France *ses états continentaux* pris par Napoléon et se *retira en Sardaigne* en décembre 1798. *Trois ans* après d'infructueux efforts pour comprimer les ferments de la révolution il abdiqua en faveur *de son frère* Victor-Emmanuel et alla vivre à Rome où il mourut sous l'habit de *Jésuite*[6]. »

La fin de la Première République 9 novembre 1799 Napoléon et le Code civil

I, 61.

La république, misérable infélice,
Sera vastée[7] du nouveau Magistrat,
Leur grand amas de l'exil malefice,
Fera Suève[8] ravir leur grand contract.

1. D.H.B. **2.** H.F.A. **3.** Couleurs : drapeaux = états. **4.** Latin : *maritus :* uni. D.L.L.B. **5.** Anagramme du mot latin : *comes :* compagnon. **6.** H.F.A.M. **7.** Latin : *vastus :* désert, désolé. D.L.L.B. **8.** Suève : grand peuple de l'ancienne Germanie. D.H.C.D.

Traduction :

La République misérable malheureuse sera dévastée par un nouveau magistrat, le grand nombre des exilés qui porte malheur fera retirer aux Allemands leur traité d'alliance.

L'histoire :

« Au lendemain du coup d'Etat de Brumaire, Bonaparte présente une nouvelle constitution dans laquelle lui revient *le pouvoir prépondérant.* Le 1er consul, Bonaparte, a *seul* le pouvoir de décision; de plus, Bonaparte a *l'initiative des lois.* »

« Il a la gloire de publier *le code civil* (1804) commencé dès la constituante[1]. »

« Le *Grand Empire* domine l'Europe au moins jusqu'en 1812. Beaucoup d'Etats adoptent un code de lois et une administration imités de ceux de France[1]. »

« La Prusse, alliée douteuse en 1812, était avec les Russes en 1813... L'Autriche elle-même prit parti contre Napoléon, et cet exemple fut suivi, malgré la victoire de Dresde, par la Bavière, le Würtemberg et les Saxons que leur vieux roi essaya en vain de retenir dans *l'alliance française*[2]. »

« La découverte d'un nouveau complot royaliste permet à Bonaparte de faire rétablir la monarchie à son profit : il feint de croire qu'on voulait l'assassiner pour le remplacer par un prince de sang, le jeune duc d'Enghien; il le fait enlever en *territoire allemand* et fusiller dans les fossés du château de Vincennes. Mars 1804[1]. »

La guerre entraîne la chute de la monarchie 1792
La ruine des Etats pontificaux
Les malheurs de Pie VI
Le coup d'Etat du 18 brumaire 1799

VI, 25.

Par Mars contraire sera la Monarchie,
Du grand pescheur[3] en trouble ruyneux :
Jeune noir[4] rouge prendra la hiérarchie,
Les proditeurs[5] iront jour bruyneux.

Traduction :

La guerre sera défavorable à la monarchie. La révolution sera

1. L.C.H.3. **2.** D.H.C.D. **3.** L'anneau du pêcheur : quand Napoléon 1er obligea Pie VII, prisonnier à Savone, à lui remettre l'anneau du pêcheur, le pape n'y consentit qu'après l'avoir brisé. Pie VII le remplaça par un sceau de fer représentant saint Pierre avec ses clés... L'anneau du pêcheur servait depuis le XVe siècle à sceller les brefs pontificaux. D.L.7.V. **4.** Allusion au chapeau de feutre noir que portait Napoléon, mais aussi qualificatif péjoratif. Cf. V, 29, I, 74, III, 43. **5.** Latin : *proditor :* révélateur, traître, qui viole les lois. D.L.L.B.

ruineuse pour le pape. Un jeune noir prendra la hiérarchie aux rouges et les conspirateurs prendront le pouvoir un jour de Brumaire.

L'histoire :

« Le 20 avril 1792, Dumouriez arracha au roi la déclaration d'une *guerre* qui a fait couler des torrents de sang pendant dix ans, et dont l'Europe était loin de prévoir les résultats. L'assemblée ne sut aucun gré au roi de sa complaisance, et, de plus en plus ombrageuse et exigeante, elle cessa la garde constitutionnelle du monarque, envoya son chef, Monsieur de Brissac, à la cour d'Orléans, et réduisit ainsi le malheureux prince à ne pouvoir opposer la moindre défense aux coups qu'on se préparait à lui porter[1]. »

« La Révolution française éclata dans le ciel romain comme un coup de tonnerre. Le soulèvement révolutionnaire des Etats pontificaux français, puis la constitution civile du clergé révélèrent à Rome l'étendue du danger. Le mouvement révolutionnaire français avait des admirateurs à Rome même... C'est en 1796 que les Romains perçurent vraiment le danger, quand l'armée française entra en Italie, sous le commandement de Bonaparte. Le pape se mit en relation avec le général, dut verser des contributions levées sur les Etats pontificaux, cinq cents manuscrits anciens et cent œuvres d'art (ruineux!)... Au traité de Tolentino (19 février 1797), le pape dut renoncer définitivement à Avignon et au Comtat Venaissin et payer quarante-six millions de scudi... Le 20 février, le pape fut fait prisonnier et emmené. Bonaparte fit enlever comme butin de guerre d'inestimables œuvres d'art et en chargea cinq cents voitures[2]... »

« Le 18 *brumaire* (jour bruyneux) fut *le jour* choisi pour la translation des conseils, et le 19 celui de la séance définitive... Quoique le secret de la *conspiration* fût bien gardé, on s'attendait de toutes parts à un grand événement[3]. »

Bonaparte contre les révolutionnaires – 1799
L'occupation de l'Italie – 1797

VI, 38.

Aux profligez[4] de paix les ennemis,
Après avoir l'Italie suppérée[5] :
Noir sanguinaire, rouge sera commis[6]
Feu, sang verser, eau de sang colorée[7].

Traduction :

Les ennemis de la paix (les révolutionnaires) seront vaincus

1. H.F.A. **2.** D.D.P. **3.** H.F.A. **4.** Latin : *profligo :* je vaincs complètement, j'anéantis, je ruine. D.L.L.B. **5.** Latin : *supero :* je vaincs, je l'emporte. D.L.L.B. **6.** Compromettre, exposer. D.L.7.V. **7.** Allusion au passage de la Bérézina.

(par Bonaparte) après qu'il aura vaincu l'Italie. Ce personnage noir et sanguinaire compromettra les rouges. Puis par la guerre il fera couler le sang qui colorera l'eau.

L'histoire :

« Les démarches des émigrés auprès des cours étrangères pour s'immiscer dans les affaires de la France avaient soulevé la fierté nationale contre les prétentions de l'étranger, et de là un *cri de guerre* immédiate, que l'organe des Brissot, des Vergnaud, des Danton et autres énergumènes, plus ou moins altérés de sang et sous le nom de cordeliers et de girondins » (ennemis de la paix).

« Les élections de l'an V ne prouvent pas précisément que le peuple français soit content ou ait confiance en ses maîtres. Un vingtième seulement des députés sortants qui se sont présentés ont trouvé grâce aux yeux de leurs électeurs. Les citoyens envoient dans les assemblées non point des personnalités choisies à l'intérieur même du régime, mais des républicains très modérés ou même des royalistes. Les présidents des assemblées sont deux ennemis de la Révolution (rouge sera commis). C'est au moment où l'on apprend le résultat de ces élections déplorables pour la tranquillité des Directeurs, que le texte des préliminaires de Leoben parvient à Paris. Que faire? Ce Bonaparte se signale par des actes d'indiscipline, par le mépris de la légalité et des prérogatives du pouvoir civil, il traite, sans y avoir été autorisé, au nom de la France. On approuve les préliminaires de Leoben. Après, les Directeurs sont bien forcés de laisser Bonaparte agir à son gré et régner sur l'Italie tout à son aise. Car Bonaparte *règne sur l'Italie* (l'Italie suppérée)[1]. »

Le coup d'état du 18 brumaire – novembre 1799
Les 14 ans de règne :
du 9 novembre 1799 au 6 avril 1814

VII, 13.

De la cité marine et tributaire,
La teste raze prendra la Satrapie[2] :
Chassez sordide qui puis sera contraire,
Par quatorze ans tiendra la tyrannie.

Traduction :

Du port qui lui paye un tribut (de guerre) « le petit tondu » prendra le pouvoir (civil). Il chassera les gens sordides contre lesquels il s'élèvera, il tiendra la tyrannie pendant quatorze ans.

1. H.F.A. **2.** Satrapes : étaient dans l'Empire médo-persan les gouverneurs des provinces (préfets) chargés de l'administration et du recouvrement de l'impôt (percepteurs). D.L.7.V.

L'histoire :

« Déployant une immense activité, Bonaparte organise l'Egypte en une sorte de *protectorat...* mais il est impatient de rentrer en France où l'évolution politique l'inquiète, et il s'embarque secrètement à Alexandrie[1]. »

« Bonaparte renverse le régime du Directoire et s'impose comme Consul. Ce dernier coup d'Etat *met fin à la période révolutionnaire*[2]. »

« La réorganisation du pays : Bonaparte utilise les pouvoirs immenses dont il est investi pour réorganiser la France :

– La centralisation administrative : il crée les Préfets, représentants du gouvernement dans les départements.

– La réorganisation des finances : Une nouvelle administration fiscale est mise en place. Il crée de nouveaux fonctionnaires : les contrôleurs et les *percepteurs*[2] » les satrapes !

Du 19 novembre 1799 au 6 avril 1814, Napoléon aura occupé le pouvoir pendant quatorze ans, trois mois et vingt-sept jours !

« ... J'étais passé à cheval une heure auparavant, et mes yeux avaient été frappés par une inscription tracée en gros caractères noirs sur le premier pilastre du pont : « *A bas le tyran !* » Je n'eus que le temps de l'envoyer effacer[3]. »

Annexion de Vérone – 1805
Mort de Napoléon – 1821
et congrès de Vérone – 1822

I, 12.

Dans peu dira [4] faulce[5] brute[6] fragile[7]
De bas en hault eslevé promptement :
Puis en istant[8] desloyale et labile[9]
Qui de Veronne aura gouvernement.

Traduction :

Dans peu de temps la faux (de la mort) éclaircira le personnage insensé et périssable : savoir celui qui aura été rapidement élevé de bas en haut[10]. Puis en étant déloyal celui qui aura le pouvoir sur Vérone sera cassé.

L'histoire :

« En 1796, Bonaparte manœuvre autour de la place (Vérone) pour couvrir le blocus de Mantoue contre les tentatives des

1. D.H.C. **2.** L.C.H.3. **3.** « L'impopularité de l'Empereur en 1814 », *Mémoires* de Pasquier, Plon. **4.** Latin : *dirare :* éclaircir. D.L.L.B. **5.** Latin : *falcem :* faux. D.A.F.L. **6.** Latin : *brutus :* stupide, insensé. D.L.L.B. **7.** Latin : *fragilis :* fragile, faible, périssable. D.L.L.B. **8.** Istre : forme de estre : être. D.A.F.L. **9.** Latin : *caduc.* D.L.L.B. Se dit d'un homme cassé. D.L.7.V. **10.** Cf. : VIII, 57 ; V, 26 et IX, 5.

Autrichiens. Mais le 17 avril 1797 eut lieu dans la ville, à l'instigation des Autrichiens, un massacre général des Français. En 1805 le traité de Presbourg *donna Vérone à la France* qui en fit *le chef-lieu* du département de l'Adige. La ville retomba, en 1815, au pouvoir de l'Autriche qui y réunit, en 1822, le célèbre congrès dont Chateaubriand a écrit l'histoire[1]. »

Nostradamus note ici que c'est à Vérone que se tiendra une réunion de la Sainte-Alliance, aussitôt après la mort de Napoléon!

« La république portait partout la liberté aux peuples, elle faisait des hommes libres de tous les sujets des petits tyrans qu'elle renversait; l'empire, au contraire, faisait disparaître ces hommes libres pour en faire les sujets de ces nouveaux souverains. Combien la Révolution et les hommes de la Révolution avaient *dégénéré* depuis l'attentat du 18 brumaire... Le Sénat n'avait plus assez d'encens pour Napoléon, mais ce furent les évêques qui l'emportèrent dans le concours d'adulations. Qu'on ne s'étonne donc plus si Bonaparte se crut *le plus grand* des *mortels* et le prédestiné de Dieu[2]. »

Le Duc de Brunswick et les divisions d'Orange Auerstedt – 1805 Son accord secret avec Dumouriez – 1792

X, 46.

Vie fot mort de l'OR[3] vilaine indigne,
Sera de Saxe non nouveau électeur[4]
De Brunsvic mandra d'mour[5] signe
Faux le rendant au peuple séducteur.

Traduction :

Il perdra la vie par une mort violente malgré les actes indignes et vilains (des divisions) d'Orange; il ne sera pas le nouvel électeur de Saxe, Brunswick, auquel Dumouriez aura demandé une signature, son esprit faux ayant séduit le peuple.

L'histoire :

« Le 8 octobre 1805, le 1er bulletin présente la situation politique, l'entrée en Saxe des troupes prussiennes et la marche en avant de la Grande Armée. La Prusse n'a pas profité de l'initiative diplomatique qu'elle avait prise. Ses forces sont dispersées; 140.000 hommes seulement sous Rüchel, *Bruns-*

1. D.L.7.V. **2.** H.F.A. **3.** Pour Orange, par apocope. **4.** Auerstedt, ville des Etats prussiens (*Saxe*). Victoire de Davout sur les Prussiens (14 octobre 1805). Elle lui valut le titre de duc d'Auerstedt. D.H.B. A la place du duc de Brunswick, tué dans cette bataille. **5.** Rabotage de Dumouriez.

wick et Hohenlohe, désemparés par des ordres et des contrordres, défendent la route de Thuringe[1]. »

« Auerstedt : à gauche, la situation est assez critique, *Brunswick y faisait porter l'effort des divisions d'Orange* et de Wartensleben ainsi qu'une partie de l'infanterie de Schmettau. Les troupes françaises durent abandonner Hassenhausen, que le général Morand réussit à reprendre. Mais le prince Guillaume de Prusse chargea avec furie la division Morand formée en carrés... Le duc de Brunswick et le général Schmettau furent grièvement blessés (vie fort mort)[2]. »

« Brunswick-Lunebourg (Charles-Guillaume-Ferdinand, duc de), général au service de la Prusse, longtemps nommé le *prince héréditaire*, fut choisi pour général en chef des armées coalisées contre la France en 1792. Après avoir publié un manifeste menaçant (vilaine indigne) (25 juillet 1792), il entra en Champagne avec une armée considérable mais, vaincu à Valmy, il traita avec *Dumouriez* (d'mour signe). Ayant repris un commandement en 1805, il fut battu à Iéna et *mortellement blessé* d'un coup de feu près d'Auerstedt[3]. »

Le premier mariage de Napoléon – 1796
Le sacre – 1804
Le divorce et le second mariage – 1809

Sixain 57.

Peu après l'alliance faicte,
Avant solemniser la feste,
L'Empereur le tout troublera,
Et la nouvelle mariée,
Au franc pays par fort liée,
Dans peu de temps après mourra.

Traduction :

Peu après s'être marié avant de faire une fête solennelle, l'Empereur divorcera et la nouvelle mariée, fortement liée à la France par le mariage; peu de temps après il mourra.

L'histoire :

« Le 8 ventôse (8 mars 1796) Bonaparte était nommé général en chef de l'armée d'Italie; le 16 il épousait sa belle créole (Joséphine de Beauharnais)... *Le sacre*, sans cesse différé en raison de contretemps et à cause de Sa Sainteté Pie VII qui remettait à plus tard son voyage en France, n'aura lieu que le *2 décembre 1804. La veille* (avant) Napoléon et Joséphine ont fait procéder à leur mariage *religieux*. Le 2 décembre 1804 sacre à Notre-Dame. Avant le départ pour l'église, l'Empereur reçoit

1. N.E.L.G.I. 2. L.E.E. 3. D.H.B.

Talleyrand qui a laissé le croquis suivant de cet entretien : sans la *solennité* du moment, j'aurais eu de la peine à retenir mon sang-froid... »

« En octobre 1809 il était décidé à *divorcer* et à se *remarier* en quelques semaines. Il atermoya, encore plein de pitié pour la pauvre Joséphine, et ce n'est que le 30 novembre qu'il s'en ouvrit à elle. Avec douleur, elle finit par se résigner et, le 16 décembre seulement, le divorce était consommé... Là-dessus l'Autriche offrit une de ses grandes-duchesses, *Marie-Louise*. Il agréa l'offre et, le 2 avril dans la chapelle du Louvre, le cardinal Fesch, oncle de l'Empereur bénissait *le mariage* de Napoléon et de Marie-Louise. »

« La nuit du 4 au 5 mai 1821, tous les serviteurs restèrent auprès de lui. Maintenant il balbutiait; on distingua à un moment les mots : France... Mon fils... Armée... Tête d'armée... *Joséphine*... Ce furent ses dernières paroles. Elles semblaient un résumé de sa vie... Ainsi avait disparu, à cinquante et un ans, l'homme qui en avait vécu deux cents[1]. »

La campagne d'Egypte – 1799
La proclamation de l'Empire – 2 décembre 1804

I, 74.

Après séjourné vogueront en Epire[2]
Le grand secours viendra vers Antioche[3],
Le noir poil[4] crespé[5] tendra fort à l'Empire
Barbe d'airain[6] le rostira en broche.

Traduction :

Après un séjour (en Egypte) ses soldats vogueront vers un autre continent, ils viendront chercher le grand secours vers Antioche, celui qui porte un feutre noir sera à l'Empire et rôtira en broche la République.

L'histoire :

« Préparée en grand secret, l'expédition d'Egypte commence par des succès, échappant aux escadres de l'Anglais Nelson, qui croisent en Méditerranée... Mais le 1er août 1798 Nelson détuit la flotte française dans la rade d'Aboukir. L'expédition française est *prisonnière* de sa conquête... Napoléon repousse les attaques turques en *Syrie* et en Egypte; mais il est *impatient* de rentrer en France...[7]. »

1. N.L.M. **2.** Du grec ἡἫπειρος, continent, terre ferme. D.G.F. **3.** Latin : *Antiochia* : Antioche, capitale de la Syrie. D.L.L.B. **4.** Noir poil : le feutre est fait avec du poil crêpé. D.L.7.V. **5.** Crêpé : Crêpé, crépu. D.A.F.L. **6.** aenobarbe (latin *Aeneus* : airain). Mari d'Agrippine représente chez Nostradamus la République pour des raisons de parallélisme historique. Ils eurent pour enfant Néron qui fit assassiner sa mère; de même Napoléon exécutera la République qui l'avait porté au pouvoir! **7.** L.C.H.3.

La première campagne d'Italie – 1796-1797
L'ascension de Napoléon – 1796-1800
La noblesse d'Empire

IX, 5.

Tiers, doigt du pied, au premier semblera
A un nouveau monarque de bas en haut :
Qui Pyse et Luques[1] Tyran[2] occupera,
Du précédent corriger le deffault.

Traduction :

Le Tiers-Etat, qui n'est pas plus qu'un doigt de pied, se mettra à ressembler au premier (ordre) grâce à un nouveau chef venu du bas jusqu'au sommet (de la hiérarchie) et qui occupera en tyran Pise et Lucques; ainsi il corrigera le défaut (de pouvoir) du monarque précédent (Louis XVI).

L'histoire :

« La société à la fin du XVIIIe siècle comprend officiellement trois ordres : La noblesse, le clergé, et le Tiers-Etat[3]. »

« C'est dans le Tiers-Etat que se remarquent les plus grandes différences : les riches bourgeois qui ont gagné des fortunes dans le commerces maritime, l'industrie ou les opérations financières sont des plus considérés... Les marchands enrichis sont acheteurs d'offices qui *les anoblissent*[3]. »

« Bien que de goûts personnels simples, Napoléon juge opportun de rehausser son prestige en s'entourant d'une *Cour* nombreuse, brillante, régie par une étiquette minitieuse, imitée de celle de Versailles[3]. »

« La guerre et *l'ascension* de Bonaparte : Bonaparte général à 27 ans n'est encore que le général Vendémiaire[3]. »

« *Les Contributions de guerre qu'il a levées sur les vaincus* ont permis à Bonaparte de faire vivre son armée et d'envoyer au Directoire des fonds indispensables. Aussi décide-t-il en *maître* des conditions de la paix signée avec l'Autriche à Campo-formio (octobre 1797) : il constitue dans le nord de l'Italie une *République Cisalpine*, alliée de la France[3]. »

La pointe sud de cette République sera constituée par la Toscane avec les villes de Pise et Lucques.

« La République française qui a juré haine aux *tyrans* a aussi juré fraternité aux peuples[4] ! »

1. Villes de Toscane. **2.** A rapprocher de VII, 13 : « Par quatorze ans tiendra sa tyrannie. » **3.** L.C.H.3. **4.** Napoléon, Correspondance, tome I.

Le Plébiscite
La mégalomanie destructrice de Napoléon Ier

V, 60.

Par teste rase viendra bien mal eslire
Plus que sa charge ne porte passera
Si grand fureur et rage fera dire,
Qu'à feu et sang tout sexe tranchera.

Traduction :

« Le petit tondu » bien malheureusement viendra se faire élire, il fera plus de choses que son pouvoir ne peut en porter, il fera dire de lui qu'il est plein de fureur (guerrière) et de rage, il mettra tout à feu et à sang sans différence de sexe.

L'histoire :

« En pratique, Bonaparte *désigne* les membres des Assemblées : tout part de lui, tout revient à lui. Le *plébiscite organisé* lui apporte un éclatant témoignage de confiance populaire, plus de trois millions de " oui " contre mille six cents " non "[1]. »

Lettre d'un officier français : Moscou le 30 septembre 1812 :

« ... L'occupation de Moscou est *malheureusement* l'incendie presque total de cette riche et superbe ville... Nous vivons de *pillage* et de maraude... On prétend que c'est le gouvernement russe qui a fait incendier cette belle capitale pour nous priver des ressources que nous aurions pu y trouver. Je ne sais ce qui en est; mais je puis dire que nos soldats l'ont bien secondé; qu'on se figure des soldats ivres, fouillant des maisons de bois avec des chandelles allumées, des torches, des tisons, voilà le spectacle que présentait Moscou le lendemain de notre arrivée. *L'incendie* a duré trois jours. jamais on ne vit un spectalce plus terrible et plus navrant!... C'est suivant moi *la catastrophe la plus effroyable* que présente notre siècle si fertile en événements désastreux[2]... »

Guerres contre l'Italie, l'Espagne et l'Angleterre
Mariage avec Marie-Louise d'Autriche

IV, 54.

Du nom qui oncques ne fut au Roy Gaulois[3],
Jamais ne fut un fouldre[4] si craintif :
Tremblant l'Itale, l'Espagne et les Anglois
De femme estrange[5] grandement attentif.

1. L.C.H.3. **2.** Coll. M. Chaulanges, « Textes historiques. » **3.** Annonce de la nouvelle dynastie. **4.** « Foudre : employé au figuré il est du genre féminin ou masculin, selon que la métaphore se rapporte, dans la pensée, au sens physique ou au sens mythologique; mais c'est ordinairement le sens mythologique qui prévaut, lorsqu'on veut désigner un guerrier ou un orateur impétueux : *Napoléon était un foudre de guerre.* » D.L.7.V. **5.** Etrange est la plupart du temps utilisé par Nostradamus pour étranger.

Traduction :

D'un nom qui ne fut jamais porté par le Roi de France (Napoléon), jamais on ne vit un si redoutable foudre (de guerre) : il fera trembler l'Italie, l'Espagne et l'Angleterre, très attentionné pour une femme étrangère.

L'histoire :

« Par les décrets de Berlin et de *Milan* (décembre 1807) Napoléon interdit le commerce avec l'*Angleterre* dans la plupart des ports européens. Pour que le blocus soit efficace il faut qu'il soit partout appliqué. Or le *pape* et le roi de Portugal refusent d'appliquer le blocus : Napoléon annexe les *Etats pontificaux*, emprisonne le Pape et décide d'occuper le Portugal. Une armée française traverse *l'Espagne* pour atteindre le Portugal[1]... »

Nostradamus, comme l'histoire, relie ces trois pays confrontés au même problème!

Divorcé de Joséphine Napoléon épousa une étrangère : Marie-Louise d'Autriche.

Trafalgar[2] – 21 octobre 1805
Les différents sièges de Pampelune
La Navarre et l'Espagne

S, 41.

Vaisseaux, gallères, avec leur estendar,
S'entrebatteront près du mont Gibraltar
Et lors sera fort faict à Pampelonne[3],
Qui pour son bien souffrira mille maux,
Par plusieurs fois soustiendra[4] les assaux,
Mais à la fin unie à la Couronne.

Traduction :

Des flottes avec leurs étendards s'affronteront près de Gibraltar, puis il sera commis des forfaits à Pampelune, qui souffrira mille maux pour son bien. Plusieurs fois elle résistera à des assauts, mais elle sera enfin réunie à la couronne (d'Espagne).

L'histoire :

« Trafalgar : *bataille navale* gagnée, le 21 octobre 1805, par *la flotte* anglaise de Nelson sur *les flottes* combinées de la France et de l'Espagne que commandait l'Amiral Villeneuve... La flotte française ne joua plus qu'un rôle insignifiant dans les guerres du Premier Empire[5]. »

1. L.C.H.3. **2.** Cap d'Espagne, à l'entrée du détroit de Gibraltar. D.H.B. **3.** Pamplona en espagnol, ville de la Navarre. **4.** Latin : *sustineo :* résister. D.L.L.B. **5.** D.L.7.V.

« Les Français entrèrent dans Pampelune en 1808 et en 1829. Elle a été souvent (plusieurs fois) prise et reprise dans les dernières guerres civiles d'Espagne (1831-1842)[1]. »

« Navarre, province de l'Espagne septentrionale, chef-lieu Pampelune. L'histoire de la Navarre espagnole se confond jusqu'en 1512 avec celle du royaume de Navarre. Depuis lors, la Navarre s'est signalée par son attachement à ses anciens privilèges, *sa résistance*, de 1808 à 1814, aux troupes françaises et, au XIXe siècle, par son dévouement au carlisme (unie à la Couronne)[2]. »

La bataille de Trafalgar – 21 octobre 1805
Les 7 « trois-ponts » de la flotte anglaise
Les blessures de l'amiral Gravina
Les bateaux français rescapés

VII, 26.

Fustes[3] et gallères autour de sept navires,
Sera livrée une mortelle guerre :
Chef de Madric recevra coup de vires[4],
Deux escchapez et cinq menés à terre.

Traduction :

Avec des corvettes et des frégates autour de sept navires, une bataille mortelle sera livrée. Le chef espagnol sera blessé. Deux bateaux qui se seront échappés seront ramenés à terre par cinq autres.

L'histoire :

« Le 21 octobre, à 7 heures du matin, au large du cap Trafalgar, on aperçut l'ennemi, qui, prévenu par ses frégates, arrivait du nord-ouest. La flotte combinée comptait 33 vaisseaux (18 français et 15 espagnols) et 5 frégates, portant 2 856 canons. L'escadre de Nelson ne comprenait que 27 vaisseaux (dont 7 *trois-ponts*, il est vrai, contre 4) et 6 frégates ou corvettes avec 3 214 canons... Le combat cessa avant 18 heures, mais dans la nuit une violente tempête mit en perdition de nombreux bâtiments désemparés : 4 vaisseaux de l'escadre combinée, qui avaient été capturés coulaient ou se brisaient sur la côte, les Anglais en sabordèrent ou brûlèrent 4 autres. En revanche, le 22 octobre, le capitaine Cosmao ressortit de ce port avec *5 vaisseaux* et réussit à *récupérer 2 prises*. (Deux esschapez et cinq menés à terre.) Les pertes des Franco-Espagnols atteignaient 14.000 hommes, dont 4.408 *tués et noyés* et 2.549 blessés et plus de 7.000 prisonniers (mortelle guerre). Le contre-amiral Magon avait été tué et *Gravina mortellement blessé*[5]. »

1. D.H.B. **2.** D.L.7.V. **3.** Espèce de bâtiment long et de bas bord qui marchait à la voile et à la rame. D.L.7.V. **4.** Trait d'arbalète, empenné en hélice, ce qui lui imprimait un mouvement de rotation. D.A.F.L. **5.** N.E.E.

« Gravina : amiral espagnol, était, dit-on, le fils naturel de Charles III... La paix ayant été faite avec la France, *il commanda la flotte espagnole* (chef de Madrid) réunie devant Cadix à la flotte française sous les ordres de l'amiral Villeneuve, 1805; *il fut blessé* (recevra coup de vires) à la bataille de Trafalgar, et mourut peu après de ses blessures, 1806 [1]. »

Wurtzbourg, point de départ des conquêtes napoléoniennes – 1806 Le retour de l'île d'Elbe Débarquement près d'Antibes

X, 13.

Soulz la pasture d'animaux ruminants,
Par eux conduicts au ventre herbipolique [2] :
Soldats cachez, les armes bruits menants,
Non loing temptez de cité Antipolique [3].

Traduction :

Après avoir fait paître et conduit ses chevaux jusqu'à Wurtzbourg, (Napoléon) avec des soldats dissimulés qu'il emmènera avec des bruits d'armes, fera une tentative (de débarquement) non loin d'Antibes.

L'histoire :

« Tous les renseignements que recevait Napoléon montraient que la guerre était très prochaine. Le 21 septembre 1806, il fit part à Duroc et à Caulaincourt de son intention d'être à Mayence le 29... L'Empereur quitta Paris le 25 septembre et arriva à Mayence le 28 dans la matinée. En arrivant sur les bords du Rhin, Napoléon pouvait compter sur une masse de 200.000 combattants... Napoléon quitta Mayence le 1er octobre dans la soirée, traversa Francfort la nuit, arriva le soir à *Wurtzbourg* où il descendit au Palais du grand-duc, ancienne résidence épiscopale. Il fut accueilli par un grand nombre de princes allemands avec lesquels il s'entretint en manifestant une charmante humeur. Pendant ce temps, à Erfurt, un conseil de guerre prussien réunissait le roi, le duc de Brunswick, le prince de Hohenlohe, le Maréchal de Mollendorf, plusieurs ministres et généraux. Une note fut préparée pour Napoléon : la France était accusée de mauvais procédés envers la Prusse et ses troupes devaient évacuer l'Allemagne à partir du 8 octobre [4]. »

1. D.H.B. 2. Herbipolis : Wurtzbourg, ville de Bavière. D.H.B. Le mot ventre est utilisé par Nostradamus pour désigner l'importance de cette ville pour la suite des événements. 3. Antipolis : Antibes. D.H.B. 4. N.E.E.

« Wurtzbourg fut occupée par les Français en 1806. Elle a été rendue à la Bavière en 1814[1]. »

« Le 26 février 1815, au soir, l'Empereur monte à bord de l'*Inconstant*, avec son état-major et une partie des *1 100 hommes qu'il emmène.* Les autres s'entassent sur 6 bâtiments hétéroclites. Le 1er mars au matin la flottille passa *au large d'Antibes*, et, peu après midi, mouilla dans le golfe Juan. Le bivouac fut établi dans une olivette (soldat cachés) entre la mer et la route *de Cannes à Antibes*[2]. »

Annexion de Naples et de la Sicile – 1806
Les troupes françaises en Espagne –1807-1808

III, 25.

Qui au Royaume Navarrois[3] parviendra
Quand la Sicile et Naples seront joincts,
Bigores[4] et Landes par Foix Loron[5] tiendra,
D'un qui d'Espagne sera par trop conjoinct.

Traduction :

Celui qui parviendra dans le royaume de Navarre, quand Naples et la Sicile seront réunis, occupera la Bigorre et les Landes par Foix et Oloron, à cause d'un roi d'Espagne trop allié à lui.

L'histoire :

« En 1805 l'infant don Carlos, en échange de Parme et de Plaisance, obtient de l'empereur la cession *de Naples et de la Sicile*, ainsi que les ports de Toscane, pour lui, pour ses descendants. »

« En 1806, *le roi* d'Espagne appelle les Espagnols aux armes. Napoléon ne put pas douter que cette provocation fût dirigée contre la France. Sans doute qu'il est charmé qu'on lui fournisse le prétexte d'attaquer les *Bourbons d'Espagne* mais il est obligé de dissimuler le moment d'inquiétude que vient de lui donner *un allié* si timide... de cet instant il jure la perte de cette monarchie et se flatte de ravir aux Bourbons de Madrid la couronne d'Espagne, comme il vient d'enlever celle des deux *Siciles* aux Bourbons de *Naples.* »

« Napoléon donna ordre au général Junot de se mettre à la tête du corps d'armée d'observation de *la Gironde* et de marcher

1. D.H.B. **2.** N.E.E. **3.** L'histoire de la Navarre espagnole se confond jusqu'en 1512 avec celle du royaume de Navarre. Depuis lors la Navarre s'est signalée par son attachement à ses anciens privilèges, sa résistance, de 1808 à 1814, aux troupes françaises. D.L.7.V. **4.** En 1224 le mariage de Jeanne de Navarre et de Philippe le Bel valut à la France l'acquisition du comté, mais il passa ensuite aux maisons de *Foix* et d'Albret, et fut définitivement réuni à l'avènement d'Henri IV. D.L.7.V. **5.** Ville de la Bigorre.

sur Lisbonne. Junot arriva à *Bayonne* (à travers les Landes) le 5 septembre et franchit les Pyrénées quelques jours après. »

« Pendant que le corps d'armée du général Junot s'installait dans les provinces centrales du Portugal, une nouvelle armée française se formait du côté de *Bayonne*, et une autre se rassemblait dans le *Roussillon*... L'Espagne ne fit plus de difficultés pour accorder le passage à ces troupes et en peu de jours des corps français envahirent la Catalogne et *la Navarre*[1]. »

Négociation des États pontificaux – 1807
Retraite de Russie – 1812

II, 99.

Terroir Romain qu'interprétait[2] augure[3],
Par gent gauloise par trop sera vexée
Mais nation Celtique craindra l'heure
Boréas[4], classe[5] trop loin l'avoir poussée.

Traduction :

Le territoire romain que négociait l'Empereur sera trop vexé par les Français, mais la France aura tout à craindre quand sonnera l'heure du froid, parce qu'elle aura poussé son armée trop loin.

L'histoire :

« A l'exemple *d'Auguste*, Napoléon veut éterniser son souvenir[6]... »

« Les difficultés religieuses viennent de ce que Napoléon tient le Pape prisonnier (à Savone, puis à Fontainebleau depuis 1812) : le Pape refusait d'appliquer le Blocus dans ses Etats; il les occupe[6]. »

« Le 14 septembre 1812 Napoléon entre à Moscou, comptant y prendre ses quartiers d'hiver. Dans la nuit, un incendie détruit la ville et les réserves qu'elle contenait. Napoléon espère que le Tsar va demander la paix, mais il n'en est pas question car des renforts lui arrivent. Comprenant qu'il s'est fourvoyé, Napoléon donne l'ordre de la retraite. La marche de retour est pénible. Le pays dévasté n'offre pas de ressources, les Cosaques attaquent sans répit, la faim et un *hiver précoce et rigoureux épuisent* les soldats[6]. »

« Je demandai à Napoléon à quoi il attribuait le peu de succès de l'expédition. " *Au froid prématuré* et à l'incendie de Moscou ", dit-il; j'étais de quelques jours en arrière; j'avais

1. H.F.A. 2. Latin : *interpres pacis :* négociateur de la paix. Tite Live. D.L.L.B. 3. Latin : *augur* a donné *augustus :* titre des empereurs romains. D.L.L.B. 4. Latin : *Boréas :* Borée ou aquilon, vent du nord. D.L.L.B. 5. Latin : *classis :* armée, flotte. D.L.L.B. 6. L.C.H.3.

calculé le froid qu'il avait fait depuis cinquante années et l'extrême froid n'avait jamais commencé avant le 20 décembre, vingt jours plus tard qu'il ne commença[1]. »

La mainmise de Napoléon sur l'Eglise

II, 36.

Du grand prophète[2] les lettres seront prinses.
Entre les mains du tyran deviendront,
Frauder[3], son Roy seront les entreprises
Mais ses rapines bien tost le troubleront.

Traduction :

Du pape les bulles seront saisies et seront dans les mains du tyran, il entreprendra de dépouiller par fraude son chef (spirituel) mais ses rapines ne tarderont pas à le troubler.

L'histoire :

« Aucun bâtiment suédois, anglais, ni russe ne doit entrer dans les Etats du Pape; sans quoi je les ferai *confisquer*. Je n'entends plus que la Cour de Rome se mêle de politique. Je protégerai ses Etats contre tout le monde. Il est inutile qu'elle ait tant de ménagements pour les ennemis de la religion. Faites *expédier les bulles* pour mes évêques[4]. »

« Si je n'avais pas porté la main sur les Etats Pontificaux, dit Napoléon, et cru réduire une puissance spirituelle par la force, toute la suite de mes malheurs ne serait pas arrivée[5]. » Mais ses rapines bientôt le troubleront!

L'ascension de Bonaparte Napoléon et l'Eglise

VIII, 57.

De soldat simple parviendra en empire,
De robe courte[6] parviendra à la longue
Vaillant aux armes en église ou plus pyre,
Vexer les prêtres comme l'eau faict l'esponge.

Traduction :

De simple soldat il deviendra empereur, de militaire il deviendra magistrat, aussi vaillant à la guerre que nuisible à

1. L.M.S.H. **2.** Latin : *propheta:* prêtre. Le grand prêtre : le pape. D.L.L.B. **3.** Latin : *fraudare :* dépouiller par fraude, frustrer. D.L.L.B. **4.** Lettre de Napoléon à son parent le cardinal Fesch, datée du 13 février 1806. L.C.H.3. **5.** L.M.S.H. **6.** Cotte d'armes : *jupe courte* plissée à la ceinture que portaient les hérauts d'armes au Moyen Age, et qu'ils gardèrent jusqu'à la Révolution. D.L.7.V.

l'Eglise et vexera les prêtres autant qu'une éponge absorbe d'eau.

L'histoire :

« Avec l'*Eglise* les rapports sont apparemment bons jusqu'en 1808. Mais lorsque sa politique l'amène à occuper les Etats pontificaux et à incarcérer le Pape qui proteste et l'excommunie, le *clergé* et les catholiques prennent parti pour le chef de l'Eglise : il perd ainsi l'appui des catholiques. »

« Vous vous êtes laissés mener par les *prêtres* et les nobles qui voudraient rétablir la dîme et les droits fiscaux. J'en ferai justice : *Je les lanternerai !* » Napoléon au petit peuple en 1815.

« Le conflit avec l'Espagne se fait tous les jours plus aigu et détourne l'Empereur de son but primitif qui était simplement de se soumettre le chef des états romains. Il en est déjà à montrer de l'*hostilité* à certaines catégories de *prêtres*, ce qui en détache d'autres[1]. »

« Des historiens se sont étonnés que Pie VII ait choisi, pour rendre la rupture définitive, un incident somme toute politique. En 1810, Pie VII dira à Chabrol : j'ai été poussé à l'extrémité; *j'avais de l'eau jusqu'au menton* quand je me suis mis à crier[2]. »

Napoléon et les persécutions des religieux en Italie – 1809
L'effigie de Napoléon sur les monnaies : le napoléon
Sa fin en terre étrangère – 1821

VI, 9.

Aux temples saincts[3] seront faits grands scandales,
Comptez seront pour honneur et louanges
D'un que l'on grave d'argent, d'or les medales[4]
La fin sera en tourmens bien estranges[5].

Traduction :

De grands scandales seront faits au personnages saints de l'Eglise catholique auxquels seront comptés les honneurs et les louanges par un dont on gravera l'effigie sur des pièces d'or et d'argent, mais qui finira tourmenté par des étrangers (les Anglais).

1. L.C.H.3. **2.** N.E.E. **3.** Prêtres, évêques, moines, papes. Noter la construction latine. **4.** Ancienne monnaie des Grecs ou des Romains. Sous le 1er Empire, les monnaies françaises portent, au droit, l'effigie de Napoléon, avec la légende : Napoléon Empereur et, au revers, République Française. D.L.7.V. **5.** Cf. IV, 35 et VIII, 85.

L'histoire :

« Le 10 juin 1809, une proclamation, signée de Miollis, de Salicetti et de hauts fonctionnaires civils, apprenait aux Romains l'annexion de leur ville et du reste des domaines de l'Eglise au Grand Empire... L'opposition, jusqu'à l'enlèvement du *Pape* le 6 juillet 1809, dans son palais, dont les portes furent enfoncées par le général Radet, et à son transfert à Savone, demeura passive... Le Pape prisonnier, les *7 cardinaux* qui, en décembre 1809, demeuraient encore à Rome en furent à leur tour évincés... Il fallut donc d'abord disperser et séculariser les *moines.* Dominicains, Franciscains, Cordeliers, Augustins et jusqu'à trois Maronites furent expulsés de leurs couvents : 600 à Rome, 731 dans les deux départements du Tibre et du Trasimène... Plus graves furent les démêlés avec le clergé séculier et surtout avec l'épiscopat, dont on exigeait un serment d'allégeance à l'Empereur que Pie VII, de Savone, avait secrètement défendu... Ce fut ensuite la résistance des *chanoines* et des *curés,* qui devaient aussi prêter serment et pour qui le refus signifiait l'évacuation vers Plaisance où l'on avait créé de véritables caravansérails pénitentiaires à leur intention : 424 y étaient évacués le 6 juin 1810, 370 le 14 août. L'émotion populaire soulevée par ces mesures de rigueur fut telle que le Consulte décida de ne plus déporter de prêtres ayant dépassé soixante ans. Ceux-ci revinrent donc de Plaisance, et les Romains les accueillirent avec des marques touchantes de *vénération* (honneur et louanges)[1]. »

Les pillages et les guerres napoléoniennes
Napoléon contre l'Église catholique
Arrestation des prêtres – 1809
Internement de Pie VII à Fontainebleau – 1810

VII, 73.

Renfort de sièges manubis[2] et maniples[3]
Changez le sacre[4] et passe sur[5] le prosne[6],
Prins et captifs n'arreste les preztriples[7],
Plus par fonds[8] mis eslevé, mis au trosne.

1. N.E.E. **2.** Latin : *manubiae :* argent provenant du butin fait sur l'ennemi. D.L.L.B. **3.** Latin : *maniples,* syncope de manipulus : troupe. D.L.L.B. **4.** Latin : *sacer :* sacré. D.L.L.B. **5.** Passer par-dessus : n'avoir aucun égard; on dit passer sur dans le même sens. D.L.7.V. **6.** Prône : instruction chrétienne qu'un prêtre fait, le dimanche, à la messe paroissiale. D.L.7.V. **7.** Prestrerie : prêtrise, vie de prêtre. D.A.F.L. Exemple de paragoge pour les besoins de la trime. **8.** Latin : *fons* (de *fundo)* : source, fontaine. D.L.L.B.

Traduction :

Il y aura encore plus de pillages et d'armées. Les lois saintes seront changées et on ne pratiquera plus la religion. On arrêtera et on emprisonnera les prêtres. Mieux! celui qui avait été mis sur le trône (de Saint-Pierre) sera mis à Fontaine(bleau).

L'histoire :

« Nous n'avons jamais eu de *troupes aussi nombreuses* et aussi belles, écrivait Napoléon le 7 fructidor an XIII (25 août 1805), à Duroc, grand maréchal du Palais... On estime à 1 600 000 hommes le nombre des Français ayant servi sous les drapeaux de 1802 à 1815. »

En ce qui concerne l'arrestation des prêtres, cf. VI, 9.

« L'application à l'Etat romain des mesûres de la *législation ecclésiastique issue de la Révolution* (changez le sacré) y engendre des résistances beaucoup plus accentuées que dans la vallée du Pô ou en Toscane. Les membres de la Consulte extraordinaire eussent souhaité en différer ou en tempérer la mise en pratique. Mais Napoléon tenait à l'uniformisation des *lois* de son Empire. Il fallut donc d'abord disperser et séculariser les moines.

« *La mainmise impériale sur l'Eglise* atteint son point culminant avec le *catéchisme impérial* publié en 1806.

« L'Eglise catholique, si privilégiée qu'elle soit, ne doit compter que sur elle-même pour contrebattre les hostilités déclarées ou occultes, comme pour *amener les indifférents à la pratique* (passe sur le prosne). L'*incroyance* s'alimente – avec une vague coloration déiste – des sarcasmes et des objections dont Voltaire a fourni l'exemple le plus marquant.

« Au matin du 6 juillet 1810, Pie VII est arrêté au Quirinal et c'est le début d'une captivité qui va durer plus de quatre ans : Savone, puis *Fontainebleau*[1] »

Le siège de Saragosse – 1808-1809
Après l'Italie, la guerre d'Espagne

III, 75.

Pau, Véronne, Vincence, Saragosse,
De glaives[2] loings, terroirs de sang humides :
Peste si grand viendra a[3] la grande gousse[4],
Proches secours, et bien loin les remèdes.

Traduction :

L'armée des Pyrénées, après Vérone et Vicence, portera la guerre loin, jusqu'à Saragosse, et inondera de sang ces territoires.

1. N.E.E. 2. Au figuré : symbole de la guerre, des combats. D.L.7.V. 3. Latin : *a* ou *ab* : par D.L.L.B. 4. Enveloppe de graines. D.L.7.V. Image pour désigner un siège qui enveloppe une ville.

Une grande calamité sera provoquée par un grand siège et, malgré des secours proches, les remèdes seront lointains.

L'histoire :

« En 1808, pouvant être appelé à se rendre rapidement à la frontière des *Pyrénées* ou même en *Espagne*, Napoléon ordonne qu'on échelonne sur la route d'étapes (dont Pau) des éléments d'infanterie et de cavalerie renforcés de quelques pièces... Voici Murat, lieutenant de l'Empereur, courant vers *Bayonne...* Ce ne sont pas des mercenaires ayant renoncé à leur nationalité, mais une belle jeunesse venue librement derrière celle de *Rivoli,* de *Novi* (Campagne d'Italie) pour défendre la liberté des peuples et la civilisation[1]. »

« Don José de Palafox, gouverneur de *Saragosse,* organisa dans cette ville une rigoureuse résistance : après *un siège* de 61 jours, il força les Français à s'éloigner (14 août 1808). Mais ceux-ci étant revenus à la charge, il eut à subir un nouveau *siège* (grande gousse) de 2 mois (20 décembre 1808-20 février 1809), plus *meurtrier* que le premier, dans lequel chaque rue, chaque maison fut disputée : *privé de tout moyen de défense* (bien loin les remèdes), il fut contraint de capituler[2]. » « L'armée anglaise qui, en janvier 1809, s'était avancée *dans le cœur de l'Espagne* (proche secours) se trouva compromise par les résultats de la bataille de Tudéla. Napoléon avait donné des ordres pour séparer les Anglais de la mer : Moore, effrayé de voir qu'il allait se trouver sans points de retraite, se hâta de se diriger, à marches forcées, vers les côtes de la Galice... En ce moment, Saint-Cyr s'était établi en Catalogne : le maréchal Launes occupait l'Aragon et travaillait à réduire *Saragosse*[3]. »

La guerre d'Espagne en 1808
Débarquement de Wellington – 1808
Sa marche jusqu'aux Pyrénées – 1813
La Famille Royale espagnole en France – 1808

IV, 2.

Par mort la France prendra voyage à faire,
Classe par mer, marcher monts Pyrénées,
Espagne en trouble, marcher gent militaire :
De plus grand Dames en France emmenées.

Traduction :

La France entreprendra de faire un voyage de mort; une armée arrivée par mer marchera jusqu'aux Pyrénées. L'Espagne

1. N.E.L.G.I. 2. D.H.B. 3. H.F.A.

sera en révolte; des armées y marcheront et le plus grand et ses dames (épouse et fille) seront emmenés en France.

L'histoire :

« Le 24 mars 1808, le nouveau roi, Ferdinand VII, entra dans sa capitale aux acclamations des habitants ivres de joie. Tel fut le premier acte de ce grand drame qui devait fournir au peuple espagnol l'occasion de sortir de la molle oisiveté dans laquelle il était plongé (trouble), et de se montrer à la fois héroïque et cruel dans la longue et sanglante guerre qu'il soutint pour défendre son indépendance; guerre *désastreuse pour la France,* à qui elle coûta ses plus braves soldats (voyage de mort).

« La première insurrection portugaise éclata le 16 juin, à Porto, et s'étendit si rapidement dans les provinces du Nord que les Français furent contraints de les évacuer. A cette époque eut lieu, à Leiria, le *débarquement de 14 000 Anglais,* sous les ordres de Wellington (classe par mer) et de cinq mille autres commandés par le général Spencer...

« En 1813, Wellington, après s'être emparé de Saint-Sébastien, passe la Bidassoa (marcher monts Pyrénées) et s'établit avec des forces considérables sur le territoire français[1]. »

« Le 10 avril 1808, Ferdinand se met en route; à chaque relais on rencontre un poste français : déjà le monarque chéri des Espagnols est virtuellement *un prisonnier.* Le 20 avril, il arrive à Bayonne (en France emmenés)... Charles IV, son père, et *Marie-Louise* (Dame) n'ont fait aucune difficulté pour monter dans un carrosse qui, flanqué du général Exelmans, *a pris la direction de la France.* Le 30 avril, à Bayonne, ils sont reçus avec des honneurs royaux et Napoléon leur ouvre les bras... Le 6 mai, Charles et Marie-Louise sont dirigés sur le château de Compiègne. A Ferdinand est assignée une prison dorée : le château de Valençay, appartenant à Talleyrand. " J'embarquai fort mal cette affaire ", déclarera Napoléon à Sainte-Hélène, " l'immoralité dut se montrer par trop patente, l'injustice par trop cynique, et le tout demeure fort vilain, puisque *j'ai succombé* " (voyage de mort)[2]. »

L'invention des fusées – 1806
Napoléon et l'Église – 1809
Les massacres en Espagne – 1809-1810

IV, 43.

Seront ouys au Ciel les armes batre[3] :
Celui an mesme les divins ennemis,
Voudront loix sainctes injustement debatre
Par foudre[4] et guerre bien croyants a mort mis.

1. H.F.A. **2.** N.E.E. **3.** Battre le fer : faire des armes. D.L.7.V. **4.** Cf. IV, 54.

Traduction :

On entendra le bruit des armes aériennes; l'année même où on voudra débattre des lois de l'Eglise, les catholiques deviendront des ennemis (de Napoléon); les croyants seront mis à mort par Napoléon et la guerre.

L'histoire :

« Napoléon paraît s'être peu soucié pratiquement de perfectionner l'armement. Pour l'infanterie l'armurier Pauly aurait pu, semble-t-il, lui fournir un fusil se chargeant par la culasse. En fait, c'est la Prusse qui profita, plus tard, des recherches de cet inventeur et de ses élèves. Plusieurs ingénieurs et officiers français proposèrent à l'Empereur des *fusées :* on ne les encouragea guère; et finalement c'est en Angleterre que les travaux de Congreve aboutirent à la création du Rockets Corps, le corps des fusées, et ces engins furent utilisés à Leipzig et à Waterloo par les Alliés... Les fusées inventées par William Congreve furent utilisées pour la première fois, en 1806, contre Boulogne par la marine anglaise.

« Ce n'est pas sur le fait de l'occupation intégrale, en 1808, du territoire pontifical que se produira la rupture entre les deux pouvoirs (Napoléon et Pie VII). Ce ne sont point des facteurs économiques, insignifiants dans le cas de l'Etat romain, mais des *considérations religieuses* (lois saintes) du côté du Pape, des nécessités politiques et militaires pressantes du côté de l'Empereur, qui ont ébranlé l'entente des deux souverains dès la fin de *1809* et *jeté le trouble dans toute l'Eglise catholique* (divins ennemis).

« La guerre d'Espagne : Les chefs ont surgi, dont la plupart se sont révélés au cours des années *1809* (la même année) et 1810... Quelques-uns sont des nobles. Plus nombreux sont les gens d'Eglise (bien croyants)... Exaspérés, les Français ne sont guère en reste de violence. C'est un sergent d'une unité stationnée en Navarre qui relate l'ordre reçu par sa formation : au premier village qui tirerait sur nous, *mettez tout à feu et à sang* (à mort mis), sans épargner les enfants au berceau[1]. »

Le « sommet » de l'Empire – 1807
L'embarquement pour Sainte-Hélène – 1815

I, 77.

Entre deux mers[2] dressera promontoire[3]
Que puis, mourra par le mors du cheval,
Le sien Neptune[4] pliera voile noire
Par Calpte[5] et classe[6] auprès de Rocheval[7].

1. N.E.E. **2.** Les Etats pontificaux sont situés entre la mer Adriatique et la mer Tyrrhénienne. **3.** Latin : *promontorium :* point culminant. D.L.L.B. **4.** Albion : nom donné par les Grecs à l'Angleterre, à cause de la blancheur de ses falaises ou à cause d'Albion fils de Neptune. D.L.7.V. **5.** Anagramme de Louis Capet : Louis XVIII. **6.** Latin : *classis :* flotte, armée. D.L.L.B. **7.** Roche-val : latin : *vallum :* fort, retranchement : Rochefort.

Traduction :

Entre deux mers il atteindra son point culminant puis il en mourra en rongeant son frein, le dieu de la mer le pliera dans son suaire (Sainte-Hélène) après le retour de L. Capet et la flotte (anglaise) près de Rochefort.

L'histoire :

« Consacré par la paix de Tilsit le " *Grand Empire* " apparaît alors comme *formidable*. Toutes les puissances européennes gravitent autour de Napoléon, alliées ou soumises par la force. » Le point culminant.

C'est à ce moment-là que « Napoléon *annexe les Etats pontificaux* et emprisonne le Pape [1]. »

« La Chambre exige l'abdication de Napoléon. Il voudrait gagner les Etats-Unis mais *la flotte anglaise* bloque les côtes. *Il se rend* finalement aux *Anglais* qui le traitent en prisonnier de guerre et le déportent dans la petite île de Sainte-Hélène [1]. »

Il embarquera près de *Rochefort* sur le Bellérophon qui devait le conduire de l'île d'Aix [2] à Sainte-Hélène. « Si je n'avais pas porté la main sur les Etats pontificaux, dit Napoléon, et cru réduire une puissance spirituelle par la force, toute la suite de mes malheurs ne serait pas arrivée [3]. »

L'annexion des Etats pontificaux – 1807
Le blocus continental – décembre 1806-1807

I, 75.

Le tyran Sienne [4] occupera Savone [5],
Le fort gaigné tiendra classe [6] marine [7],
Les deux armées par la marque d'Ancone [8],
Par effrayeur le chef s'en examine.

Traduction :

Le tyran occupera Sienne et Savone, ayant gagné (des batailles) parce que le plus fort, il contiendra la flotte anglaise, les deux armées (battues) (il occupera également) la marche d'Ancône, le Chef fera son examen de conscience sur cet acte effrayant.

L'histoire :

« Sans attendre l'arrivée des troupes russes alliées, le roi de Prusse engage les hostilités : le même jour son *armée* est battue à Iéna par Napoléon et à Auerstaedt par Davout (14 octobre 1806). Reste à vaincre *l'armée russe* (les 2 armées), l'indécise et

1. L.C.H.3. **2.** Aix, île fortifiée qui défend l'entrée de la Charente en face de laquelle est la rade de l'île d'Aix, constituant pour Rochefort un vaste avant-port. D.L.7.V. **3.** L.M.S.H. **4.** Ville de Toscane. **5.** Savone : ville de Ligurie. **6.** Latin : *classis :* flotte, armée. D.L.L.B. **7.** A rapprocher de I, 98. « La marine Grange ». **8.** En 1532 fut réunie aux Etats du pape. Les Français la prirent en 1797. En 1809 elle devint chef-lieu du département du Metauro. D.H.C.D.

meurtrière bataille d'Eylau (février 1807) n'apporte pas de solution, mais Friedland (14 juin) est pour Napoléon un net succès qui entraîne des pourparlers de paix : c'est la paix de Tilsit (9 juillet 1807)... Napoléon pense alors venir à bout de l'Angleterre, isolée dans son île, mais *maîtresse de la mer...* C'est le Blocus continental. Napoléon annexe les *Etats pontificaux* et emprisonne le Pape à Savone[1]. »

Napoléon et les Etats pontificaux
Le Code civil
La lutte contre les insurgés royalistes

V, 79.

Par sacrée pompe[2] viendra baisser les aisles,
Par la venüe du grand Législateur :
Humble haussera, vexera les rebelles
Naistra sur terre aucun aemulateur.

Traduction :

La venue du grand Législateur abaissera le pouvoir de l'Eglise catholique. Celui-ci anoblira des humbles et vexera les rebelles. Il n'aura sur terre aucun émule.

L'histoire :

« Le consulat ne limita pas ses réformes au droit public, il réussit à unifier par le Code civil l'ensemble du droit privé... Dans cette œuvre collective, où Cambacérès, Tronchet, Portalis et Treilhard jouèrent un rôle important, Bonaparte, qui présida 55 séances du Conseil sur 107, intervint souvent (le grand Législateur), et à plusieurs reprises utilement[3]. »

« Le refus de Pie VII de se soumettre au blocus avait servi de prétexte à l'Empereur pour *confisquer les Marches pontificales,* puis pour occuper Rome où, le 3 février, le général de Miollis était entré à la tête de sa division. Pie VII, qui s'était enfermé dans le Quirinal, menaçait d'excommunier les violateurs de la Ville sainte et, au moment où, grave faute, Napoléon affrontait l'exaspération du peuple espagnol, il en arrivait, autre grosse faute, avec le pape à une guerre ouverte[4]. »

« Pour que son trône né de la Révolution fût entouré des " institutions monarchiques ", l'Empereur créait une *noblesse d'Empire,* y agrégeant, à côté de ses collaborateurs civils et militaires *de naissance obscure* (humble), un grand nombre de ci-devant nobles d'Ancien Régime qui, royalistes naguère, se ralliaient peu à peu depuis sept ans au régime. »

« Le 11 vendémiaire (3 octobre 1795), les électeurs parisiens furent convoqués illégalement par des *meneurs royalistes* (rebel-

1. L.C.H.3. **2.** Appareil solennel et somptueux : les pompes du catholicisme. D.L.7.V. **3.** N.E.E. **4.** N.L.M.

les) qui préparaient en même temps une force armée... Une opération militaire fut montée contre la section Le Pelletier, celle de la Bourse, celle des Royalistes. Les insurgés (rebelles) disposaient d'environ 25 000 gardes nationaux. La Convention ne pouvait leur opposer qu'environ 5 000 hommes de troupe. Elle confia le commandement à Barras. Le nouveau chef ne manquait ni de décision ni de vigueur, il s'entoura d'officiers en qui il avait confiance et qui commencèrent ainsi une éblouissante carrière : Brune, le futur maréchal, Murat, le futur prince et roi, et *surtout Bonaparte.* »

Monuments édifiés par Napoléon

III, 43.

Gens d'alentour de Tarn, Loth et Garonne
Gardez les monts Appennines passer
Votre tombeau près de Rome et d'Anconne
Le noir poil crespe[1] fera trophée[2] dresser.

Traduction :

Gens de diverses régions (Tarn, Lot et Garonne), gardez-vous de passer les Alpes apennines, votre tombe sera près de Rome et d'Ancône, celui qui porte un chapeau de feutre noir fera élever un monument de victoire.

L'histoire :

« A l'exemple d'*Auguste* Napoléon veut éterniser son souvenir par des embellissements dans les villes et particulièrement dans Paris. Il fait *élever* des monuments grandioses (Arc de Triomphe du Carrousel, Colonne Vendôme, Temple de la Gloire qui deviendra l'Eglise de la Madeleine, Bourse, projet d'un arc de triomphe gigantesque au bout de l'avenue des Champs-Elysées) qui rappellent ses campagnes victorieuses[3]. »

Acquisitions territoriales du Directoire L'enlèvement de Pie VI – 1798 et de Pie VII – 1808 Annexion des États pontificaux et guerre d'Espagne – 1808

IV, 36.

Les ieux nouveaux en Gaule redressez,
Après victoire de l'Insubre[4] campaigne :
Monts d'esperie[5], les grands liez, troussez[6],
De peur trembler la Romaigne[7] et l'Espaigne.

1. Latin : *tropaeum :* trophée, monument de victoire. D.L.L.B. 2. Cf. I, 74 : « Le noir poil crespe» tendra fort à l'Empire. » 3. L.C.H.3. 4. Peuple de la Gaule cisalpine, habitait au nord du Pô, entre l'Adda, le Tessin et les Alpes, dans le pays qui correspond au Milanais actuel, et avait pour chef-lieu Mediolanum (Milan). D.H.B. 5. Hesperie : nom donné d'abord par les Grecs à l'Italie. D.H.B. 6. Trousser quelqu'un en malle : l'enlever. D.L.7.V. 7. Romagne : ancienne province de l'Etat ecclésiastique, avait pour chef-lieu Ravenne. D.H.B.

Traduction :

Les nouveaux pouvoirs seront établis en France, après les victoires de la campagne d'Italie. Par les montagnes d'Italie, les grands seront faits prisonniers et enlevés; les Etats de l'Eglise et l'Espagne trembleront de peur.

L'histoire :

« Arrivé à Tolentino d'où il se proposait de déboucher sur Rome, si cela devenait nécessaire, Bonaparte s'y arrêta pour attendre l'effet qu'avait dû produire sa marche rapide... Le pape dépêcha à Tolentino son neveu le duc Braschi et trois autres plénipotentiaires pour y traiter de la paix avec le vainqueur. Le traité fut signé le premier ventôse (19 février 1797). Le pape renonçait à ses prétentions sur Avignon et le Comtat Venaissin : il cédait les légations de Bologne et Ferrare, ainsi que la belle province de *la Romagne*[1]. »

« Le Directoire fit envahir le territoire pontifical, et le pape Pie VI dut signer avec Bonaparte le traité, *désastreux* pour lui, de Tolentino. A la suite du meurtre dans les rues de Rome (1798) du général Duphot, représentant du gouvernement français, le Directoire *s'empara* de la personne du pape et proclama à Rome la République. *Arrêté* par le général Berthier (1798), Pie VI fut conduit successivement à Sienne, à la Chartreuse de Florence, enfin *emmené* (avril 1799) en France, à Grenoble, puis à Valence où il mourut[2]. »

« Pie VII refusa d'adhérer au blocus continental. Napoléon s'empara alors de Rome (1808) et confisqua les Etats pontificaux. Pie VII répondit en excommuniant tous ceux qui avaient participé à la spoliation du Saint-Siège. Aussitôt le général Radet *l'enlève,* ainsi que le cardinal Pacca, et le fait transporter à Gênes, puis à Savone, enfin à Fontainebleau[2]. »

« Le fanatisme religieux, doublant, en cette *Espagne,* la passion nationale, allait trouver, entre bien d'autres, un aliment dans *la spoliation du pape.* Pie VII, qui s'était enfermé dans le Quirinal, menaçait d'excommunier les violateurs de la Ville sainte et, au moment où, grave faute, Napoléon affrontait l'exaspération du peuple espagnol, il en arrivait, autre grave faute, avec le pape à une guerre ouverte[3]. »

1. H.F.A. **2.** D.L.7.V. **3.** N.L.M.

Victoire sur les Anglais à Anvers 24 décembre 1809 Divorce de Napoléon – 12 janvier 1810 La Méditerranée centre de la contrebande contre le blocus continental – 1811 Mort de l'archevêque de Paris et arrestation de Pie VII

Présage XVII, juin.

Victor naval à Houche[1], Anvers divorce,
Né grand[2], du ciel feu, tremblement haut brule :
Sardaigne bois, Malte, Palerme, Corse,
Prélat mourir, l'un frappe sur la Mule[3].

Traduction :

Après une victoire navale à Houke, près d'Anvers, il divorcera. Celui qui sera grand par la naissance déclenchera les foudres du ciel, et s'enflammera à cause de l'ébranlement provoqué par le haut personnage (Napoléon). La Sardaigne, Malte, la Sicile et la Corse (résisteront au blocus). Un prélat mourra, et l'un (Napoléon) s'attaquera au Pape.

L'histoire :

« Pendant que les plénipotentiaires de Napoléon et de l'empereur François s'occupaient de régler les bases de la paix, les Anglais, qui depuis longtemps préparaient une expédition, se présentèrent en force à l'embouchure de l'Escaut. Leur plan consistait à s'emparer de la ville d'*Anvers* et de la flotte française mouillée dans l'Escaut... Les Anglais, maîtres de l'île de Walcheren, menaçaient à la fois la Belgique et la Hollande; l'escadre d'Anvers courait les plus grands dangers... Le maréchal Bernadotte partit pour Anvers et ne tarda pas à réunir plus de douze mille hommes. La défense d'Anvers fut dès lors assurée. On fit remonter l'escadre jusque sous les murs de la ville où elle s'embossa. Le 30 septembre, l'invincible escadre de Lord Chatam avait successivement abandonné ses stations pour revenir en Angleterre. Le 24 décembre, les Anglais démolirent les arsenaux de Flessingue et se rembarquèrent (victoire navale). »

« La dissolution du mariage de Napoléon et de Joséphine fut prononcée le 12 janvier 1810[4]. »

« A partir du début de 1810, les voies par lesquelles le commerce anglais pénétrait sur le continent furent fermées les unes après les autres et la contrebande s'effondra... En 1811, le commerce anglais avec l'Europe du Nord et de l'Ouest fut très

1. Faubourg d'Anvers. **2.** Pie VII, comte Chiaramonti. H.D.P. (né grand). **3.** Peut-être une allusion au caractère intransigeant de Pie VII. **4.** N.E.E.

faible... En revanche, la contrebande se maintint *en Méditerranée,* à partir de *Malte* et à travers les Balkans en direction de l'Autriche[1]. »

« La fin de l'année 1810 fut marquée par une descente en *Sicile* des troupes françaises, qui n'eut d'autre résultat, pour le roi de Naples, qu'une dépense de huit millions et la perte de douze cents hommes abandonnés sur les côtes de l'île[2]. »

« Le 9 *juin* 1808 est mort le cardinal de Belloy (prélat mourir), archevêque de Paris. Napoléon désigne pour lui succéder le cardinal Fesch, que le chapitre nomme administrateur le 1er février 1809. Mais réflexion faite, Fesch refuse et Napoléon nomme Maury archevêque de Paris, le 15 octobre 1810... »

« Au matin du 6 juillet 1810, Pie VII est arrêté au Quirinal et c'est le début d'une captivité qui va durer plus de quatre ans : Savone, puis Fontainebleau (l'un frappe sur la Mule)[1]. »

La guerre d'Espagne et la chute de l'Aigle Wellington dans les Basses-Pyrénées – 1812

IV, 70.

Bien contigue des grands monts Pyrénées,
Un contre l'Aigle grand copie[3] addresser :
Ouvertes veines[4], forces exterminées,
Que jusqu'à Pau[5] le chef viendra chasser.

Traduction :

Tout près du massif des Pyrénées, un (pays) lèvera de grandes troupes contre l'Aigle (Napoléon) : des tranchées ayant été ouvertes et des forces exterminées, il viendra le poursuivre jusque dans les Basses-Pyrénées.

L'histoire :

« L'année 1811 s'achève. Elle n'a pas été décisive. Les Français ont été *chassés* du Portugal... Résolu à attaquer la Russie, Napoléon entend que les communications entre la France et l'Espagne soient parfaitement assurées. Il donne l'ordre à Marmont de se porter sur Salamanque, pour de là s'en aller au besoin protéger la grande route de Madrid à *Bayonne.* Cela laisse du champ au *commandant en chef* britannique. Il en profite pour amener *la plus grande partie de ses troupes* devant Badajoz. Après quinze jours de *tranchées ouvertes,* l'assaut est, le 6 avril, donné à la ville. Les Français, après une défense héroïque, sont finalement acculés à la capitulation. *Les excès* auxquels se livre la soldatesque anglo-portugaise atteignent *le*

1. N.E.E. **2.** H.F.A. **3.** Latin : *copia :* corps d'armée, troupes, forces militaires. D.L.L.B. **4.** Ouvrir une veine : pratiquer une saignée. D.L.7.V. **5.** Chef-lieu des Basses-Pyrénées, aujourd'hui Pyrénées-Atlantiques.

comble de l'horreur et arrachent des larmes au peu émotif Wellington... Le 21 juin 1812, la bataille de Vitoria libère presque toute l'Espagne à travers les provinces basques et la Navarre, les Français refluent vers la frontière, ne conservant dans *la région pyrénéenne* que Pampelune et Saint-Sébastien... Toujours méthodique, Wellington souhaiterait *chasser* d'Espagne les forces françaises qui s'y défendent encore. Mais le cabinet de Londres le presse de pénétrer en France... Soult, arrivé le 13 juillet à *Bayonne,* est passé à l'offensive. A la fin août, son armée commence à dévaler le versant méridional des *Pyrénées* en direction de Pampelune, quand Wellington, après un dur combat, le repousse. Empêché de secourir Pampelune, Soult tente de se porter sur Saint-Sébastien. L'Anglais rebrousse chemin et le contraint à repasser la frontière. Le 8 septembre, Saint-Sébastien capitule et se voit *mise à sac.* Le 8 octobre, Wellington franchit la Bidassoa. Dix jours après, Napoléon, écrasé par le nombre, perd devant Leipzig, la « Bataille des Nations ». Tandis que les alliés traversent le Rhin, Soult se voit forcé d'abandonner la ligne de la Nivelle, puis celle de la Nive, et de se réfugier dans le camp retranché de *Bayonne.* Quant à Wellington il fixe son quartier général à *Saint-Jean-de-Luz*[1]. »

Soult à Bayonne – Wellington à Saint-Jean-de-Luz La Russie impose l'abdication – 1814 Mort de Napoléon à Sainte-Hélène – 1821

VIII, 85.

Entre Bayonne et à Saint Jean de Lux,
Sera posé de Mars le promontoire[2] :
Aux Hanix[3] d'Aquilon[4] Nanar[5] hostera lux[6],
Puis suffoqué au lict[7] sans adjutoire[8].

Traduction :

Entre Bayonne et Saint-Jean-de-Luz, la guerre atteindra son point culminant. Les efforts de la Russie enlèveront la gloire de Napoléon qui suffoquera dans son lit sans aucun secours.

L'histoire :

En ce qui concerne Bayonne et Saint-Jean-de-Luz, se reporter au quatrain précédent (IV, 70).

« Quelques jours plus tard Mayence était en vue. C'est alors

1. N.E.E. 2. Latin : *promontorium :* point culminant. D.L.L.B. 3. Latin : *annixus :* effort. D.L.L.B. 4. Désigne toujours la Russie, l'empire du Nord. 5. Raccourci de : Napoléon Bonaparte. 6. Latin : au figuré : lumière, éclat, gloire. D.L.L.B. 7. Mourir dans son lit : mourir d'une mort naturelle. D.L.7.V. 8. Latin : *adjutorium :* aide, Secours. D.L.L.B.

qu'on put entendre un sapeur de la garde dire, en regardant la ville : " Parbleu! nous avons fait une belle besogne, nous avons été chercher *les Russes* à Moscou pour les amener en France. " Les garnisons laissées dans les places de la Vistule, de l'Oder et de l'Elbe durent capituler, les unes après les autres. Le désastre était complet[1]. »

« *Le tsar Alexandre,* ne pouvant plus rien redouter d'une réaction de Napoléon, exigea aussitôt l'abdication pure et simple que Caulaincourt et ses compagnons étaient chargés d'obtenir[2]. »

« *Les souffrances des derniers jours furent atroces :* luttant contre la douleur, épuisé par les remèdes de charlatan, harcelé par les moustiques et les mouches, bourré de lavements, il se débat contre *l'anéantissement*[1]. »

La fin de la guerre d'Espagne et la bataille de Leipzig dite « la bataille des Nations » furent bien le point culminant des guerres napoléoniennes.

La défaite de la Grande Armée – 1812-1813
Les trahisons – l'abdication de l'empereur

IV, 22.

La grand copie[3] qui sera déchassée
Dans un moment fera besoin au Roy[4],
La foy promise de loing sera faulsée,
Nud se verra en piteux désarroy.

Traduction :

La Grande Armée qui sera pourchassée à un certain moment manquera à l'Empereur; la parole donnée sera trahie de loin et il se verra dépouillé et dans un désarroi pitoyable.

L'histoire :

« Le Corps d'Armée de Davout doit devenir le noyau de la nouvelle *Grande Armée.* Armée composite s'il en fut, car, en dehors des troupes venues des 130 départements de l'Empire, elle comptera des contingents de tous les pays européens alliés ou anciens amis. »

« Le 3 juin 1812, Napoléon rejoint son Quartier Général à Thorn sur la Vistule. Il s'y trouve au cœur de son armée. Il y a là environ 400 000 hommes répartis en trois masses principales. »

« Le 6 novembre, écrit Caulaincourt, fut le jour des nouvelles désagréables. L'Empereur déjà fort préoccupé par les détails qu'il avait reçus sur le mouvement rétrograde de ses troupes sur

1. N.E.E. **2.** N.L.M. **3.** Corps d'armée, troupes, forces militaires. D.L.L.B. **4.** Le mot roi est couramment utilisé par Nostradamus pour désigner les chefs d'Etat quel que soit leur titre.

la Dvina, dans le moment où il avait le plus besoin de leur succès, fut fortement éprouvé par les premiers détails qu'il reçut sur la *conspiration Malet.* Dès lors, son désir de regagner Paris s'accrut. » La Grande Armée est maintenant réduite à 24 000 combattants, suivis de 25 000 traînards.

« Reparti, dans la nuit du 6 au 7 avril, Caulaincourt entend le Tsar remercier le prince de la Moskova du zèle qu'il avait mis à obliger l'Empereur à abdiquer. Tandis que les faux bruits courent à Paris, où *coteries et intrigues* se multiplient, le duc de Vicence défend pied à pied les articles du traité. Il est émouvant de lire dans son rapport à l'Empereur du 8 avril : les Polonais dont Votre Majesté m'a tant recommandé les intérêts, seront bien traités. Derniers alliés fidèles, ils parcouraient les rues de Fontainebleau dans la nuit du 6 au 7 avril, avec une partie de la Vieille Garde, en criant : " Vive l'Empereur! Mort aux traîtres! "

« Ney est resté à Paris, ayant donné son adhésion au nouvel ordre des choses établi. L'Empereur, qui le connaissait bien, dit à Caulaincourt : " Il était contre moi hier et il se ferait tuer pour moi demain. " Il dit aussi : " La vie m'est *insupportable!* " (piteux désarroi) et dans la nuit du 12 au 13 avril, Napoléon tente vainement de se suicider avec un sachet de poison qu'il portait sur lui depuis la retraite de Russie[1]. »

La chute de Napoléon – Waterloo – 1815
M. de Saint-Agnan envoyé par Napoléon à Francfort – 1813
La bataille de Reims – 13 mars 1814

I, 26.

Le grand du fouldre tombe d'heure diurne,
Mal et prédict par porteur postulaire[2] :
Suivant présage, tombe d'heure nocturne,
Conflict Reims, Londres, Etrusques[3] pestifère.

Traduction :

La grandeur du foudre de guerre commencera à tomber le jour, ce malheur lui ayant été annoncé par un porteur de requête : Suivant ce présage il tombera la nuit; après le combat de Reims, l'Etrusque qui a porté la désolation sera battu par les Anglais.

L'histoire :

« Le 2 novembre 1813, l'armée française, réduite à soixante-

1. N.E.E. 2. Latin : *postulo :* je demande, je réclame, je requiers. D.L.L.B. 3. La famille Bonaparte se divisa en deux branches : l'une s'éteignit à Trévise en 1447, l'autre s'établit à Florence (capitale de la Toscane c'est-à-dire l'Etrurie) et donna naissance aux Bonaparte de Sarzane, dont devait descendre Napoléon Ier. D.L.7.V.

dix mille hommes, avait passé le Rhin. Là finit cette *sanglante* campagne dite de Saxe... Il ne lui restait plus qu'à essayer de traiter avec les alliés ou de combattre jusqu'au dernier soupir. Les propositions de paix furent renouvelées : M. de Saint-Agnan fut appelé à Francfort par M. de Metternich, et le 9 novembre, en présence des ministres de Russie et d'*Angleterre,* on posa les bases d'une pacification générale. Les puissances *demandaient* que Napoléon abandonnât l'Espagne, l'Italie, l'Allemagne, la Hollande. M. de Saint-Agnan fut chargé de *porter* ces bases à Napoléon, les puissances déclaraient que si elles étaient admises, on ouvrirait la négociation dans une ville des bords du Rhin; mais en même temps elles annonçaient que cette négociation ne suspendrait pas les opérations militaires... Il fallut se préparer à combattre. »

« Le 13 mars 1814, Napoléon arriva sur les hauteurs du Moulin-à-Vent, à une lieue de *Reims,* que le corps du général russe, Saint-Priest, venait d'occuper. Ce corps couronnait les hauteurs en avant de *Reims*...Le général Krasinsky, ayant coupé la route de *Reims* à Berry-au-Bac, les alliés abandonnèrent la ville et se retirèrent en désordre. Les Français firent à cette bataille six mille prisonniers. L'armée impériale séjourna jusqu'au 16 mars dans les environs de *Reims.* Pendant ce séjour, Napoléon reçut les rapports sur la situation générale de l'empire. »

« Le 18 juin 1815 *au matin,* Napoléon reconnut toute la ligne *anglaise* et expédia ses ordres aux divers commandants pour la bataille. Tout se mit en mouvement... Napoléon se porta vers Planchenoit, sur une deuxième position, et fit de nouveaux efforts pour arrêter quelques corps, mais tout ralliement devint impossible *dans la nuit* et toute cette belle armée ne fut plus qu'une masse confuse au milieu de laquelle on entendait crier : sauve qui peut. *Les pertes* que les Français firent à Waterloo furent *très grandes.* Dix-neuf mille hommes restèrent sur le champ de bataille. Les alliés y perdirent encore plus de monde. Mais leur victoire n'en fut pas moins des plus complètes[1] »

Le retour de l'île d'Elbe
1er mars 1815

X, 24.

Le Captif Prince aux Itales[2] vaincu,
Passera Gennes par mer jusqu'à Marseille,
Par grand effort des forens[3] survaincu[4],
Sauf coup de feu, barril liqueur d'abeille[5].

1. H.F.A. **2.** Latin : *Aethalis :* ancien nom de l'île d'Elbe. D.L.L.B. **3.** Extérieur, étranger – en anglais foreign. D.A.F.L. **4.** Sur : action de dépasser, d'où l'idée de supériorité. D.L.7.V. **5.** Le miel symbolise la douceur. Cf. : X, 89 : « Joye et temps mellifique. »

Traduction :

Le prince vaincu, prisonnier en Italie, passera par le golfe de Gênes en direction de Marseille. En faisant de grands efforts (de guerre) les (armées) étrangères le vaincront par leur supériorité. Sain et sauf des coups de feu, il aura des barils (de poudre) à la place du miel.

L'histoire :

« De l'île d'Elbe, Napoléon est informé que les sentiments des Français évoluent en sa faveur. *Il débarque* du Golfe Juan le 1er mars... *Les Alliés* sont encore rassemblés au Congrès de Vienne et leurs armées campent à proximité des frontières françaises. Ils déclarent Napoléon « au ban d'Europe ». Obligé de reprendre la guerre, Napoléon se porte vers le Nord avec 125 000 hommes contre 100 000 Anglais, et 250 000 Prussiens. (*Sur* vaincu)... Le soir du 18 juin la panique et la déroute gagnent l'armée française. Quant à Napoléon, *qui a cherché à se faire tuer* dans la bataille (sauf coup de feu), il se rend aux Anglais[1]. »

Le retour de l'île d'Elbe Ralliement du Maréchal Ney à Napoléon en Bourgogne – 17 mars 1815 Les déclarations de Lyon La charte de 1815

II, 76.

Foudre[2] en Bourgogne[3] fera cas portenteux[4]
Que par engin[5] homme ne pourrait faire,
De leur Sénat[6] sacriste[7] fait boiteux
Fera scavoir aux ennemis l'affaire.

Traduction :

Napoléon en Bourgogne fera un présage funeste que l'homme ne pourrait faire par son intelligence. A cause des faits boiteux édictés par le très sacré Sénat, il fera connaître ses intentions à ses ennemis.

L'histoire :

« Mieux valait, pensa Napoléon, canaliser ce renouveau

1. L.C.H.3. **2.** Cf. I, 26 et III, 13. Napoléon : le foudre de guerre. D.L.7.V. **3.** La Bourgogne était partagée entre les pays suivants : l'Auxois, le Dijonnais, le Châlonnais, le Charolais, le Mâconnais, l'Auxerrois, l'Autunois, le pays de la Montagne, le Bugey, le Valromey, le pays de Dombes et le pays de Gex. D.L.7.V. **4.** Latin : *portentum :* présage (ord. malheureux). D.L.L.B. **5.** Latin : *ingenium :* esprit, intelligence. D.L.L.B. **6.** Nom donné dans certains états, qui ont deux assemblées législatives, à celle d'entre elles qui est considérée comme la première, et qui provient moins directement ou même pas du tout de l'élection populaire. (Dans ce sens prend une majuscule) D.L.7.V. **7.** Latin : superlatif de *sacer :* très sacré. D.L.L.B.

d'esprit révolutionnaire que de le combattre de front. Cette tactique se reflète dans la série de décrets rendus à *Lyon* par Napoléon, parlant déjà en maître. Les *Chambres* sont dissoutes... On comptait sur l'audace et la révolution du Maréchal Ney. Il avait été chargé du commandement des troupes rassemblées en Franche-Comté; une action énergique menée par ce corps pouvait jeter la confusion dans l'avance de l'armée napoléonienne étirée sur la route de *Lyon à Auxerre,* par Chalon et *Autun.* " Je fais mon affaire de Bonaparte, rugissait Ney. Nous allons attaquer la bête fauve. " A Lons-le-Saunier des émissaires venus de Lyon l'atteignirent dans la nuit du 13 au 14 mars. Ils lui apportaient, avec leurs témoignages sur ce qu'ils avaient vu, une longue lettre de Bertrand et un mot de l'Empereur lui-même... Venez me rejoindre à *Chalon,* je vous recevrai comme le lendemain de la bataille de la Moskova. Au matin du 14, la résolution de Ney était prise. Il devait retrouver Napoléon à *Auxerre* le 17 mars[1]. »

« Quelques jours après la signature de ce fameux traité (20 mai 1814) le gouvernement de Louis XVIII réunit un certain nombre de *sénateurs,* et convoque ces mêmes députés au corps législatif que Napoléon avait renvoyés le 31 décembre précédent. Ces deux simulacres (fait boiteux) de la législature furent assemblés au Palais Bourbon, où eut lieu la séance royale dans laquelle Louis XVIII donna communication du traité et présenta la Charte qu'il octroyait. »

« La séance royale eut lieu le 16 mars. Louis XVIII y lut un discours qui finissait par ces paroles : celui qui vient allumer parmi nous les torches de la guerre civile y apporte aussi le fléau de la guerre étrangère (cas portenteux); il vient enfin détruire cette Charte constitutionnelle que je vous ai donnée; cette Charte que tous les Français chérissent (sacriste) et que je jure ici de maintenir[2]. »

Les Cent-Jours
Waterloo – 18 juin 1815 – Sainte-Hélène

I, 23.

Au mois troisième[3] se levant du Soleil[4]
Sanglier[5], liépard[6] au champs Mars[7] pour combattre,
Liépard lassé au ciel[8] estend son œil[9],
Un aigle autour du Soleil voit s'esbattre.

1. N.E.E. **2.** H.F.A. **3.** Mars : le troisième mois de l'année. **4.** Soleil : l'emblème des Capétiens. Louis XVI « le roi soleil ». **5.** Sanglier : « Le Sanglier des Ardennes », nom donné au Comte Guillaume de la Marck (1446-1485). D.L.7.V. **6.** Léopard : blas : le léopard héraldique est un lion qui au lieu d'être rampant est passant... Le lion de Waterloo, la victoire du *Lion* sur *l'Aigle,* composition moitié allégorique, moitié réaliste du peintre belge Wiertz. Les alliés ont érigé à Waterloo, au sommet d'une pyramide de 50 mètres de hauteur, un lion colossal en fonte. D.L.7.V. **7.** Mars : dieu de la guerre. **8.** Ciel : pour celle, du latin *cella :* cellule. D.A.F.L. **9** Œil : regard et par extension surveillance. D.L.7.V.

Traduction :

En mars, s'étant levé contre la Monarchie, près des Ardennes, l'Angleterre combattra sur le champ de bataille; l'Angleterre lassée (par Napoléon) étendra sa surveillance sur lui jusque dans une cellule après avoir vu l'Empereur s'ébattre autour des monarchistes.

L'histoire :

« Napoléon débarque à Golfe-Juan, *le 1er mars; évitant* la vallée du Rhône, *royaliste,* il prend la route des Alpes et atteint Paris *le 20 mars.* Son équipée est devenue une marche triomphale. Les troupes *envoyées par le roi contre lui* l'ont acclamé... *Un combat furieux* s'engage sur le plateau du Mont-Saint-Jean près de *Waterloo* contre les *Anglais* de Wellington... Il voudrait gagner les Etats-Unis, mais la flotte *anglaise* bloque les côtes. Il se rend finalement aux *Anglais* qui le traitent en prisonnier de guerre et le déportent dans la petite île de Sainte-Hélène[1]. »

« Il y vécut six ans étroitement *surveillé* dans la *villa-prison* de Longwood[2]. »

La bataille de Waterloo
18 juin 1815

IV, 75.

Prest à combattre fera défection,
Chef adversaire obtiendra la victoire :
L'arrière-garde fera défension[3],
Les défaillans[4] mort au blanc territoire.

Traduction :

(L'armée) prête à combattre fera défaut, le chef ennemi obtiendra la victoire, l'arrière-garde se défendra, ceux qui sont morts au territoire enneigé faisant défaut.

L'histoire :

L'armée que Grouchy commandait avait été chargée par Napoléon de poursuivre l'armée de Blücher. Non seulement elle laissa échapper ce dernier, mais elle fit cruellement défaut à la bataille de Waterloo.

« Napoléon se porte vers le nord avec 125 000 hommes contre 100 000 Anglais et 250 000 Prussiens... Après un succès à Ligny (16 juin) un combat furieux s'engage sur le plateau du Mont-Saint-Jean, près de Waterloo, contre les Anglais de Wellington, bientôt secondés par les Prussiens de Blücher (18 juin). Le soir la panique et la déroute gagnent l'armée française : seule, *la Garde " meurt et ne se rend pas*[1] ". »

1. L.C.H.3. **2.** H.F.A.M. **3.** Action de se défendre, défense. D.A.F.L. **4.** Défaillir : faire défaut. D.A.F.L.

Napoléon aura perdu une grande partie de son armée dans la campagne de Russie : « Napoléon a mis sur pied la Grande Armée : 700 000 hommes... La faim et *un hiver précoce et rigoureux* épuisent les soldats. La Grande Armée réduite à *30 000 hommes* franchit péniblement la Berezina[1]. » « Mort au blanc territoire ! »

Napoléon sur le Bellérophon
Fouché contre Napoléon
La deuxième abdication – 23 juin 1815

III, 13.

Par foudre[2] en l'arche[3] or et argent fondu[4],
De deux captifs l'un l'autre mangera[5] :
De la cité le plus grand estendu,
Quand submergé la classe[6] nagera.

Traduction :

A cause du foudre (Napoléon) sur un bateau, la richesse fondra. De deux prisonniers l'un s'élèvera contre l'autre. Le plus grand de la ville (Paris) sera renversé quand l'armée française ayant été submergée, la flotte (anglaise) voguera.

L'histoire :

« Le 18 juin 1815, les Prussiens ayant été repoussés, l'Empereur tenta l'attaque suprême avec la garde. Mais à ce moment décisif, un second corps prussien entrait en ligne. L'armée française épuisée fut prise brusquement de panique et se mit en *déroute, pourchassée et sabrée* par les Prussiens jusque vers deux heures du matin[7]. »

« L'armée ennemie se trouvait moins nombreuse que la nôtre; mais le président du gouvernement provisoire, Fouché[8], voulait porter au trône la branche cadette des Bourbons, ou s'il n'y pouvait réussir revenir à la branche aînée. Quand Napoléon offrit de se mettre à la tête des troupes, Fouché répondit par un refus, et il *força* l'empereur à quitter la Malmaison, où il s'était retiré[9]. »

« Après son abdication il gagna le port de Rochefort pensant s'y embarquer pour les Etats-Unis. Mais une croisière anglaise bloquait la côte. Alors Napoléon résolut de demander asile au gouvernement anglais. Il s'embarqua à bord du *vaisseau* anglais

1. L.C.H.3. **2.** Napoléon était un foudre de guerre. D.L.7.V. Cf. : IV, 54. **3.** Sorte de grand bateau fermé que Noé, dit la Bible, construisit par ordre de Dieu. D.L.7.V. **4.** Disparaître rapidement : l'argent fond entre mains. D.L.7.V. **5.** Manger quelqu'un : s'emporter beaucoup contre lui. D.L.7.V. **6.** Latin : *classis :* armée, flotte. D.L.L.B. Nostradamus prend ici, par élision, le mot dans ses deux sens, évitant ainsi de le répéter. **7.** H.F.A.M. **8.** Joseph Fouché : Rentré à Paris, élu président des Jacobins, il se brouilla avec Robespierre qu'il contribua à renverser. Lors de la réaction il fut décrété d'arrestation... D.L.7.V. **9.** H.F.V.D.

Bellérophon. Les Anglais le considèrent comme *prisonnier* de guerre et le firent transporter à Sainte-Hélène...

L'Angleterre, *maîtresse de mers,* gardait Malte et les îles Ioniennes[1]. »

« La seconde restauration *coûta cher* à la France. Il fallut d'abord payer aux alliés 100 millions, puis une autre indemnité de 700 millions, et encore *300 millions* de réclamations particulières. Ce n'est pas tout : 150 000 soldats étrangers restèrent pendant trois ans sur notre sol entretenus et nourris à nos frais... La France n'était pas *affaiblie* seulement de ce qu'elle perdait, mais de tout ce que ses rivaux avaient gagné[2]. »

La seconde abdication – 21 juin 1815

II, 11.

Le prochain fils de l'aisnier[3] parviendra
Tant élevé jusqu'au règne des fors
Son aspre[4] gloire un chacun la craindra
Mais ses enfans du règne gettez hors.

Traduction :

Le fils qui suivra l'aîné parviendra à s'élever jusqu'au règne des puissants, chacun craindra sa gloire farouche, mais ses proches le jetteront hors du pouvoir.

L'histoire :

« Napoléon gagna Laon et, de là, Paris où il comptait encore organiser la défense du territoire. Il en fut empêché. A la nouvelle de la défaite, les députés n'avaient eu qu'une pensée : l'Empereur allait arguer de sa défaite même et de l'invasion qui menaçait pour dissoudre la Chambre et s'emparer de la dictature de salut public. Pour prévenir l'événement, *il fallait l'acculer à l'abdication...* Il reçut dans son bain Davout qui lui conseilla aussitôt de proroger les chambres : car avec *son hostilité passionnée,* ajouta-t-il, la Chambre des représentants paralyserait tous les dévouements... Et oui! les députés sont *contre lui...* Il confia à Fouché lui-même – *dont il avait bien percé le masque* – le soin de porter à la Chambre son abdication[5]. »

1. H.F.A.M. **2.** H.F.V.D. **3.** Charles-Marie Bonaparte : épousa en 1767 Lætitia Ramolino dont il eut cinq fils et trois filles, savoir : Joseph, *Napoléon,* Marie-Anne-Elisa, Lucien, Louis, Marie-Pauline, Marie-Annonciade-Caroline, et Jérôme. D.H.C.D. **4.** Latin : *asper :* en parlant des êtres animés : dur, farouche intraitable, terrible. D.L.L.B. A rapprocher de I, 76 : « D'un nom farouche tel proféré sera. » **5.** N.L.M.

Napoléon, trahi par des femmes
Napoléon prisonnier des Anglais
Son agonie dans la nuit du 4 au 5 mai 1821

IV, 35.

Le feu estaint, les vierges[1] trahiront,
La plus grand part de la bande nouvelle :
Fouldre[2] a fer, lance les seuls Roys garderont
Etrusque et Corse, de nuict gorge allumelle.

Traduction :

Lorsque la guerre sera arrêtée, les femmes trahiront (Napoléon) ainsi que la plus grande partie du nouveau mouvement (monarchiste). Napoléon sera prisonnier, les ministres voudront garder l'épée de celui qui était originaire de Toscane et de Corse, puis il aura de nuit le feu dans sa gorge.

L'histoire :

« Le général Belliard apporte à Napoléon la nouvelle de la capitulation de Paris, signée dans la nuit, d'après laquelle les troupes ennemies doivent occuper la capitale... Il arrive, à 6 heures du matin, à Fontainebleau où sa garde et le reste de son armée le rejoignent. Ici commence la série d'intrigues de salons qui ont amené la restauration des Bourbons. Quelques diplomates, une poignée de royalistes et d'émigrés s'agitent dans tous les sens : *leurs femmes, leurs parentes* se chargent d'agiter des mouchoirs blancs (trahison).

« La manière dont les *ministres* voulaient que Napoléon fût traité était bien peu généreuse : ils avaient même donné des ordres pour qu'on lui ôtât son épée (garderont lance)[3]. »

« La journée suivante fut affreuse. *La nuit* du 4 au 5 mai 1821, tous les serviteurs restèrent auprès de lui. L'âme se débattait. Les *hoquets* de l'agonie étaient terribles[4]. »

Napoléon à Sainte-Hélène – Longwood House 1815-1821

I, 98.

Le chef qu'aura conduict peuple infiny
Loing de son Ciel, de meurs et langue estrange,
Cinq mil en Crète[5], et Tessalie[6] finy,
Le chef fuyant sauvé[7] en la marine grange.

Traduction :

Le chef qui aura conduit le peuple immortel loin de son ciel

1. Latin : *virgo :* jeune femme. D.L.L.B. 2. Cf. IV, 54, I, 26, II, 76, III, 13. 3. H.F.A. 4. N.L.M. 5. Latin : *creta :* rocher. D.L.L.B. Sainte-Hélène : île rocheuse d'Afrique dans l'océan Atlantique. Population *5 000* habitants. D.H.C.D. 6. Grec : θέοοαλη pour θέλαοοα : la mer. D.G.F. 7. Latin : *salvo :* conserver. D.L.L.B.

finira sa vie au milieu de la mer sur une île rocheuse de cinq mille habitants de langue et mœurs étrangères, le chef qui voulait fuir sera gardé dans une grange au milieu de la mer.

L'histoire :

« Quand Napoléon rentre à Paris, la Chambre exige son abdication. *Il voudrait gagner les Etats-Unis,* mais la flotte anglaise bloque les côtes. Il se rend finalement aux Anglais qui le traitent en prisonnier de guerre et le déportent dans la petite île de Sainte-Hélène[1]. »

« Sainte-Hélène n'est qu'un *rocher* africain situé dans l'Atlantique à 1 900 kilomètres de la côte... Longwood House où les Anglais installent l'Empereur et ses fidèles a été construit pour servir de *grange* à la ferme de la Compagnie[2]. »

L'écroulement de l'empire

I, 88.

Le divin mal surprendra le Grand Prince,
Un peu devant aura femme espousée
Son appuy et crédit à un coup viendra mince,
Conseil[3] mourra pour la teste rasée.

Traduction :

La malédiction divine surprendra le Grand Prince, peu de temps après son mariage, tout à coup ses appuis et son crédit s'aminciront, le bon sens du petit tondu s'éteindra.

L'histoire :

« Dès le moment de son mariage avec l'archiduchesse Marie-Louise d'Autriche, qu'il épouse en forçant Joséphine de Beauharnais à consentir au divorce, Fouché, Bernadotte et plusieurs autres tendent à s'isoler de Napoléon; le pape Pie VII, qu'il veut dépouiller de ses Etats, l'excommunie, et les violences dont il devient l'objet ne font que susciter de nouvelles difficultés. Malgré cela, Napoléon ne craint pas de s'engager dans une guerre formidable contre la Russie[4]. »

La première campagne d'Italie 1796-1797
Le retour des Bourbons : Louis XVIII et Charles X 1815-1830

I, 58.

Tranché le ventre[5] naistra avec deux testes[6],
Et quatre bras : quelques ans entiers vivra
Jour qui Alquiloye[7] célébrera ses fetes
Fossen, Turin, chef Ferrare suivra.

1. L.C.H.3. **2.** N.L.M. **3.** Latin : *consilium :* bon sens. D.L.L.B. **4.** D.H.C.B. **5.** La partie pour le tout : la génitrice. A rapprocher de X, 17 « Dans l'estomac enclos ». **6.** Tête : caput = capet. A rapprocher de IX, 20 : « Elu cap. » **7.** Latin : *aquila :* l'aigle. D.L.L.B.

Traduction :

Quand la mère aura été décapitée, (la monarchie) renaîtra avec deux rois et quatre princes elle vivra encore quelques années entières, (entre-temps) l'Aigle impérial célébrera ses fêtes (en France) puis suivront Fossan, Turin, le Pape.

L'histoire :

Malgré l'exécution de la reine mère, les Bourbons reviendront sur le trône avec 2 têtes : celle de Louis XVIII et celle de Charles X. Les 4 princes qui ne régneront pas sont : Louis Dauphin (Louis XVII), Charles-Ferdinand duc de Berry, Louis-Antoine duc d'Angoulême, Henri-Charles-Ferdinand duc de Bordeaux et comte de Chambord.

« *Fossano :* Place de guerre avec arsenal, prise d'assaut par les Français en 1796 (1re campagne d'Italie)[1]. »

« Napoléon est maître alors de la route de *Turin.* Mais il ne s'arrête point, il pousse l'armée sarde l'épée dans les reins, l'écrase à Mondovi, l'oblige à poser les armes par l'armistice de Cherasco qu'il signe à 10 lieues[2] de *Turin* (18 avril 1796) et qui, changé le 3 juin en un traité de paix, donne à la France la Savoie avec les comtés de Nice et de Tende... »

« Pie VI tremblant signa la paix de Tolentino; elle lui coûta 30 millions. La Romagne (Ravenne, Rimini) qui fut réunie, avec les légations de *Ferrare* et de Bologne, à la République Cispadane et Ancône[3]. »

Seconde restauration de Louis XVIII juillet 1815 Les proscriptions

II, 67.

Le blonds au nez forche[4] viendra commettre[5]
Par le duelle[6] et chassera dehors,
Les exilés dedans fera remettre.
Au lieux marins commettant les plus forts.

Traduction :

Le blond au nez aquilin (Louis XVIII) viendra à la tête (du pays) à cause du deuil de (Louis XVI) et chassera dehors (les bonapartistes), il fera remettre les exilés (royalistes) dans leurs fonctions. Envoyant les plus forts (les généraux) au-delà des mers.

L'histoire :

« A peine le gouvernement fut-il assuré de la soumission de l'armée de la Loire, que les proscriptions commencèrent. Dix-

1. D.H.C.B. **2.** 40 kilomètres. **3.** H.F.V.D. **4.** Le profil des Bourbons est célèbre. **5.** Préposer, mettre à la tête. D.L.7.V. **6.** Changé en deuil. D.A.F.L.

neuf généraux ou officiers, accusés d'avoir abandonné le roi, avant le 23 mars, et de s'être emparés du pouvoir, furent aussitôt portés sur une liste dressée par la vengeance, pour être arrêtés, traduits devant des conseils de guerre. Trente-huit autres *généraux ou fonctionnaires de l'Empire* (les plus forts) sont en même temps *éloignés de leurs domiciles...* Le ministère croit par là satisfaire aux *exigences du parti ultra-royaliste...* Quand on en vint aux fatales catégories, un long frémissement régna dans l'assemblée et les tribunes. *Les royalistes* serrent leurs rangs, se comptent et paraissent sûrs de forcer la main du roi... On aborde enfin celui qui devait frapper les régicides. Le *bannissement* proposé par la commission est adopté : art. 7 : ceux des régicides qui, au mépris d'une clémence sans bornes, ont voté pour l'acte additionnel, ou accepté des fonctions ou emplois de l'usurpateur, et qui, par là, se sont déclarés ennemis irréconciliables de la France, *sont exclus* à perpétuité du *royaume,* et son tenus d'en *sortir* dans le délai d'un mois. Ils ne pourront y jouir d'aucuns droits civils, y posséder aucuns biens, titres ni pensions à eux concédés à titre gratuit... La France n'en resta pas moins *livrée à la faction royaliste...* Pendant que le parti royaliste poursuivait le cours de ses épurations, et que les cours prévôtales décimaient *les plus braves* généraux, les ministres occupaient la chambre par la discussion du budget... Les députés, tous *aristocrates,* ne craignaient pas de doubler le droit des patentes, dans un moment où le commerce éprouvait les plus grands embarras[1]. »

Charles-Ferdinand de Bourbon, duc de Berry Mariage-alliance avec le prince de Condé et assassinat 1820

IX, 35.

Et Ferdinand blonde[2] sera descorte[3],
Quitter la fleur, suyvre le Macédon[4] :
Au grand besoin[5] défaillira sa routte,
Et marchera contre le Myrmiden[6].

Traduction :

Ferdinand sera en désaccord (à cause d'une femme) différente d'une blonde (une brune); il abandonnera la monarchie pour suivre le Ma(réchal de) Condé; il mourra sur la route (faisant) une grande privation et marchera contre le petit (caporal).

1. H.F.A. **2.** Anglais : *brown :* brun – d'où le jeu de mot. **3.** Latin : *discors :* qui est en désaccord, différent. D.L.L.B. Ici Nostradamus par un raccourci dont il a le secret utilise le mot dans ses deux sens. **4.** Macédon : anagramme de Ma(réchal) Condé. **5.** Besoin : privation. D.L.7.V. **6.** Myrmidon : homme de très petite taille. D.L.7.V.

L'histoire :

« *Emigré* avec ses parents *en 1789,* il servit dans *l'armée de Condé* de 1792 à 1797, puis vint en 1801 s'établir en Angleterre où il épousera une anglaise Anna *Brown...* En 1814 Louis XVIII le choisit, après le retour dans l'île d'Elbe comme général en chef de l'armée qui *devait disputer à Napoléon* les portes de Paris. *Sa famille, qui n'avait pas voulu reconnaître son premier mariage,* lui fit épouser en 1816 Marie-Caroline-Ferdinande-Louise de Naples[1]. »

« Le 13 février 1820, il fut assassiné, *à la sortie* de l'opéra, par Louvel qui voulait *éteindre* en lui *la race des Bourbons*[2]. »

Assassinat du duc de Berry par Louvel 13 février 1820

VI, 32.

Par trahison de verges[3] à mort battu,
Puis surmonté sera par son désordre[4] :
Conseil frivole au grand captif sentu,
Nez par fureur quand Berich viendra mordre[5].

Traduction :

Accusé de trahison il (Louvel) sera exécuté sur (la place) de Grève, après avoir été dominé par son désordre mental. Il sera accusé d'avoir demandé un conseil futile au grand captif (Napoléon) quand il viendra enfoncer (son poignard) dans le corps du duc de Berry par haine de ceux qui sont nés (Bourbons).

L'histoire :

« Après plus de trois mois employés en recherches et en interrogations, et malgré tout le zèle du ministère public et de quelques royalistes pour parvenir à découvrir dans le crime de Louvel des traces de *complicité* (trahison), M. Bellart, procureur général, avait été forcé de déclarer dans son acte d'accusation qu'il ne s'était point trouvé de complices. Les Royalistes furent désolés de ce résultat, car ils voulaient à tout prix compromettre le parti libéral; mais il était trop évident que Louvel avait agi seul et sans autre instigateur que *sa haine* profonde (par fureur) pour les Bourbons (nés). Il avoua les faits, reconnut le poignard dont il s'était servi (mordre) et répondit de nouveau aux questions qui lui furent adressées : qu'il méditait son attentat depuis six ans, que le prince ne lui avait fait aucun mal; mais que tous les Bourbons en avaient fait beaucoup à la France; qu'il en voulait à la famille royale; que son dessein était de tuer le roi lui-même; et qu'il avait commencé par frapper le prince parce qu'il était l'espoir des Bourbons. Il avoua qu'affligé de la

1. D.L.7.V. **2.** D.H.C.D. **3.** Anagramme de Grève. **4.** Par analogie, trouble de l'esprit. D.L.7.V. **5.** Pénétrer, entrer, s'enfoncer dans. D.L.7.V.

présence des étrangers en France, il avait fait le voyage de l'île d'Elbe en 1814; mais qu'il en était revenu *sans avoir parlé à Napoléon* et *sans avoir conféré* avec personne sur ses projets (conseil frivole au grand captif sentu). La cour des pairs avait nommé d'office, pour défendre le prévenu, un avocat célèbre du barreau de Paris, M. Bonnet. Celui-ci ne put que présenter Louvel comme atteint de monomanie[1] (désordre)... Il fut condamné et conduit le lendemain sur la place de *Grève,* au milieu d'une multitude silencieuse[2]. »

L'évêque Kyprianos à Chypre – 1810
Le massacre des prélats
et des notables grecs – 1821

III, 89.

En ce temps-là sera frustrée Cyprie[3],
De son secours de ceux de mer Egée :
Vieux trucidez, mais par mesles[4] et Lypres[5]
Seduict leur Roy, Royne plus outragée.

Traduction :

A ce moment-là, Kyprianos sera frustré à Chypre du secours des Grecs; les vieux (prélats) seront massacrés par une manœuvre sombre et misérable, leur chef ayant été séduit, la mère (l'Eglise) sera encore plus outragée.

L'histoire :

« A partir de 1810, Chypre eut le privilège d'avoir comme archevêque un prélat jeune et actif du nom de *Kyprianos,* qui prit un vif intérêt... aux affaires ecclésiastiques...

La guerre de l'indépendance de la Grèce trouva l'île tranquille. Mais Kutchuk Mehmed, son gouverneur, craignant que les Grecs de Chypre ne prennent, eux aussi, les armes contre les Turcs, comme le faisaient les Grecs des îles de la *mer Egée,* demanda à Kyprianos des assurances de loyalisme que l'archevêque lui donna volontiers. Pourtant, Kutchuk Mehmed continuait à avoir des soupçons. Il demanda, pour des raisons de sécurité, l'envoi dans l'île de 2 000 soldats turcs. Il ordonna le désarmement de tous les Grecs de l'île, et, comme si cela ne suffisait pas, il fit procéder à l'arrestation des *notables grecs* et *à l'exécution du drogman.* La distribution de quelques tracts révolutionnaires lui donna de nouveaux soupçons. Il ne croyait plus aux assurances de l'archevêque. Il écrivit alors à la

1. La monomanie est essentiellement caractérisée par un délire partiel, variable dans son objet, et qui se manifeste par des obsessions, des impulsions, des craintes irrésistibles. D.L.7.V. 2. H.F.A. 3. Nostradamus laisse la double signification de Chypre et de Kyprianos. 4. Grec : μέλας : noir, sombre. D.G.F. 5. Grec : λυπρσς : misérable. D.G.F.

Sublime-Porte, accusant les prélats et les notables grecs d'être en contact secret avec les insurgés. Il demanda leur punition que, d'abord, le sultan refusa d'ordonner. Mais Kutchuk Mehmed insista jusqu'à ce qu'il obtînt le consentement du sultan. Muni, enfin, de l'ordre d'exécution, le gouverneur *invita les prélats dans son palais de Nicosie sous prétexte* de leur faire signer une « déclaration de fidélité » (mesles et Lypres). L'invitation était fixée au matin du 9 juillet 1821; lorsque l'archevêque et les évêques entrèrent dans le palais, suivis des autres dignitaires de *l'Eglise,* le gouverneur ordonna de fermer les portes et de les lui présenter enchaînés. Au lieu de leur proposer un texte auquel ils devaient donner leur approbation, il leur lut leur *condamnation à mort* qui fut exécutée sans délai sur la grand-place de Nicosie. Après leur exécution, Kutchuk ordonna aussi *la confiscation des biens de l'Eglise* et *le massacre de notables grecs* dans toutes les villes de l'île. Plus de 450 personnes périrent; ne se sauvèrent que ceux qui purent se réfugier dans les consulats de France, d'Angleterre ou de Russie, pour partir ensuite secrètement pour l'étranger[1]. »

L'indépendance de la Grèce – 1825-1833
La bataille de Navarin – 1827

IX, 75.

De l'Ambraxie[2] et du pays de Thrace[3],
Peuple par mer, mal et secours Gaulois,
Perpétuelle en Provence la trace,
Avec vestiges de leurs coutumes et loix.

Traduction :

Depuis Arta jusqu'en Thrace, le peuple grec sera secouru du malheur, par mer, par la France. On en gardera le souvenir perpétuel en Provence, avec des restes de leurs coutumes et de leurs lois.

L'histoire :

« En 1825, Ibrahim pacha, le fils de Mehemet Ali, ayant d'abord étouffé la Révolution à Cassos et en Crète, débarquait des troupes régulières importantes dans le Péloponnèse. Pendant deux ans, de 1825 à 1827, Ibrahim ravagea le pays. Par la prise de Missolonghi (1826) dont l'exode *légendaire* raviva le *philhellénisme européen,* et par celle de l'Acropole d'Athènes, les Turcs devinrent maîtres de la Grèce Continentale et la Révolution parut sur le point de s'éteindre. »

« La Russie, l'Angleterre et la *France* conclurent en juillet 1827 la Triple-Alliance qui entreprenait la médiation entre la Grèce révoltée et la Porte, sur la base de l'autonomie de la

1. H.D.C.A.E. **2.** Ambracie : aujourd'hui Arta, ville d'Epire, sur la côte septentrionale d'un petit golfe auquel elle donne son nom. D.H.B. **3.** Région de l'Empire ottoman en 1827.

Grèce sous la souveraineté du sultan et exigeait des deux belligérants un armistice immédiat. Le refus formel de la Porte de se soumettre à la volonté de la Triple-Alliance eut pour résultat la *bataille navale* de Navarin (20 octobre 1827) dans laquelle la flotte turco-égyptienne fut anéantie. »

« Organisation de l'Etat : La Révolution nationale et libérale des Grecs aboutissait à la création d'un Etat monarchique dont l'organisation était confiée à un prince et à un gouvernement étrangers. Le roi Othon, encore mineur, débarquait, le 25 janvier (calendrier orthodoxe, 6 février calendrier grégorien) 1833 à Nauplie, capitale provisoire du nouveau royaume, qui comprenait le Péloponnèse, les Cyclades et la Grèce Continentale jusqu'à la *ligne de démarcation du golfe d'Arta* au golfe de Volo au nord. Il était accompagné d'un Conseil de Régence, sous la présidence du comte Armansperg[1]. »

« Une intervention militaire en Morée s'effectue sans difficulté, un accord ayant été réalisé avec Mehemet Ali (novembre 1828). Finalement, les protocoles de Londres fixent les limites de la Grèce... La Russie reconnaît les accords de Londres par le traité d'Andrinople (ville de *Thrace*), le 14 septembre 1829. En février 1830, à la Conférence de Londres, la Grèce est proclamée indépendante[2]. »

La fin de l'Empire ottoman – 1686 à 1829
La prise de Bude
par le duc de Lorraine – 1686

X, 62.

Près de Sorbin[3] pour assaillir Ongrie.
L'héraut[4] de Brudes[5] les viendra advertir[6]
Chef Bizantin, Sallon[7] de Sclavonie[8]
A loy d'Arabes les viendra convertir.

Traduction :

Près de la Serbie, pour attaquer la Hongrie, le chef militaire viendra sévir contre (les Turcs) à Bude; le chef turc ayant converti à la loi arabe (des territoires) depuis Salonique jusqu'à la Russie.

L'histoire :

« Les empereurs d'Autriche-Hongrie eurent à combattre les ré-

1. H.D.G.M. **2.** H.D.T. **3.** Serbes ou Sorabes, peuple slave qui a donné son nom à la Serbie. D.H.B. **4.** Officier public qui était autrefois chargé de déclarer la guerre et dont la personne était sacrée. D.H.B. **5.** Exemple d'épenthèse et de paragoge : Brudes pour Bude, capitale hongroise. **6.** Latin : *adverso :* je sévis contre, je punis. D.L.L.B. **7.** Exemple d'épenthèse et d'apocope : pour Salonique : port de la Turquie d'Europe (Roumélie). D.H.B. **8.** L'Esclavonie dut son nom aux Sarmates. La Sarmatie Européenne, entre la Vistule et le Tanaïs, comprenait tous les pays qui forment aujourd'hui la Russie et la Pologne. D.H.B.

voltes successives de Bethlem-Gabor, de Tekeli et des Ragotsky. Pendant ces dissensions, les *Turcs* avaient envahi la plus grande partie du pays. Ils n'en furent définitivement *chassés* (advertis) qu'en 1699, par la paix de Carlowitz, puis par les exploits du prince Eugène, qui amenèrent la paix de Passarowitz, 1718. Les Hongrois restèrent dès lors fidèles à la maison d'Autriche. »

« Mahomet II prit Constantinople (1453) et par cette importante conquête anéantit l'empire grec (Salonique)... La Turquie grandit encore sous Selim Ier... Soliman II y ajouta en Europe, partie de la *Hongrie,* la Transylvanie, l'*Esclavonie,* la Moldavie... La grande guerre de 1682 à 1699, que termine la paix de Carlowitz, arrache presque toute la Hongrie aux Turcs... Les *Russes,* avec lesquels ils sont en lutte depuis 1672, commencent à obtenir la supériorité... La guerre de 1790 à 1792 enlève à la Porte divers cantons du Caucase. De 1809 à 1812, nouvelle guerre et perte des provinces entre le Dniepr et le Danube, assurées à la *Russie* par la paix de Bucarest. En 1819, perte des îles Ioniennes; de 1820 à 1830, perte de la *Grèce,* définitivement affranchie par la victoire de Navarin (1827); perte de la partie de l'Arménie turque, cédée à la Russie en 1829; la Valachie, la Moldavie, la Serbie deviennent par le traité d'Andrinople (1829) libres et sont placées sous la *garantie russe.* »

« *Bude :* grande ville des Etats autrichiens, capitale de la *Hongrie. Elle fut occupée par les Turcs de 1530 à 1686. Reprise en 1686 par le duc de Lorraine (héraut de Bude), elle reste depuis ce temps sous la dépendance de l'Autriche.* »

« *Après le congrès de Berlin (1878), un nouveau problème se pose dans les Balkans : l'Autriche, devenue puissance balkanique, va accroître son influence sur les Chrétiens de ces régions et en même temps essayer de s'assurer la possession de Salonique,* d'où les futurs conflits avec la Russie, dont les résultats seront la Première Guerre mondiale[1]. »

La question d'Orient de 1821 à 1855
L'indépendance de la Grèce
Les massacres de Chio
La guerre de Crimée – 1854-1856

V, 90.

Dans les cyclades[2], en perinthe[3] et larisse[4],
Dedans Sparte[5] tout le Peloponnesse[6],
Si grand famine, peste par faux coninsse[7]
Neuf mois tiendra et tout le cherronesse[8].

1. D.H.B. **2.** Archipel de la mer Egée auquel appartient l'île de Chio. A.V.L. **3.** Ville de Thrace sur la mer de Marmara. A.V.L. **4.** Ville de Thessalie. D.H.B. **5.** Ville de Morée. D.H.B. **6.** Aujourd'hui la Morée, presqu'île qui termine la Grèce au sud. D.H.B. **7.** Latin : *connexus :* union, alliance, D.L.L.B. **8.** La Chersonèse Taurique : La Crimée. D.H.B.

Traduction :

Dans les Cyclades, en Grèce et dans toute la Morée, il y aura une grande famine et une calamité à cause de fausses alliances, et la Crimée sera occupée pendant neuf mois (10 septembre 1855 à juin 1856).

L'histoire :

« En *Morée,* l'archevêque de Patras, Germanos, proclame la guerre de libération (25 mars 1821); des massacres de Grecs ont lieu à Constantinople, des massacres de Turcs en Grèce. Le 12 janvier 1822, l'assemblée des députés grecs proclame l'indépendance du pays. En avril ont lieu les fameux massacres de *Chio,* et en mai, Janina tombe aux mains des Turcs. Les Grecs attentent en vain du secours du tsar (faux coninsse) toujours fidèle aux principes de la *Sainte-Alliance...* De son côté, le sultan ne reste pas inactif : il charge Mehemet Ali d'intervenir en Morée (février 1824); déjà les troupes égyptiennes avaient reconquis la Crète (1822). En 1825, Ibrahim, fils de Mehemet Ali, a repris *les principales villes de Morée,* mais sa politique de déportation en Egypte lui aliène la sympathie française. La mort d'Alexandre Ier et son remplacement par Nicolas Ier (décembre 1825), partisan des méthodes fortes et directes, inquiètent l'Angleterre. Dès mars 1826, Nicolas adresse à la Porte un ultimatum dont la conséquence est le traité d'Akkerman : la Russie y obtient le droit de commerce dans toutes les mers de l'Empire ottoman. Il n'est nullement question de la Grèce. L'Angleterre, mécontente de ce traité, intervient alors, et les accords de Londres prévoient la médiation des trois grandes puissances (Angleterre, France, Russie). Le sultan ayant repoussé l'offre de médiation, la flotte des Alliés rejoint les flottes turque et égyptienne à Navarin [1] où un incident entraîne la destruction de celles-ci. Finalement, les protocoles de Londres (novembre 1828 et mars 1829) fixent les limites de la Grèce... En février 1830, à la conférence de Londres, la Grèce est proclamée indépendante... »

« De nouvelles négociations avec la Russie ayant échoué au cours de l'hiver, le 12 mars 1854, la France, l'Angleterre et la Turquie signent un traité d'alliance; en juin un accord est conclu entre l'Autriche et la Turquie en vue d'obtenir la coopération des troupes autrichiennes pour chasser les Russes des principautés danubiennes. Dès la fin de mars 1854, des troupes anglaises et françaises sont débarquées à Gallipoli (ville de Thrace à l'entrée de la mer de Marmara), pour être acheminées vers le Danube. Mais à la suite de l'évacuation russe on décide de porter la guerre en *Crimée...* Sébastopol est prise le 10 septembre 1855 et sera évacuée par les troupes anglo-françaises en juin 1856 (9 mois)[2]. »

1. Ville de Morée. **2.** H.D.T.

L'absence de pouvoir en Espagne et en Italie en 1855 Le piège de Sébastopol – 1854-1855

III, 68.

Peuple sans chef d'Espagne d'Italie,
Morts profligez dedans la Cheronese[1],
Leur dict trahy par légère folie,
De sang nagez partout à la traverse[2].

Traduction :

Les peuples espagnol et italien seront privés de chef d'Etat au moment où Sébastopol sera accablée par la mort. Les paroles (des Français) trahiront une légère folie et le sang coulera partout sur les fortifications.

L'histoire :

« Au cours des années qui vont de 1840 à 1875, on n'entend, en Espagne, que des noms de généraux se disputant le pouvoir... Pendant toutes ces années, les généraux agissent à l'ombre ou à la lumière d'une reine, Isabelle II, à propos de laquelle les historiens les plus bénévoles se bornent à signaler sa bonté naturelle ainsi qu'une éducation si déplorable qu'on ne peut guère s'étonner qu'*elle ait manqué totalement de capacité pour gouverner*[3]. »

« En 1848, la Sicile se soulève contre le roi de Naples et proclame son indépendance; Naples, Florence, Turin se font donner des constitutions; Rome s'érige en république; Parme et Modène *chassent leurs ducs;* le roi de Sardaigne, Charles-Albert, se met à la tête du mouvement et tient quelque temps l'Autriche en échec; mais bientôt affaibli par la discorde des siens, il est battu à Novare (23 mars 1849), et prend le parti d'*abdiquer*[4]. »

« La presse de Londres, le cabinet, le prince Albert réclament l'occupation de la Crimée et l'attaque de Sébastopol... L'entreprise est audacieuse. Le comte Benedetti, notre chargé d'affaires à Constantinople, écrivait dès le 30 août 1854 à Thouvenel : « jeter 80 000 hommes et deux cents pièces de canons sur une côte ouverte, à sept cents lieues de distance, au pied d'une citadelle formidable ! On va à l'inconnu. On ne connaît ni le terrain, ni la force de l'ennemi... Tout est livré aux *hasards* et aux accidents » (légère folie).

« La vieille *Chersonèse* Taurique n'est qu'une steppe herbeuse... Les villes y sont rares. Seul Sébastopol offre un grand port,

1. Sébastopol : port militaire de Crimée... Fondé en 1786 par l'impératrice Catherine II près des ruines de l'antique *Cherson.* D.H.B. 2. Fortifications : massif rectangulaire de terre établi sur le terre-plein d'un ouvrage, perpendiculairement au parapet. D.L.7.V. 3. H.E.F.D.P. 4. D.H.B.

mal protégé du côté de la terre, mais pourvu de fortes défenses (traverse) sur la Mer Noire. »

« La bataille d'Inkermann, si disputée, a coûté trois mille hommes aux Anglais, huit cents à nous-mêmes, plus de dix mille aux Russes (de sang nager partout). Victoire assurément, toutefois stérile, et qui prouve aux Alliés combien la partie sera grosse de *hasards*... Le 18 juin 1855, les Anglais marchent sur le Grand Redan (fortification), les Français sur le Petit Redan et sur Malakoff. L'affaire, trop peu préparée, échoue, malgré la splendide bravoure des troupes. Les Russes tiennent bon. Pélissier fait sonner la retraite. Il y a *tant de morts* qu'un armistice d'un jour est conclu pour les enterrer[1]. »

Chute des Bourbons – 29 juillet 1830
Louis-Philippe, roi. Le drapeau tricolore

II, 69.

Le Roy Gaulois par la Celtique Dextre[2]
Voyant discorde de la Grand Monarchie
Sur les trois pars fera florir son sceptre,
Contre la cappe[3] de la Grande Hierarchie.

Traduction :

Le roi des Français, à cause de la droite française voyant la grande monarchie dans la discorde, fera fleurir son sceptre sur les trois parties (du drapeau) contre la hiérarchie des Capétiens.

L'histoire :

« Le souverain devant régner désormais par la volonté nationale, le titre de roi de France fut remplacé par celui de « roi des *Français...* »

« La bourgeoisie seule tirait donc profit de la Révolution de 1830 : c'est sur elle que s'appuya Louis-Philippe pris entre l'hostilité des masses populaires, déçues dans leurs espérances, et l'hostilité de la *noblesse* restée presque tout entière fidèle à la famille des *Bourbons...* »

« Jusqu'à 1835, le gouvernement fut occupé surtout à lutter contre les partis *insurrectionnels, légitimes* et républicains. Les légitimistes étaient les partisans des *Bourbons.* Ils reconnaissaient comme roi *légitime* le duc de Bordeaux en faveur duquel avait abdiqué son grand-père Charles X. Ils organisèrent quel-

1. L.S.E.O.A. 2. Latin : *dexter :* qui est à droite. D.L.L.B. 3. Hugues Capet : le surnom de Capet, donné au roi de France, est traduit en latin, dans les anciennes chroniques, par le mot *capatus,* ce qui montre que Hugues fut ainsi surnommé d'une *cape* qu'il portait d'ordinaire. Avec le temps, ce surnom fut appliqué comme nom patronymique, à tous les princes de la troisième race des rois de France... Il n'est pas hors de propos de remarquer que c'est aux écrivains *ultra-royalistes* qu'est due la résurrection du vieux nom de Capet. D.L.7.V.

ques conspirations ridicules qui furent réprimées facilement[1]. »

« Habitants de Paris, les députés de la France, en ce moment réunis à Paris, m'ont exprimé le désir que je me rendisse dans cette capitale, pour y exercer les fonctions de lieutenant général du royaume... En rentrant dans la ville de Paris, *je portais avec orgueil les couleurs glorieuses* que vous avez reprises, et que j'avais moi-même longtemps portées. Les Chambres vont se réunir, et aviseront aux moyens d'assurer le règne des lois et le maintien des droits de la nation[2]. »

« Le Prince fut reçu à l'Hôtel de Ville par le général Dubourg, qui lui adressa ces mots : « Prince, la nation vous voit avec amour *paré de ses couleurs*[3]... »

L'assassinat du dernier des Condé 26 août 1830 Le Second Empire remplacé par la IIIe République Le château de Saint-Leu

I, 39.

De nuict dans lict supresme[4] estranglé,
Pour trop avoir seiourné blond esleu,
Par trois l'Empire subroge[5] exancle[6].
A mort mettra carte, et paquet[7] ne leu.

Traduction :

De nuit dans son lit le dernier (Condé) sera étranglé pour avoir trop vécu avec une blonde élue (de son cœur). L'Empire épuisé sera remplacé par la Troisième (République). Il sera mis à mort à cause de son testament, et avec des linges à (Saint)-Leu.

L'histoire :

« Louis-Henri-Joseph, duc de Bourbon, prince de Condé, le *dernier* des Condé, né en 1756, mort en 1830. Confiné dans sa petite cour de Saint-*Leu,* il faisait de la chasse son unique occupation. Lors de la révolution de 1830, il reconnut sans difficulté son neveu comme roi des Français. Le faible vieillard était alors entièrement *dominé par une Anglaise,* Sophie Dawes, née Clarke, dont le passé était assez équivoque, et qu'il avait mariée à un gentilhomme de sa maison, le Baron de Feuchères, loyal soldat, dont la bonne foi trompée servit à couvrir pendant

1. H.F.A.M. **2.** Proclamation du duc d'Orléans le 1er août 1830. H.F.A. **3.** H.F.A. **4.** Dernier. D.L.7.V. **5.** Latin : *subrogo :* je substitue. D.L.L.B. **6.** Latin : *exantlo :* j'épuise. D.L.L.B. **7.** Réunion de plusieurs choses attachées ou enveloppées ensemble. Paquet de linge, de hardes. D.L.7.V.

quelque temps le scandale d'amours adultères. Sous son influence, le prince se décida à rédiger *un testament* par lequel il instituait le duc d'Aumale son légataire universel et assurait à la baronne, soit en terre, soit en argent, un legs d'environ 10 millions. Le 16 août 1830, le prince *se coucha* comme à l'ordinaire, au château de Saint-*Leu*. On le trouva pendu ou plutôt accroché à l'espagnolette de la fenêtre, par *deux mouchoirs passés l'un dans l'autre*. Cette circonstance semblait écarter l'hypothèse du suicide[1]. »

« On le trouva pendu dans son appartement. On prétendit alors, mais sans preuve, qu'il avait été *étranglé* par sa maîtresse, Madame de Feuchères. Avec lui s'éteignit la famille des Condé[2]. »

La révolte de la rue Saint-Merri
5 et 6 juin 1832
Les Bourbons évincés par le duc d'Orléans

VIII, 42.

Par avarice[3], par force et violence
Viendra vexer[4] les siens chef[5] d'Orléans
Près Sainct-Memire[6] assault et résistance,
Mort dans sa tente[7] diront qu'il dort léans.

Traduction :

Par convoitise, par force et par violence, le duc d'Orléans lèsera les siens. Après il y aura un assaut et de la résistance rue Saint-Merri; ayant abandonné une partie (du pouvoir) on dira que le roi dort.

L'histoire :

« A l'intérieur le président du conseil suivait avec la même *énergie* la ligne de conduite qu'il s'était tracée. Les légitimistes agitaient les départements de l'Ouest : des colonnes mobiles y étouffèrent la *révolte*. Après une affreuse *mêlée* les ouvriers de Lyon furent désarmés. Grenoble à son tour fut *ensanglantée*. A Paris éclatèrent les complots dits des Tours Notre-Dame et de la rue des Prouvaires. Tel fut le ministère Casimir Perier : une lutte énergique, dans laquelle sa forte volonté ne recula, pour la cause de l'ordre, devant aucun obstacle. Collègues, Chambres, le roi même, il maîtrisait tout[8]. »

« La rue *Saint-Merri* est célèbre dans l'histoire des révolutions parisiennes par *le combat* qui s'y livra, les 5 et 6 juin

1. D.L.7.V. **2.** D.H.B. **3.** Latin : *avaritia :* vif désir, convoitise. D.L.L.B. **4.** Latin : *vexare :* ébranler, secouer, léser. D.L.L.B. **5.** Latin : *dux* : chef. (a donné le mot duc). D.L.L.B. **6.** Il faut supposer ici une faute d'imprimerie, le mot memire n'existant pas. **7.** Se retirer sous sa tente signifie se mettre à l'écart, abandonner par dépit une partie, une cause. D.L.7.V. **8.** H.F.V.D.

1832, à la suite des funérailles du général Lamarque. Le chef des insurgés se nommait Jeanne; c'était un décoré de Juillet. La *résistance* dura deux jours, derrière des barricades improvisées, et fit beaucoup de victimes[1]. »

« Un mois après (22 juillet 1832), la mort du fils de Napoléon, le duc de Reichstadt, débarrassa d'un concurrent redoutable la dynastie *d'Orléans.* Un autre prétendant perdait aussi sa cause. *La duchesse de Berry*[2] était venue allumer dans l'Ouest la guerre civile au nom de *son fils Henri V.* Le pays, sillonné de troupes, fut promptement pacifié, et la duchesse, découverte à Nantes le 7 novembre, fut enfermée à Blaye[3]. »

Les révolutions de 1830 et 1848
Abdications de Charles X et Louis-Philippe

I, 54.

Deux révolts faits du malin falcigère[4]
De règne et siècles fait permutation[5]
Le mobil[6] signe[7] à son endroit s'ingère
Aux deux esgaux et d'inclination[8].

Traduction :

Deux révolutions, menées par l'esprit du mal qui porte la mort, changeront complètement le pouvoir et ses lois séculaires : le rouge mobile du drapeau s'installera à droite (du drapeau) et amènera l'affaiblissement de deux (rois) de la même façon.

L'histoire :

« Les prédications de Robert Owen, en Angleterre, de Fourier, en France, donnèrent naissance à de dangereuses utopies qui, après avoir cheminé sourdement au-dessous de la société officielle, éclateront (1830-1848) en une épouvantable *guerre civile...* Ainsi se montraient déjà les hommes qui, faisant le procès de la société tout entière, à ses lois, à sa religion, se proposaient de *tout renverser...* »

1) Charles X et la révolution de 1830 :

« Le 26 juillet 1830 parurent des ordonnances qui supprimaient la liberté de la presse, annulaient les dernières élections et créaient un nouveau système électoral. C'était un coup d'Etat contre les libertés publiques et contre la Charte qui avait été la condition du retour des Bourbons sur le trône de *leurs pères.* Paris répondit à la provocation de la cour par les *trois journées*

1. D.L.7.V. **2.** Epouse du 2e fils du Comte d'Artois, Charles X. D.H.B. **3.** H.F.V.D. **4.** Latin : *falciger :* qui porte une faux. D.L.L.B. Symbole de la mort. **5.** Latin : *permutatio :* changement complet, vicissitude, révolution. D.L.L.B. **6.** Latin : *mobilis :* qu'on peut déplacer. D.L.L.B. **7.** Latin : *signum :* drapeau rouge déployé au moment de l'attaque. D.L.L.B. **8.** Latin : *inclino :* je baisse, je fais plier, je faiblis. D.L.L.B.

des 27, 28 et 29 juillet 1830... Charles X fut vaincu. Lorsqu'*il abdiqua en faveur de son petit-fils* le duc de Bordeaux, on lui répondit par le mot *des révolutions :* il est trop tard... Six mille hommes étaient tombés, *morts* ou blessés... En reprenant *le drapeau de 1789,* la France semblait aussi reprendre possession des libertés que la Révolution avait promises sans les avoir encore données[1]. »

2) Louis-Philippe et la révolution de 1848 :

« Vive discussion à la chambre des députés touchant le droit de réunion. Organisation du banquet du 12e arrondissement par quatre-vingt-douze membres de l'opposition pour le 22 février 1848. Les députés se désistent le 21. Vote d'accusation contre le ministère présenté par l'opposition (mardi 22 février) commencement des troubles; nouvelle *révolution de trois jours. Abdication du roi en faveur de son petit-fils.* La proposition de la régence de la duchesse d'Orléans, faite dans une séance orageuse de la chambre des députés, n'empêche pas *la chute de la dynastie,* le 24. *Combat sanglant* devant le Palais-Royal[2]. »

La branche cadette au pouvoir – 1830
Les émeutes du 23 février
et la chute de Louis-Philippe – 24 février 1848

IV, 64.

Le deffaillant[3] en habit de bourgeois,
Viendra tenter[4] le Roy de son offense :
Quinze soldats la plupart Ustagois[5],
Vie dernière et chef de sa chevance[6].

Traduction :

Le représentant de la branche cadette, habillé en bourgeois, viendra occuper le règne par son offense, quinze soldats, la plupart de la garde nationale, feront qu'il vivra pour la dernière fois en chef bourgeois.

L'histoire :

« La Fayette avait dit en montrant le duc d'Orléans au peuple, à l'Hôtel de Ville : " Voilà la meilleure des républiques. " Les vertus privées du prince, sa belle famille, ses anciennes relations avec les chefs du parti libéral, les souvenirs soigneusement ravivés de Jemmapes et de Valmy, *ses habitudes bourgeoises,* tout encourageait les espérances... Louis-Philippe d'Orléans, chef de la *branche cadette* de la maison des Bourbons,

1. H.F.V.D. **2.** C.U.C.D. **3.** Qui manque, qui a cessé : à la place de la branche aînée *défaillante*, la branche cadette occupa le trône. D.L.7.V. **4.** Latin : *teneo :* je tiens, je possède, j'occupe, je maîtrise. D.L.L.B. **5.** Droit seigneurial payé pour le domicile. D.L.7.V. **6.** Biens, fortune, ce que l'on possède ou ce que l'on acquiert. D.L.7.V.

fut proclamé roi le 9 août... Suppression de l'article qui reconnaissait la religion catholique comme religion de l'Etat et de toutes les pairies créées par *Charles X*[1]. »

« Une loi instituait une garde nationale chargée de " défendre la royauté constitutionnelle ". Comme on imposait au garde national l'obligation de *s'équiper à ses frais,* la garde ne se composa que de *bourgeois* aisés. Ce régime ne favorisait que *la bourgeoisie.* »

« Dans la nuit du 22 au 23 février 1848, on commença à dresser des barricades. Le lendemain 23, l'attitude des *gardes nationaux* qui, place des Victoires, empêchèrent les cuirassiers de charger les manifestants effraya Louis-Philippe et le décida à se séparer de Guizot. Mais le soir même du 23 février, un incident sanglant provoquait la reprise de la lutte : comme une bande de manifestants arrivait boulevard des Capucines, un coup de feu fut tiré sur la troupe. Celle-ci riposta par une décharge à bout portant qui jeta par terre *quinze* morts et une cinquantaine de blessés. Le jeudi matin 24, Paris était hérissé de barricades et l'on criait partout : Vive la République. »

Mort par accident du fils aîné de Louis-Philippe – 13 juillet 1842

VII, 38.

L'aisné Royal sur coursier[2] voltigeant,
Picquer[3] viendra si rudement courir :
Gueule lipée[4], pied dans l'estrein pleignant[5]
Trainé tiré, horriblement mourir.

Traduction :

Le fils aîné du roi sur cheval s'emballant tombera si rudement la tête la première dans sa course, la gueule du cheval ayant été blessée à la lèvre, le pied pris, gémissant, traîné et tiré il mourra horriblement.

L'histoire :

« Ferdinand-Philippe-Louis-Charles-Henri-Rose d'Orléans, fils *aîné* de Louis-Philippe et de Marie-Aurélie de Bourbon-Sicile, né à Palerme le 3 septembre 1810, au mois de juillet 1842 sur le point de partir pour inspecter les régiments de Saint-Omer, il allait à Neuilly faire ses adieux à son père; *ses chevaux s'emportèrent* sur le chemin de la Révolte, il sauta de voiture et, *retombant sur le sol, s'y brisa la tête*[6]. »

1. H.F.V.D. **2.** Nom poétique du cheval de luxe, de bataille ou de tournoi. D.L.7.V. **3.** Piquer une tête : par extension : tomber la tête la première. D.L.7.V. **4.** Lippe : lèvre. D.A.F.L. **5.** Faire des plaintes, pousser des gémissements. D.L.7.V. **6.** D.H.C.D.

Les sept ans de conquête de l'Algérie – 1840-1847
La révolution de février 1848

IX, 89.

Sept ans sera PHILIP. fortune[1] prospère,
Rabaissera des BARBARES[2] l'effort :
Puis son midy perplex, rebours[3] affaire,
Jeune ogmion[4] abysmera son fort.

Traduction :

La chance sourira à Louis-Philippe pendant sept ans, il rabaissera les forces des barbaresques (Algérie) puis sera dans la perplexité à midi, à cause d'une affaire de (cheval) rebours, un jeune éloquent entraînera sa déchéance.

L'histoire :

« La population de l'Algérie était formée d'Arabes et de *Berbères*... Depuis le XVIe siècle, les pirates algériens étaient en Méditerranée la terreur des navires marchands. La chute de Charles X faillit coûter l'Algérie à la France. Louis-Philippe songeait si peu à la conquête qu'il rappela d'Alger toutes les troupes, moins une division de 8 000 hommes. On entendait se borner à une occupation restreinte.... Ce furent les indigènes qui imposèrent à la France la conquête. Par leurs attaques sans cesse renouvelées, ils la contraignirent à passer ainsi de l'occupation restreinte à l'occupation étendue, puis finalement, *à partir de 1840*, après dix ans d'hésitation, à la conquête totale... A la fin de 1847, traqué par dix-huit colonnes mobiles, expulsé du Maroc où il avait une seconde fois cherché asile, Abd el-Kader se rendit (23 décembre 1847). Sa soumission marquait la fin de la grande guerre et de la conquête... Bien que l'initiative en revienne à Charles X, la conquête de l'Algérie reste le principal *titre de gloire* de la monarchie de juillet. »

« La campagne des banquets aboutit, par surprise, à la révolution de février 1848... Louis-Philippe, *déconcerté* et hésitant, décida de retirer les troupes. A *midi*, le roi se résigna à abdiquer. Son fils aîné, le duc d'Orléans, prince très populaire, s'était tué à Neuilly, en voulant *sauter de voiture*. Louis-Philippe abdiqua donc en faveur de son petit-fils, le Comte de Paris, un enfant de dix ans... Les insurgés envahirent la Chambre en criant : la déchéance! Sur la proposition de Ledru-Rollin et de *Lamartine*, un gouvernement provisoire fut constitué d'acclamation... La République démocratique succédait à la monarchie bourgeoise de Louis-Philippe... Devant le perron de

1. Latin : *fortuna :* sort, destin, chance. D.L.L.B. **2.** Barbarie, états barbaresques, région de l'Afrique septentrionale qui comprend les états de Tripoli, de Tunis d'*Alger*, de Maroc... D.H.B. **3.** Manège : cheval rebours : celui qui s'arrête, recule ou *rue*, en dépit des menaces et des coups. D.L.7.V. **4.** Dieu de l'*éloquence* et de la poésie chez les Gaulois. D.H.B.

l'Hôtel de Ville, *Lamartine*, monté sur une chaise, prononça le discours où il opposa *éloquemment* le drapeau tricolore qui a fait le tour du monde au drapeau rouge qui n'a jamais fait que le tour du Champ de Mars[1]. »

L'accession au pouvoir de Napoléon III
L'Empire remplacé par la IIIe République

III, 28.

De terre faible et pauvre parentele[2]
Par bout et paix parviendra dans l'Empire
Longtemps regner une jeune femelle[3]
Qu'oncques en regne n'en survint un si pire.

Traduction :

Originaire d'une terre faible (la Corse) et de parenté pauvre, (le pays) étant à bout et désireux de paix, il parviendra à l'Empire. Il fera régner ensuite une jeune république. Jamais n'arriva au pouvoir un personnage si désastreux.

L'histoire :

« Un sénatus-consulte proposa au peuple le rétablissement de la dignité impériale dans la personne de Louis Napoléon Bonaparte, avec *hérédité* dans sa descendance directe, légitime ou adoptive... Napoléon III, avant d'être couronné, avait dit : L'empire, c'est la *paix !* Formule heureuse si elle avait pu être appliquée[4]. »

« De même que les bourgeois, les paysans voulurent un gouvernement qui assurât le respect de la propriété et la tranquillité intérieure. Le Second Empire devait sortir de cet état d'esprit. »

« En vertu des pouvoirs que lui avait conférés le plébiscite Louis Napoléon rédigea une Constitution, sur le modèle de la *Constitution de l'an VIII.* Elle fut promulguée le 14 janvier 1852[1]. »

« Pour la première fois, depuis quatre siècles, *la France recula.* En 1815, elle avait du moins à peu près gardé les frontières que lui avait données sa vieille monarchie. Par le traité de Francfort, le 10 mai 1871, elle perdait l'Alsace-Lorraine[4]. »

1. H.F.A.M. **2.** Ensemble de tous les parents; parenté. D.L.7.V. **3.** Allusion à Marianne, symbole de la République. **4.** H.F.V.D.

L'attentat d'Orsini – 14 janvier 1858

V. 10.

Un chef Celtique dans les conflict blessé
Auprès de cave[1] voyant siens mort abbattre :
De sang et playes et d'ennemis pressé.
Et secourus par incogneux de quatre.

Traduction :

Un chef français blessé dans le conflit, voyant la mort accabler les siens près du théâtre, pressé par ses ennemis au milieu du sang et des blessés, il sera secouru par la foule (échappant) aux quatre (bombes).

L'histoire :

« Le jeudi 14 janvier 1858, l'Empereur et l'Impératrice doivent assister, à *l'Opéra*, à la représentation de retraite du baryton Massol... A huit heures et demie, le landau des souverains arrive rue Le Pelletier. Retentissent alors trois violentes explosions... Les cris de terreur se mêlent aux plaintes d'agonie des lanciers, des agents, des curieux, couchés sur le sol... Napoléon sort de la voiture, son chapeau troué, une *écorchure* au nez... L'Impératrice saute à terre, robe blanche et manteau éclaboussés de *sang*... *Les blessés*, il y en a cent cinquante-six, dont huit ne survivront pas.

Orsini réunit de médiocres acolytes, Simon Bernard, chirurgien dévoyé qui lui fournit l'explosif, Pieri, escroc à chevrons, et deux fils de famille, Gomez et Rudio... Le 14 janvier, leurs préparatifs sont achevés. Sur les *quatre* bombes qu'ils portent, trois sont lancées[2]. »

Tentative d'assassinat de Napoléon III
Le congrès de Paris – 25 février 1856

IV, 73.

Le nepveu grand par force prouvera
Le pache[3] fait du cœur pusillanime[4]
Ferrare[5] et Ast[6] le Duc[7] esprouvera,
Par lors qu'au soir sera la pantomime[8].

Traduction :

Le grand neveu prouvera sa force, par une paix conclue avec

1. Latin : *cavea :* partie d'un théâtre ou d'un amphithéâtre où étaient assis les spectateurs. Par extension : théâtre D.L.L.B. 2. L.S.E.O.A. 3. Latin : *pax, pacis :* paix. D.L.L.B. 4. Se dit d'une personne, d'une prudence, d'une timidité tellement grandes qu'elles confinent à la lâcheté. D.L.7.V. 5. Ville des Marches. 6. Asti : Ville du Piémont. 7. Guide, prince, souverain. D.L.L.B. 8. Représentation théâtrale. D.L.7.V.

trop de prudence, celui qui viendra du Piémont et des Marches éprouvera le souverain lorsque le soir se jouera la pièce de théâtre.

L'histoire :

« *La paix* sera réglée par un Congrès réuni à Paris. La réunion s'ouvre le 25 février 1856... Le 30 mars la plume d'un aigle du Jardin des Plantes sert à signer le traité de paix. Cette paix, qui termine enfin une entreprise hasardeuse, règle moins la question d'Orient qu'elle ne l'assoupit... Quoi qu'on en ait dit, la France tire de ce traité un important avantage. *La valeur de ses soldats* l'a replacée à la tête des nations... En outre, *la situation personnelle de Napoléon III y a gagné un relief* que, depuis la chute de l'Empire, aucun souverain français n'avait pu reconquérir... Réuni pour terminer une guerre, *le Congrès de Paris en a préparé une autre.* Pour éclater, il ne lui faudra que trois ans. »

« Le jeudi 14 janvier 1858, l'Empereur et l'Impératrice doivent assister, à l'Opéra, à la représentation de retraite du baryton Massol. Le spectacle commence par le deuxième acte de Guillaume Tell. A huit heures et demie, précédé par un peloton de lanciers, le landau des souverains arrive rue Le Pelletier. Au moment où la voiture tourne pour se ranger devant le péristyle, retentissent, presque sans intervalle, trois violentes explosions. »

« Felice Orsini conspire lui-même, depuis l'enfance, pour l'affranchissement de son pays. Il soulève *les Marches* contre les Autrichiens. Il en vient à recruter des complices pour assassiner Napoléon III... Tandis qu'on instruit son procès, l'Empire traverse une double crise, intérieure et extérieure, dont on a mal encore mesuré la gravité... Recevant aux Tuileries, le 16 janvier, les grands corps de l'Etat venus pour le féliciter d'avoir échappé aux bombes, il écoute, pâle et sévère, les harangues des présidents du Sénat et du Corps législatif... Morny, sortant de ses formes courtoises, tient un langage indigné : " Les populations se demandent comment des gouvernements voisins et amis sont impuissants à détruire de vrais laboratoires d'assassins. " Coup droit porté à la Belgique, *au Piémont,* surtout à l'Angleterre, qui offre refuge à tous les bannis et les laisse librement, chez elle, ourdir leurs trames[1]. »

1. L.S.E.O.A.

Napoléon III près de Buffalore – 3 juin 1859
Entrée de Napoléon III et de Victor-Emmanuel dans Milan – 6 juin 1859
Armistice de Villafranca – 9 juillet 1859
L'éclatement de la Sainte-Alliance (Russie, Autriche, Prusse, France, Angleterre)

VIII, 12.

Apparoistra auprès de Buffalore,
L'hault[1] et procere[2] entré dedans Milan,
L'Abbé[3] de Foix[4] avec ceux de Sainct Morre[5],
Feront la forbe[6] habillez en vilain[7].

Traduction :

L'Empereur apparaîtra près de Buffalore, le noble et premier personnage (le roi d'Italie) fera son entrée dans Milan, mais le propriétaire de Phoebus[8] (Napoléon III) et ceux de la Sainte-Alliance feront une tromperie honteuse.

L'histoire :

« La Sainte-Alliance : le tsar Alexandre, l'empereur d'Autriche et le roi de Prusse signèrent ce pacte les premiers le 26 septembre 1815... Louis XVIII et le prince régent d'Angleterre donnèrent leur adhésion au traité[9]. »

« Napoléon, établi dans une auberge à San Martino, attend pour commencer la bataille que Mac-Mahon atteigne Magenta. Midi sonné, il entend le canon du général *vers Buffalora*[10]. »

« La bataille de Magenta ayant ouvert aux alliés toute la Lombardie, l'armée française *entre dans Milan* acclamée et fêtée. L'Empereur Napoléon III et le roi Victor-Emmanuel s'avancent *à cheval* en tête des troupes victorieuses[9]. »

« Les Autrichiens ont poursuivi leur retraite derrière l'Adige... La Prusse accélère sa mobilisation. Le tsar Alexandre a envoyé à l'Impératrice son aide de camp pour lui dire : Hâtez-vous de faire la paix, sinon vous allez être attaqués sur le Rhin. Pour l'Angleterre, on ne saurait compter sur son intervention en cas de conflit avec la Prusse... Déçu l'Empereur se résout à s'adresser directement à son adversaire François-Joseph. Il va *trahir* Cavour... Napoléon III se porte, en avant de Villafranca, à la rencontre du jeune empereur... Quand Napoléon, ayant passé par *Milan*, traverse à son tour la capitale piémontaise, il

1. Latin : *altus* : noble, élevé. D.L.L.B. **2.** Latin : *proceres* : les premiers citoyens (par la naissance et le rang). D.L.L.B. **3.** Latin : *abbas*, dérivé du syriaque abba, père. D.L.7.V. **4.** Gaston III, comte de Foix fut surnommé *Phoebus*... le surnom de Phoebus a été, après Gaston III, porté par quelques autres membres de la famille. D.L.7.V. **5.** Latin : *mos, moris* : loi, règle. Pacis impossere morem : décider de la paix. Virgile. D.L.L.B. **6.** Tromperie : D.A.F.L. **7.** Synonyme : laid, honteux, chiche. D.L.7.V. **8.** « Monté sur son alezan *Phoebus*, Napoléon III... » L.S.E.O.A. **9.** H.F.A.M. **10.** L.S.E.O.A.

est accueilli par une dramatique froideur. L'Italie ne lui pardonnera jamais d'avoir *trompé* son espérance... Rentré en France, il y trouve une opinion surprise et tendue. Après les victoires dont on a fait tant de bruit, l'abandon de Venise rend le son d'une *reculade*[1]. »

L'annexion des Etats pontificaux – 1870
Victor-Emmanuel et Clotilde de Savoie.
Les Français à Turin et Novare – 1859

I, 6.

L'œil[2] de Ravenne[3] sera destitué
Quand à ses pieds les aisles failliront :
Les deux de Bresse[4] auront constitué[5],
Turin, Versel[6] que Gaulois fouleront.

Traduction :

Le pouvoir temporel du pape sera destitué quand les ailes (de l'aigle, Napoléon III) chuteront à ses pieds, que les deux de Savoie (Victor-Emmanuel II et sa fille Clotilde de Savoie) auront donné une constitution (à l'Italie) et que les Français auront foulé le sol de Turin et de la Novare.

L'histoire :

« Victor-Emmanuel II défendit énergiquement contre l'Église les droits de l'État, et resserra son intimité avec le gouvernement impérial français par le mariage de sa fille Clotilde de Savoie (les deux de Bresse) avec le prince Napoléon, soutenue par la France dans la guerre contre l'Autriche; il dut à cette alliance d'abord la Lombardie (juin 1859), puis la Toscane, Parme, Modène et les Romagnes qui s'offrirent à lui. Les populations du royaume de Naples et des *Etats pontificaux*, consultés par voie de suffrage universel, se donnèrent à lui et il devint roi d'Italie (auront constitué), avec Florence pour capitale. En septembre 1870, il entra dans Rome qui devint capitale du royaume d'Italie[7]. »

« Le feld-maréchal autrichien Giulay franchit le Tessin le 19 avril, et marche sur *Turin*, à l'allure de six kilomètres par jour. A deux étapes de la capitale piémontaise, il s'arrête, pour

1. L.S.E.O.A. **2.** Nostradamus utilise régulièrement le mot œil ou yeux dans le sens de pouvoir. **3.** Pépin le Bref franchit les Alpes et attaqua les Lombards, peuple germanique qui s'était établi dans la vallée du Pô. Pépin enleva aux Lombards le territoire qu'on appelait l'exarquat de Ravenne, et en fit don au pape. Ce fut le premier noyau de ce qu'on appela plus tard les Etats de l'Eglise, disparus seulement en 1870. H.F.A.M. **4.** La Bresse se divisa en petites seigneuries, dont la principale fut celle de Baugé, portée en 1292 dans la maison de Savoie. D.H.B. **5.** Donner une constitution, une organisation. D.L.7.V. **6.** Verceil : ville forte de la haute Italie, dans les anciens états sardes (Novare). D.H.B. **7.** D.H.B.

bientôt rétrograder sur Mortara. Chance admirable pour Napoléon. Cette faute permet à l'armée française, passée par Suse et par Gênes, de se concentrer à Alexandrie où les Piémontais viennent la rejoindre... Le soir du 3 juin, *les Français cantonnent* sur un triangle trop étiré, de Turbigo à Trécate et à *Novare*. Ils ne savent où sont les Autrichiens. Au jour seulement l'état-major assure qu'ils bivouaquent autour de Magenta[1]. »

La tour de Solférino – 24 juin 1859
Rattachement de la Savoie à la France
Traité de Turin 1860
Le principe des nationalités

V, 42.

Mars eslevé à son plus haut beffroy[2],
Fera retraire[3] les Allobrox[4] de France :
La gent Lombarde fera si grand effroy,
A ceux de l'Aigle compris[5] sous la Balance[6].

Traduction :

La guerre atteindra son point culminant à la Tour (de Solférino) et forcera la Savoie à revenir à la France. La Lombardie sera fort effrayée par ceux de l'Empereur et prise sous prétexte de droit.

L'histoire :

« La capitale *lombarde*, où les vieux se rappellent encore l'éblouissant passage de Bonaparte, se couvre de drapeaux français et italiens... Du clocher de l'église de Castiglione, la lorgnette aux yeux, Napoléon cherche à les nouer. Afin de couper en deux l'adversaire, il prescrit de porter l'effort au centre. Sur la *Tour* de Solférino, la fameuse Spia[7] d'Italie qui se dresse, carrée et rouge, *au sommet* d'un massif rocheux. *Très dure*, pendant des heures, la lutte se prolonge... Au centre après des *engagements acharnés, les hauteurs* abruptes de Solférino sont prises, le cimetière et la *Spia*... »

« *Plus encore* qu'à Montebello et à Magenta, *l'horreur du charnier* apparaît à Napoléon, le lendemain, tandis qu'il visite les environs de Solférino[8]. »

« Après de nombreuses vicissitudes, la Savoie a été cédée à la France en 1860 par le roi de Sardaigne, et cette cession a été

1. L.S.E.O.A. **2.** Du haut allemand : *beevrit :* tour de défense. Tour de ville dans laquelle on plaçait des gardes pour surveiller la campagne. D.L.7.V. **3.** Latin : *retraho :* je force à revenir. D.L.L.B. **4.** Leur nom a reparu au temps de la Révolution, avec les départements allobroges pour savoisiens. D.L.7.V. **5.** Latin : *comprehendo :* je prends. D.L.L.B. **6.** Politique : équilibre des États, relativement à la distribution des territoires et des alliances. D.L.7.V. **7.** Solférino : ruines d'un vieux château avec une *tour* appelée Spia d'Italie. D.L.7.V. **8.** L.S.E.O.A aussitôt confirmée par *le suffrage universel* des habitants[1]. »

« Paraît dans la capitale française un opuscule anonyme dû à la plate plume du conseiller d'Etat La Guéronnière, que l'Empereur a amendé de sa main. Cette brochure intitulée *Napoléon III et l'Italie* expose hardiment ses vues et ses intentions... Elle célèbre *la théorie des nationalités* et s'achève sur le souhait d'une Italie fédérée, d'où toute influence étrangère serait bannie. »

Victor-Emmanuel II, roi d'Italie – 1860
Florence capitale

V, 39.

Du vray rameau[2] des fleurs de lys yssu,
Mis et logé héritier d'Hetrurie[3] :
Son sang antique de longue main tyssu[4]
Fera Florence florir en l'armoirie.

Traduction :

Né du véritable rameau des fleurs de lys, ayant été placé et logé en Etrurie, son sang antique tissé de longue main fera fleurir ses armoiries à Florence.

L'histoire :

« Victor-Emmanuel II, roi d'Italie (1820-1878), descendait, en ligne directe, de Charles-Emmanuel II (1634-1675), duc de Savoie et Piémont qui avait pour mère Christine de France, fille d'Henri IV, et du fils de ce dernier : Thomas-François qui épousa Marie de *Bourbon,* fille de Charles, comte de Soissons[5]. »

« Le père de Victor-Emmanuel II, Charles-Albert (1789-1849), fut forcé de se retirer devant l'intervention autrichienne le 21 mars 1821. Exilé en *Toscane* il resta longtemps en disgrâce. Appelé au trône en 1831, faute *d'héritier* direct, il opéra d'utiles réformes. Il s'était marié en 1817 avec Marie-Thérèse de Toscane[1]. »

« Victor-Emmanuel II, soutenu par la France dans la guerre contre l'Autriche, il dut à cette alliance d'abord la Lombardie (juin 1859), puis la *Toscane,* Parme, Modène et les Romagnes qui s'offrirent à lui. Les populations du royaume de Naples et les Etats pontificaux (moins la ville de Rome) consultés par voie du suffrage universel se donnèrent à lui et il devint *roi d'Italie,* avec *Florence pour capitale*... Il a joui durant tout son règne d'une grande popularité; et, comme souverain, il est toujours resté fidèle aux règles du gouvernement parlementaire, établi en Piémont sous le règne de Charles-Albert[1]. »

1. D.H.B. **2.** Les Bourbons dont les armes sont trois fleurs de lis. **3.** Toscane : Tuscia et Etruria chez les anciens. D.H.B. **4.** Participe passé du verbe tistre : tisser. D.L.7.V. **5.** C.U.C.D.

Victor-Emmanuel II et Cavour
L'unité italienne – 1859-1861
Victor-Emmanuel II à Florence, capitale

V, 3.

Le successeur de la Duché viendra,
Beaucoup plus oultre que la mer de Toscane,
Gauloise branche la Florence tiendra[1]
Dans son giron d'accord nautique Rane[2].

Traduction :

Le successeur du duché de Toscane viendra occuper beaucoup plus que les rivages toscans. Une branche française s'installera à Florence avec l'accord de celui que l'Angleterre aura eu dans son giron.

L'histoire :

« Au lieu de se retirer dans ses frontières et de renoncer à toute ambition, Victor-Emmanuel II, qui *succédait* à Charles-Albert vaincu, commença à préparer le retour des troupes piémontaises dans la plaine de Lombardie...

« A côté de Victor-Emmanuel, il y avait dès 1833 Camillo Cavour, un Piémontais qui avait longtemps séjourné à *Londres,* à Paris et à Genève... Londres, après un premier séjour à Paris en 1835, lui avait inspiré une grande admiration pour l'habileté dont les Anglais avaient fait preuve en affrontant les grands problèmes d'une société industrielle, pour leur bon sens, pour leur pragmatisme...

« En deux ans, de mars 1859 à juin 1861, un nouvel Etat (beaucoup plus outre que mer de Toscane) a surgi en Europe. Il s'étend sur 259320 km² et il a 24770000 citoyens[3]. »

Le pontificat exceptionnel de Pie IX – 1846-1878
L'annexion de Bologne
par Victor-Emmanuel II – 1859

VIII, 53.

Dedans Bologne voudra laver ses fautes
Il ne pourra au temple[4] du Soleil[5] :
Il volera[6] faisant choses si hautes,
En hiérarchie n'en fut onq un pareil.

1. En ce qui concerne l'origine française de Victor-Emmanuel II et Florence capitale, cf. V-39. **2.** Latin : *rana :* grenouille. D.L.L.B. Les grenouilles figurent tous les peuples de l'histoire. D.L.7.V. **3.** H.I.S.R. **4.** Poétique : l'Eglise catholique. D.L.7.V. **5.** Référence aux liens de parenté de Victor-Emmanuel II avec les Bourbons. Cf. V-39. **6.** Voler de ses propres ailes : agir par soi-même. D.L.7.V.

Traduction :

Il voudra laver ses fautes dans Bologne qu'il ne pourra garder à l'Eglise à cause du Bourbon (Victor-Emmanuel II). Il agira par lui-même pour faire des choses si importantes qu'il n'y eut jamais un tel pape dans la hiérarchie catholique.

L'histoire :

« En 1848, retentit le cri de guerre nationale contre l'Autriche : la Sardaigne, le Piémont, ainsi que les provinces occupées de Venise et de la Lombardie se soulevaient. Pie IX refusa de faire la guerre à l'Autriche et renia ainsi le mouvement populaire (ses fautes). Son ministre Pellegrino Rossi fut assassiné le 15 novembre 1848, on tira sur le Quirinal et la garde suisse fut désarmée... Le pape entreprit entre 1857 et 1863 des voyages à travers ses Etats (dont Bologne). Seule la présence du corps expéditionnaire français maintenait la souveraineté temporelle. En 1860, se déclenche le conflit avec le Piémont. Celui-ci commence par occuper le nord de l'Etat pontifical (Bologne). Le pape lança contre lui une excommunication solennelle, Antonelli protesta contre le titre de roi d'Italie que Victor-Emmanuel (le Soleil) avait adopté le 26 février 1861[1]. »

« En 1859, la ville et la province de Bologne se sont soustraites à l'autorité du pape et ont reconnu le roi de Sardaigne, Victor-Emmanuel.

« Pie IX *se réserva* (volera) les questions religieuses dont il s'occupe avec une grande activité. *Trois grands actes* marquent (choses si hautes), sous le rapport religieux, tout le pontificat de Pie IX : la définition de l'Immaculée Conception, en décembre 1854; la publication de l'Encyclique Quanta cura, en décembre 1864, avec l'annexe connue sous le nom de Syllabus. L'ouverture en 1869 au Vatican du premier concile œcuménique qui se soit tenu depuis celui de Trente (1545-1563), et où furent proclamées, le 18 juillet 1870, la pleine puissance du pape dans l'Eglise et l'infaillibilité de ses jugements solennels... Sa mort arrive le 10 février 1878, et la nouvelle de cette mort fut dans le monde entier l'objet de témoignages unanimes de respect et de vénération[2]. » (N'en fut onq un pareil.)

1. D.D.P. **2.** D.H.B.

La dépêche d'Ems – 13 juillet 1870
De Bazaine à Metz (18 août)
à la capitulation – 27 octobre 1870

X, 7.

Le grand conflit qu'on appreste à Nancy,
L'Aémathien[1] dira tout je soubmets :
L'Ile Britanne par vin, sel en solcy,
Hem.[2] mi.[3] deux Phi.[4] longtemps ne tiendra Metz.

Traduction :

La grande guerre qui se prépare en Lorraine fera dire au roi : je soumets tout, l'Angleterre ne se souciera que de son commerce; après l'envoi d'Ems, Metz ne résistera pas longtemps malgré deux fois cinq cent mille (soldats).

L'histoire :

« Le roi Guillaume était aux eaux à *Ems*... Grâce à de mutuelles concessions, tout en maintenant son refus pour l'avenir, le roi avait déclaré donner son approbation entière et sans réserve à la renonciation. Une fois encore la paix semblait assurée. Au même moment à Berlin, Bismarck *préparait* de sang-froid la catastrophe. Il reçut du roi un télégramme où celui-ci relatait les incidents du début de la journée jusqu'à *l'envoi* de l'aide de camp à Benedetti... Le texte mutilé par Bismarck fut aussitôt transmis aux représentants de la Prusse à l'étranger. Les calculs de Bismarck étaient justes. En Allemagne ce fut une explosion de fureur contre la France. Le 19 juillet la déclaration de guerre était officiellement notifiée à Berlin.

« Formant d'abord une armée unique sous le commandement de Napoléon III, les 200.000 hommes furent divisés en deux armées, l'armée d'Alsace (67.000 hommes) et l'armée *de Lorraine* (environ 130.000 hommes), sous la direction de Bazaine...

« La défaite de Froeschwiller entraîna la perte de l'Alsace. L'armée de Mac-Mahon, désorganisée, repassa les Vosges au col de Saverne et fit retraite sur *Nancy*. Le jour même de la bataille de Froeschwiller, la Ire armée allemande était entrée en *Lorraine* et avait battu à Forbach le corps du général Frossard.

1. Macédoine : se divisait en un assez grand nombre de provinces ou de pays : l'*Emathie*, berceau et centre de la monarchie dont le nom est quelquefois étendu à toute la Macédoine, la Mygdonie... les habitants étaient très braves et infatigables... Philippe II *reconquit les anciennes provinces* en ajouta de nouvelles et soumit la Grèce entière à sa domination... Alexandre réalisa ses projets, mais à sa mort son empire fut démembré. D.H.B. Nostradamus établit un parallèle entre l'histoire de la Macédoine et celle de l'Allemagne. **2.** Hems est l'ancienne Emesse. D.L.7.V. **3.** Raccourci du mot latin *missio :* action d'envoyer, envoi. D.L.L.B. **4.** Vingt et unième lettre de l'alphabet grec. Comme chiffre Phi vaut 500.000. D.G.F.

A la suite de ce double échec, Bazaine, nommé généralissime, ramena l'armée sur *Metz*...

« En dehors de l'armée de Bazaine bloquée dans *Metz*, il restait à la France 95.000 hommes de troupes régulières dispersées entre Paris et les départements... Le 19 septembre, les Allemands achevaient l'investissement de Paris. Pour défendre la place, Trochu disposait de plus de *500.000 hommes*... Dans les départements Gambetta improvisa des armées avec une rapidité tout à fait incroyable. En quelques mois il mit sur pied, arma, équipa, lança à la bataille *600.000 hommes*. Ces armées improvisées, comme l'armée de Paris, étaient de valeur médiocre. La plus grande partie des troupes allemandes étaient immobilisées devant Paris et *Metz*. La stupide et criminelle conduite de Bazaine leur enleva cette dernière chance de succès. Le 27 octobre, Bazaine livra Metz.

« Le 18 janvier 1871, à Versailles même, s'était achevée l'unité allemande. Les princes de l'Allemagne du Sud étaient entrés dans la Confédération qui reçut le titre d'*Empire* allemand.

« La France perdait l'Alsace moins Belfort, le nord de la Lorraine avec *Metz*[1]. »

« Le *commerce* extérieur *britannique* se place largement en tête de tous les autres : en *1872* il porte sur 547 millions de livres sterling, plus que les commerces français, allemand et italien réunis[2]... »

Le départ en ballon de Gambetta – 1870
Le siège de Paris. La capitulation

III, 50.

La république de la grande cité,
A grand rigueur[3] ne voudra consentir :
Roy[4] sortir hors par trompette[5] cité,
L'eschelle au mur, la cité repentir.

Traduction :

La république de Paris ne voudra pas consentir à l'austérité nécessaire; le chef du gouvernement sortira avec éclat de la ville qui sera assiégée et qui s'en repentira.

L'histoire :

« Un gouvernement de la défense nationale fut constitué : composé de onze députés de Paris parmi lesquels Gambetta...

1. H.F.A.M. **2.** H.R.U. **3.** Sévérité extrême, austérité, dureté. D.L.7.V. **4.** Latin : *rego :* je gouverne. D.L.L.B. Celui qui gouverne. **5.** Sonner de la trompette : faire quelque chose avec grand bruit, avec grand éclat, par allusion à la trompette que les anciens donnaient à la Renommée. D.L.7.V.

Le 19 septembre 1870 les Allemands achevaient *l'investissement de Paris.* Dès lors Paris fut le pivot de la défense nationale et tous les efforts tentés pendant près de cinq mois en province eurent pour but la levée du *blocus* de la capitale... Dans les départements, où il restait à peine 25.000 hommes, la résistance semblait impossible. Mais tandis que le gouvernement demeurait dans Paris, un de ses membres, Gambetta, *s'échappa en ballon,* et gagna Tours pour organiser la défense. Gambetta fut l'âme de la défense nationale...

« Paris était sous la double menace de la famine et de la révolution. Les partis révolutionnaires s'agitaient. Déjà le 31 octobre, les gardes nationaux de Belleville avaient tenté de renverser le gouvernement. Après Buzenval, une nouvelle tentative d'insurrection eut lieu le 22 janvier. Connue de Bismarck, elle le rendit intraitable quand, le lendemain 23, Jules Fabre vint à Versailles solliciter un armistice pour ravitailler Paris. Il imposa une véritable *capitulation,* le désarmement des troupes de ligne, l'occupation de tous les forts, une contribution de 200 millions. Le 28 janvier il fallut accepter ces conditions : *la chute de Paris* et l'armistice de Versailles marquaient la fin de la guerre [1]. »

Garibaldi, sa force, sa fin dans la misère

VII, 19.

Le fort Nicene[2] ne sera combattu,
Vaincu sera par rutilant metal :
Son faict sera un long temps débatu,
Aux citadins[3] estrange[4] espouvantal[5].

Traduction :

Le puissant vainqueur niçois ne sera pas combattu; il sera vaincu par l'argent. Ses actes feront longtemps l'objet de débats; cet étranger sèmera la terreur chez les bourgeois.

L'histoire :

« Europe du XIXe siècle, Europe des Révolutions. Le champ est libre pour le jeune *Niçois* Garibaldi, qui rêve d'aventures, de socialisme et de liberté... Garibaldi va se mêler des affaires de l'Europe... Sans transiger, il conduit sa politique, constitue son armée, mène ses campagnes, suit sa doctrine et impose sa présence sur la scène européenne. »

1. H.F.A.M. **2.** Nicéen : mythologie grecque : surnom de plusieurs divinités considérées comme les garants de la victoire. D.L.7.V. Nostradamus joue sur la double signification : vainqueur et né à Nice. **3.** On appela bourgeois, non tous les habitants d'un bourg, et par dérivation d'une ville, mais ceux d'entre eux qui étaient susceptibles de prendre part à la direction et à l'administration de la *cité.* D.L.7.V. **4.** Nice n'était pas française en 1804, à la naissance de Garibaldi, et ne le deviendra qu'en 1860 par le traité de Turin. **5.** Au figuré : objet qui inspire de vaines terreurs. D.L.7.V.

« Les députés conservateurs (bourgeois) continuèrent à s'acharner contre lui... C'était plutôt quelque chose de comparable à la haine des Versaillais pour les internationalistes venus se battre aux côtés des communards. Un composé de *peur et d'horreur* de la révolution, de la subversion et du socialisme qui se donna libre cours lors de la « semaine sanglante ».

« De toutes les puissances européennes aucune ne s'est levée pour défendre la France, qui, tant de fois, avait pris en main la cause de l'Europe (bravos à gauche). Pas un roi, pas un Etat, personne! Un seul homme excepté. (Sourires ironiques à droite, bravos à gauche). Les puissances ne sont pas intervenues, mais un homme est intervenu, et *cet homme est une puissance* (le fort Nicène). Et cet homme, qu'avait-il? son épée, qui avait déjà délivré un peuple et pouvait en sauver un autre. Il est venu, *il a combattu.* Je ne veux blesser personne mais je ne dis que la pure vérité en déclarant que *lui seul,* parmi tous les généraux qui ont lutté pour la France, *n'a jamais été vaincu.* » Cette envolée de Victor Hugo provoqua un tapage indescriptible. Debout sur leurs bancs, *les députés de la droite* montraient le poing à l'orateur.

« Les droits d'auteur de ses deux romans Clilia et Cantoni avaient été vite épuisés. Le héros en publia un troisième, en 1873, intitulé les Mille, mais qui n'obtint qu'un maigre succès. Il dut alors se résigner à vendre le yacht que lui avaient offert ses admirateurs anglais. Il en tira 80.000 lires, une coquette somme. Mais il confia l'argent à son vieux compagnon d'armes Antonio Bo, afin qu'il le mette en banque à Gênes. L'ami de cœur choisit de s'enfuir en Amérique avec *le petit pécule* (rutilant métal). Les journaux italiens eurent vent de ses soucis et publièrent des articles pathétiques : " Garibaldi est dans une misère noire "; " Italiens, aidons Garibaldi ! » Un envoyé spécial brossa un portrait du vieux condottiere qui, " Chaque matin, appuyé sur sa canne et parfois même sur ses béquilles, pousse péniblement une brouette chargée de melons dont il tirera au mieux 5 lires en tout[1] ". »

1. G.P. et M.R.

Garibaldi et l'expédition des Mille
La conquête de la Sicile et de Naples – 1860
Campagne de Naples
Cession de la Savoie à la France – 1860

VII, 31.

De Languedoc, et Guienne plus de dix
Mille voudront les Alpes repasser :
Grans Allobroges[1] marcher contre Brundis[2]
Aquin[3] et Bresse[4] les viendront recasser[5].

Traduction :

Avec plus de dix, venus du Languedoc et de Guyenne, les Mille voudront repasser en Italie. Le duc de Savoie marchera contre les occupants de l'Italie méridionale (Brindisi). Ils viendront récupérer la Savoie et Naples.

L'histoire :

« Victor-Emmanuel II, petit-fils de Victor-Amédée II, soutenu par la France dans la guerre contre l'Autriche, il dut à cette alliance d'abord la Lombardie (juin 1859), puis la Toscane, Parme, Modène et les Romagnes, qui s'offrirent à lui et qu'il put annexer à ses états en cédant à la France Nice et *la Savoie.* Après l'expédition de Garibaldi en Sicile et dans l'Italie méridionale (Aquin et Brindisi) (1860) qu'il encouragea d'abord en secret puis qu'il soutint ouvertement, les populations du royaume de *Naples* (Aquin) et les Etats pontificaux (moins la ville de Rome), consultés par la voie du suffrage universel, se donnèrent à lui (recasser), et il devint roi d'Italie[6]. »

« *Les Mille.* Depuis 1859, le royaume de *Naples* était agité. Les idées unitaires et libérales prenaient faveur, et leur propagation amena l'insurrection qui éclata à Palerme le 3 avril 1860. C'est l'occasion qu'attendait Garibaldi. La petite armée qu'il réunit à Gênes (les Alpes), le 5 mai 1860, se composait de *1 085* hommes. L'Italie tout entière y était représentée. Quelques étrangers vinrent s'y joindre, entre autres un Anglais, un jeune Russe et quelques *Français :* Ulric de Fontvielle[7], un étudiant,

1. Peuple de la Gaule Transalpine : la plus grande partie de la Savoie. D.H.B. Victor-Amédée II, d'abord duc de Savoie, reçut en 1713 le titre de roi de Sicile. D.H.B. 2. Brindisi : latin : *Brundisium*, ville d'Italie sur l'Adriatique. D.H.B. « Les contrées méridionales de la " botte " ainsi que la Sicile formaient le royaume de Naples ou des " deux Siciles " le plus vaste du point de vue territorial. Naples la capitale était la première ville de la péninsule. » G.P. et M.R. 3. Village du royaume de Naples. 4. La Bresse se divisa en petites seigneuries, dont la principale fut celle de Baugé, portée en 1292 dans la maison de *Savoie*. Elle fut cédée par Charles-Emmanuel Ier à Henri IV par le traité de Lyon en 1601. D.H.B. 5. Latin : *recedo, recessum :* je retourne, je récupère. D.L.L.B. 6. D.H.B. 7. Famille de Toulouse, capitale du *Languedoc*. D.L.7.V.

Burès, Cluseret[1], Durand, Maxime du Camp[2], Lockroy[3], Henri Fouquier[4], et enfin de Flotte, commandant un corps de Français (plus de 10)... Il débarqua le 11 mai à Marsala avec *1 015* hommes. Le 15 il battait un corps napolitain à Calatafimi et entrait par surprise dans Palerme le 27. Après 3 jours de combats l'intervention du corps consulaire amenait la retraite des *Napolitains.* Garibaldi les battait encore à Milazzo. Le 28 juillet Messine capitulait. Dès le 21 août il commençait à franchir le détroit de Messine. Presque sans combat, il arrivait à Salerne, puis à Naples : C'est à ce moment que le gouvernement piémontais (Victor-Emmanuel II, duc de Savoie), qui avait aidé en sous-main Garibaldi, intervint et commença la double campagne diplomatique et militaire qui aboutit à l'annexion de Naples[5]. »

Réunion des Mille à Gênes – 1859

IV, 16.

La cité franche[6] de liberté fait serve[7]
Des profligez[8] et resveurs fait Azyle :
Le Roy changé à eux non si proterve[9],
De cent seront devenus plus de mille.

Traduction :

La cité dont la liberté avait été réduite en esclavage ayant été affranchie donnera asile à des gens dépravés et utopistes. Ayant changé de roi impudemment, de cent ils deviendront plus de mille.

L'histoire :

« Garibaldi avait établi son quartier général dans un faubourg de *Gênes,* à Quarto, dans la maison de son vieil ami Augusto Vecchi, qui s'était battu avec lui à Rome... Le problème le plus délicat était celui de l'armement... Ce fut surtout l'usine Ansaldo, à *Gênes,* qui fut le principal pourvoyeur et soutint secrètement les opérations... Cavour n'était guère enchanté par cette agitation. Il craignait par-dessus tout que les puissances étrangères n'accusent le Piémont (Gênes) d'être trop complaisant (fait asile) à l'égard des révolutionnaires... Au soir du 5 mai 1860, tout était prêt. Garibaldi, une fois sur le pont du Piémont, demanda : " Combien sommes-nous ? " " *Plus de mille* avec les marins... " Par souci d'exactitude, il convient de

1. Fomenta un mouvement insurrectionnel à Marseille et fut député de Toulon, D.L.7.V. **2.** Famille originaire de Bordeaux, capitale de la *Guyenne.* D.L.7.V. **3.** Député des Bouches-du-Rhône. (Aix.) D.L.7.V. **4.** Né à Marseille. **5.** D.L.7.V. **6.** En 1805, l'Etat de Gênes fut incorporé à l'empire français (de liberté fait serve) et forma les départements de Gênes des Apennins et de Montenotte. En 1814. Gênes fut donnée au roi de Sardaigne par le Congrès de Vienne. D.H.B. **7.** Latin : *servus :* esclave. D.L.L.B. **8.** Latin : *profligatus :* perdu, dépravé, flétri. D.L.L.B. **9.** Latin : *proterve :* hardiment, effrontément, impudemment. D.L.L.B.

préciser que ceux qui sont passés à la postérité comme les "Mille" étaient en fait *mille cent quarante-neuf*, mais Garibaldi ne perdit pas de temps à les compter... En premier lieu, les Garibaldiens prirent d'assaut le bureau du télégraphe de Marsala (Sicile), d'où ils transmirent de faux messages pour tromper l'ennemi... Garibaldi se proclamait dictateur au nom de Victor-Emmanuel, "*roi d'Italie*"[1]. »

Garibaldi à Magnavacca et Ravenne
Pie IX et le pouvoir temporel
L'unité allemande
par deux grandes guerres – 1866 et 1870

IX, 3.

Le magna vaqua[2] à Ravenne grand troubles,
Conduicts par quinze[3] enserres à Fornase[4] :
A Rome naistra deux monstres[5] à teste double,
Sang, feu, déluge, les plus grands à l'espase.

Traduction :

Il (Garibaldi) subira de grandes perturbations à Magnavacca et Ravenne. Conduits par quinze barques, ils se réfugieront à la FER(me) de ZAN(ett) O : prendront alors naissance à Rome deux prodiges à cause d'un pouvoir double (spirituel et temporel du Pape) puis le sang, la guerre, la révolution atteindront les plus grandes nations pour des problèmes d'espace.

L'histoire :

« Garibaldi intima l'ordre au maire de Cesenatico de lui donner *treize* barques... Une heure plus tard, les Autrichiens entraient dans le village. Les treize barques progressaient rapidement. La nuit suivante ils passaient au large de *Ravenne*... Les barques furent repérées au large des marais de Comacchio, par un navire de guerre autrichien. Le Capitaine Scopinich ordonna aux garibaldiens de se rendre. Comme ils refusaient, l'ennemi s'élança à leur poursuite. Les Autrichiens gagnant du terrain, ils décidèrent de se diriger vers la côte. Mitraillées par les canons adverses, les treize barques mirent le cap sur *Magnavacca*, mais trois seulement y parvinrent. Finalement ils ne furent pas plus de trente à mettre pied à terre, dont Garibaldi, Anita, Ugo Bassi... Les Autrichiens et la police pontificale avaient déjà organisé une battue pour retrouver les fugitifs. Bonnot leur expliqua qu'il était impossible de rejoindre Venise parce que toutes les routes qui menaient vers le nord étaient surveillées

1. G.P. et M.R. **2.** Ville d'Italie à l'embouchure du Pô. **3.** Le livre de Paolo et Monica Romani sur Garibaldi parle de treize barques; il semble, d'après Nostradamus, qu'il y en aurait eu deux de plus. **4.** Anagramme et raccourci de la ferme de Zanetto où Garibaldi va trouver refuge. **5.** Latin : *monstrum :* présage divin, prodige, chose incroyable. D.L.L.B.

par les Autrichiens. D'après lui, il valait mieux tenter sa chance autour de *Ravenne,* où les patriotes étaient très nombreux. Il ajouta qu'il fallait laisser Anita en arrière, car elle ne survivrait pas à un tel voyage. Il pensait la transporter au nord de l'île, dans la *ferme de Zanetto*[1]... »

« Peu de papes ont suscité des jugements aussi contradictoires que Pie IX, d'une part une vénération louangeuse, d'autre part une franche hostilité. Il faut essentiellement en chercher les raisons dans les bouleversements italiens et dans le " Kulturkampf " allemand que déclenchèrent le dogme de l'infaillibilité et le Syllabus (deux monstres) de 1864... Avec le recul de l'Histoire, on peut penser qu'il a manqué à Pie IX l'énergie pour dissocier les *deux plans* temporel et spirituel de la monarchie pontificale[2]. »

« En Allemagne comme en Italie, la question de l'unité était posée depuis 1815. Les patriotes libéraux avaient essayé de profiter de la crise révolutionnaire de 1848 pour fonder l'unité allemande. Mais, parmi les 38 Etats allemands, il y en avait deux qui étaient de *grandes* puissances : l'Autriche et la Prusse... Ce fut par *deux grandes guerres,* voulues par Bismarck, que celui-ci réalisa l'unité allemande : la guerre de 1866 contre l'Autriche; la guerre de 1870 contre la France[3]. »

La guerre de 1870
Et la fin du pouvoir temporel du Pape
L'anticléricalisme

I, 15.

Mars nous manasse[4] par la force bellique,
Septente fois fera le sang espandre :
Auge[5] et ruyne de l'Ecclesiastique[6],
Et plus ceux qui d'eux rien voudront entendre.

Traduction :

La guerre nous menace de sa force belliqueuse et fera répandre le sang en (18)70. L'ecclésiastique sera méprisé et ruiné et encore plus ceux qui ne voudront rien entendre de lui.

L'histoire :

« Le 8 décembre 1869, Pie IX ouvrit le vingtième concile œcuménique (concile du Vatican) au cours duquel fut proclamée l'infaillibilité du pape (18 juillet 1870). Le lendemain, la France déclarait *la guerre* à la Prusse. Le 22 juillet, le pape,

1. G.P. et M.R. **2.** D.D.P. **3.** H.F.A.M. **4.** Manace : forme de menace. D.A.F.L. **5.** Proverbe : « Mieux vaudrait porter l'auge. » Se dit pour exprimer le mépris qu'on fait d'un emploi, d'un travail. D.L.7.V. **6.** Noter le E majuscule pour désigner le pape.

dans un dernier espoir, tenta d'intervenir entre Guillaume Ier et Napoléon III. Le 2 septembre, Napoléon III capitulait à Sedan, à la suite de quoi l'Italie faisait connaître au gouvernement français son intention d'occuper Rome. Pie IX refusa de renoncer à l'Etat pontifical comme on l'y invitait, et l'Autriche refusa de lui envoyer les secours qu'il lui demandait contre les envahisseurs. La Prusse parla également en faveur des occupants. Enfin, le 20 septembre 1870, le général Cadorna *bombardait* (ruyne) la Porte Pia; le pape, après une héroïque défense de ses troupes, fit hisser le drapeau blanc de la capitulation, tandis que, le même jour, la souveraineté temporelle du pape était annulée au Capitole. L'Etat pontifical avait cessé d'exister, Pie IX, en fait, se trouvait prisonnier. Les monarques et les gouvernements du monde ne s'intéressaient pas (mépris) à l'annexion du patrimoine de Saint-Pierre. Le 21 mars 1871, le gouvernement promulgua la loi dite des " Garanties " que le pape qualifia avec raison d'absurdité, de rouerie et d'injure, vu que les *mesures contre l'Eglise*, les répressions et les mauvais traitements continuaient. A Rome circulaient des parodies athées sur sa personne[1]. »

Pie IX à la tête de l'Église – 16 juin 1846
Son soutien par la France – 1848-1870
Son pouvoir temporel annulé au Capitole
20 septembre 1870

VI, 13.

Un dubieux[2] ne viendra loin du règne,
La plus grand part le voudra soustenir :
Un Capitole ne voudra poinct qu'il règne,
Sa grande charge ne pourra maintenir.

Traduction :

Un (pape) qui sera souvent indécis viendra au pouvoir. La plus grande partie (l'Empire français de Napoléon III) voudra le soutenir. Au Capitole, on ne voudra pas qu'il règne et il ne pourra maintenir sa grande charge (pouvoir temporel).

L'histoire :

« Pie IX avait le défaut de ne pouvoir réagir que par des effusions sentimentales là où il aurait fallu le raisonnement lucide d'un homme d'Etat pour maîtriser un mouvement qui se précipitait. C'est ainsi que le *dilemme* (dubieux) entre sa fonction pontificale et celle de souverain désireux de faire le bonheur de son peuple le plongea dans une *confusion* de plus en plus profonde, surtout lorsque retentit le cri de guerre national

1. D.D.P. **2.** Latin : *dubius :* qui hésite entre deux partis, irrésolu, incertain, D.L.L.B.

contre l'Autriche... Le 24 novembre 1848, Pie IX, se voyant traité plus ou moins en prisonnier, s'enfuit à Gaète, en territoire napolitain. A Rome, on le déclara *déchu* de ses droits temporels et on proclama la république romaine. Pie IX pria les puissances d'intervenir... La France, où Louis-Napoléon avait été élu président quelques jours après la fuite du pape, intervint. Le 2 juillet 1849, les Français prirent Rome; le 12 avril 1850, Pie IX, *invité par la France* (la plus grand part le voudra soustenir), fit de nouveau son entrée dans la Ville éternelle... »

« Le 20 septembre 1870, la souveraineté temporelle du pape était annulée au *Capitole*[1]. »

Le concile du Vatican – 1870
Napoléon III à Milan – 1859
Le bombardement de la Porta Pia à Rome
20 septembre 1870

III, 37.

Avant l'assaut l'oraison prononcée[2],
Milan prins d'Aigle par ambusche[3] déceus,
Muraille antique par canons enfoncée,
Par feu et sang à mercy peu receus.

Traduction :

Avant l'assaut on méditera sur la doctrine, l'aigle (Napoléon III) qui avait occupé Milan sera déçu par une machination. Les vieilles murailles (de Rome) seront enfoncées au canon. A cause de la mise à feu et à sang peu de gens auront droit à la miséricorde (du pape).

L'histoire :

« La capitale lombarde, où les vieux se rappellent encore l'éblouissant passage de Bonaparte, se couvre des drapeaux français et italiens. Napoléon III et Victor-Emmanuel, côte à côte, y font leur entrée le 8 juin 1859. *Milan* les accueille bien[4]. »

« La présence du corps expéditionnaire français maintenait la souveraineté temporelle de Pie IX. En 1860 se déclencha le conflit avec le Piémont; celui-ci commença par occuper le nord de l'Etat pontifical. Le pape lança contre lui une excommunication solennelle (à merci peu reçus). En vertu de la Convention dite de septembre, signée le 15 septembre 1864 *à l'insu* (machination) du pape, et par où le Piémont s'engageait à ne pas attaquer les territoires pontificaux, Napoléon retira ses dernières troupes de Rome, livrée maintenant sans défense au

1. D.D.P. **2.** Faire oraison : méditer sur la doctrine chrétienne et nos devoirs. D.L.7.V. **3.** Machination, piège, ruse. D.L.7.V. **4.** L.S.E.O.A.

Piémont. La législation italienne se fit de plus en plus hostile à l'Eglise. Les troupes de Garibaldi, qui *ravageaient* (par feu et sang) l'Etat pontifical, furent battues le 3 décembre 1866, à Mentana, par les troupes pontificales et les troupes françaises revenues occuper Rome pour protéger le pape.

« Le 8 décembre 1869, Pie IX ouvrit le vingtième concile œcuménique (concile du Vatican) (oraison prononcée), au cours duquel fut *proclamée* l'infaillibilité du pape (18 juillet 1870). Le 2 septembre Napoléon capitulait à Sedan, à la suite de quoi l'Italie faisait connaître au gouvernement français son intention d'occuper Rome... Enfin le 20 septembre 1870, le général Cadorna *bombardait la Porta Pia* (muraille antique par canons enfoncée); le pape, après une héroïque défense de ses troupes, fit hisser le drapeau blanc de la capitulation, tandis que, le même jour, la souveraineté temporelle du pape était annulée au Capitole[1]. »

La trahison de Bazaine
Metz et Sedan. Garibaldi – 1870

II, 25.

La garde étrange trahira forteresse
Espoir et umbre de plus hault mariage :
Garde déceuë, fort prinse dans la presse
Loire, Saone, Rosne, Gar à mort outrage.

Traduction :

La garde de la forteresse trahira étrangement dans l'espoir secret d'une alliance plus forte, la garde sera déçue, la ville forte prise dans un étau, les armées de la Loire, de la Saône, du Rhône et de Garibaldi seront outrageusement accablées par la mort.

L'histoire :

« Mais Bazaine par regret de quitter les défenses de Metz ne bouge pas durant deux jours. Il s'abrite derrière l'autorité de l'Empereur, sans donner un ordre, sans même faire sauter les quatre ponts de la Moselle, par où va passer l'ennemi... *Pour l'enfermer entre les forts* de Metz, Moltke, qui semble dès lors l'avoir jugé, ne croit pas utile d'immobiliser devant le glacis l'effectif entier des armées Steinmetz et Frédéric-Charles... Sept corps, soit plus de 200.000 hommes campés sur les hauteurs qui de toute part *ceignent* la *ville forte*, assureront son *blocus*, en attendant sa reddition... Le camp de Châlons, dépourvu de toute organisation défensive, va être menacé. Mac-Mahon se voit forcé, bien à contrecœur, de prendre une décision. Il donne l'ordre d'évacuer le camp et de diriger les troupes sur Reims.

1. D.D.P.

Solution d'attente : il espère toujours pouvoir *donner la main* à Bazaine...

« 83.000 prisonniers par la capitulation, plus de 23.000 provenant des combats antérieurs. La bataille de Sedan avait coûté *3.000 tués* et 14.000 blessés... Les IIIe et IVe armées allemandes sont arrivées devant Paris. Le gouvernement va lutter de son mieux, rassemblant les débris militaires, tandis que Thiers court par les routes ingrates de l'Europe pour quêter un appui, une intervention qui, sous des mots polis, partout lui sont refusés. Seul *Garibaldi,* adversaire de la France impériale, vient au secours de la France républicaine. Les armées improvisées en *province* remportent quelques succès. Mais Bazaine, après d'obscures négociations avec Bismarck, un essai d'intrigue repoussée par l'Impératrice, *capitule,* livrant jusqu'à ses drapeaux[1]. »

La défaite de Sedan. La IIIe République

II, 44.

L'aigle poussée entour des pavillons[2],
Par autres oyseaux d'entour sera chassée
Quand bruit des cymbres[3], tubes[4] et sonnaillons[5]
Rendront le sens de la Dame insensée.

Traduction :

L'empereur ayant poussé son avance jusqu'au champ de bataille sera chassé par d'autres aigles (germaniques) voisins, quand le bruit des trompettes et des clochettes de la cavalerie allemande rendront ses facultés à la République qui les avait perdues.

L'histoire :

« Le roi de Prusse, descendant du bois de la Marfée, s'est rendu à Fresnois. Il croit avec les siens que Napoléon a quitté Sedan. Quand il est informé, il se montre stupéfait, répète : “ *L'Empereur est là !* ”

« Après, c'est le sauve-qui-peut, la déroute. Hormis quelques compagnies dispersées au bas du calvaire d'Illy, les régiments de la division Liebert aux abords de Cazal qui continuent la lutte, toutes les unités, *toutes les armes,* effroyablement mêlées, refluent vers les glacis de Sedan. L'infanterie prussienne les pousse, faisant déjà de nombreux prisonniers. Il est deux heures : la bataille est finie, l'armée entière est au gouffre et *l'Empire est perdu.* »

1. L.S.E.O.A. **2.** Logement portatif de forme ronde ou carrée qui servait autrefois au campement des gens de guerre. D.L.7.V. **3.** Peuple germanique établi sur la rive droite de l'Elbe. D.L.7.V. **4.** Latin : *tuba :* trompette militaire. D.L.L.B. **5.** Sonnaille : au pluriel ensemble de grelots ou clochettes dont on garnit les colliers et harnachements des chevaux, des mules, etc. D.L.7.V.

« L'Impératrice, laissée seule dans les Tuileries désertes, voit de ses fenêtres promener la foule rue de Rivoli, à la lueur des torches, des drapeaux voilés de crêpe. Des clameurs font trembler les vitres : " A bas l'Empire! *vive la République!*"... Les Républicains tiennent leur revanche; ils ne la lâcheront pas. *Depuis dix-huit ans* ils l'attendent... La guerre où le régime a précipité le pays, la façon dont il l'a conduite ne permettent pas de pardon. L'Empire s'est condamné par ses actes. Sans pitié, les républicains se chargent de son exécution[1]. »

Napoléon III dans les Ardennes La IIIe République

V, 45.

Le grand Empire sera tost désolé,
Et translaté[2] près d'arduenne[3] silve[4]
Les deux batards[5] par l'aisné décollé[6],
Et regnera Aenobarb[7], nez de milve[8].

Traduction :

Le grand Empire sera bientôt dévasté, l'Empereur s'étant transporté près de la forêt des Ardennes. Les deux personnages issus de deux régimes opposés (l'Empire et la République) privés de la monarchie par l'aîné (le prétendant légitimiste), régnera alors la République, Marianne la harpie.

L'histoire :

« Napoléon semble pourtant au début se leurrer encore, témoin sa bizarre dépêche à Trochu demandant si les soldats italiens doivent être dirigés sur Belfort ou sur Munich! Il veut revenir. L'Empereur, alors dans *les Ardennes,* le prie de demeurer où il est...

Tant que sur notre pays ont si lourdement pesé les conséquences de *la catastrophe où s'est englouti le Second* Empire, il n'a guère été possible à des Français de considérer cette époque et ses acteurs avec la sérénité que requiert l'Histoire[9]. »

1. L.S.E.O.A. **2.** Latin : *translatus :* transporté. D.L.L.B. **3.** Latin : *Arduenna :* les Ardennes. D.L.L.B. **4.** Latin : *silva :* forêt. D.L.L.B. **5.** Qui est né de parents non mariés l'un à l'autre. D.L.7.V. **6.** Latin : *decollo :* je prive de quelque chose. D.L.L.B. **7.** Domitius Aenobarbus : famille patricienne de Rome qui tirait son surnom de barbe d'airain, de ce que la barbe noire d'un de ses membres devint *rousse* tout à coup! Domitius Aenobarbus était l'époux d'Agrippine dont il eut Néron. D'un naturel violent, habitué à la débauche, il avait dit que d'Agrippine et de lui ne pouvait naître qu'un monstre. D.H.C.D. Nostradamus établit un parallélisme entre la République française qui ajouta le *rouge* au drapeau national. Issue des idées « socialistes » du XVIIIe siècle qu'elle répandit en Europe, elle finira par enfanter le communisme. **8.** Latin : *milva :* milan *femelle,* fig. harpie, terme d'injure. D.L.L.B. **9.** L.S.E.O.A.

« *Monarchiste* à l'origine, Thiers était venu à *la République* par raison. Thiers ayant pris, au mois de mai 1873, trois députés franchement républicains, l'Assemblée manifesta ses sentiments hostiles. Thiers donna sa démission. L'Assemblée élut aussitôt pour le remplacer le maréchal de Mac-Mahon. Dès lors les monarchistes travaillèrent à la restauration de la royauté. Le Clergé menait la plus vigoureuse campagne en faveur du comte de Chambord, que l'on appelait déjà Henri V... La négociation fut rompue et la restauration avec le comte de Chambord jugée impossible[1] »

Division entre Orléanistes et Légitimistes – 1871 Les cours martiales après la Commune

VI, 95.

Par detracteur calomnié a puisnay[2],
Quand istront[3] faicts enormes et martiaux :
La moindre[4] part dubieuse[5] à l'aisné,
Et tost au regne seront faicts partiaux.

Traduction :

Le représentant de la branche cadette sera calomnié par un détracteur, quand on sortira des cours martiales pour des actes excessifs, le plus petit parti (les Orléanistes) aura des doutes quant à l'aîné; les partis arriveront alors rapidement au pouvoir.

L'histoire :

« La République proclamée à Paris le 4 septembre 1870 eut des débuts difficiles. Elle ne put éviter *la défaite.* Les Républicains étaient encore peu nombreux dans le pays et inorganisés; ils profitèrent cependant de la *division* des royalistes, partagés en légitimistes et Orléanistes, pour organiser une république provisoire présidée par Thiers... Les monarchistes écartèrent du pouvoir Thiers à qui ils reprochaient de s'être rallié définitivement à la république. Sous la présidence du maréchal de Mac-Mahon, ils préparèrent la restauration de la monarchie; mais ils ne parvinrent pas à surmonter leurs divisions, ce qui permit aux républicains de faire voter les lois constitutionnelles de 1875 qui organisaient définitivement la république[6]. »

« Les cours *martiales* fonctionnent dans Paris avec une activité inouïe. Depuis le matin (dimanche 28 mai 1871) un cordon épais se forme devant le Châtelet où siège en permanence une cour martiale. De temps à autre, on en voit sortir une bande de quinze à vingt individus, condamnés à mort[7]... »

1. H.F.A.M. **2.** Puîné : qui est né le second de sa famille, cadet. D.L.7.V. **3.** Istre : forme de issir : sortir. D.A.F.L. **4.** Plus petit par les dimensions, la quantité ou la valeur. D.L.7.V. **5.** Latin : *dubiosus :* douteux. D.L.L.B. **6.** D.H.3. **7.** Aimé Dupuy : 1870-1871, la Guerre, la Commune et la Presse. A. Collin 1959.

« Les premiers actes du gouvernement républicain furent de décider le retour des chambres à Paris. Mais la victoire des républicains ne mit pas fin à la lutte *des partis*[1]. »

La chute de Napoléon III – 4 septembre 1870
Mac-Mahon à Versailles – 1871
et son septennat – 1873-1879
La constitution de 1875 (février-juillet)

VI, 52.

En lieu du grand qui sera condamné[2],
De prison hors, son amy en sa place :
L'espoir Troyen[3] en six mois joint[4], mort né,
Le Sol à l'urne seront prins fleuves en glace.

Traduction :

A la place du grand (empereur) qui sera rejeté, une fois sorti de prison, son ami prendra le pouvoir à sa place : l'espoir monarchique sera enchaîné en six mois, mort-né, la monarchie sera abandonnée, à cause d'un vote, après que les fleuves auront été pris par les glaces.

L'histoire :

« La capitulation de l'Empereur et de l'armée de Sedan eut pour conséquence immédiate le renversement de l'Empire. »

« A partir du 5 janvier 1871, les Allemands firent pleuvoir les obus sur les forts et sur les quartiers de la rive gauche de la Seine... Paris était sous la double menace de la famine et de la révolution... On n'avait plus ni bois ni charbon, *par l'un des hivers les plus rigoureux du siècle,* alors que le vin gelait dans les tonneaux[5]. »

« Mac-Mahon, blessé au début de la bataille de Sedan du 1er septembre, fut envoyé *prisonnier* en Allemagne. Après la signature de Paris, il commanda l'armée de Versailles qui reprit Paris à la Commune[6]. »

« Le 27 octobre 1873, la négociation fut rompue et la restauration avec le comte de Chambord jugée impossible. Les monarchistes ne renoncèrent pas cependant à *l'espoir* de rétablir la royauté. Mac-Mahon reçut la présidence pour sept ans (19 novembre 1873)... A la fin de 1874, après le renouvellement

1. H.F.A.M. **2.** Latin : *damno :* je condamne, je déclare coupable, je rejette. D.L.L.B. **3.** La Franciade : poème épique inachevé de Ronsard : Francus, fils d'Hector, prince *Troyen,* a échappé à la fureur des Grecs, après le sac de Troie... Les destins l'appellent à fonder un nouvel empire... Hyanthe, qui est prophétesse, dévoile l'avenir à Francus et fait défiler devant lui tous les rois de France qui doivent descendre de lui, depuis Pharamond jusqu'à Charlemagne. D.L.7.V. Nostradamus prend donc ici les Troyens comme symbole de la monarchie française. **4.** Latin : *junctus :* assemblé, lié. D.L.L.B. **5.** H.F.A.M. **6.** D.L.7.V.

général des conseils municipaux qui fut comme un *plébiscite pour ou contre la République,* on ne put plus douter que la France fût en majorité républicaine. Alors au début de 1875, l'Assemblée se décida à entreprendre l'examen des lois constitutionnelles. Elle vota successivement trois lois (février-juillet 1875)[1]. Les trois lois forment ce que l'on appelle la constitution de 1875 : ce sont elles qui, un peu modifiées en 1884, régissent aujourd'hui la France... La Constitution de 1875 *a fondé* en France *le régime parlementaire*[2]. »

« L'Assemblée nationale se sépara le 31 décembre 1875. Les *élections* sénatoriales donnèrent une faible majorité aux monarchistes, mais à la Chambre la majorité républicaine fut de 200 voix. Mac-Mahon, pour se conformer à la Constitution, prit un ministère républicain[2]. »

La paix de Francfort – 10 mai 1871
L'annexion de l'Alsace et de la Lorraine
Rome capitale de l'Italie – 26 janvier 1871

VI, 87.

L'élection faicte dans Francfort,
N'aura nul lieu[3], Milan s'opposera :
Le sien plus proche semblera si grand fort,
Qu'outre le Rhin es Marechs[4] chassera.

Traduction :

L'élection faite (la France) ne sera pas reçue à Francfort; Milan s'opposera (à Rome); son proche voisin paraîtra si grand et si puissant qu'il repoussera les frontières au-delà du Rhin.

L'histoire :

« La paix de *Francfort :* pendant l'armistice, il fut procédé à l'*élection* d'une Assemblée nationale qui décida de négocier la paix. Les préliminaires de paix furent signés à *Versailles* le 26 février et ratifiés le 1er mars à *Bordeaux.* La France perdait l'Alsace moins Belfort, le nord de la *Lorraine* avec Metz. Ces préliminaires furent transformés en paix définitive par le traité de Francfort, le 10 mai 1871... Ainsi, de cette terrible guerre, l'Allemagne sortait unifiée, *puissante, prépondérante* en Europe[5]. »

« Dès le 25 janvier 1871, le prince héritier et la princesse Marguerite vont prendre séjour à Rome. Le Sénat par 94 voix contre 39 vote le transfert de la capitale... Après de longues épreuves d'expiations, dit le roi, l'Italie est rendue à elle-même

1. Six mois. **2.** H.F.A.M. **3.** N'avoir point de lieu : n'être pas reçu, admis. D.L.7.V. **4.** Maresche ou Maresc : allemand, Marsch; anglais Marsh. D.A.F.L. d'où Marche : frontière militaire d'un Etat. D.L.7.V. **5.** H.F.A.M.

et à Rome. Ayant reconnu l'indépendance absolue de l'autorité spirituelle, nous pourrons être convaincus que Rome, capitale de l'Italie, continuera à être le siège pacifique et respecté du Pontificat. »

L'annexion de l'Alsace-Lorraine – 1871 La défaite de Bourbaki au Mans de Faidherbe à Cambrai et de l'armée de l'Est à la frontière suisse

X, 51.

Des lieux plus bas du pays de Lorraine,
Seront des basses Allemagnes unies :
Par ceux du siège Picard, Normans, du Maisne[1],
Et aux cantons[2] se seront réunis.

Traduction :

Des territoires situés plus bas que la Lorraine (l'Alsace) seront réunis à l'Allemagne du Sud, à cause des combattants (allemands) au siège (de Paris), en Picardie, en Normandie et jusqu'au Maine, et des troupes françaises qui se seront rassemblées en Suisse.

L'histoire :

« Les derniers combats : sans désespérer, Gambetta organisa une nouvelle tentative. Trois armées opèrent en décembre et en janvier : l'armée du Nord, sous Faidherbe, la deuxième armée de la Loire, sous Chanzy, l'armée de l'Est, sous Bourbaki. Chanzy se cramponna sous la rive droite de la Loire, manœuvrant toujours de façon à pouvoir pousser sur Paris si la victoire le favorisait. Par crainte d'être tourné, il se replie sur le Loir, puis sur la Sarthe. Vaincu *au Mans* (10-11 janvier), il tenta de réformer son armée sur la Mayenne.

Dans le Nord, Faidherbe fit preuve de la même ténacité. Il fut vainqueur à Bapaume le 3 janvier. Mais la défaite de Saint-Quentin (18 janvier) le rejeta sur *Cambrai* (Picardie).

L'armée de l'Est avait pour objectif de débloquer Belfort... Repoussée sur Besançon, puis sur la frontière suisse (aux cantons réunis), prise entre deux armées allemandes, l'armée de l'Est n'échappa à une capitulation qu'*en se jetant en Suisse* où elle fut désarmée (1er février 1871).

Cependant, pour hâter la reddition de Paris (siège), les Allemands, inquiets de la longueur de la résistance, avaient entrepris de bombarder la ville... »

1. Ancienne province de France, bornée au Nord par la Normandie, à l'Est par l'Orléanais, au Sud par l'Anjou et la Touraine et à l'Ouest par la Bretagne; avait pour capitale Le Mans. D.H.B. **2.** En Suisse, chacun des Etats qui composent la Confédération. D.L.7.V.

« Les préliminaires de paix, négociés par Thiers et Jules Favre, furent signés le 26 février et ratifiés le 1er mars par l'Assemblée, réunie à Bordeaux. La France perdait l'Alsace moins Belfort (lieux plus bas du pays de Lorraine), le Nord de la Lorraine avec Metz[1]... »

La défaite de Bourbaki – 1er février 1871
Paix de Francfort – 10 mai 1871

V, 82.

Au conclud pache hors de la forteresse
Ne sortira celui en désespoir mis :
Quand ceux d'Arbois[2] de Langres, contre Bresse[3]
Auront monts Dolle[4], bouscade[5] d'ennemis.

Traduction :

A la conclusion de la paix hors de (Franc)fort, celui qui aura été réduit au désespoir ne pourra pas s'en sortir, quand ceux d'Arbois, venus de Langres, contre la Bresse, trouveront dans les monts du Jura une embuscade ennemie.

L'histoire :

« L'armée de l'Est – 100000 hommes concentrés autour de Bourges – avait pour objectif de débloquer Belfort où Denfert-Rochereau tenait depuis le 3 novembre. Mais comme l'armée de Châlons, elle manœuvra avec une telle lenteur qu'elle laissa aux Allemands le temps de s'organiser. Vainqueur à Villersexel[6] (9 janvier 1871) Bourbaki ne put forcer les lignes d'*Héricourt*[7] (15-17 janvier). Repoussée sur *Besançon,* puis sur la frontière suisse, *prise entre deux armées allemandes,* l'armée de l'Est n'échappa à une capitulation qu'en se jetant en Suisse où elle fut désarmée (1er février 1871). »

« Les préliminaires de paix, négociés par Thiers et Jules Favre, furent signés le 26 février et ratifiés le 1er mars par l'Assemblée, réunie à *Bordeaux.* Ces préliminaires furent transformés en paix définitive par le traité de *Francfort,* le 10 mai 1871[8]. »

1. H.F.A.M. **2.** Chef-lieu de canton du *Jura.* **3.** Pays situé sur la rive gauche de la Saône dans les départements de l'Ain, de Saône-et-Loire et du *Jura.* D.L.7.V. **4.** Chef-lieu d'arrondissement du *Jura.* **5.** Latin : *boscum :* bois, embuscade : lieu où l'on a placé une troupe pour attaquer l'ennemi à l'improviste. D.L.7.V. **6.** Chef-lieu de canton de la Haute-Saône. **7.** Chef-lieu de canton de la Haute-Saône. Après l'insuccès d'Héricourt, commença la désastreuse retraite de l'armée de l'Est à travers le *Jura.* D.L.7.V. **8.** H.F.A.M.

La Commune. La guerre civile
18 mars-28 mai 1871

II, 77.

Par arcs[1] feux, poix[2] et par feux repoussés[3],
Crys, hurlements sur la minuict ouys :
Dedans sont mis par les remparts cassez[4],
Par canicules les traditeurs[5] fuys.

Traduction :

Par du feu (à trajectoire) courbe, refoulés par les incendies dus au pétrole, des cris et des hurlements seront entendus dans la nuit; ils entreront par des remparts vides et les traîtres s'enfuiront à cause de l'extrême chaleur.

L'histoire :

« Vers dix heures, quelques hommes mirent la crosse en l'air; le reste suivit. Le meurtre des généraux Lecomte et Clément Thomas, fusillés dans l'après-midi par une bande d'émeutiers et de *soldats mutinés,* exaspéra les haines et rendit toute conciliation impossible. Ce fut le premier épisode d'une atroce guerre civile de deux mois. Thiers n'essaya pas de résister dans Paris. Il se retira à Versailles, laissant le champ libre aux *insurgés,* leur abandonnant même *les forts.* La Commune organisa la lutte contre le gouvernement de Versailles. La guerre eut un caractère d'acharnement inouï. Quand Thiers eut reconstitué avec les prisonniers revenus de Suisse et d'Allemagne une forte armée de 150.000 hommes, il entreprit un second siège de Paris. Le siège dura cinq semaines. Le dimanche 21 mai, vers quatre heures du soir, des fusiliers marins surprirent à Auteuil, près de la Seine *une porte abandonnée.*

L'armée entra dans Paris. Dans une crise de folie de destruction, les *Fédérés,* se sentant perdus, *incendièrent* au *pétrole* les Tuileries, la Cour des Comptes, le Palais de Justice, la Préfecture, l'Hôtel de Ville, la gare de Lyon, un peu partout de très nombreuses maisons. La Seine coulait entre deux murs de *feu.* Les *obus incendiaires,* lancés des hauteurs de l'Est, pleuvaient sur le centre de la ville. Les otages étaient assassinés (24-26 mai). Exaspérées par ces horreurs, les troupes ne faisaient pas de quartier. D'après les chiffres officiels, la bataille avait fait 6.500 victimes, tombées dans la lutte ou fusillées. Il y eut en outre 36.000 prisonniers qui furent *traduits* en conseil de guerre. On en condamna 13.000 à la peine politique de la déportation[6]. »

1. Latin : *arcus :* courbures. D.L.L.B. **2.** Minéralogie : nom souvent donné aux bitumes : on distingue quatre espèces de bitumes, ce sont le naphte ou *pétrole,* etc., D.L.7.V. **3.** Latin : *repello,* repulsus : je pousse en arrière, j'écarte, j'éloigne, je refoule. D.L.L.B. **4.** Latin : *cassus :* vide. D.L.L.B. **5.** Latin : *traditor :* traître. D.L.L.B. **6.** H.F.A.M.

Bazaine. L'abandon de Metz – 1870
Mort de Napoléon III – 1873

IV, 65.

Au deserteur de la Grand forteresse,
Après qu'aura son lieu abandonné :
Son adversaire fera grand prouësse
L'empereur tost mort sera condamné.

Traduction :

Quand le déserteur de la grande forteresse aura abandonné la place, l'ennemi fera de grandes prouesses, et l'Empereur mourra peu après.

L'histoire :

« Mac-Mahon averti d'autre part que Bazaine n'a pas bougé de *Metz,* il incline à le laisser à son sort... A une heure et demie, le 14 août, Napoléon quitte Metz, précédé par les Cent-Gardes. L'armée, peu après, le suit en épaisse cohue... La nuit tombe qu'on tiraille encore. Bazaine fait poursuivre la *retraite...* De son quartier général du Ban-Saint-Martin, faubourg de Metz, le maréchal, ce 19 août, assure l'Empereur qu'il n'a prescrit qu'un changement de front pour parer à un mouvement tournant. Il compte toujours prendre la direction du nord et continuer sur Sedan et même Mézières pour gagner Châlons. Sciemment il trompe ainsi son maître et, le persuadant qu'il cherche encore à le rejoindre, il va l'attirer dans l'abîme. Sedan, le mot est écrit dans sa dépêche. Bazaine, par son *mensonge,* se fait l'appât du piège final où *disparaîtra Napoléon...*

« Le gouvernement de la Défense, contre l'avis de Gambetta, brûlant de patriotisme et qui veut continuer la lutte, sollicite enfin une suspension d'armes et rend Paris... L'Alsace, le tiers de la Lorraine, Strasbourg et Metz, cinq milliards sont le prix exigé par le Shylock prussien. *Les Allemands victorieux défilent aux Champs-Elysées...* Dix-huit mois plus tard, le 7 janvier 1873, Napoléon III, près de tenter un autre retour de l'île d'Elbe, *succombe* à Chislehurst au mal dont il a tant souffert[1]. »

La belle époque – 1900
Reims, centre de la guerre – 1914-1918

III, 18.

Après la pluye de laict assez longuette,
En plusieurs lieux de Reims[2] le ciel touché[3] :

1. L.S.E.O.A. 2. Chef-lieu du département de la *Marne.* Enjeu de nombreuses batailles, *Reims* souffrit beaucoup de la Première Guerre mondiale, comme tout l'est du pays. En partie dévastée, elle fut reconstruite sans grand souci d'urbanisme. A.E. 3. Touche : coup, action de frapper. D.L.7.V.

O quel conflit de sang près d'eux s'appreste,
Peres et fils Roys n'oseront approché.

Traduction :

Après une période de douceur de vivre assez longue, plusieurs lieux autour de Reims seront frappés du ciel : O quel conflit sanglant se prépare près d'eux; pères et fils, gouvernants n'oseront approcher de ces lieux.

L'histoire :

« *Quarante-quatre ans,* presque jour pour jour, après Froeschwiller et Saint-Privat, les armées françaises et allemandes se heurtaient à nouveau... Cette guerre, la plus grande et la plus *sanglante* qu'il y ait jamais eu, apparaît comme un immense cataclysme[1]. »

« La guerre de 1914, longue et atroce, donnera rétrospectivement aux années 1900 un goût d'*âge d'or.* La vie facile de la bourgeoisie aisée seule permet de parler de *belle époque.* Mais c'est elle qui a donné le ton[2]. »

« *Les préparatifs* en 1913 : l'Allemagne arma formidablement, des sommes énormes furent consacrées à l'accroissement du matériel de guerre. Visée directement la France riposta le 7 août 1913 par le vote d'une loi qui élevait à trois ans la durée du service militaire. »

« Cette guerre du XXe siècle fut atroce entre les plus atroces. »

« En Flandre et en Picardie, les plans de Ludendorff avaient été déjoués par la promptitude de la parade française, le 27 mai 1918 par un nouveau coup de surprise, les Allemands enfoncèrent le front français entre Soissons et *Reims,* au Chemin des Dames. L'effet moral fut immense... Ludendorff résolut de porter à Foch un coup décisif en attaquant sur un front de 90 kilomètres, de part et d'autre du *saillant de Reims...* Pour la seconde fois, une victoire de la *Marne* décidait du sort de la guerre.

« Ce triomphe d'une si émouvante grandeur, la France l'avait mérité par d'effroyables sacrifices. De tous les belligérants elle était celui qui avait le plus largement versé son *sang :* Elle comptait plus de 1.500.000 morts, près de trois millions de blessés. Sur de vastes espaces, les campagnes les plus riches n'étaient plus qu'un *désert* sans arbre, ni buisson ni maison. De grandes villes comme *Reims,* Arras, Soissons, Verdun, Saint-Quentin n'étaient plus que des monceaux de ruines. »

1. L.C.H.3. 2. H.F.A.M.

La guerre de 1914-1918
La grippe espagnole – 1918

IX, 55.

L'horrible guerre qu'en Occident s'appreste,
L'an ensuyvant viendra la pestilence[1]
Si fort terrible que jeune, vieil et beste,
Sang, feu, Mercur[2], Mars, Jupiter[3], en France.

Traduction :

L'horrible guerre qui se prépare en Occident; l'année après, viendra une épidémie si terrible qu'elle touchera les jeunes, les vieux, les animaux, quand le feu, le sang, le pillage, la guerre, l'aviation seront en France.

L'histoire :

« La pandémie de 1918 a entraîné la mort de près de quinze millions de personnes dans le monde[4]. »

« Le conflit qui s'ouvre le 2 août 1914 est l'aboutissement des rivalités impérialistes des grandes puissances *européennes* depuis un demi-siècle... La guerre se déroula en divers points du globe, sur terre, sur mer et dans les airs, les fronts essentiels restant européens[4]... » (En Occident!) Les Allemands, cherchant l'anéantissement complet de l'adversaire, attaquent massivement, le 21 février 1916 dans le secteur de Verdun. C'est le début de la bataille la plus violente et la plus *sanglante* de la guerre. Elle causera plus de 700000 morts et blessés[5]. »

« *Lance-flammes* et grenades donnèrent un tour particulièrement cruel aux combats. Mais l'arme la plus redoutée fut le gaz asphyxiant employé pour la première fois par les Allemands le 22 avril 1915... Autre engin : l'*aéroplane* qui servit d'abord à surveiller la marche de l'ennemi. Bientôt il eut pour mission de se rendre maître d'un espace aérien[5]... »

L'armée allemande en 1914-1918
Les conditions de paix

IV, 12.

Le camp[6] plus grand de route mis en fuite,
Guaires[7] plus outre ne sera pourchassé :
Ost[8] recampé et légion[9] réduicte
Puis hors de Gaule le tout sera chassé.

1. Peste, maladie contagieuse en général. D.L.7.V. **2.** Fils de Jupiter, messager des dieux, et lui-même dieu de l'éloquence, du commerce et des *voleurs*. D.L.7.V. **3.** Principale divinité des Romains, dieu du *souverain du ciel* et du monde. Jupitérien : qui a un caractère impérieux, dominateur. D.L.7.V. **4.** E.U. **5.** A.E. **6.** Terrain sur lequel une armée établit ses logements; par extension : armée en général. D.L.7.V. **7.** Guaires, gaires : guères, c'est-à-dire, beaucoup. D.A.F.L. **8.** Armée, camp, troupe. D.A.F.L. **9.** Latin : *legio :* troupe, armée. D.L.L.B.

Traduction :

La plus grande armée (allemande), mise en fuite et en déroute, ne sera pas poursuivie bien au-delà (du Rhin). Parce que les troupes seront venues camper une nouvelle fois (après 1870), l'armée sera réduite. Le tout sera chassé hors de France.

L'histoire :

« Comme l'enjeu de la guerre n'était rien moins que leur destinée et leur existence même, les principaux belligérants mirent en œuvre toutes les ressources matérielles ou morales. On évalue à près de *14 millions* le nombre des Allemands et à plus de *8 millions* le nombre des Français mobilisés de 1914 à 1918. »

« De l'Argonne à la mer du Nord, l'ardente offensive se continua sans relâche. Le 17 octobre 1918, Lille était délivrée de sa longue captivité. Visiblement malgré une résistance désespérée, l'ennemi faiblissait, il *reculait* partout... Les clauses principales de l'armistice du 11 novembre 1918 étaient les suivantes : évacuation en quinze jours des territoires occupés en France, en Belgique, et en Alsace-Lorraine; évacuation en un mois de toute la *rive gauche du Rhin* qui serait occupée par les alliés, avec des têtes de pont sur *la rive droite,* à Mayence, Coblence et Cologne. »

« On se mit assez facilement d'accord quand il s'agit d'imposer à l'Allemagne la suppression du service militaire obligatoire et la *réduction de l'armée allemande* à 100.000 hommes. »

« L'une des conditions, la plus importante pour la France, se trouvait implicitement contenue dans l'armistice lui-même : par une réparation immédiate de la violation du droit commise en 1871, l'Alsace-Lorraine allait faire retour à la patrie française[1]. »

La Grande Guerre – 1914-1918
L'épuisement en hommes
L'effondrement de la monnaie

VII, 25.

Par guerre longue l'exercite[2] expuiser,
Que pour soldats ne trouveront pecune[3] :
Lieu d'or, d'argent, cuir on viendra cuser[4],
Gaulois aerain[5], signe croissant de Lune.

1. H.F.A.M. **2.** Latin : *exercitus :* armée. D.L.L.B. **3.** Latin : *pecunia :* fortune, biens, richesse, monnaie. D.L.L.B. **4.** Latin : *cudere* argentum : battre monnaie. D.L.L.B. **5.** Latin : *aes :* monnaie, argent. D.L.L.B.

Traduction :

Par une longue guerre l'armée sera épuisée à tel point qu'on ne trouvera l'argent pour les soldats. On viendra battre le cuir à la place de l'or et de l'argent; la monnaie française ressemblera à un croissant de lune.

L'histoire :

« La guerre exige sans cesse *plus d'armes et de munitions.* Les belligérants ont cru faire une guerre courte et violente; ils se trouvent engagés dans *une guerre longue.* Dès septembre 1914, dans les deux camps, *des crises de matériel* et de munitions surgissent. »

« Les conséquences financières de la guerre : il est bien difficile de préciser à quelles dépenses la guerre a entraîné les belligérants. Mais on connaît la dette des Etats : la dette intérieure est en 1919 de près de 8 milliards de livres en Angleterre, de 219 milliards de francs en France. Quant *au papier-monnaie émis* pendant la guerre, au cours forcé, il n'est donc plus *convertible en or.* Va-t-on réduire la quantité en circulation (déflation)? Ou, au contraire, maintenir l'inflation en dévaluant la monnaie type? Va-t-on revenir à l'*étalon-or?* Autant de problèmes qui se posent, avec beaucoup d'autres, dans le domaine financier. »

« La France doit abandonner la politique qu'elle suivait depuis la fin de la guerre et renoncer à obtenir seule l'exécution d'un traité que les principaux signataires abandonnent peu ou prou. Cette nouvelle attitude s'explique par l'état des finances d'un pays dont les coffres sont vides et la *monnaie* chancelante.

« La guerre a duré quatre ans trois mois. La France a eu 1.393.000 morts, près de 3 millions de blessés (1 perte pour 29 habitants)[1]. »

Gand, ville d'alliances et de traités – 1576, 1678, 1792, 1795, 1918 La prise d'Anvers et les inondations 8 octobre 1914

X, 52.

Au lieu ou LAYE et Scelde[2] se marient
Seront les nopces de longtemps maniées :
Au lieu d'Anvers ou la crappe[3] charient,
Jeune vieillesse conforte[4] intaminées[5].

1. L.M.C. **2.** Escaut, Scaldis (Scelde). La ville de Gand est au confluent de la Leie et de l'Escaut. D.H.B. et A.U. **3.** Crape : ordure. D.A.F.L. **4.** Conforter : soutenir. D.A.F.L. **5.** Latin : *intaminatus :* pur, non souillé. D.L.L.B.

Traduction :

Au confluent de la Leie et de l'Escaut (Gand) on signera des alliances pendant longtemps. A Anvers où les cours d'eau charrieront des ordures (cadavres). Des jeunes et des vieux non encore souillés soutiendront (le combat).

L'histoire :

« En 1576, fut signée la fameuse Pacification de Gand, par laquelle les provinces du nord et du midi des Pays-Bas *s'unirent* contre les Espagnols (alliances). Gand fut prise en 1678 par Louis XIV, en 1745 par Lowendal, en 1792 et 1795 par les armées de la République. Elle devint sous l'Empire le chef-lieu du département de l'Escaut (Scelde). Louis XVIII s'y retira pendant les Cent-Jours (1815). En 1815, l'Angleterre et les Etats-Unis y signèrent un traité de paix[1]. »

« Le 11 novembre 1918, à 5 heures du matin, l'armistice est signé. Le " cessez-le-feu " de la Grande Guerre est sonné à 11 heures. En cette aube du 11 novembre le front passe près de Gand[2]... »

« Les deux commandements tentèrent leur dernière chance : les ailes, en s'efforçant de se déborder, montent vers le nord, dans ce que l'on a appelé la course à la mer. Ces grandes batailles de rencontres laissèrent aux Français Amiens, Arras, et aux Allemands Lille, Roubaix, Tourcoing. Anglais et Français parvinrent à donner la main à l'armée belge qui, après avoir abandonné *Anvers* (8 octobre 1914), réussit une retraite hasardeuse jusqu'à l'Yser. Les Allemands réduisirent en neuf jours les forts d'*Anvers;* le " pistolet chargé au cœur de l'Angleterre " tombait entre des mains terribles; les troupes que von Falkenhayn lança dans la bataille des Flandres étaient des formations nouvelles, étudiants, professeurs, engagés, de seize à cinquante ans (jeune vieillesse) et *impatients de frapper les derniers coups* (conforte intaminées). Après des mêlées sans merci à Dixmude sur l'Yser, petit fleuve côtier, la bataille s'enlisa et s'éteignit dans *la boue des inondations* (crappe charient) et les pluies torrentielles[3]. »

« Lors de la déclaration de guerre, le 4 août 1914, de jeunes Allemands laissent éclater leur enthousiasme[4]. »

1. D.H.B. **2.** H.F.A.C.A.D. **3.** Prologue à notre Siècle – Histoire Universelle t. XI; A. Jourcin, Librairie Larousse, 1968. **4.** E.U.

La révolution bolchevique – 1917
Les interventions étrangères en Russie
1917-1922
La proclamation de l'U.R.S.S. – 1922

Présage 62.

Courses[1] de LOIN. ne s'apprester conflits,
Triste entreprise, l'air pestilent, hideux :
De toutes parts les Grands seront afflits,
Et dix et sept assaillir vint et deux.

Traduction :

Des incursions hostiles venues de Loin, de gens qui ne seront pas préparés au conflit, à cause d'une triste entreprise (la révolution) qui rendra l'air irrespirable et hideux; de tous côtés les chefs d'Etat seront affligés et assailliront (les Russes) de 1917 à 1922.

L'histoire :

« La révolution bolchevique a déterminé un cours entièrement nouveau de l'histoire russe, par un bouleversement des structures politiques, administratives, économiques et sociales... La réalité du nouveau régime n'apparaît nullement en octobre *1917*. Vingt ans de luttes intérieures constituent *une période tragique* (triste entreprise) de l'histoire de la Russie, ex-empire devenu en *1922* l'Union des républiques socialistes soviétiques... Au lendemain d'Octobre, le nouveau gouvernement a eu à lutter non seulement contre une opposition dans le pays lui-même, mais aussi contre *l'intervention étrangère :* La Russie s'étant retirée de la guerre par le traité de Brest-Litovsk (3 mars 1918), des armées françaises, anglaises, américaines et japonaises sont venues appuyer la guerre civile jusqu'en novembre 1920, avec un prolongement en *Extrême-Orient* (de loin), jusqu'en novembre *1922*[2]. »

« La révolution russe avait commencé sans violences, mais un attentat contre Lénine et la guerre civile déchaînent *la Terreur*. De 1919 à 1920, les victimes des exécutions, de la famine (hideux), *des épidémies* (l'air pestilent) atteindront peut-être 7 millions. Lénine donne le mot d'ordre : mort ou victoire[3]. »

1. Art militaire : incursions hostiles. D.L.7.V. **2.** E.U. **3.** L.M.C.

La Révolution d'Octobre – 1917
Le mystère du massacre des Romanov

Présage 89, octobre.

Voici le mois par maux tant a doubter[1],
Mors, tous seigner[2] peste, faim, quereller :
Ceux du rebours[3] d'exil viendront noter[4],
Grands, secrets, morts, non de contreroller[5].

Traduction :

Voici le mois (octobre) redoutable par les malheurs qu'il apportera. Tous ceux du drapeau rouge apporteront la mort, la maladie, la famine et la guerre civile. Les opposants seront condamnés à l'exil, et on ne pourra pas contrôler la mort des grands qui restera secrète.

L'histoire :

« *En octobre 1917,* la situation intérieure de la Russie est *catastrophique.* L'inflation du papier-monnaie, le poids des dettes de l'Etat rendent inévitable une banqueroute financière...

« *L'insurrection d'octobre* (25 octobre-1er novembre). Tandis que Kerenski quitte Petrograd pour se rendre au-devant des troupes qu'il a rappelées du front, matelots, soldats, ouvriers *gardes rouges* s'emparent du palais d'Hiver, dispersent le Préparlement, arrêtent les membres du gouvernement provisoire. Les troupes qui s'avancent sur Petrograd, peu disposées à se battre, voient leur avance enrayée comme deux mois plus tôt; leurs chefs entrent en pourparlers avec les bolcheviks; Kerenski parvient à échapper à l'arrestation. Cependant, à Petrograd, puis à Moscou, les tentatives des élèves-officiers pour rétablir le gouvernement ont échoué. Sur le plan politique, la révolution bolchevique est triomphante le 1er novembre[6]. »

« En juillet 1918, alors qu'ils étaient aux mains des communistes, le tsar de Russie Nicolas II, sa femme Alexandra et leurs cinq enfants (grands) disparurent et on ne les revit jamais. Officiellement, ils avaient été *tués* à coups de fusil et de baïonnette dans la maison où ils étaient tenus prisonniers. Mais pendant les cinquante-huit ans qui suivirent, le *mystère* et les contradictions de cette affaire n'ont fait que croître, masquant la vérité, créant des légendes, ajoutant à la confusion... Bien que la version du massacre ait été sérieusement remise en question, nos découvertes ne nous ont guère avancés quant au sort qui fut réellement réservé aux Romanov (non de contreroller)[7]. »

1. Exemple d'aphérèse. **2.** Latin : *signum :* drapeau rouge. D.L.L.B. a donné seigniere : bande d'étoffe, écharpe. D.A.F.L. **3.** Au figuré : contre-pied, le contraire de ce qu'il faut. D.L.7.V. **4.** Latin : *notare :* censurer, condamner. D.L.L.B. **5.** Forme ancienne de contrôler. D.A.F.L. **6.** E.U. **7.** L.D.R.

L'internationale et le marxisme en Russie
L'extension des idées communistes
Les prisons

I, 14.

De gent esclave[1] chansons, chants et requestes,
Captifs par Princes et Seigneurs aux prisons :
A l'advenir par idiots sans testes,
Seront receus par divines oraisons.

Traduction :

Les chants et les requêtes des Russes, dont les chefs d'Etat mettront des gens en prison, seront acceptés comme des discours divins par des gens écervelés et stupides.

L'histoire :

« Du 3 au 19 juillet 1921, se tient à Moscou le congrès constitutif de l'Internationale syndicale rouge. Au IIe congrès de l'Internationale communiste, des syndicalistes russes, italiens, français, espagnols, bulgares, yougoslaves publiaient une déclaration (requête) qui, dénonçant la pseudo-neutralité syndicale (l'apolitisme) et la pratique réformiste des dirigeants de la Fédération syndicale internationale, appelait les révolutionnaires à militer dans les syndicats réformistes[2]. »

« Epuration massive : tandis que les *arrestations* pour crimes contre-révolutionnaires se multipliaient entre 1936 et 1937, l'épuration s'étendait hors du cadre du Parti pour atteindre tous ceux qui avaient un lien avec les victimes, aussi ténu soit-il.

« Les grandes *prisons :* trois des cinq prisons principales de Moscou étaient réservées aux politiques bien que certains aient été incarcérés également avec des droits communs... Des camps de travail furent installés un peu partout. Le camp Kargopol, par exemple, dans la région d'Arkhangelsk, consistait en plusieurs petits camps répartis sur un rayon de 55 kilomètres et il contenait environ *trente mille prisonniers* en 1940. Il avait été fondé en 1936 par six cents prisonniers qu'on avait tout simplement jetés du train au milieu de la forêt : poussés par la nécessité, ils construisirent eux-mêmes leurs baraquements et leurs clôtures[3]. »

1. Esclavonie : ancien nom de la Russie, pays des Slaves. D.H.B. **2.** E.U. **3.** L.G.T.

L'Union soviétique se construit grâce à deux guerres – 1914 et 1939 Chute du tsar – Staline au pouvoir

V, 26.

La gent[1] esclave par un heur[2] martial,
Viendra en haut degré tant eslevée :
Changeront prince, naistra un provincial,
Passer la mer, copie[3] aux monts levée.

Traduction :

La Russie atteindra une telle puissance grâce à la guerre qu'elle changera son prince par un personnage né en province, puis sa puissance gagnera la mer et elle lèvera des troupes au-delà des montagnes.

L'histoire :

« La Russie s'étant retirée de la guerre par le traité de Brest-Litovsk (3 mars 1918), des armées françaises, anglaises, américaines et japonaises sont venues appuyer la guerre civile jusqu'en novembre 1920, avec un prolongement en Extrême-Orient jusqu'en novembre 1922. Rejetant les armées étrangères (heur martial) d'intervention et les débris des armées blanches, écrasées sur le sol russe, le gouvernement bolchevique ne s'en trouvait pas moins aux prises avec des difficultés. Aussi bien les trois premières années de la révolution ont-elles été qualifiées, par un abus de terme, de période du " communisme de guerre ". »

« Iossif (Joseph) Vissarionovitch Djougatchvili naît à Gori en *Géorgie* en 1879 (un provincial). Staline!

« Passée d'une position défensive à une situation de force, l'U.R.S.S. entrait dans la Seconde Guerre mondiale en septembre 1939, participant, aux côtés de l'Allemagne, avec qui elle avait signé le 23 août un traité de non-agression, au nouveau partage de la Pologne, qui lui permit d'annexer les provinces polonaises occidentales, peuplées de Biélorusses et d'Ukrainiens, rattachées en novembre aux Républiques soviétiques de Biélorussie et d'Ukraine. Elle contraignait la Roumanie à lui céder la Bessarabie et la Bukovine du Nord (28 juin 1940). Le 22 juin 1941, face à l'attaque allemande, commençait pour elle " la grande guerre nationale du peuple soviétique contre les envahisseurs allemands " qui, par ses conséquences, allait marquer un tournant de son histoire (haut degré tant élevé par un heur martial)[4]. »

1. Latin : *gens :* race, population. D.L.L.B. **2.** Chance quelconque, événement heureux. D.L.7.V. **3.** Latin : *copia :* corps d'armée, troupes, forces militaires. D.L.L.B. **4.** E.U.

La guerre dans les Balkans – 1908-1919
Mustapha Kemal – 1920

II, 49.

Les Conseillers du premier monopole[1],
Les conquérants séduits[2] par la Melite[3]
Rodes, Bisance pour leurs exposant[4] pole[5],
Terre faudra[6] les poursuivants de fuite.

Traduction :

Les conseillers juridiques du premier président seront mis à l'écart à Malte par les conquérants (les Alliés) à cause de l'abandon des villes de Rhodes et de Constantinople; puis ces territoires manqueront à leurs poursuivants qui seront mis en fuite.

L'histoire :

« En septembre 1911, l'Italie, désireuse de mettre la main sur la Tripolitaine, déclare la guerre à l'Empire ottoman et débarque des troupes à Tripoli, en même temps que sa flotte conquiert *Rhodes* et le Dodécanèse. La lutte est âpre en Tripolitaine et ce sont seulement les préludes de la guerre dans les Balkans qui font *céder* la Turquie... Le 18 octobre 1912, la guerre est déclarée par les Etats balkaniques à la Turquie... La flotte grecque s'empare des îles de la mer Egée...

« La capitulation de la Bulgarie (29 septembre 1918) entraîne immédiatement celle de la Turquie; un armistice est signé le 30 octobre 1918 en rade de Moudros, dont les clauses principales sont la liberté des Détroits et l'*occupation de Constantinople.*

« Le 4 septembre 1919, se réunit le Congrès national de Sivas. Mustapha Kemal est élu président du Congrès (le premier), qui prend une position nettement hostile à l'égard des puissances et du gouvernement de Stamboul. Le 16 mars 1920, les Anglais font occuper par les troupes alliées les ministères de la Guerre et de la Marine, les directions de la Police et des Postes, en même temps que des *députés et des notables* (conseillers) favorables à Mustapha Kemal sont arrêtés et *déportés à Malte*...

« La conférence de Lausanne, ouverte le 21 novembre 1922, aboutit à une paix signée le 24 juillet 1923. C'est une victoire pour les Turcs qui obtiennent comme frontière en Thrace le cours de la Maritza et récupèrent les îles d'Imbros et de Tenedos... Les Alliés évacueront *Stamboul* six semaines après la ratification de la paix[7]. »

1. Droit quelconque possédé exclusivement par quelqu'un, par un petit nombre de personnes. D.L.7.V. **2.** Latin : *seductus :* mis à l'écart, éloigné. D.L.L.B. **3.** Habitant de Malte. **4.** Latin : *expositus :* abandonné. D.L.L.B. **5.** πόλις : ville. D.G.F. **6.** Futur de faillir : manquer. D.A.F.L. **7.** H.D.T.

La Révolution turque – 1920
L'Empire ottoman perd l'Égypte
Son démembrement

I, 40.

La trombe[1] fausse dissimulant folie,
Fera Bisance un changement de loix,
Hystra[2] d'Égypte, qui veut que l'on deslie
Edict changeant monnoye et alloi[3].

Traduction :

Une fausse révolution cachant de la folie fera changer la Turquie de lois. L'Égypte sortira (de l'Empire) qu'on veut démembrer. Ses édits changeront les monnaies et les parités.

L'histoire :

« Le Congrès de Berlin (13 juin 1878) est une nouvelle et grave étape dans le démembrement (deslie) de l'Empire ottoman : si en Orient il n'a perdu que *l'Égypte*, à laquelle l'Angleterre impose de plus en plus sa domination, en Europe, il ne possède effectivement que quelques territoires réduits, misérables restes d'un domaine que les nationalismes locaux, soutenus par les grandes puissances, ont peu à peu grignoté.

La *révolution* de Mustapha Kemal : en créant un parti unique, en muselant l'opposition, Mustapha Kemal a réussi à redonner au peuple turc la confiance en soi (fausse révolution).

En politique intérieure, les faits marquants sont l'abolition de la polygamie, la suppression des ordres religieux et l'interdiction du port du fez (août-novembre 1925), l'institution de *nouveaux codes civils* (nouvelles lois) criminel et commercial, établis d'après les codes suisse, italien et allemand... l'application de tarifs douaniers protecteurs... En 1931, la Banque centrale de la République est organisée défitinivement : elle succède à la Banque ottomane comme banque d'État et institut d'émission (monnaie)[4]. »

Le lac Léman (Genève, Évian),
centre de conférences internationales
la S.D.N., l'O.N.U., la Croix-Rouge

I, 47.

Du Lac Leman les sermons fascheront,
Des jours seront reduicts[5] par des semaines
Puis mois, puis an, puis tous défailleront
Les Magistrats damneront leurs lois vaines.

1. Latin : *tropa :* révolution. D.L.L.B. Cf. I, 57. **2.** Futur de issir : sortir. D.A.F.L. **3.** Aloi : titre de l'or et de l'argent. D.L.7.V. **4.** H.D.T. **5.** Latin : *reducto :* je reconduis. D.L.L.B.

Traduction :

Les discours du Lac Léman seront cause de brouilles; des jours seront reconduits par des semaines, puis des mois par des années, puis tout s'effondrera et les législateurs maudiront leurs lois vaines.

L'histoire :

« Le problème de la protection des victimes de la guerre s'est posé, à la fin de la Seconde Guerre mondiale, avec une ampleur jamais atteinte. Certaines règles figurant dans les *conventions de Genève* du 22 août 1864, révisées en 1905, puis en 1929, ne paraissaient plus adaptées au caractère de guerre totale que présentèrent les conflits de 1914-1918 et surtout de 1939-1945. De nouveaux textes (sermons) étaient nécessaires. Préparés à la Conférence internationale de la Croix-Rouge tenue à Stockholm en août 1948, ils furent soumis à la Conférence de Genève, regroupant du 21 avril au 12 août 1949 tous les Etats ayant adhéré aux conventions qu'il s'agissait de réviser. Le 12 août 1949 étaient signées quatre conventions : *convention de Genève* pour l'amélioration du sort des blessés et des malades dans les forces armées en campagne; *convention de Genève* pour l'amélioration du sort des blessés, des malades et des naufragés des forces armées sur mer; *convention de Genève* relative au traitement des prisonniers de guerre; *convention de Genève* relative à la protection des personnes civiles en temps de guerre. Certaines règles générales sont communes aux quatre conventions. Sont interdits en tout temps et en tout lieu : la prise d'otages[1] (lois vaines), les exécutions sans jugement régulier, la torture, de même que tout traitement cruel et déshonorant... Malgré les améliorations qu'elles apportent aux règles du droit de la guerre, les conventions de Genève de 1949 se heurtent à de nombreuses difficultés d'application dans le monde contemporain, par suite de l'extrême imbrication des notions, autrefois distinctes, de conflit interne et de conflit international et des implications des principes de guerre révolutionnaire et subversive[2]. »

1. Cf. la prise d'otages en Iran, réalisée à l'échelon le plus haut d'un État ! le 4 novembre 1979. **2.** E.U.

Les sept changements d'alliance de l'Angleterre en 290 ans Les guerres franco-allemandes consacrent l'union France-Angleterre

III, 57.

Sept fois changer verrez gens[1] Britannique
Taints en sang en deux cens nonante ans :
France non point par appui germanique
Ariès[2] doubte son pole[3] Bastarnan[4].

Traduction :

On verra la nation britannique changer sept fois en deux cent quatre-vingt-dix ans qui seront teints de sang, et cela envers la France, qui, lorsqu'elle n'aura plus le soutien de l'Allemagne, doutera de son pôle attractif à cause de la machine de guerre allemande.

L'histoire :

1628 : Siège de La Rochelle.

1657 : Alliance de la France avec Cromwell.

1667 : Guerre de Succession d'Espagne. Turenne occupe les Flandres. L'Angleterre forme contre la France, avec la Suède et la Hollande, la Triple-Alliance. Paix d'Aix-la-Chapelle (1668).

1670 : Traité avec l'Angleterre contre la Hollande.

1688 : Guerre de la Ligue d'Augsbourg. Guillaume d'Orange, roi d'Angleterre, groupe dans la ligue contre Louis XIV : l'Espagne, la Suède, la Hollande, l'Autriche, le duc de Savoie. Paix de Ryswick (1697).

1716 : L'abbé Dubois se rend à La Haye avec mission d'aider les Anglais à faire rentrer les Hollandais dans un traité d'alliance contre l'Espagne : La Triple-Alliance signée le 4 janvier 1717.

1744 : Louis XV déclare la guerre à l'Angleterre et à l'Autriche.

1914-1918 : Les Anglais combattent aux côtés des Français contre l'Allemagne.

1918-1628 = 290 ans.

1. Latin : *nation*, population, pays. D.L.L.B. **2.** Nom latin du Bélier : machine de guerre. D.L.7.V. **3.** Au figuré : ce qui dirige, fixe comme fait le pôle. D.L. **4.** Bastarnes : peuple qui s'étendait à partir du IIe siècle après J.-C., de la haute Vistule au bas Danube. Il était de race germanique suivant Tacite. D.L.7.V.

Plus de 300 ans de puissance anglaise 1600-1945 Occupation du Portugal par les Anglais – 1703

X, 100.

Le grand empire sera par Angleterre
Le Pempotam[1] des ans plus de trois cens :
Grandes copies[2] passer par mer et terre
Les Lusitains[3] n'en seront pas contens.

Traduction :

L'Angleterre sera un grand empire et aura la toute-puissance pendant plus de trois cents ans. Elle fera passer de grandes troupes par mer et par terre; ce qui ne satisfera pas les Portugais.

L'histoire :

« Le gouvernement avisé d'Élisabeth s'engage dans la voie du mercantilisme. Les compagnies à charte se multiplient dont la plus prestigieuse est la Compagnie des Indes fondée en 1600. Le bien-être et le luxe se répandent dans les classes possédantes... Si l'*expansionnisme* anglais au XVIIe siècle, loin de se ralentir, s'affermit de par le monde, sur le plan intérieur et européen, en revanche, ce siècle de révolution inaugure une longue période de crises qui, finalement surmontées, permettront à la Grande-Bretagne d'instaurer des mécanismes politiques efficaces, d'acquérir les traits *durables* (300 ans) de sa personnalité physique et morale[4]. »

« La guerre cesse dans une Europe où Anglais et Américains campent face aux Soviétiques (1945). La détermination qui avait permis au peuple anglais, en surmontant ses trouble et ses controverses d'avant-guerre, de tenir héroïquement ne pouvait plus dissimuler les changements qui ont affecté *la position de la Grande-Bretagne dans les affaires mondiales.* Face aux nouveaux géants (Amérique, U.R.S.S. et bientôt Chine de Mao-Tse-Tung) elle est *affaiblie* dans ses ressources et son économie[5]. » 1600-1945 – plus de trois cents ans.

« Depuis Pierre II, le *Portugal* pencha vers l'Angleterre qui en 1703 y consolida sa prépondérance par le traité de Methuen. Bientôt les Anglais eurent tout en leurs mains et réduisirent les Portugais à n'être plus que leurs facteurs. Sous le roi Joseph, Pombal voulut *secouer ce joug;* ses efforts furent insuffisants. Napoléon, dans sa lutte contre l'Angleterre, força le Portugal à fermer ses ports aux Anglais. Puis étant convenu, par un traité

1. Mot fabriqué à partir du mot grec : πας : tout et du mot latin : *potens :* puissant – équivalent d'omnipotent. **2.** Latin : *copiae :* corps d'armée, troupes – D.L.L.B. **3.** Portugal : partie de l'ancienne Lusitanie. D.H.B. **4.** H.R.U. **5.** E.U.

secret signé avec l'Espagne en 1870 à Fontainebleau, de partager le pays avec cette puissance, il en entreprit la conquête; mais l'Angleterre le défendit comme *sa province.* A la paix générale de 1815, la famille royale du Portugal dut rester au Brésil, et l'ambassadeur anglais Beresford gouverna en fait le pays. En 1820 éclata à Porto *une révolution*[1]...

Naissance de Franco en Galice
Son départ du Maroc vers le pouvoir – 1936
La révolte des Asturies – octobre 1934

X, 48.

Du plus profond de l'Espagne enseigne[2],
Sortant du bout et des fins de l'Europe[3] :
Trouble passant auprès du pont[4] de Laigne[5],
Sera deffaicte par bande sa grand troppe.

Traduction :

Du plus profond de l'Espagne (à l'ouest)[6] naîtra un officier qui sortira du bout et des confins de l'Europe (Gibraltar) au moment où la révolution arrivera près de la mer de Llanes; et la bande des révolutionnaires sera matée par sa grande armée.

L'histoire :

« Faute de place à l'Académie navale, le *Galicien* Francisco Franco entra, à quinze ans, à l'Académie d'infanterie de Tolède. De 1912 à 1926, il servit presque sans interruption au *Maroc.* Il devint à trente-trois ans le plus jeune *général d'Europe...* En octobre 1934, il *réprima la révolte* des gauches unies dans les *Asturies.* Après avoir été chef de l'état-major suprême (enseigne), en mai 1935, il fut envoyé aux Canaries comme capitaine-général à la suite de la victoire du Front populaire aux élections de février 1936. Le 19 juillet, il prit le commandement de l'*armée* d'Afrique, à Tétouan, et demanda aussitôt à l'Axe des avions qui transportèrent ses troupes en métropole (sortant du bout et des fins de l'Europe)... Après son échec de novembre 1936 devant Madrid, il *vainquit* les armées républicaines et entra à Madrid le 1er avril 1939[7]. »

1. D.H.B. **2.** Nom donné autrefois à l'officier porte-drapeau et à certains officiers des gendarmes du roi. D.L.7.V. **3.** Détroit de Gibraltar, entre la péninsule hispanique et l'empire de Maroc. D.H.B. **4.** Grec : ποντός : la mer. D.G.F. Le littoral des *Asturies* est riche en ports de pêche, dont le port de *Llanes* (A.E.). **5.** Francisation de la ville de Llanes. **6.** Galice : province d'Espagne située à l'*angle* N.-O. de la péninsule. D.H.B. **7.** E.U.

Franco nommé chef du gouvernement à Burgos – 1er octobre 1936 Primo de Rivera allié de Franco dans le fascisme

IX, 16.

De castel[1] Franco sortira l'assemblée[2].
L'ambassadeur[3] non plaisant fera scisme,
Ceux de Ribière[4] seront en la meslée :
Et au grand goulphre[5] desnieront l'entrée.

Traduction :

Franco sortira d'une junte dans une place forte de Castille. L'envoyé qui n'aura pas plu fera le (fa)scisme, ceux de (Primo) de Rivera seront avec lui; ils refuseront l'entrée au grand gouffre de malheurs (l'Allemagne).

L'histoire :

« *Une junte* de généraux le nomma généralissime à *Burgos*, le 12 septembre, puis chef du gouvernement le 1er octobre. Après avoir été chef de l'état-major à la suite de la victoire du front populaire aux élections de février 1936... Caudillo, chef, concentrant dans ses mains tous les pouvoirs et responsable seulement devant Dieu et devant l'histoire (régime de caudillaje, parfois confondu avec le *fascisme*)...

Fasciste malgré lui et libéral qui s'ignore, Primo de *Rivera* réalisa à Valladolid, le 4 mars 1934, la fusion de la Phalange et des J.O.N.S. (Juntes offensives nationales-syndicalistes), dont il devint peu après le chef unique. Les attentats dont les phalangistes furent victimes le contraignirent à autoriser ses partisans à exercer des représailles (terrorisme phalangiste) (en la mêlée!)[6]. »

« Durant la Seconde Guerre mondiale, le général Franco, malgré ses liens avec les puissances de l'Axe, reste neutre et *refuse le passage* des armées allemandes à travers l'Espagne[7]. »

1. Latin : *castellum :* place forte. D.L.L.B. Burgos : ville d'Espagne, chef-lieu de la Vieille-*Castille,* place forte. D.H.B. Jeu de Nostradamus sur la double signification de castel : place forte et Castille. **2.** Junte : conseil, *assemblée* en Espagne et au Portugal. D.L.7.V. **3.** Agent diplomatique envoyé pour représenter un souverain, un État. D.L.7.V. **4.** Francisation de Rivera. Le b et le v sont deux labiales interchangeables : exemple : Lefèvre et Lefèbre. **5.** Se dit des malheurs ou des misères où l'on tombe : tomber dans un gouffre de maux. D.L.7.V. **6.** E.U. **7.** A.E.

L'aide des puissances de l'Axe à Franco La guerre d'Espagne – 1936-1939 Les maquis du Sud-Ouest contre les Allemands – juin 1944

III, 8.

Les Cimbres[1] joints avec leurs voisins,
Depopuler viendront presque l'Espagne
Gens amassez[2], Guienne[3] et Limosins
Seront en ligue, et leur feront campagne[4].

Traduction :

Les Allemands alliés avec leurs voisins (Italiens) viendront dépeupler presque jusqu'en Espagne. Des gens réunis en Guyenne et en Limousin formeront une ligue et se mettront en campagne contre eux.

L'histoire :

« *L'Italie* enverra à *l'Espagne* de Franco du matériel de guerre et des troupes expéditionnaires; l'*Allemagne* des techniciens et des avions (la légion Condor)... Le nombre de ceux qui moururent à cause de leurs idées politiques dans les deux camps est difficile à évaluer, mais on peut affirmer, sans exagérer, qu'il fut *extrêmement élevé*. En y ajoutant celui des combattants tués, nous obtenons un chiffre approximatif de 750 000 morts... Les puissances de l'Axe (*l'Allemagne et l'Italie*) avaient été les grands protecteurs des Franquistes[5]. »

« Le 6 juin 1944, la libération de la France commence en Normandie. Les Allemands engagent des réserves, disséminées à l'arrière. Parmi celles-ci, la division cuirassée SS Das Reich stationnée dans la région de Toulouse. Elle devrait pouvoir accomplir le trajet qui la sépare du nouveau front en trois jours au maximum. Mais c'est compter sans *la Résistance française*. Deux formations F.F.I. (ligue), la brigade Hervé et la brigade Alsace-Lorraine, l'attendent dans la traversée de la *Dordogne*, de la Charente et de *la Haute-Vienne*. Des engagements se produisent dès le 7 juin dans *le Lot*, au pont de Souillac, puis le 8 à Cressensac. Le jour même, la division lance son infanterie pour s'ouvrir le passage en dehors de cette région de *la Dordogne* qui vient de la retarder de trente heures. Puis elle fonce vers l'est en direction de *Limoges*. Exaspérés, vivant désormais dans la crainte des " terroristes ", les SS constituent, pour la population civile des localités qu'ils traversent, une me-

1. Peuple germanique établi sur la rive droite de l'Elbe. D.L.7.V. **2.** Faire amas de, rassembler, réunir, D.L.7.V. **3.** La Guyenne forme aujourd'hui, en tout ou en partie, sept départements : Gironde, Landes, *Dordogne*, *Lot*, Aveyron, Lot-et-Garonne, Tarn-et-Garonne, D.L.7.V. **4.** Le mot campagne est un terme employé pour désigner le service et la situation des militaires en temps de guerre, par opposition au temps de paix : faire campagne. D.L.7.V. **5.** H.E.F.D.P.

nace toujours prête à se traduire en exactions. Le 10 juin 1944, *près de Limoges*, c'était le drame d'Oradour-sur-Glane[1]. »

La fin de la République espagnole – 1939
Les massacres de prêtres
La prise de Séville – 1936

VI, 19.

La vraye flamme engloutira la dame[2]
Que voudra mettre les Innocens[3] à feu,
Près de l'assaut l'exercite[4] s'enflamme,
Quand dans Seville monstre[5] en bœuf[6] sera veu.

Traduction :

La vraie flamme (de la guerre) engloutira la République qui voudra mettre à mort des Innocents. Les gardes d'assaut s'enflammeront après qu'on aura vu une calamité sous la forme d'un personnage à Séville.

L'histoire :

« Le soulèvement commença le 7 juillet 1936 à Melilla. Franco quitta en avion les Canaries et vint prendre le commandement des troupes du Maroc... Le coup d'État réussit assez facilement à Saragosse en Vieille-Castille et en Galice, la *République* (la dame) conservant le littoral cantabrique. En Andalousie, les militaires ne purent que contrôler quelques villes isolées mais importantes : *Séville*, avec le Général Queipo de Llano, Cadix, Cordoue et Grenade... Toute la façade méditerranéenne resta aux mains des républicains. Dans l'ensemble, l'armée et la Garde civile avaient été favorables au soulèvement, mais non les *gardes d'assaut;* elles s'étaient heurtées aux grandes organisations ouvrières...

« Du côté républicain, le gouvernement Giral ne put empêcher une véritable révolution. Sauf au Pays Basque, le culte catholique ne fut plus célébré et des *milliers d'ecclésiastiques* (Innocens) périrent...

« Prenant l'offensive à la fin décembre 1938 sur le front de Catalogne, les nationalistes arrivèrent en six semaines à la frontière. Dans la zone Madrid-Valence, les partisans de la reddition l'emportèrent sur ceux de la guerre à outrance, et tout fut terminé le 31 mars 1939. »

« Le camp sorti vainqueur de la guerre civile bâtit un *nouvel État* autour de son chef, Francisco Franco (engloutira la dame)[7]. »

1. *Historama*, n° 272. **2.** Utilisation constante d'un personnage féminin pour désigner les républiques. **3.** Noter le I majuscule pour désigner les prêtres. **4.** Latin : *exercitus :* armée. D.L.L.B. **5.** Fléau, calamité. D.L.L.B. **6.** Au figuré : grossier, brutal. D.L.7.V. **7.** E.U.

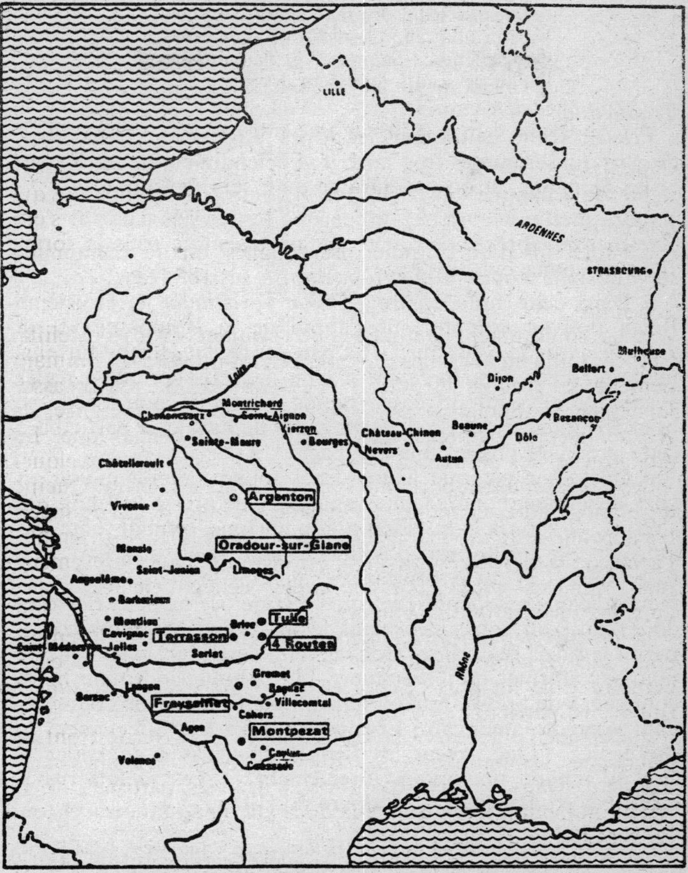

Déplacement de la division « Das Reich » de mars 1944 à septembre 1944. Dans chacune des localités marquées sur cette carte, les SS se livrèrent à des exactions et des crimes gratuits. (Coll. Tallendier)

Extrait de *Histoire pour tous,* hors série n° 11, mars-avril 1979.

La naissance d'Hitler en Austro-Bavière – 1889 Sa lutte contre l'Union soviétique Le mystère de sa mort

III, 58.

Auprès de Rhin des montagnes Noriques[1]
Naistra un grand de gens trop tard venu,
Qui deffendra[2] Saurome[3] et Pannoniques[4],
Qu'on ne sçaura qu'il sera devenu.

Traduction :

Près du Rhin, naîtra dans les Alpes Noriques un grand chef, de gens qui seront nés trop tard; il se défendra contre les Russes et les Hongrois; et on ne saura ce qu'il sera devenu.

L'histoire :

« Hitler, fils d'un brigadier des douanes, est né à Braunau-sur-Inn, ville frontière *austro-bavaroise,* en 1889[5]. »

« Dans cette lutte contre l'*Union soviétique,* le Troisième Reich pouvait compter sur l'appui de la Roumanie, de la *Hongrie* et de la Slovaquie... La part du régent Horthy fut plus modeste, aussi bien *Budapest* n'avait-il aucun compte à régler avec Moscou; seul un corps rapide *hongrois* composé d'une brigade motorisée et de deux brigades de cavalerie participa à cette première phase de la campagne[6]. »

« Quand on sut que le maréchal Joukov, commandant en chef soviétique, tiendrait une conférence de presse le 9 juin, on s'y rua... Il aborda la question qui, pour tous, primait toutes les autres : celle de la mort d'Hitler. Mais il le fit de façon bien surprenante : – Les circonstances sont très *mystérieuses*, dit-il. Nous n'avons pas identifié le corps d'Hitler. Je ne peux rien dire de définitif sur son sort... Nous avons trouvé plusieurs corps, parmi lesquels pourrait se trouver celui de Hitler, mais nous ne pouvons affirmer qu'il soit mort... Le 10, au lendemain de la conférence de presse, Joukov rencontre à Francfort le commandant suprême américain; Eisenhower pose très directement le problème : "Que savent les Russes du cadavre de Hitler ? – Joukov répond non moins directement : – Les soldats russes n'ont pas trouvé trace du cadavre de Hitler[7]. " »

1. Le Noricum, aujourd'hui partie de la *Bavière*, de l'*Autriche* et de la Styrie. Les Alpes Noriques s'étendent à travers la Carinthie, le pays de Salzbourg et l'Autriche jusqu'aux plaines d'Ordenbourg en Hongrie. D.H.B. **2.** Latin : *defendo :* je repousse, j'éloigne, je me défends contre. D.L.L.B. **3.** Sauromates ou Sarmates : de Sarmatie : nom vague donné par les anciens à une vaste contrée qu'on place à l'ouest de la Scythie et qui s'étendait en Europe et en Asie, entre la mer Baltique et la Mer Caspienne. On distinguait la Sarmatie européenne, entre la Vistule et la Tanaïs, comprenant tous les pays qui forment aujourd'hui *la Russie* et la Pologne... D.H.B. **4.** Ancien nom de la Hongrie. **5.** D.S.G.M. **6.** L.D.G. **7.** D.S.H.

Naissance d'Hitler de parents pauvres – 1889
Ses discours
Sa politique vis-à-vis de la Russie

III, 35.

Du plus profond de l'Occident d'Europe[1]
De pauvres gens un jeune enfant naistra,
Qui par sa langue séduira grande trouppe,
Son bruit au règne d'Orient plus croistra.

Traduction :

De la région la plus à l'est de l'Europe occidentale, un jeune enfant naîtra de parents pauvres. Il séduira de grandes foules par ses discours et il fera encore plus de bruits vers le pouvoir à l'est (U.R.S.S.).

L'histoire :

« Fils d'un brigadier des douanes, né à Braunau-sur-Inn, ville frontière austro-bavaroise, en 1889. Après de modestes études secondaires, commence sa vie non pas comme vagabond, chômeur, mais petit bourgeois bohème, vivant de la *succession médiocre de ses parents*[2]. »

« Hitler fut, selon Allan Bullock, le plus grand *démagogue* de l'Histoire. Ce n'est pas un hasard si les pages de *Mein Kampf* sur la *conquête des masses* (séduira grande troupe) à l'idée nationale sont parmi les meilleures... La mise en application de ces règles du viol efficace des *foules* suppose les talents de l'*orateur* de masses (langue), doué d'un sens quasi animal de leurs besoins profonds. Hitler possédait ces qualités à un degré extraordinaire.

« Le pire piège réside dans le mythe avec lequel Hitler a fini par s'identifier, celui de la race supérieure, maintenue pure à tout prix, qui doit trouver à *l'est* son espace vital. D'où cette obstination à jouer toutes ses cartes *sur la Russie,* cette *fureur* (bruit) à y traduire en actes son idéologie meurtrière[3]. »

L'Autriche :
point de départ des idées nazies

III, 67.

Une nouvelle secte de Philosophes,
Méprisant mort, or, honneurs et richesses,
Des monts Germains ne[4] seront limitrophes[5],
A les ensuyvre auront appuy et presses.

1. L'Autriche est un pays oriental à l'intérieur de l'Europe de l'Ouest. **2.** D.S.G.M. **3.** E.U. **4.** Bien que la valeur propre de l'adverbe « ne » soit de rendre négative la signification du verbe qu'il modifie, cependant l'usage veut qu'il s'emploie, mais sans être complété par aucun autre mot négatif, dans certaines propositions complétives qui restent affirmatives dans la plupart des langues vivantes et qui sont réellement plutôt affirmatives que négatives dans la pensée. D.L.7.V. **5.** Du latin : *limes :* frontières, limites. Placé sur les limites de. D.L.7.V.

Traduction :

Une nouvelle secte de philosophes méprisant la mort, l'or, les honneurs et les richesses prendra naissance aux frontières de l'Allemagne et ceux qui les suivront auront appui et audience.

L'histoire :

« L'influence de *Vienne :* l'école la plus dure, dit Hitler, mais aussi la plus fructueuse de sa vie. Il affirme lui devoir les fondements de sa conception générale de la société, ainsi qu'une méthode d'analyse politique. En réalité, le jeune Adolf avait déjà reçu l'essentiel de ces bases à Linz, au cours d'histoire du docteur Poetsch, pangermaniste et antisémite, violemment hostile aux Habsbourg. Mais, en cette capitale de l'*Autriche-Hongrie*, la vie quotidienne apportait une justification concrète à ses thèses pangermanistes et antisémites. » (Limitrophes des monts Germains[1].)

« Goering prend effectivement le commandement de la S.A. au printemps 1923. Passant au crible chaque section, il élimine les éléments peu sûrs, ceux qu'il juge plus nuisibles pour le parti que pour leurs adversaires. Les autres doivent jurer une fidélité aveugle au parti et faire une véritable profession de foi. Goering leur fait signer un engagement qui ne leur cache pas le rôle qu'ils auront à tenir : " en temps que membre de la section d'assaut du N.S.D.A.P., je m'engage à me tenir prêt, en tout temps et *en risquant ma vie* s'il le faut, à combattre pour les objectifs du mouvement, et à obéir totalement à mes supérieurs et au Führer ". Dévoués corps et âme à leur maître, ceux qui signent seront les exécutants du N.S.D.A.P., sa force de frappe. Ils seront aussi l'élément majeur de la force politique d'Hitler[2]. »

« Hitler remarque très vite Himmler, ce jeune S.S. de vingt-cinq ans, et le nomme directeur des services de propagande en 1926, l'année suivant son entrée à la S.S. il semble que ce poste soit un excellent tremplin pour grimper très vite dans la hiérarchie nazie[3]. » (Appui et presse.).

Les sectes nazies en Allemagne

III, 76.

En Germanie naistront diverses sectes,
S'approchant fort de l'heureux paganisme,
Le cœur captif et petites receptes[4]
Feront retour à payer le vray disme[5].

1. E.U. **2.** La S.A., force de frappe du parti nazi, André Taillefer, in *Histoire pour tous*, hors série n° 9, novembre-décembre 1978. **3.** S.A. et S.S. : les deux piliers de l'appareil nazi, Bernard Quentin, in *Histoire pour tous*, hors série n° 9, novembre-décembre 1978. **4.** Latin : *recepta :* chose reçue. D.L.L.B. **5.** Dismer : dépouiller, décimer. D.A.F.L.

Traduction :

Plusieurs sectes verront le jour en Allemagne qui rappelleront beaucoup l'heureux paganisme, l'esprit captif et leurs ressources trop faibles les feront dépouiller en retour.

L'histoire :

Les sectes : La S.A., l'Association de Jeunesse du N.S.D.A.P., la S.S., la Jeunesse hitlérienne, l'Ahnenerbe, la Société de Thulé, etc.

« Le mariage religieux est remplacé par des noces ancestrales. Le chef d'unité S.S. préside et, lorsque les époux ont échangé les anneaux, il leur offre en présent le pain et le sel. Tout doit détourner le couple de l'Église et l'orienter vers un nouveau culte, *une sorte de néo-paganisme germanique.* »

« Le 30 janvier, jour anniversaire de la prise du pouvoir, l'aspirant reçoit une carte d'identitié SS provisoire. Le 20 avril, jour anniversaire d'Hitler, il obtient une carte d'identité définitive, revêt le fameux uniforme écussonné et prête serment au Führer : « Je te jure, Adolph Hitler, mon chef, fidélité et bravoure. Je te promets à toi, et à tous ceux que tu désigneras pour me commander, *obéissance jusqu'à la mort*[1]. »

Hitler au pouvoir grâce à la République de Weimar – 1933 Le premier tome de Mein Kampf – 1925

V, 5.

Sous ombre saincte d'oster de servitude,
Peuple et cité l'usurpera lui-mesme :
Pire fera par fraux[2] de jeune pute[3],
Livre au champ[4] lisant le faux proësme[5].

Traduction :

Sous une sainte apparence de délivrer les peuples de la servitude, il usurpera lui-même le pouvoir du peuple et de la ville. Il accomplira le pire par fourberie à l'aide d'une nouvelle république, lisant pour son combat, les idées fausses de la première partie de son livre.

L'histoire :

« A Munich, une tentative de putsch mal conçue, mal exécutée (8 et 9 novembre 1923) aboutit à l'interdiction du parti national-socialiste et à l'arrestation de son Führer, condamné à

1. Les rites initiatiques de la Waffen S.S. Philippe Aziz. In *Histoire pour tous*, hors série n° 9, novembre-décembre 1978. **2.** Latin : *fraus :* mauvaise foi, ruse, acte de tromperie, fourberie. D.L.L.B. **3.** Latin : *puta :* fille. D.L.7.V. Comme le mot garse (V, 12), Nostradamus désigne par un terme féminin, souvent injurieux, les républiques. **4.** Se dit de toute sorte de lutte et de l'endroit où elle a lieu. D.L.7.V. **5.** Proème : prologue, prélude d'un ouvrage. D.L.7.V.

cinq ans de prison (dont il n'accomplit que treize mois) dans la forteresse de Landsberg. Cette captivité, très confortable, vient à point pour lui permettre d'écrire enfin ce qu'il avait dans la tête; *le premier tome de Mein Kampf* (le faux proësme du livre) paraît en 1925.

« Disposant de formations de combat (Antifa, groupes d'autoprotection), les communistes représentent dans *la République* de Weimar (jeune pute) finissante, une force qui a contribué à affaiblir le régime et *profité*, en définitive, aux nationaux-socialistes. Hostilité au traité de Versailles, à la république de Weimar, à la démocratie bourgeoise, au grand capitalisme, tout cela se retrouve, mêlé à bien d'autres tendances, dans l'idéologie nationale-socialiste. C'est à Munich, en février 1925, que se place la " seconde fondation " du parti, sous la direction de Hitler récemment libéré... Les 107 députés élus en septembre 1930 révèlent l'ampleur du mouvement et le succès d'une *propagande* qui va trouver dans la crise économique un appui considérable et qui conduira au triomphe de 1933[1]. »

Prise du pouvoir par Hitler – 1933
Ses treize ans de pouvoir
comme l'empereur Claude – 1933-1945

VI, 84.

Celuy qu'en Sparte Claude ne peut regner,
Il fera tant par voye séductive :
Que du court long, le fera araigner[2],
Que contre Roy fera sa perspective.

Traduction :

Celui qui, comme Claude, n'a pas ce qu'il faut pour régner en Allemagne, fera tant par voie de séduction que de brefs discours il en fera des longs et qu'il réalisera une action projetée contre le gouvernement.

L'histoire :

Nostradamus établit un parallèle entre Sparte et l'Allemagne nazie d'une part, et l'empereur Claude et Hitler d'autre part.

« Lycurgue constitua l'Etat spartiate... Il institue l'assemblée populaire qui devait se prononcer seulement par oui par non... Il donna à l'État un caractère tout militaire, maintenu par une sévère discipline, par une éducation et des repas communs. Il concentra entre ses mains tout le pouvoir exécutif... *L'État spartiate était organisé par la conquête* aussi son histoire

1. E.U. **2.** Araisnier : discourir. D.A.F.L.

n'est-elle qu'une interminable suite de guerres... Elle entraîna contre sa rivale (Athènes) presque toute la Grèce[1]... »

« Claude Ier, César romain, maladif, gauche et timide, il fut dans son enfance *abandonné aux affranchis... La Bretagne* fut conquise par Claude en personne. *Le Rhin fut franchi* et la rive droite du Danube *(l'Autriche)* fut pacifiée. L'Orient vit l'Arménie reconquise, la Thrace *(Les Balkans), en Afrique* la conquête de la Mauritanie fut achevée. A l'intérieur, Claude eut à lutter contre des *conspirations républicaines.* Il les *noya dans le sang...* Claude avait régné *treize ans*[1]. » Comme Hitler : *1933-1945.*

« Le 30 janvier 1933, Hitler a accepté de former le gouvernement. Il va s'emparer de la dictature en trois étapes. Le 1er février le Reichstag est dissous... Le nouveau Reichstag vote à Hitler, pour quatre ans, les pleins pouvoirs qu'il demande. C'est *la fin de la République* de Weimar... Après quelques mois de gouvernement, Hitler se trouve aux prises avec des critiques, *des oppositions.* Hitler s'inquiète. Dans la nuit du 30 juin 1934, la nuit des longs couteaux, il donne le signal de *la répression...* Hitler concentre en ses mains tous les pouvoirs. Né en Autriche en 1889, il a connu la pauvreté, *logé dans des asiles...* Instable, avec des crises de frénésies et de prostrations, *orateur doué d'un magnétisme extraordinaire,* il transporte ses auditoires[2]. »

Les déclarations de paix – 1938

I, 34.

L'oyseau de proye volant à la fenestre[3]
Avant conflit fait aux Français parure[4].
L'un bon prendra, l'autre ambigu sinistre[5],
La partie faible tiendra par bon augure.

Traduction :

L'aigle faisant ce qu'il a décidé de faire, avant la guerre honorera les Français. Une partie le prendra en bonne part, l'autre, la gauche, aura une position ambiguë. La partie la plus faible résistera heureusement.

L'histoire :

« *Offensive de paix* de Berlin et de Moscou. *Le Reich et l'U.R.S.S.* décident de se consulter sur les mesures nécessaires au cas où leurs propositions de paix ne seraient pas acceptées par la France et l'Angleterre. Ils prétendent ainsi établir une *paix* durable en Europe centrale parce qu'ils ont procédé entre eux au partage de la Pologne. »

1. D.L.7.V. Cf. Le second Thrasybule : le général de Gaulle. **2.** L.M.C. **3.** Entrer, rentrer par la fenêtre : faire une chose malgré les obstacles opposés par la volonté de quelqu'un. D.L.7.V. **4.** Au figuré : ce qui embellit, honore. D.L.7.V. **5.** Latin : *sinister :* gauche. D.L.L.B.

« La propagande communiste : les chefs communistes ne savent qu'une chose : traduire en français les mensonges de Monsieur Staline... Oh! il faut rendre aux Bolcheviks l'hommage qu'ils méritent. Ils savent admirablement construire leur propagande. Car enfin, nous qui savons les charges de l'industrie de la presse, il nous est facile de calculer approximativement ce que coûtent des journaux quotidiens, des centaines d'hebdomadaires, des milliers de journaux d'usine. Et voilà qui pourrait bien expliquer *l'impossibilité où se trouvent les chefs communistes* de rompre leurs liens avec Moscou. Car enfin sur le terrain français, ils auraient tout avantage à se déclarer *indépendants*[1]. »

Les accords de Munich – 1938
Le pacifisme anglais. La guerre – 1939

VI, 90.

L'honnissement[2] puant abominable,
Apres le faict sera félicité :
Grand excusé[3], pour n'estre favorable[4],
Qu'à paix Neptune ne sera incité.

Traduction :

L'infamie abominable et infecte succédera à l'acte dont on se félicitera et qui ne sera qu'un grand prétexte sans bienveillance au point que l'Angleterre ne sera pas incitée à la paix.

L'histoire :

« Le 6 décembre 1938, au quai d'Orsay, Von Ribbentrop pour l'Allemagne et Georges Bonnet pour la France signent la déclaration franco-allemande qui semble mettre fin à l'hostilité traditionnelle des deux nations. La paix de l'Europe paraît assurée... Sans le nommer, à la vérité, mais dans un traité librement contracté, l'auteur de Mein Kampf, par la signature de Von Ribbentrop, s'interdisait donc à tout jamais de faire valoir aucune revendication sur l'Alsace et sur la Lorraine. *On se félicitait* également au quai d'Orsay de ce qu'un passage de l'article 3 de la déclaration commune eût réservé expressément les engagements internationaux de la Troisième République. Il s'agissait, en l'espèce, du traité d'alliance franco-polonais de 1921, et du pacte franco-soviétique de 1934[5]. »

« En Extrême-Orient comme en Europe, l'Angleterre a fait longtemps preuve d'une grande volonté de *paix* et a été hostile à toute action directe... En 1939, la leçon des faits a été comprise. L'impuissance de la S.D.N. a convaincu de la nécessité de

1. *L'Intransigeant* du 30 septembre 1939. **2.** Honte, infamie. D.A.F.L. **3.** Latin : *excuso :* j'allègue, je prétexte. D.L.L.B. **4.** Latin : *favorabilis :* bienveillant. D.L.L.B. **5.** L.D.G.

recourir aux systèmes d'alliances traditionnels. La menace d'hégémonie allemande en Europe, japonaise en Extrême-Orient, les armements navals allemands, italiens, nippons ont éveillé des craintes généralisées. Le plus *pacifiste* des hommes d'État, Neville Chamberlain, modifia totalement son attitude, à partir du 15 mars 1939. L'établissement du service militaire obligatoire le 26 avril, *en pleine paix*, pour la première fois dans l'histoire du royaume, a été accepté aisément par l'opinion. Si, en août 1939, le gouvernement multiplie les efforts pour éviter la guerre, c'est sans la moindre hésitation qu'il décide de remplir ses engagements envers la Pologne. La résolution anglaise de 1939 tranche sur les hésitations de 1914. La guerre qui commence le 1er septembre 1939, le 3 pour le Royaume-Uni, est en partie le fruit d'un long aveuglement et d'un *pacifisme* qui n'a pas su déboucher sur une volonté d'organisation internationale efficace de la paix. En 1939, tout un grand rêve de pacifisme s'écroule (non incité) et Neville Chamberlain l'avoue devant le Parlement[1]. »

Mort de Pie XI – 1939
et pontificat de Pie XII – 1939-1958

V, 56.

Par le décès du très vieillard pontife,
Sera esleu Romain de bon aage :
Qu'il sera dict que le Siege debiffe[2]
Et long tiendra et de picquant ouvrage.

Traduction :

Après la mort du très vieux pape, sera élu un pape d'âge moyen. Il sera accusé de nuire au Saint-Siège et tiendra longtemps avec une œuvre « piquante ».

L'histoire :

Pie XI né en 1857 meurt en février 1939 à l'âge de 82 ans.

« Eugenio Pacelli, né à *Rome* dans une famille de vieille aristocratie *romaine*, nommé Cardinal et secrétaire d'Etat de Pie XI en 1929, lui succéda à sa mort en 1939 sous le nom de Pie XII à l'âge de *63 ans*. Pie XII est incontestablement une personnalité de premier plan dont *la politique et les positions ont été diversement jugées*. Il a été affronté à des problèmes considérables et y a fait face avec vigueur en *déployant une activité immense*... Son pontificat a été marqué aussi par plusieurs actes ou documents auxquels il cherche à donner une grande importance doctrinale... Sur plusieurs points Pie XII reste dont un *pape discuté*[3]. »

Il meurt en 1958 après 19 ans de pontificat.

1. H.R.U. **2.** Debiffer : mettre en mauvais état. D.L. **3.** E.U.

Mort de Pie XI – février 1939
Les cinq ans de guerre – 1940-1945
L'élection de Pie XII

V, 92.

Après le Siège tenu dix et sept ans,
Cinq changeront en tel révolu terme :
Puis sera l'un esleu de même temps[1]
Qui des Romains ne sera trop conforme.

Traduction :

Après un pontificat de dix-sept ans, cinq années verront des changements mettant un terme à la révolution. Puis sera élu à ce moment-là (un pape) qui ne sera que trop semblable aux Romains.

L'histoire :

Pie XI a été élu pape le 6 février 1922. Il est mort le 10 février 1939 après un pontificat de dix-sept ans et quatre jours.

« Pie XII, né à *Rome* dans une famille de la vieille aristocratie *romaine*[2]... »

Churchill écarté de la politique – 1939
Le pacte germano-soviétique – 23 août 1939
Guerre entre l'Allemagne et la Russie
22 juin 1941

V, 4.

Le gros mastin[3] de cité déchassé,
Sera fasché de l'estrange alliance,
Après avoir aux champs le cerf[4] chassé,
Le loup et l'Ours se donront défiance.

Traduction :

Le gros dogue anglais (Churchill), après avoir été écarté de la City, sera fâché par l'étrange alliance (le pacte germano-soviétique). Après avoir chassé la Pologne (aux champs de bataille), l'Allemagne et la Russie se défieront.

L'histoire :

« Churchill a été tout au long de sa vie un personnage d'une *puissante* originalité. Tout en lui est puissant ou exagéré (le gros mâtin)... Toute sa vie est celle d'un lutteur qui ne s'avoue

1. Semblable par la forme. D.L.7.V. **2.** E.U. **3.** Dogue : le mot dogue n'apparaît guère, en France, qu'au XVIIe siècle. Le dogue est alors considéré comme un *gros mâtin* venant d'*Angleterre.* D.L.7.V. **4.** Symbolisme : C'est surtout dans les légendes et monuments *chrétiens* que le cerf joue un rôle considérable. D.L.7.V. D'où le cerf pris pour désigner la très chrétienne Pologne.

Extrait de L.D.G.

« Holding the line : tenez bon ! » – « Dans le visage massif et obstiné de Churchill, les Anglais reconnaissent les traits du *bulldog* national, symbole de l'endurance et de la fierté dont le peuple britannique donne, en 1940, un nouvel et éclatant témoignage. »

jamais vaincu... A la veille de la Seconde Guerre mondiale, malgré une présence parlementaire et ministérielle mouvementée, il paraissait définitivement *écarté* des conseils gouvernementaux du parti conservateur[1]. »

« Dès le 9 septembre 1939, s'engage la bataille pour Varsovie, la Wehrmacht attaquant l'armée polonaise, qu'elle a tournée, de l'est vers l'ouest. Le 17 septembre, en application du *pacte germano-soviétique, l'Armée rouge* envahit *la Pologne* orientale... Le 28 septembre a lieu le cinquième partage de la Pologne, cette fois entre l'Allemagne et l'U.R.S.S. (l'ours)... Tous les espoirs de libération des peuples reposent désormais sur l'Angleterre, demeurée seule dans la lutte. Hitler ne réussit ni à la conquérir, ni à la faire capituler, ni même à lui faire accepter une paix de compromis. La résolution de *Churchill* est inébranlable[1]. »

« Bien que l'U.R.S.S. exécute scrupuleusement, au bénéfice

1. E.U.

de l'Allemagne, les clauses économiques du pacte *germano-russe,* Hitler a décidé de la bouter hors d'Europe avant de se retourner vers la Grande-Bretagne pour l'explication finale. Le 21 juin 1941, sans déclaration de guerre, la Wehrmacht attaque l'Armée rouge[1]. »

« Il convenait que les rapports germano-soviétiques eussent été éclaircis avant le 26 août. D'autant plus que la réconciliation spectaculaire du Troisième Reich et de la Russie bolcheviste produirait à Londres et à Paris l'effet d'un véritable tremblement de terre[2]. »

L'annexion de la Slovaquie – 15 mars 1939
Débarquement allemand en Tripolitaine
février 1941

IX, 94.

Foibles galeres seront unis ensemble,
Ennemis faux le plus fort en rempart :
Faible assaillies Vratislave[3] tremble,
Lubecq[4] et Mysne[5] tiendront barbare[6] part.

Traduction :

Lorsque des navires de guerre peu puissants seront réunis, le pays le plus fort (le Reich allemand) se mettra en rempart contre de faux ennemis (les Hongrois). Les faibles seront attaqués et Bratislava tremblera. Ceux de Lubeck et de Misnie (les Allemands occuperont une partie de l'Afrique du Nord).

L'histoire :

« *Faiblesse* de la marine allemande : le vice-amiral Kurt Assmann qui s'est fait l'historien de la stratégie navale allemande écrit : " La situation se présentait à l'inverse de celle de 1914. Alors nous possédions une puissante flotte qui pouvait ne pas répugner à affronter le Grand Fleet, mais aucune position stratégique ne lui fournissait une base de départ. Maintenant, nous disposons de cette base stratégique, mais pas d'une flotte pouvant entrer en ligne de compte pour en tirer parti. " »

« Le 9 mars 1939, les négociations engagées entre Prague et *Bratislava* sur le sujet de l'autonomie slovaque étant parvenues au point mort, le président Hacha prit sur lui de destituer Mgr Tiso et les ministres Durcansky et Pruzinsky, pour action séparatiste attentatoire à l'unité de l'État. A cet acte d'autorité, Hitler riposta en faisant, dès le surlendemain, rédiger à l'intention du gouvernement tchécoslovaque un projet *d'ultimatum* en

1. E.U. **2.** L.D.G. **3.** Bratislava, capitale de la Slovaquie. **4.** Ville allemande à 15 kilomètres de la Baltique. **5.** Ville allemande sur la mer du Nord. **6.** Barbarie : région de l'Afrique septentrionale qui comprend les états de Tripoli, de Tunis, d'Alger, du Maroc. D.H.B.

sept points... C'est dans cette atmosphère explosive que, le lendemain 14 mars, dans la crainte de l'agression hongroise (faux ennemis) *la diète de Bratislava* proclama l'indépendance de la Slovaquie, tout en demandant au Chancelier – Führer – de bien vouloir se porter *garant* (le plus fort en rempart) de l'existence du jeune Etat et de prendre toutes les mesures de nature à assumer *la protection* de ses frontières. »

« Du 1er février au 30 juin 1941, ce ne sont pas moins de 81 785 combattants de l'Axe qui débarquèrent à *Tripoli* avec près de 450 000 tonnes de matériel, de munitions et de carburant... C'est ainsi que passèrent en Afrique du Nord les D.B. Ariete et D.M. Trento de l'armée italienne, ainsi que la 5e Division Légère qui formait le premier échelon du Deutches Afrikakorps (ceux de Lubeck)[1]... »

L'annexion de la Pologne – 1939
L'invasion de la France par la Hollande et la Belgique
La restitution de l'Alsace-Lorraine à la république – 1919

III, 53.

Quand le plus grand emportera le pris[2]
De Nuremberg, d'Ausbourg et ceux de Basle[3]
Par Agrippine[4] chef[5] Frankfort repris,
Traverseront par Flamant jusqu'en Gale.

Traduction :

Quand le plus grand (Hitler) emportera le (pays) prisonnier (la Pologne) les germaniques traverseront les Flandres (Hollande et Belgique) jusqu'en France, après que l'article le plus important du (traité) de Francfort aura été repris par la République (l'annexion de l'Allemagne).

L'histoire :

« Débarrassé de la *Pologne,* Hitler se rejette vers l'ouest : il amende son plan d'attaque de la *Belgique* et de la *Hollande :* on décida de renoncer à l'opération de la 7e division aérienne sur la rive droite de la Meuse, ainsi qu'à la variante qui consistait à la larguer sur la tête de pont de Gand. Dès lors, sauf le détachement prévu pour les ponts du canal Albert et l'ouvrage d'Eben-Emaël, l'ensemble des aéroportés allemands fut réservé pour sauter ou atterrir à l'intérieur du *réduit néerlandais* ou *Vesting-*

1. L.D.G. **2.** Utilisé pour prisonnier, capturé. **3.** Villes habitées par des peuples germaniques. **4.** Épouse de Domitius Aenobarbus toujours pris par Nostradamus comme symbole de la République. **5.** Au figuré : article, division, importance. D.L.7.V.

Holland. Ne convenait-il pas de transférer au sud de Liège le centre de gravité de l'attaque[1]? »

« Le traité de Versailles fut signé le 28 juin 1919 – dans cette même Galerie des Glaces qui, le 18 janvier 1871, avait vu la proclamation de l'Empire allemand par Bismarck : on avait voulu que la signature de la paix eût le caractère d'une cérémonie expiatoire... Au point de vue territorial, l'Allemagne *restituait* l'Alsace-Lorraine à la France[2]. »

La ligne Maginot. Le Rhin
Paris occupé – 14 juin 1940

IV, 80.

Près du grand fleuve, grand fosse[3], terre egeste[4]
En quinze pars sera l'eau divisée :
La cité prinse, feu, sang, cris, conflit mettre,
Et la plus part concerne[5] au collisée[6].

Traduction :

Près du grand fleuve (le Rhin) sera creusé un grand retranchement, le réseau hydrographique sera divisé en quinze parties. La ville (Paris) sera prise et le conflit mettra tout à feu et à sang; et la plupart des Français seront mêlés à l'affrontement.

L'histoire :

« Le plan original de l'offensive donnait le rôle principal au groupe d'armées stationné le plus au nord, le groupe B, placé sous les ordres de Von Bock. Il devait exécuter un large mouvement tournant à travers les Pays-Bas, appuyé par le groupe A (Von Runstedt) qui tenait le centre du dispositif allemand, face aux Ardennes, et par le groupe C (Leeb) placé sur l'aile gauche, devant *la ligne Maginot.* C'était une répétition de l'offensive allemande de 1914, donc peu faite pour surprendre les alliés; de plus c'était envoyer les forces blindées dans un pays coupé d'*innombrables canaux et petites rivières.* »

« Les chars et véhicules blindés formaient une colonne de cent soixante kilomètres, s'étendant jusqu'à quatre-vingts kilomètres sur l'autre rive du Rhin! Le plan fut un extraordinaire succès... Hitler désirait éviter un nouveau pourrissement de la guerre comme après la bataille de la Marne en 1914 : il voulait à tout prix ménager ses forces blindées pour la deuxième phase de l'offensive, la bataille pour *Paris* et *la France...* En onze jours tout fut fini. Le 14 juin les Allemands *entraient dans Paris*[7]. »

1. L.D.G. **2.** H.F.A.M. **3.** Latin : *fossa :* retranchement. D.L.L.B. **4.** Latin : *egestu* penitus cavare terras : creuser en retirant les terres. D.L.L.B. **5.** Latin : *concerno :* je mêle. D.L.L.B. **6.** Latin : *collisio :* heurt, choc. D.L.L.B. **7.** H.A.B.

L'invasion des Pays-Bas et de la Belgique 10 mai 1940

VI, 30.

Par l'apparence de faincte[1] sainçteté,
Sera trahy aux ennemis le siège :
Nuict qu'on cuidait[2] dormir en seureté,
Près de Braban[3] marcheront ceux de Liège.

Traduction :

Sous couvert de sainteté feinte, le pays sera assiégé par les ennemis, par trahison, alors que les gens croyaient dormir en sécurité la nuit. Les troupes qui seront à Liège marcheront à travers la Belgique.

L'histoire :

« Le 6 décembre 1938, Messieurs Georges Bonnet, Ministre des Affaires étrangères de la République française, et Joachim Von Ribbentrop, qui remplissait les mêmes fonctions au sein du Reich allemand, avaient signé dans un salon du Quai d'Orsay une *déclaration commune* qui, sur les bases des accords de Munich, *semblait* mettre un point final à l'hostilité traditionnelle des deux nations... Sans les nommer, à la vérité, mais dans un traité librement contracté, l'auteur de Mein Kampf, par la signature de von Ribbentrop, s'interdisait donc à tout jamais de faire valoir aucune revendication sur l'Alsace et sur la Lorraine... Ainsi pouvait-on estimer à Paris que Hitler et Ribbentrop s'étaient interdit tout nouveau recours à ces coups de force ou démarches unilatérales qui, par trois fois en moins de trois ans, avaient failli mettre le feu au continent[4]. »

« L'armée allemande qui envahit les *Pays-Bas* et la France le matin du 10 mai 1940 comprenait quatre-vingt-neuf divisions et quarante-sept autres gardées en réserve... Le premier succès fut la destruction des systèmes de défense hollandais et belge. Ceci fut rendu possible par l'emploi de commandos qui s'emparèrent des ponts vitaux pour l'offensive et aussi du fameux fort d'Eben-Emael sur le *canal Albert (Liège)*... Les blindés de la Wehrmacht traversèrent rapidement les Ardennes, franchirent la frontière française le 12 mai... le 5 juin, l'armée allemande reprit l'offensive en franchissant la Somme en direction du Sud. En onze jours, tout fut fini. Le 14 juin, les Allemands entraient dans Paris[5]. »

1. Fainte : feinte. D.A.F.L. **2.** Croire. D.A.F.L. **3.** Duché partagé en trois provinces : 1° le Noordbrabant formant la plus grand province du royaume des Pays-Bas; 2° la province de Brabant en Belgique; 3° la Province d'Anvers en Belgique. D.L.7.V. **4.** L.D.G. **5.** H.A.B.

Le général de Gaulle : le second Thrasybule

« Et le chef et gouverneur sera jeté du milieu et mis au haut lieu de l'air, ignorant la conspiration des conjurateurs avec le second Thrasybulus qui de longue main aura mené tout ceci. »

Lettre à Henri, roi de France second.

L'histoire :

Nostradamus va puiser dans la guerre du Péloponnèse un parallélisme saisissant avec la guerre de 1939-1945, où Sparte représentera l'Allemagne nazie et Athènes la France démocratique, Thèbes, puissance démocratique voisine et alliée d'Athènes figurant l'Angleterre d'où partira l'appel lancé par le général de Gaulle, le 18 juin 1940.

« Pendant que sur l'agora les rhéteurs de la brillante démocratie athénienne se livrent à des joutes stériles, Sparte, toujours jalouse de l'éclat civilisateur de sa rivale, active ses préparatifs militaires. L'État spartiate était organisé pour la conquête et son histoire n'est qu'une longue suite de guerres. Une discipline très sévère y était dans ce but maintenue. La jeunesse recevait une éducation et subissait un entraînement dans des camps en commun. Les nouveau-nés qui avaient le malheur de venir au monde avec des difformités étaient impitoyablement sacrifiés pour conserver intactes les qualités physiques de la race. »

« Dans ce jour que les Spartiates appelaient un jour de délivrance et Athènes un jour de désolation et de deuil, on avait vu des Athéniens, couronnés de fleurs, prendre part à la fête, d'autres aller au-devant des vainqueurs et leur témoigner leur joie de l'humiliation de leur patrie... Le négociateur, si lent à mettre la main au traité qui pouvait sauver son peuple, fut prompt à la mettre sur la vieille constitution. Il proposa de confier les pleins pouvoirs, pour réviser les lois, à un comité de trente membres. L'armée péloponnésienne n'avait pas quitté Athènes : on obéit. » Cependant un corps de 3 000 citoyens est constitué pour protéger les Trente, tandis que les autres sont désarmés. On exile ceux dont les sentiments paraissent douteux pour le nouveau régime, en se réservant le droit de les saisir et de les exécuter là où ils se trouvent. Thèbes, puissance démocratique voisine, irritée des prétentions de Lacédémone, ordonne de recevoir les bannis qui s'y donnent rendez-vous et de les aider. Thrasybule, général athénien, était du nombre. Il part avec 70 hommes résolus à poursuivre la lutte.

Entre-temps, les Sycophantes, dénonciateurs de profession que la loi rétribuait pour vendre quiconque dérobait les fruits des figuiers consacrés à Athéna, alléchés par les profits plus substantiels, se mettent aux gages de l'ennemi, afin de livrer ceux de leurs compatriotes demeurés fidèles à la démocratie. Mais la troupe de Thrasybule grossit. Elle s'empare de la forteresse de Phylé. En représailles, les Trente font enlever 300 habitants à Éleusis et à Salamine pour les massacrer. « Ce n'était plus de la tyrannie, mais de la démence. » De tels actes ne faisaient qu'augmenter les forces de Thrasybule. Quant il eut 1 000 hommes, il marcha sur le Pirée et s'empara de la forte position de Munychie. Les Trente et les Trois Mille « qui entendaient garder leurs privilèges, demandèrent l'assistance de Sparte pour sauver Athènes, disaient-ils, des mains des Thébains ». Celle-ci libérée Thrasybule monta en arme à la citadelle et sacrifia à Minerve, en action de grâces pour cette victoire inespérée. Par son courage il avait procuré ce bien à sa patrie. « Après les dieux, dira plus tard Démosthène, c'est à Thrasybule que la république dut son salut. » (Septembre 403 av. J.-C.)

« Athènes était délivrée, mais son commerce était détruit, sa population décimée, son territoire en friches, sa marine tombée plus bas qu'au temps de Solon et le trésor si épuisé qu'il ne pouvait fournir aux dépenses des sacrifices, ni payer aux Thébains les 200 talents avancés à Thrasybule... le gouvernement oligarchique avait été jugé à ses actes : la trahison était le crime. Tous voulurent retourner à cette démocratie modérée que Solon avait fondée[1]. »

« Il faut l'entendre et le voir quand il cite Solon : On demandait un jour à Solon... Il a un regard amusé d'universitaire qui commence à connaître un peu ces apophtegmes du "Voyage du jeune Anacharsis". Le Sage disparaît parmi la foule. On discute autour de moi : il n'a pas parlé de l'Allemagne, de la Ruhr... non! il a parlé des lois, du Sénat et de Solon. Tournons la page, attendons pour le bel album de l'Histoire le prochain chapitre[2]. »

Le gouvernement de Vichy. L'occupation 1940-1944
Le général de Gaulle à Londres – 18 juin 1940
Le débarquement : Rouen et Chartres

III, 49.

Règne[3] Gaulois tu seras bien changé,
En lieu estrange est translaté l'empire :
En autres mœurs et lois seras rangé[4],
Roan, et Chartres te feront bien du pire.

1. H.F.V.D. **2.** Article de Ch. d'Ydevalle rapportant le discours du général de Gaulle à Bayeux. Carrefour du 20 juin 1946. **3.** Latin : *regnum :* gouvernement. D.L.L.B. **4.** Au figuré : soumettre au devoir, à l'obéissance.

Traduction :

Gouvernement français tu seras bien changé; l'empire sera transféré en terre étrangère; tu seras soumis à l'obéissance à d'autres mœurs et lois. Ceux qui viendront par Rouen et par Chartres te feront encore pis.

L'histoire :

« Le sort de l'*Empire français* est en jeu. Il n'y a plus personne en France qui veuille ou puisse tenter de le soulever maintenant que Pétain et une équipe de défaitistes ont pris le pouvoir. Si l'Afrique du Nord et l'*Empire français* doivent être sauvés, ce ne peut être que de *Londres*... J'allais retourner en Angleterre avec de Gaulle et l'aider à mener son plan à bien. Il avait raison, il était essentiel que, sans un moment de retard, l'appel à la résistance soit lancé d'*Angleterre,* en réponse immédiate à la demande d'armistice de Pétain[1]. »

« Puis c'est l'avance vers la Seine au cours de laquelle il ne s'agit plus pour l'Allemand de résister, mais bien d'évacuer au plus vite le pays occupé depuis quatre ans. Quatre armées alliées participent à cette poursuite : La première armée canadienne, le long de la côte de la Manche traverse la Seine près d'Elbeuf, avance sur *Rouen* qu'elle atteindra le 27 août... la troisième armée américaine fonce sur *Paris :* partant d'Alençon et du Mans, ses corps d'armée atteignent au nord Verneuil, Dreux, Mantes, au sud, *Chartres* et Rambouillet, qui sera l'ultime étape. Après la prise de Paris et la traversée de la Seine la campagne change définitivement d'aspect[2]. »

1. « Comment j'ai emmené le général de Gaulle en Angleterre. » Edward Spears. *In* Dossier *Historama* n° 23. **2.** H.L.F.R.A.

Pétain, Hitler et Staline
Les vingt mois d'occupation totale

VIII, 65.

Le vieux frustré du principal espoir,
Il parviendra au chef de son empire :
Vingt mois tiendra le règne à grand pouvoir
Tiran cruel en délaissant un pire.

Traduction :

Le vieux (maréchal) frustré du principal espoir, (Hitler) parviendra au sommet de sa puissance et tiendra le pouvoir avec force pendant vingt mois, tyran cruel en laissant un pire derrière lui.

« Le progrès de la collaboration germano-russe. » Les deux tyrans! (L.D.G.)

L'histoire :

« Le 11 novembre 1942, la France libre est occupée par les Allemands. »

« Le 6 juin 1944, les Alliés débarquent en Normandie[1]. »

Du 11 novembre 1942 au 6 juin 1944 il y a *19 mois et 25 jours !*

Le Ve plan (1951-1955) russe porte davantage sur les biens de consommation. En même temps, le durcissement du régime s'accentue. La lutte contre le cosmopolitisme se marque par les persécutions contre les Israélites en particulier. »

« L'assassinat de Kirov à Leningrad en 1936 est le signal d'une série de convulsions. Maintenant, la peine capitale s'abat sur ceux qui ne sont pas dans la ligne du régime. On s'en prend aux plus hauts fonctionnaires... L'ampleur de la répression n'a d'égale que la complaisance étonnante avec laquelle les accusés font des aveux[2]. » (Un pire!)

Les étapes de la vie de Hitler : 1889, 1915, 1921, 1939, 1945

Sixain 53.

Plusieurs mourront avant que Phoenix[3] meure,
Jusques six cents septante[4] est sa demeure,
Passé quinze ans, vingt et un, trente-neuf,
Le premier est subjet à maladie,
Et le second au fer[5] danger de vie,
Au feu[5] à l'eau[6] est subjet trente-neuf.

Traduction :

Bien des gens mourront avant que ne meure le phénix (Hitler). Au bout de cinquante-cinq ans et dix mois il trouvera sa (dernière) demeure quand auront passé les années 1915, 1921, 1939. En 1915 il sera frappé par la maladie; en 1921 il aura une force guerrière dangereuse pour sa vie, 1939 sera sujet à un déluge de feu.

L'histoire :

« Adolph Hitler naît en avril 1889 à Braunau, sur l'Inn... Caporal, deux fois *blessé* (1915)[7]...

« L'année *1921* est une année à succès pour le parti qui

1. P.C.H.F. **2.** L.M.C. **3.** Le phénix de la légende *vivait plusieurs siècles.* Il était de la grandeur d'un *aigle*... lorsqu'il sentait sa fin approcher il se *construisait un nid* avec des branches enduites de gommes odoriférantes, l'exposait aux rayons du soleil et s'y *consumait.* D.L.7.V. **4.** D'avril 1889 à mars 1945, il y a 670 mois. **5.** Employer le fer et le feu : employer toute espèce de moyens violents pour arriver à un but. Porter le fer et la flamme dans un pays : le ravager par le meurtre et l'incendie. D.L.7.V. **6.** En style biblique : déluge. D.L.7.V. **7.** E.U.

compte désormais plus de six mille adhérents dont un grand nombre s'engage dans la S.A. baptisée par les journaux munichois « *La garde du corps d'Hitler*[1]. »

« Tandis qu'il parcourt l'Allemagne pour recruter des adhérents (ils sont 3 000 à la fin de *1921*), le capitaine Roehm, son adjoint, met sur pied l'organisation *paramilitaire* des S.A. ou sections d'assaut... Il liquide l'*opposition* de droite dans la nuit des longs couteaux le 30 juin 1934. Plusieurs centaines de personnes sont massacrées; parmi elles, Schleider, qui tentait de regrouper ceux des militaires restés *réticents* à l'égard de Hitler, Roehm, le trop *puissant* et trop indépendant chef des S.A.[2]... »

« Au cours des dernières semaines, en *mars*-avril 1945, le chef de guerre traqué se tuera d'une balle dans la bouche[3]. »

« En fin d'après-midi arrive une des dernières nouvelles du monde extérieur : la capture et l'exécution de Benito Mussolini et de Clara Petacci. Le Duce et sa maîtresse sont pendus par les pieds à Milan... Eva Hitler s'effondre : « Nous feront-ils la même chose? » – Ils ne le feront pas, articule le Führer, nos corps seront *consumés* par le feu jusqu'à ce qu'il n'en reste rien, pas même des cendres[4]. »

Les Lebensborn[5]. *Mein Kampf*

VIII, 27.

La voye auxelle[6] l'un sur l'autre fornix[7]
Du muy[8] de fer hor mis brave[9] et genest[10] :
L'escript d'empereur le fenix,
Veu en celuy ce qu'a nul autre n'est.

Traduction :

Le moyen à l'aide duquel des relations charnelles sont entre l'un et n'importe quel autre dans le mouvement de fer (S.S.) hormis les bien nés. Le livre de l'empereur le Phénix dans lequel on voit ce qu'on ne voit nulle part ailleurs.

L'histoire :

« Dans les lebensborn, camps de conception où des jeunes filles semblablement sélectionnées sont à leur disposition, les S.S. *procréent sans mariage* les enfants de « *race pure* » immédiatement abandonnés aux bons soins de l'organisation (6 000 à 7 000 par an). »

1. Les premières manœuvres de la S.A. Yves Naud, in *Histoire pour tous*, hors série n° 9, novembre-décembre 1978. 2. A.E. 3. E.U. 4. L.G.E.S.G.M. 5. Camps de conception. 6. Latin : *auxillium :* aide, secours. D.L.L.B. 7. Fornication : relations charnelles entre personnes qui ne sont pas mariées ni entre elles ni avec d'autres personnes et qui ne sont liées non plus par aucun vœu. D.L.7.V. 8. Forme du présent et parfait de mouvoir. D.A.F.L. 9. Intrépide, *courageux*, grand, fameux, remarquable. D.L.7.V. 10. Grec : γενέοθαι : infinitif aoriste de γίγνομαι : naître. D.G.F.

« Venus de la jeunesse hitlérienne les candidats S.S. doivent être dignes de l'idée que les nazis se font de l'élite germanique : taille de plus de 1,75 m, santé et dentition parfaites, beauté " aryenne ", hérédité nordique remontant pour les chefs à 1750, *courage* instantané et obéissance inconditionnelle[1]. »

« *Aucun théoricien n'avait été prêt ni capable* de traduire le mythe en réalité, Hitler, l'autodidacte sans œillères ni préjugés, à l'âme de glace, nourri d'un darwinisme grossier qui invoquait à bon marché la « nature » et sa cruauté, était prêt et apte à effectuer cette transposition avec une implacable logique[2]. »

Hitler et le Troisième Reich
Les fours crématoires et les massacres
La prospérité et le désastre allemands

IX, 17.

Le tiers premier pis que ne fit Néron[3],
Vuider vaillant que sang humain répandre :
Rédifier fera le forneron[4]
Siècle d'or mort, nouveau Roy grand esclandre.

Traduction :

Le premier (personnage) du IIIe (Reich) fera pire que ne fit Néron. Il sera aussi vaillant à vider le sang humain qu'à le répandre : il fera construire des fours; la prospérité prendra fin, et ce nouveau chef sera cause de grands scandales.

L'histoire :

« Hitler, *chancelier* (le premier) d'Allemagne en 1933, régulièrement nommé par le président Hindenburg, se fait donner par plébiscite, en 1934, un pouvoir absolu comme Führer et chancelier du nouveau régime, le IIIe Reich. Il réussit à juguler l'énorme chômage (6 200 000 sans emploi en 1932), à rétablir *la prospérité* (siècle d'or), à mener à bien une politique de logement, de prestations sociales et de grands travaux, ce qui lui assure un vaste soutien populaire[5]. »

« Les " Libres Propos " du temps de guerre, enragés de haine contre les Juifs et contre le christianisme (Néron!), promettent aux Russes vaincus la pire des servitudes, par contraste avec la vie *paradisiaque* (siècle d'or) qui attend le colon allemand. »

« En 1945, livres et films s'intitulent volontiers " Allemagne, année zéro ". Parce que le pays vaincu apparaît si *détruit* (siècle d'or mort), si désemparé que tout semble à reconstruire... Les

1. D.S.G.M. **2.** E.U. **3.** Néron assista à un incendie immense qui dévora la plus grande partie de Rome, fut accusé d'en être l'auteur, rejeta l'accusation sur les Chrétiens et les fit périr dans d'atroces tortures. D.H.B. Pour Nostradamus, les Juifs vont être le bouc émissaire de Hitler comme les Chrétiens le furent pour Néron. **4.** Latin : *fornus* ou *furnus :* four. D.L.L.B. **5.** D.S.G.M.

charniers et les *fours* crématoires permettent assurément de comprendre certaines affirmations de 1945... Le 8 mai 1945, la capitulation sans condition de l'Allemagne marque l'aboutissement du *grand massacre* voulu et déclenché par Hitler... Les villes étaient en ruine. Les *morts*, les prisonniers, les mutilés se comptaient par *millions*. Dans le chaos créé par la guerre totale voulue par Hitler sont jetés d'autres millions d'Allemands, expulsés des pays d'Europe centrale et de territoires confiés à la Pologne. L'Allemagne occupée était dans la *misère*[1]. »

Les persécutions d'Hitler, le nouveau Néron
L'attentat du 20 juillet 1944

IX, 53.

Le Néron[2] jeune dans les trois cheminées[3],
Fera des paiges[4] vifs pour ardoir[5] jetter,
Heureux qui loin sera de tels menées,
Trois de son sang le feront mort guetter.

Traduction :

Le nouveau Néron fera jeter dans trois fours (Auschwitz, Dachau et Birkenau) des jeunes pour les brûler vifs. Heureux sera celui qui sera loin de tels actes. Trois de son sang (trois Allemands) le guetteront pour le faire périr.

L'histoire :

« Les grandes lignes du plan d'extermination furent arrêtées au cours d'une Conférence qui se tint le 20 janvier 1942 près de Berlin, sous la présidence de Reinhard Heydrich, adjoint de Himmler. Le procès-verbal précise : " La solution finale du problème juif en Europe sera appliquée à 11 millions de personnes environ. "

Dès lors, sous la direction de Rudolph Eichmann, l'Europe entière va être ratissée, les Juifs raflés méthodiquement et envoyés pour la plupart au camp d'Auschwitz où ils seront exterminés. Selon le directeur du camp, 3 millions de déportés auraient péri à Auschwitz. Dans tous les camps les corps des suppliciés étaient *brûlés* dans des *fours* crématoires (cheminées)...

Il existait vers la fin de la guerre de nombreux groupes d'opposants aux conceptions diverses et parfois divergentes. Le plus important d'entre eux est celui qui organisa un attentat contre Hitler; il avait à sa tête Karl Goerdeler, ex-bourgmestre de Leipzig, et le général Beck. Le colonel von Stauffenberg (trois de son sang) déposa au grand quartier général d'Hitler une

1. E.U. **2.** Cf. IX, 17. **3.** Dérivé de *caminus :* four. D.L.7.V. **4.** Jeune garçon. D.A.F.L. **5.** Brûler. D.A.F.L.

bombe de faible puissance, le 20 juillet 1944. L'attentat échoua : Hitler ne fut que légèrement blessé[1]. »

Hitler au pouvoir
La guerre contre les États
L'attentat de Stauffenberg contre Hitler
20 juillet 1944

IX, 76.

Avec le noir Rapax et sanguinaire
Issu du peautre[2] et l'inhumain Néron[3] :
Emmy[4] deux fleuves main gauche militaire,
Sera meurtry[5] par joyne chaulveron[6].

Traduction :

Avec (l'aigle) rapace, noir et sanguinaire, issu du grabat de l'inhumain Néron, pris entre deux fleuves[7], à cause des forces militaires de gauche (les troupes russes), (Hitler) sera blessé par un jeune (Stauffenberg) qui le brûlera.

VI, 67.

Au grand Empire parviendra tost un autre
Bonté distant[8] plus de félicité :
Regi par un yssu non loing du peautre,
Corruer regnes grande infelicité.

Traduction :

Dans le grand empire allemand (le Reich) un autre chef arrivera tôt au pouvoir. La bonté s'éloignant il n'y aura plus de bonheur. L'Allemagne sera gouvernée par un personnage issu du grabat (de Néron) qui s'élancera contre des pays leur causant de grands malheurs.

L'histoire :

« Stauffenberg n'était sorti que depuis une ou deux minutes lorsque, à 12 heures 42, une violente explosion ravagea la salle de conférences, fit s'écrouler les murs et le toit, *mit le feu* aux débris qui dégringolaient sur les occupants. Dans la fumée et la confusion, parmi les cris des blessés et des gardes qui accouraient de partout, Hitler sortit en trébuchant, au bras de Keitel. L'explosion avait emporté une jambe de son pantalon, il était couvert de poussière, portait de nombreuses *blessures* (meurtry). Ses cheveux étaient *brûlés,* le bras droit raide et inerte, une jambe *brûlée;* la chute d'une poutre lui avait contusionné le dos, ses tympans avaient souffert de l'explosion[9]. »

1. E.U. **2.** Peautre ou peltre : grabat, paillasse. D.A.F.L. **3.** Cf. IX, 17. **4.** Au milieu. D.A.F.L. **5.** Meurtrir : blesser, endommager, nuire à. D.L.7.V. **6.** Du verbe chalder : chauffer. D.A.F.L. **7.** Rastenburg, où eut lieu l'attentat contre Hitler se trouve entre la Vistule et le Niemen, à équidistance des deux fleuves. **8.** Latin : *distans :* éloigné. D.L.L.B. **9.** H.A.B.

La puissance d'Hitler en octobre 1939

Sixain 21.

L'autheur des maux commencera régner[1]
En l'an six cens et sept[2] sans espargner
Tous les subjets qui sont à la sangsue[3],
Et puis après s'en viendra peu à peu,
Au franc pays rallumer son feu,
S'en retournant d'où elle est issue.

Traduction :

Celui qui provoquera de grands malheurs verra le début de sa puissance en octobre 1939, sans épargner les révolutionnaires, et peu à peu viendra rallumer la guerre en France pour s'en retourner là où il est né (en Allemagne).

L'histoire :

« Débarrassé de la Pologne, Hitler se rejette vers l'ouest. Dans son journal l'ancien chef d'état-major général de l'OKH résume de la sorte les arguments sur lesquels le Führer fondait sa conviction : le Führer essayera d'utiliser l'impression créée par notre *victoire* en Pologne pour parvenir à un arrangement. En cas d'échec, le fait que le temps travaille davantage pour l'ennemi que pour nous, nous contraint à agir à l'ouest...
1° Que l'abandon vraisemblable par la Belgique de sa neutralité menace la Ruhr, ce qui nous contraint de *gagner de l'espace...*
2° Que s'accroîtra l'effort britannique qui est en train de démarrer, d'où la nécessité d'étudier les modalités d'une offensive, conçue de telle sorte que, déclenchée entre le 20 et le 25 octobre, à travers la Hollande et la Belgique, elle parvienne à l'écrasement des forces militaires alliées; à nous assurer dans le nord de la *France* un espace suffisant pour étendre le système de nos bases aériennes et navales... Les généraux Von Brauchitsch et Hadler, *le 19 octobre*, présentèrent un premier plan d'opérations dit Fall Gelb[4]. »

« Hitler prit le marxisme en horreur, d'autant qu'il y découvrit, dit-il, une doctrine juive, inventée par un Marx, propagée en Autriche par des Austerlitz, David, Adler[5]. »

1. Latin : *regnum :* règne, empire, domination, puissance. D.L.L.B. **2.** D'avril 1889 à octobre 1939 il y a 607 mois. **3.** Latin : *sanguisuga :* qui suce le sang. D.L.L.B. Mot utilisé par Nostradamus pour la révolution : la buveuse de sang. **4.** L.D.G. **5.** E.U.

La Drôle de Guerre
De l'écrasement de la Pologne septembre 1939 à l'invasion de la France janvier 1940

Sixain 14.

Au grand siège encore grands forfaits,
Recommençant plus que jamais
Six cens et cinq[1] sur la verdure,
La prise et reprise sera,
Soldats es[2] champs jusqu'en froidure
Puis après recommencera.

Traduction :

Au grand siège (de Varsovie) il y aura de grands forfaits, et recommençant plus que jamais en septembre 1939 l'armée sera en campagne (verdure). La ville sera prise et reprise; les soldats ne seront plus en campagne jusqu'au froid, puis après la guerre recommencera.

L'histoire :

« Le 28 septembre 1939, Varsovie se rendait après deux semaines d'une résistance qu'on peut qualifier d'héroïque. Le bombardement aérien avait provoqué l'incendie de ses minoteries et son usine de filtrage et de pompage avait été plus qu'à moitié détruite. »

« Les pluies torrentielles de l'arrière-automne 1939 avaient contraint Hitler de contremander au dernier moment l'offensive qui devait être déclenchée le *12 novembre.* Jusqu'au *16 janvier 1940,* ce n'est pas moins de treize fois que *les éléments* le contraignirent à rengainer. »

« Dans l'après-midi du 10 janvier 1940, le Führer réunissait inopinément le Maréchal Göring, le colonel-général Von Brauchitsch, le grand amiral Raeder et leurs chefs d'état-major dans son bureau de la nouvelle chancellerie. C'était pour leur signifier sa décision de déclencher l'offensive à l'ouest, le 17 à l'aube qui se levait au-dessus d'Aix-la-Chapelle à 8 heures 16 du matin. La situation météorologique motivait selon lui cette brusque décision. Venant de l'est, s'approchait une zone de hautes pressions qui, à partir du 12 ou du 13, ferait régner, l'espace d'une dizaine de jours, un temps clair et sec au-dessus des Pays-Bas, alors que le thermomètre descendrait jusqu'à *10 ou même 15 degrés au-dessous de zéro*[3]. »

1. D'avril 1889 à septembre 1939 il y a 605 mois. **2.** Préfixe qui exprime l'idée d'enlèvement, d'extraction. D.A.F.L. D'où littéralement : hors des champs. **3.** L.D.G.

Hitler sur les Champs-Élysées

Sixain 25.

Six cens et six, six cens et neuf[1],
Un Chancelier gros comme un bœuf[2],
Vieux comme le Phoenix du monde,
En ce terroir plus ne luyra,
De la nef[3] d'oubly passera,
Aux champs Elisiens faire ronde.

Traduction :

Septembre 1939, janvier 1940, un Chancelier grossier et brutal, vieux comme le Phénix du monde, finira par ne plus briller en France, son pouvoir passera dans l'oubli, quand il aura défilé sur les Champs-Elysées.

L'histoire :

Chapitre 8 : *1er septembre 1939 :* la Deuxième Guerre mondiale commence[4]. »

« Les plans d'agressions allemands dévoilés... Devant l'imminence de l'attaque, *le 12 janvier 1940,* Hitler adressait un nouveau mémoire à l'O.K.H.[4]... »

« Le 14 juin, les premiers éléments de la 18e armée allemande entraient dans la capitale de la France, déclarée ville ouverte... A l'entrée des *Champs-Elysées,* tout près des chevaux de Marly camouflés par des sacs de sable, des officiers allemands et un représentant des forces italiennes, en costume civil, attendent l'arrivée *d'un défilé* de troupes sur la place de la Concorde. »

« Hitler : l'image classique du grand politique (Richelieu, Napoléon, Bismarck) est inséparable d'une certaine allure ou distinction. Or cette image Hitler la dément violemment. Son esprit incurablement vulgaire, *grossier et cruel* (qu'on retrouve dans les libres Propos du temps de guerre exactement tel que le dévoilait Mein Kampf) déconcerte et rebute[5].

L'armistice de Villa Incisa – 22 juin 1940
L'armistice de Rethondes – 20 juin 1940
La ligne de démarcation. L'occupation

I, 78.

D'un chef vieillard naistra sens hébété[6],
Dégénérant[7] par scavoir et par armes,
Le chef de France par sa sœur redoubté,
Champs divisez, concedez aux gens d'armes.

1. De la naissance de Hitler (avril 1889) à septembre 1939 il y a 606 mois. soit 50 ans et 6 mois. Et jusqu'en janvier 1940 il y a 609 mois, soit 50 ans et 9 mois. **2.** Grand, brutal. D.L.7.V. **3.** Latin : *navis :* vaisseau. Navis Reipublicae : le vaisseau de l'Etat. Cicéron. D.L.L.B. **4.** L.D.G. **5.** E.U. **6.** Emousser, rendre stupide. D.L.7.V. **7.** Au figuré : perdre de l'éclat de sa naissance, de sa noblesse, de son mérite. D.L.7.V.

Traduction :

Le bon sens d'un vieux chef sera émoussé perdant l'éclat de son mérite dans son savoir et dans l'art militaire; le chef de la France sera redouté par sa sœur (latine : l'Italie). Puis le territoire sera divisé et abandonné aux soldats.

L'histoire :

« Et le *semi-gâtisme* de Pétain expliquait tout. Qu'il ne fût pas au courant de bien des choses, qu'il n'ait compris le reste qu'à moitié, que souvent on eût agi à sa place. Le bâtonnier était naturellement persuadé qu'en montrant ainsi son client, il ajoutait aux arguments si bien accumulés de sa plaidoirie. Pendant qu'il parlait Pétain paraissait aussi furieux que le réquisitoire. Il a plaidé gâteux! dit-il avec irritation[1]. »

« L'armistice de Villa Incisa : A Bordeaux, on ignorait naturellement que Mussolini s'était finalement converti au point de vue d'Hitler concernant la neutralisation de la flotte française. C'est pourquoi le 22 juin à 18 heures 10, *avec l'approbation du Maréchal Pétain,* l'amiral Darlan envoyait aux amiraux Esteva, Duplat et Gensoul le télégramme suivant : Si un armistice franco-allemand est conclu, il ne doit être mis en vigueur qu'après conclusion d'un armistice franco-italien pour lequel le chantage est ainsi possible. Au cas où les conditions italiennes seraient inacceptables, j'envisage de lancer la flotte française dans une action de courte portée contre les places militaires et points sensibles du littoral italien... L'armistice franco-italien fut signé à Villa Incisa, dans la campagne romaine, le 22 juin à 19 heures 35[2]. »

La chute de la IIIe République
22 juin 1940

Sixain 54.

Six cens et quinze, vingt, grand Dame[3] mourra,
Et peu après un fort long temps plouvra[4]
Plusieurs pays, Flandres et l'Angleterre
Seront par feu et par fer affligez,
De leurs voisins longuement assiégés
Contraints seront de leur faire la guerre.

Traduction :

Le 20 du 615e mois la République mourra. Et peu après la guerre fera rage longtemps. Plusieurs pays et particulièrement les Flandres et l'Angleterre subiront un déluge de fer et de feu, assiégés par les Allemands ils seront contraints de leur faire la guerre.

1. P.G.B. **2.** L.D.G. **3.** Grand Dame : Marianne symbole de la République.
4. On retrouve ici le sens de l'eau comme trouble, agitation.

L'histoire :

Si partant de notre point de départ de 1889 nous ajoutons 615 mois, nous tombons sur le 20 juin 1940. Laissons parler l'histoire :

« *L'effondrement de la IIIe République.* Aux termes de l'armistice signé le 22 juin, les 2/3 de la France sont occupés par les Allemands, le reste est soumis à l'autorité du gouvernement français de Vichy. Investi des pleins pouvoirs par les chambres, Pétain instaure l'ÉTAT FRANÇAIS... »

« La Multiplication des Fronts et les premières difficultés (juin 1940-début 1943) : Hitler pense obliger *l'Angleterre* à la capitulation en la soumettant à d'*intenses bombardements*... L'entrée en guerre de nouvelles puissances[1]... » Notons en outre que les deux villes qui subirent le plus les ravages des V1 et V2 furent *Londres et Anvers* (Angleterre et Flandres).

Libération de l'Italie par les Américains, les Anglais et les Français – 1943-1944

V, 99.

Milan, Ferrare, Turin et Aquilleye[2],
Capue, Brundis[3] vexez par gent Celtique,
Par le Lyon et phalange aquilée[4],
Quand Rome aura le chef vieux Britannique.

Traduction :

Milan, Ferrare, Turin et Aquilée, Capoue et Brindisi seront vexés par les Français, par le « Lyon » britannique et l'armée de l'aigle (américain), quand le vieux chef britannique (Montgomery) tiendra Rome.

L'histoire :

« Devant le danger couru par la *5e armée américaine* (phalange aquilée) Alexander fit appel à *Montgomery* (le vieux chef britannique) pour lui demander de faire diligence de manière à prendre en flagrant délit les assaillants de la tête de pont... Quant à la 8e armée britannique qui se vit attribuer sur ces entrefaites le secteur des Pouilles, l'armistice de Cassibile lui permit de faire débarquer en toute quiétude son 5e C.A. dans les ports bien équipés de Tarente et de *Brindisi*... En dépit de l'évacuation de Naples, le 1er octobre, il en va de même sur les axes qui conduisent à Rome par Cassino et par Formia... A partir du 22 novembre, le corps expéditionnaire français (gent celtique) commençait à débarquer en Italie... Sa 2e D.I.M. fut détachée au 6e C.A. qui tentait de déboucher de la région de

1. *La Classe d'Histoire en 3e*, G. Désiré Vuillemin. Ed. Dunod. 2. Aquilée : ville de Vénétie. 3. Brundisium : Brindisi. D.L.L.B. 4. Latin. *aquila :* l'aigle. D.L.L.B.

Mignano et le général Lucas l'engagea à sa droite, quelque dix kilomètres au nord de Venatro (village voisin de Capoue)[1].

« Le 4 juin 1944, les troupes alliées entrent dans Rome. »

Débarquement du corps expéditionnaire français en Italie – hiver 1944 Les combats meurtriers du mont Cassin et la prise de Rome Divergences entre les commandements alliés

V, 63.

De vaine emprinse[1] l'honneur indue plainte,
Galliots[2] errans[3] par latins, froid, faim, vagues,
Non loing du Tymbre de sang la terre tainte,
Et sur les humains seront diverses plagues[4].

Traduction :

On déplorera une entreprise vaine et inutile, engagée pour une question d'honneur, des bateaux (de débarquement) se dirigeant vers les côtes italiennes, les vagues (d'assaut) auront lieu l'hiver avec la faim; la terre sera teinte de sang près du Tibre et les hommes seront atteints par diverses blessures.

L'histoire :

« Le général Clark nous mit au courant des pathétiques péripéties de son débarquement à Salerne. Il avait été à deux doigts d'être rejeté à la mer par un corps blindé allemand. Il n'avait tenu que grâce à la *flotte d'appui* (galiots) aux ordres de l'amiral Sir Cunningham qui n'avait pas craint de s'engager au plus près du rivage... Le surlendemain 1er octobre, nous fûmes à Pompéi... C'était bien peu de chose que ce premier corps que j'allais aventurer dans une rude campagne d'*hiver* (froid). Il comptait néanmoins 65000 hommes. Les opérations de décembre 1943 n'avaient au fond fait qu'entamer la position dite "*d'Hiver*", installée en couverture de la position principale de la résistance dite "Gustav", par laquelle le maréchal Kesselring, notre adversaire en Italie (Latins), entendait empêcher toute progression des Alliés vers Rome... Au début de janvier 1944, l'affaire d'Anzio avait permis aux Français du C.E.F. d'obtenir un créneau bien à eux. Elle devait entraîner toutefois bien des sacrifices *inutiles* (indue)... La route descendant sur le Rapido, qu'il fallait emprunter sur une grande partie du parcours, fut *terriblement meurtrière* (de sang la terre tainte) pendant la campagne d'hiver... *Les grandes hécatombes* n'eurent lieu là que pour forcer la ligne Gustav au Belvédère...

1. L.D.G. **2.** Pour entreprise, par syncope. **3.** Galiot : petit vaisseau. D.A.F.L. **4.** Voyager, cheminer. D.A.F.L. **5.** Latin : *plaga :* blessure, plaie, contusion. D.L.L.B.

Pour la suite des opérations et la remontée dans le nord, le C.E.F. se retrouverait à sa place normale à l'*est du Tibre* (non loin du Tibre) dans les montagnes... A Carpinetto, l'état-major d'un groupement de goumiers qui avait préféré cantonner dans un château, où une unité du génie allemand l'avait précédé et avait laissé sa carte de visite, avait sauté en pleine nuit sur une mine anéantissant tout l'état-major ou presque de ce groupement (diverses plagues)[1]. »

Les Allemands à Paris – 1940
L'attaque de l'Union soviétique – 22 juin 1941
Les troupes alliées en Normandie et dans les Alpes – 1944

III, 33.

En la cité où le loup entrera,
Bien près de là les ennemis seront :
Copie[2] estrange grand pays gastera,
Aux murs[3] et Alpes les amis passeront.

Traduction :

Dans la ville où l'Allemand entrera (Paris), les ennemis seront bien près; les troupes étrangères lèseront un grand pays (la Russie). Par les falaises (de Normandie) et par les Alpes les alliés passeront.

L'histoire :

« L'armistice avec l'Allemagne est signé le 21 juin 1940 à Rethondes, l'armistice avec l'Italie, à Rome, le 24 juin. Ils entrent en vigueur le 25 juin... *Défilé dans Paris :* au pas cadencé, en chantant, les troupes *allemandes* traversent une place de la Concorde vide de voitures. »

« *Le Mur* de l'Atlantique n'est pas une fiction, ce n'est pas non plus le système de fortification sans fissure décrit par Goebbels. Boulogne, Le Havre, Cherbourg sont puissamment organisés; quelques gros ouvrages ont été construits sur le Pas-de-Calais, mais le reste est souvent une ébauche ou même une épure[4]. »

« La Wehrmacht est désormais prise entre deux théâtres d'opérations; fin avril, un mois avant le débarquement, il y avait 52 divisions en France, 6 en Hollande, 6 en Belgique et 24 *en Italie (les Alpes)* contre 202 en *Russie* (grand pays gâtera)[5]. »

1. L.C.I. **2.** Latin : *copia :* troupes. D.L.L.B. **3.** Falaise : dans les calcaires homogènes et assez tendres, ce sont des *murailles* verticales. D.L.7.V. **4.** *Historama* n° 271, « Overlord », la plus gigantesque opération amphibie de tous les temps, Raymond Cartier. **5.** H.L.F.R.A.

Après la Sicile, débarquement en Calabre 3 septembre 1943

IX, 95.

Le nouveau faict conduira l'exercite[1],
Proche apamé[2] jusqu'auprès du rivage :
Tendant secours de Milannoise eslite
Duc yeux[3] privé à Milan fer de cage.

Traduction :

Un nouveau fait d'armes conduira l'armée près d'Apameste (en Calabre) jusqu'au rivage, malgré une tentative de secours de l'élite militaire de Milan. Puis le Duce, privé du pouvoir, ira à Milan dans une cage de fer (un camion).

L'histoire :

« Le 3 septembre, profitant de l'appui de feu que lui fournissait une division navale aux ordres du vice-amiral Willis, de la Royal Navy, le 13e C.A. britannique *abordait la côte de Calabre* au nord-ouest de Reggio... »

« Hitler transféra sur le front de l'Est la 24 Pz.D. (Panzer-Division) et la division SS Leibstandarte. Kesselring attribua trois divisions d'infanterie à la 10e armée et le solde de l'ex-groupe d'armées B, *maintenu en haute Italie* (élite milanaise), fut constitué en 14e armée sous les ordres du général Von Mackenser[4]. »

« A six heures Geminazza repartit de Dongo où Audisio avait dirigé l'exécution des quinze fascistes arrêtés à Rocca di Musso. On mit les corps de Mussolini et de Claretta dans la voiture de Geminazza qui s'en alla sous la pluie vers la route d'Azzano. *Le camion de déménagement* (cage de fer!) attendait au carrefour. On jeta les deux cadavres sur les quinze autres. Le 29 avril 1945, au début de la matinée, le camion de déménagement arriva à *Milan* après avoir franchi plusieurs barrages américains. Il s'arrêta devant la carcasse en béton d'un garage en construction sur la piazzale Loreto[5]. »

1. Latin : *exercitus :* armée, corps de troupes. D.L.L.B. **2.** Latin : *Apamestini :* habitant d'Apameste en *Calabre.* D.L.L.B. **3.** Sens de pouvoir, comme l'œil du maître. **4.** L.D.G. **5.** M.C.H.

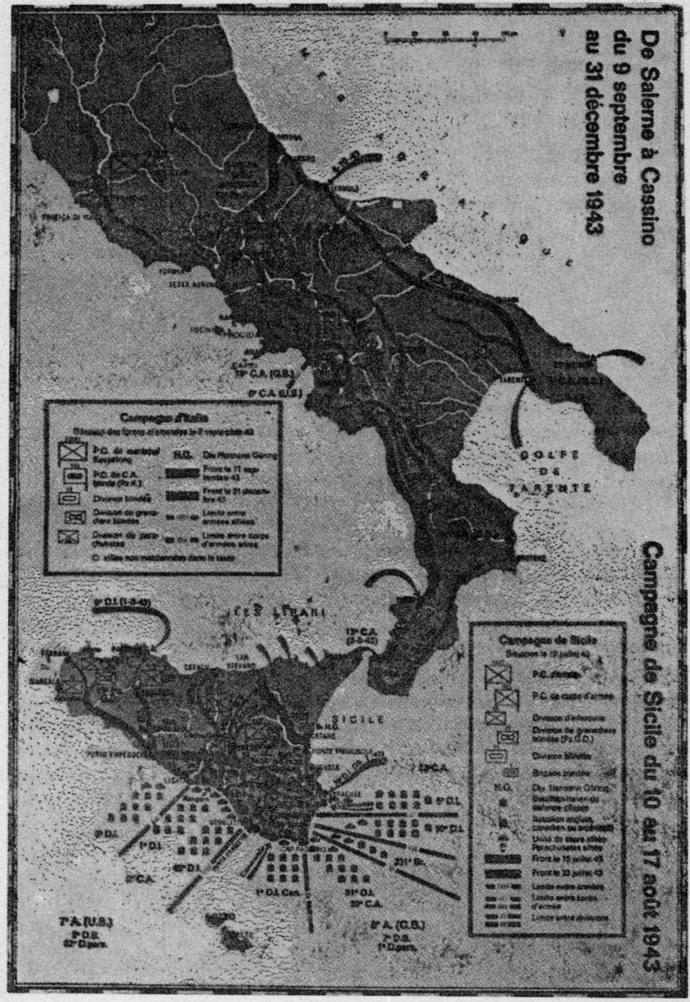

Extrait de L.D.G.

Libération de la Corse – septembre 1943
Demande d'armistice aux alliés à Lisbonne août 1943
L'effondrement de la République Sociale Italienne, Après la ligne gothique les 72 morts de la libération de la Corse

IX, 54.

Arrivera au port de Corsibonne[1]
Près de Ravenne qui pillera la dame[2]
En mer profonde légat de la Vlisbonne[3],
Sous roc cachez raviront septante ames[4].

Traduction :

(L'Allemand) arrivera au port de Bonifacio en Corse, pendant que la République (Sociale Italienne) sera dépouillée près de Ravenne. L'ambassade envoyée à Lisbonne tombera à l'eau. Ceux qui se seront cachés dans les montagnes tueront 70 hommes.

L'histoire :

« La question des Italiens est donc réglée, mais il reste la dizaine de milliers d'Allemands de l'île, sans compter ceux qui, évacuant la Sardaigne, passent en *Corse* par le détroit de *Bonifacio* pour aller s'embarquer à Bastia. Toute la campagne de Corse est là... Sur la côte orientale, les Allemands tiennent *Bonifacio* et Porto-Vecchio au sud, Ghisonnaccia au centre, le terrain d'aviation de Borgo et Bastia au nord. Les premiers éléments de la 90e division de Panzer-Grenadiers *débarquent à Bonifacio*, venant de Sardaigne... Mais par où attaquer Bastia? On attaquera par la montagne : Dans la nuit, les goumiers progressent péniblement à travers *rochers* et buissons. A l'aube en approchant du sommet du Secco, le 47e Goum tombe dans un véritable guet-apens. En quelques minutes il perd 25 gradés et goumiers... Ainsi en 27 jours, la Corse a été libérée par des Français. Le général Henry Martin sut remplir sa mission avec un minimum de pertes : *72 tués* et 220 blessés. On était loin du bain de sang annoncé par certains[5] ! »

« Même lorsque les Allemands parvinrent à se regrouper au nord de Florence et à s'installer pour l'hiver sur la ligne

1. Mot fabriqué par Nostradamus à partir des mots Corse et Bonifacio pour les besoins de la rime. 2. Couramment utilisé par Nostradamus pour désigner la République. 3. Exemple de prosthèse : une lettre ajoutée au mot Lisbonne. 4. On peut permettre à Nostradamus cette approximation à deux morts près! 5. La libération de la Corse par le colonel Adolphe Goutard, in *Historama*.

gothique entre Rimini (à 40 kilomètres au nord de Ravenne) et La Spezia, les violences se poursuivirent presque à la même échelle derrière le front[1]. »

« Le 17 juillet 1943, Bastiani tente une démarche auprès du Vatican. Il reçoit un accueil favorable du cardinal Maglione. Les deux hommes décident d'envoyer *un émissaire à Lisbonne* pour contacter les Alliés. Celui-ci, un banquier, monsieur Fummi, qualifié pour l'occasion d'administrateur des biens du Saint-Siège, doit gagner Londres via *Lisbonne*. Malheureusement, il attendra de longs jours dans la capitale portugaise son visa britannique et les événements se précipitant à Rome *rendront sa mission sans objet* (en mer profonde)[2]. »

Lutte contre l'Allemagne et l'Italie Leur ruine économique La ruine de l'État français et du IIIe Reich Conférence de Téhéran. L'O.N.U.

IV, 59.

Deux assiegez en ardante[3] fureur,
De soif[4] estaincts[5] pour deux plaines[6] tasses[7],
Le fort limé[8], et un vieillard resveur,
Aux genevoix de Nira[9] monstre trasse.

Traduction :

Deux (pays) assiégés (Allemagne et Italie), à cause de leur fureur violente seront épuisés ayant tous les deux les poches plates (ruine économique). Le plus fort (l'Allemagne) sera rongé, ainsi que le vieillard rêveur (Pétain). On montrera à Genève les suites (du traité) de Téhéran.

L'histoire :

« Le 27 novembre 19143, le président américain, le Premier ministre britannique et leur suite s'envolèrent à l'aube pour *Téhéran* où devait se tenir la Conférence EUREKA... La première séance de la Conférence s'ouvrit dans un salon de l'ambassade soviétique, le 28 novembre, à 16 heures 30. Un peu auparavant, Staline avait rencontré Roosevelt en tête à tête, et celui-ci lui avait exposé ses idées de réorganisation mondiale... Concernant le remaniement de la carte de l'institution d'*un nouvel ordre international,* les discussions entre Staline, Churchill et Roosevelt ne montèrent jamais à un diapason aussi aigu, pour cette raison bien simple que le Premier ministre britannique et le

1. M.C.H. **2.** M.A.B. **3.** Latin : *ardeux :* violent. D.L.L.B. **4.** Désir ardent. D.L.7.V. **5.** Latin : *extinguo :* j'épuise. D.L.L.B. **6.** De planus : plat. D.A.F.L. **7.** Poche. D.A.F.L. **8.** Ronger, chagriner. D.A.F.L. **9.** Anagramme d'Iran.

président des Etats-Unis ratifièrent jusqu'au moindre désir de leur allié soviétique... Le Président Roosevelt, sur sa demande, fut admis à exposer ses idées concernant la future organisation mondiale qui, la paix revenue, *prendrait la suite de l'ancienne Société des Nations*... On aurait tort de dissocier Téhéran de Yalta et de Potsdam[1]. »

« La conférence de Yalta (4-11 février 1945) pose des bases de la future Organisation des Nations Unies[2]. »

Débarquement de Normandie
6 juin 1944

I, 29.

Quand le poisson terrestre et aquatique[3]
Par force vague au gravier[4] sera mis.
Sa forme[5] estrange suave et horrifique,
Par mer aux murs[6] bien tost les ennemis.

Traduction :

Quand les engins amphibies, par nombre de vagues d'assaut, aborderont sur la plage, leur formation faite d'étrangers (Américains) sera agréable (pour les Français) et terrifiante (pour les Allemands), et atteindra bientôt les ennemis par mer jusqu'aux falaises.

L'histoire :

« Les défenseurs du point d'appui W-5 virent surgir de l'eau, à demi immergés, des monstres informes qui semblaient ramper : des chars *amphibies!* Ruisselants, ils avançaient maintenant sur le *sable*... Une deuxième *vague* de chars rejoignait la première[7]... »

« Sur la plage de Ouistreham un monument commémore le premier débarquement des troubles *alliées* sur le sol français : il porte l'inscription suivante : " Sur cette plage, à l'aube du 6 juin 1944, les troupes du Maréchal Montgomery et le commando français du capitaine Kieffer mirent les premiers les pieds sur le sol de France. " Libellé caractéristique. Pour les Anglais un maréchal. Pour les Français un capitaine. Est-il preuve plus impressionnante du rôle militaire réduit tenu par nos compatriotes[8]? »

« Une partie des éléments du Ve corps d'armée (étranger) *américain* débarqué sur Omaha Beach avait pour mission de traverser Grandcamp. La pointe du Hoc est une saillie de

1. L.D.G. **2.** V.C.A.H.U. **3.** Amphibie : qui vit, qui croît sur la terre et dans l'eau. D.L.7.V. **4.** Grève, côte. D.A.F.L. **5.** Synonyme. conformation, configuration. D.L.7.V. **6.** Falaise : dans les calcaires homogènes et assez tendres, ce sont des *murailles* verticales... D.L.7.V. **7.** Paul Carell. In *Histoire pour tous*, hors-série nº 7, juillet-août 1978. **8.** H.L.F.R.A.

falaises calcaires, qui s'avance dans la mer, à environ 7 kilomètres à l'est de Vierville. Ces falaises ont trente mètres de hauteur et tombent à pic. En bas, *une grève* de galets d'une vingtaine de mètres de profondeur[1]. »

Débarquement en Provence – août 1944
Protestations à Monaco concernant la guerre

X, 23.

Au peuple ingrat[2] faictes les remontrances,
Par lors l'armée se saisira d'Antibe :
Dans l'arc Monech[3] feront les doléances[4],
Et à Frejus l'un l'autre prendra ribe[5].

Traduction :

Des remontrances seront faites au peuple mécontent, lorsque l'armée se saisira d'Antibes. On entendra des plaintes à Monaco, et à Fréjus l'un occupera le rivage que tenait l'autre (l'Allemand).

L'histoire :

« C'est dans la nuit du 10 août 1944 que commence la concentration des unités de débarquement... Le problème est donc de faire converger au moment prévu devant la côte de Provence les 2000 navires, constituant la plus grande armada qu'ait jamais portée la Méditerranée... Dans une proclamation préliminaire, le général de Lattre ne dissimule ni l'émotion que le terrain inspire ni les problèmes qu'il va poser. La terre de France, c'est aussi la terre des Français, si éprouvés depuis quatre ans, si angoissés, si divisés : « Il s'agit de la France, de se battre en France, de libérer la France. C'est autrement difficile, car il ne suffira pas de se battre, il faudra surtout se faire aimer. Et je dois vous *mettre en garde* (remontrances) contre vos propres sentiments. Justement fiers de votre effort et du sacrifice de trop de vos camarades, vous aurez tendance à attendre de la reconnaissance... »

« Lorsque le lendemain, 16 août, les grands chefs mettent pied à terre, voici, selon l'amiral Hewitt, les circonstances de ce premier *accostage* (prendre ribe) : " Quand nous atteignons la grève (ribe), le général Patch et moi-même, nous nous effaçons pour permettre à l'amiral Lemonnier de toucher le premier son sol natal. " Attention dont nous trouvons un écho humoristique dans une lettre que le secrétaire d'Etat américain à la Défense,

1. Georges Blond in *Histoire pour tous*, hors-série n° 7, juillet-août 1978. **2.** Latin : *ingratus* : mécontent. D.L.L.B. **3.** Latin : *Monoeci arx*, forteresse du port de Monécus, en Ligurie Monaco. D.L.L.B. **4.** Plaintes chagrines. D.L.7.V. **5.** Provençal : rivo, du latin *ripa* : rive, bord, rivage d'une rivière, de la mer. D.P.

Forrestal, écrit à l'amiral Lemonnier, après avoir assisté avec lui à l'accueil de la population de Saint-Raphaël : " Mon cher amiral, je n'oublierai pas de sitôt ni si facilement la scène mémorable dont je fus témoin cet après-midi sur la place de Saint-Raphaël... "

« Sur la côte, l'armée secrète comprenait les 3000 hommes du groupe Lécuyer, qui combattirent surtout entre Nice et *Antibes*[1]. »

« Le souci d'activités humanitaires apparaît sous Albert Ier de *Monaco* qui fonda l'institut international de la Paix en 1903. Depuis lors, les initiatives monégasques n'ont cessé de se manifester, jalonnées par l'organisation de conférences internationales (par exemple pour l'humanisation des conflits en 1934)[2]. »

Le recul du communisme – 1942
L'enlèvement de Pétain – 20 août 1944

IV, 32.

Es lieux et temps chair au poisson donra lieu[3]
La loi commune sera faite au contraire[4],
Vieux tiendra fort puis osté du milieu,
Le Pantacoina Philon[5] mis fort en arrière[6].

Traduction :

En ces lieux et en ces temps-là, on flottera, par faiblesse, entre deux partis opposés; on s'opposera aux lois démocratiques. Le vieux (maréchal) tiendra le pouvoir, puis sera enlevé du milieu (Vichy), le communisme ayant fortement reculé.

L'histoire :

« Le 20 juin 1940 à deux heures de l'après-midi, Pétain regardait les ministres qu'il avait convoqués au Conseil de cet après-midi-là : ils étaient deux. Les autres bouclaient leurs valises. Les membres du gouvernement devaient s'embarquer à Port-Vendres. Les hommes qui tournaient en rond à Bordeaux, *sans pouvoir prendre une décision*, étaient des parlementaires, près de trois cents présents à Bordeaux. Ne pas vouloir poursuivre la lutte pouvait aussi devenir plus tard un mauvais point. Que faire? »

« Préparez-moi un texte qui me donne les pouvoirs exécutifs. La délégation lui apporta un texte le lendemain. Il avait la forme d'un *contre*-projet, différent du projet Laval : *Suspension des lois constitutionnelles de 1875*, jusqu'à la conclusion de la

1. H.L.F.R.A. **2.** E.U. **3.** On ne sait s'il est chair ou poisson : se dit d'un homme qui, par faiblesse, flotte entre deux partis opposés. D.L.7.V. **4.** Aller au contraire d'une chose : s'y opposer. D.L.7.V. **5.** Grec : πάντα κοίναψιλων : tout est commun entre amis. **6.** Ablatif absolu.

paix, pleins pouvoirs à Pétain... Plus de pouvoir sur l'État que Louis XIV, le maréchal fort en histoire disait vrai. L'Etat c'était lui, et en fait *il n'y avait plus de Parlement* chargé d'entériner, capable de remontrances[1]. »

« Le 20 août 1944 au matin le maréchal fut *enlevé* par les Allemands, et acheminé sous escorte militaire vers Sigmaringen, sans avoir pu tenter de s'évader[2]. »

« *La résistance soviétique bousculée:* au nord de la zone marécageuse du Pripet, la résistance soviétique, dès les premières heures de cette chaude journée, avait été, un peu partout, surprise et bousculée, et *culbutés* les renforts qui montaient au front... Mais avant que ces diverses mesures eussent produit leur effet, la situation avait évolué *à pas de géant* (fort en arrière) entre la mer Noire et la Baltique et ne l'avait pas fait au profit de la défense... Quelques jours plus tard, le Gouvernement soviétique et l'administration centrale quittaient Moscou pour venir s'établir à Kouïbychev sur la rive gauche de la Volga[3]. »

La trahison de Pétain – 20 août 1944

IV, 61.

Le vieux mocqué et privé de sa place
Par l'estranger qui le subornera[4]
Mains[5] de son fils mangées devant sa face
Les frères à Chartres, Orléans, Rouen, trahira.

Traduction :

Le vieux (maréchal) sera moqué et enlevé de son poste par l'ennemi qui le poussera à une mauvaise action, le pouvoir qu'il a créé détruit sous ses yeux, quand les frères d'armes (les alliés) seront à Chartres, Orléans, et Rouen, il trahira.

L'histoire :

« Plus au sud, la IIe Armée britannique prend l'offensive le 16 août, par la traversée de la Dives, et enlèvera successivement Lisieux, Pont-l'Evêque, Louviers; elle aussi au sud de *Rouen* atteint la Seine. La IIIe Armée américaine fonce sur Paris : partant d'Alençon et du Mans, ses corps d'armée atteignent au nord Verneuil, Dreux, Mantes, au sud, *Chartres*, Rambouillet, qui sera l'ultime étape... Le 15 et le 16 août, en exécution de ce plan, la IIIe Armée U.S. entre dans *Orléans* et dans *Chartres.* »

« *Le 20 août* au matin le Maréchal fut *enlevé* par les *Allemands*, et acheminé sous escorte militaire vers Sigmaringen, sans avoir pu tenter de s'évader. »

1. P.G.B. **2.** H.L.F.R.A. **3.** L.D.G. **4.** Latin : *subornare :* dresser à une mauvaise action, corrompre, pousser secrètement, gagner. D.L.L.B. **5.** Latin : *manus :* autorité, force, pouvoir. D.L.L.B.

« L'accueil enthousiaste fait au Maréchal lors de ses dernières visites à des villes françaises, en particulier celui de Paris le 26 avril 1944 et celui de Saint-Etienne le 6 juin 1944, au jour même du débarquement, montre que son prestige personnel a survécu à *la faillite de sa politique*. Mais ce pourcentage élevé de maréchalistes ne constitue plus en 1944 *une force politique*... Tous les efforts tentés par Pétain et Laval pour assurer quelque survie au gouvernement de Vichy se dissolvent en pleine irréalité[1]. »

« Le 12 août 1945, le procureur général Mornet prend la parole : – Messieurs. Pendant quatre années – que dis-je? Pendant quatre années, à l'heure actuelle encore – la France est victime d'une équivoque, la plus redoutable qui puisse jeter le trouble dans les esprits, celle qui, à la faveur d'un nom illustre, sert de paravent à la *trahison*. Oh ! Messieurs, je sais quel mot je viens de prononcer, un mot dont le rapprochement avec l'homme qui est ici sonne péniblement[2].... »

La zone d'occupation de Rouen à Bordeaux
Le mur de l'Atlantique
La libération. Rouen – 1944

III, 9.

Bordeaux, Rouen, et la Rochelle joincts,
Tiendront autour la grande mer Occéane,
Anglois Bretons et les Flaments conjoincts,
Les chasseront jusqu'auprès de Rouane.

Traduction :

Bordeaux, Rouen et La Rochelle réunis (dans l'occupation) tiendront les côtes océaniques françaises (le mur de l'Atlantique), les Anglo-Américains, les Français et les Belges unis les repousseront jusqu'à Rouen.

La chute de l'État français – 1944
Le départ de Pétain à Sigmaringen
Pétain à l'île d'Yeu – 1945

III, 47.

Le vieux monarque déchassé de son règne
Aux Orients son secours ira querre[3] :
Pour peur des croix ployera son enseigne
En Mitylène[4] ira par port[5] et par terre.

1. H.L.F.R.A. **2.** P.G.B. **3.** Latin : *quaero :* je cherche. D.L.L.B. A donné quérir. **4.** Latin : *mitylus :* moule, coquillage. D.L.L.B. La principale activité de l'île d'Yeu est la mityliculture. **5.** Nostradamus laisse le choix entre le Portalet et Port-Joinville où débarquera le maréchal Pétain.

Traduction :

Le vieux chef d'État chassé du pouvoir ira chercher secours à l'est (Sigmaringen) : par peur des croix (gammées) il pliera son drapeau et finira, par Port(-Joinville) et par terre, à l'île des Moules (Yeu).

L'histoire :

« Voici qu'entre en scène le porteur de la pire *menace.* C'est le baron Von Neubronn. Si le Maréchal refuse d'obtempérer, la ville de Vichy sera bombardée par l'aviation et par l'artillerie *allemande...* Je n'ai pas le droit de laisser bombarder les femmes et les enfants de Vichy, dira Pétain. Je dois céder devant de telles menaces...

« Le 16 novembre 1945, vers neuf heures du matin, l'aviso Amiral-Mouchez, appareillé la veille de La Pallice, se trouvait à sept ou huit milles dans le sud-est de l'*île d'Yeu* vers laquelle il faisait route... Maintenant Pétain regardait obstinément cette île qui allait devenir sa prison. L'accostage à *Port-Joinville* ne s'annonçait pas facile... Pétain avait été transféré au Fort du *Port*alet le 15 août, aussitôt après sa condamnation[1]. »

La naissance de Mussolini entre Rimini et Prato – 1883
L'opposition de gauche sur le mont Aventin – 1924
La fin de Mussolini et du fascisme Piazza Colonna – 1943
Assassinat des fascistes et de leurs assassins – 1945

IX, 2.

Du haut de mont Aventin[2] voix ouye,
Vuidez, vuidez de tous les deux costez :
Du sang des rouges sera l'ire assomie[3],
D'Arimin[4] Prato[5], Columna[6] debotez[7]

Traduction :

Ceux qui se seront retirés sur le mont Aventin feront entendre leur voix; des deux bords tous seront anéantis : la colère des

1. P.G.B. 2. Retraite sur le mont Aventin : irrités contre la tyrannie des patriciens, les plébéiens émigrèrent en masse et s'établirent sur le mont Aventin. De cet épisode historique vient la locution proverbiale : « se retirer sur le mont Aventin »; c'est-à-dire rompre violemment, cesser toute relation jusqu'à entière satisfaction. D.L.7.V. 3. Charger, surcharger. D.A.F.L. 4. Latin : *Ariminum :* Rimini, ville de l'Ombrie, D.L.L.B. 5. Prato : ville de Toscane. Le village de Predappio est situé sur l'axe Rimini-Prato à équidistance des deux villes, soit à une cinquantaine de kilomètres. 6. Latin : Colonne – italien : *colonna.* Noter le C majuscule. 7. Déboter : expulser. D.A.F.L

rouges sera surchargée du sang des rouges. Celui qui sera originaire de Rimini-Prato et ceux de la Piazza Colonna seront expulsés.

L'histoire :

« Mussolini avait commencé à écrire son autobiographie : je suis né le 29 juillet 1883 à Varnano dei Costa, près du village de Dovia, lui-même proche du village de Predappio[1]. »

« Le 10 juin 1924, le député *socialiste* Matteoti est enlevé à Rome par un groupe fasciste. Son corps sera retrouvé dans un maquis à 20 km de la ville le 16 août. En signe de protestation, les députés de *l'opposition* abandonnent la Chambre et se *retirent sur l'Aventin*[2]. »

« Après avoir vainement attendu un message de Mussolini, Scorza, en désespoir de cause, s'était rendu au siège du parti sur la Piazza *Colonna* où il décréta la mobilisation de tous les fascistes de Rome. Il n'y eut même pas cinquante fascistes pour répondre à l'appel. La foule se mit à envahir les maisons des principaux militants du parti. Elle incendia les bureaux de quelques organisations fascistes. Une bande de manifestants se précipita dans le Palais Venise pour réclamer l'homme qui opprimait le pays depuis vingt ans, mais nul n'essaya de forcer la porte de la Mappemonde et tous repartirent en agitant des drapeaux *rouges.* Dans la via de Tritone, sur la Piazza *Colonna,* dans la via Nazionale et sur la Piazza del Popolo, la foule chantait et dansait : " Le fascisme est mort ! " criait-on partout, joyeux[2]. »

« Le 27 avril 1945 les principaux dirigeants des Volontaires de la Liberté se réunirent à Milan. Parmi ceux-ci on compte notamment Luigi Longo, le dévoué militant du parti communiste, Walter Audisio, ancien volontaire des brigades internationales en Espagne. L'ordre d'exécution de Mussolini avait déjà été donné par Palmiro Togliatti, agissant comme chef du parti communiste. Les communistes du Comité Milanais prévoyaient que d'autres missions partiraient à la recherche du Duce... Moretti et Cavali étaient de fervents communistes. Moins de dix minutes après le départ de Bellini, Audisio, Lampredi et Moretti quittèrent précipitamment Dongo. Le destin de tous ces gens est édifiant. Certains auteurs ont écrit que Michel Moretti était mort. Guieseppe Frangi bavarda après la mort de Mussolini et périt dans des circonstances étranges. Luigi Canali a disparu. Sa maîtresse Giuseppina Tuissi se renseigna au sujet de sa disparition et disparut à son tour. Son amie Anna Bianchi, s'inquiétant de ce qui était arrivé à Giuseppina, disparut à son tour, son cadavre fut retrouvé dans le lac de Côme; elle avait été tuée à coups de bâton. Le père d'Anna jura de retrouver et tuer

1. M.C.H. **2.** H.I.S.R.

ses assassins, mais c'est lui qui fut assassiné[1]. » Les morts du côté « rouge ».

« Le premier coup de feu tiré par Audisio avec l'arme de Moretti tua Claretta. Le suivant atteignit Mussolini... A six heures Germinazza repartit de Dongo où Audisio avait dirigé l'exécution des quinze fascistes arrêtés à Rocca di Musso. Le camion de déménagement attendait au carrefour. On jeta les deux cadavres sur les quinze autres[2]. » Les morts du côté fasciste.

Mussolini et le cardinal Schuster – 1945
Exécutions Piazzale Loreto à Milan

VI, 31.

Roy trouvera ce qu'il désiroit tant,
Quand le Prelat sera reprins[3] à tort,
Response au Duc le rendra mal content,
Qui dans Milan mettra plusieurs à mort.

Traduction :

Le chef trouvera celui qu'il désirait tant (arrêter Mussolini) quand le Cardinal sera blâmé à tort à cause de sa réponse dont le Duce sera mécontent; et il en fera mettre à mort plusieurs à Milan.

L'histoire :

« Le 13 mars 1945, Mussolini envoya son fils Vittorio porter au *Cardinal* Schuster, archevêque de *Milan*, une lettre demandant certaines garanties pour la population civile dans le cas où les Allemands évacueraient l'Italie et où les forces fascistes prendraient position sur les Alpes. Le Cardinal Schuster jugea ce geste parfaitement inutile, mais il transmit le message aux Alliés par l'intermédiaire du nonce apostolique à Berne. Dès qu'il parvint au quartier général installé à Caserta, les Alliés y *répondirent* par une fin de non-recevoir à croire que les Allemands avaient déjà accepté une telle capitulation, Mussolini refusa de prendre en considération les exigences alliées[4]. »

« Après divers incidents, à 3 heures du matin, Valério s'arrête à Milan Piazzale Loreto, à l'endroit même où, le 9 août 1944, les Allemands ont fait fusiller par représailles, après un attentat, quinze Italiens détenus politiques à Milan. Les corps des fusillés sont déchargés là... A onze heures, six des cadavres sont hissés par des cordes sur une traverse de la station d'essence, Mussolini, Clara, Pavolini, Zerbino, Barracu et Porta... C'est peu après, à onze heures dix, que l'on amène sur la

1. M.C.H. **2.** H.I.S.R. **3.** Blâmer : D.L.7.V. **4.** H.C.H.

place l'ancien secrétaire du Parti : Achille Starace... Six partisans le fusillent dans le dos. Son corps est bientôt hissé, lui aussi, aux côtés des autres pendus qui se balancent[1]. »

Massacres à Milan et Florence
Le Duce à Milan, capitale – 19 avril 1945
Chute du fascisme à Rome Piazza Colonna septembre 1944

X, 64.

Pleure Milan, pleure Lucques, Florence,
Que ton grand Duc sur le char[2] montera :
Changer le Siege pres de Venise s'advance,
Lorsque Colonne a Rome changera.

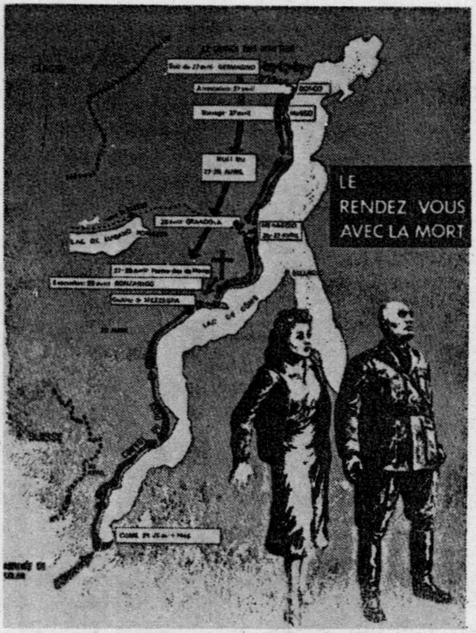

Extrait de M.A.B.

1. M.A.B. 2. Voiture à quatre roues. D.L.7.V.

Traduction :

Il y aura des pleurs à Milan, à Lucques et à Florence, tellement que ton grand Duce partira en voiture. Le siège du gouvernement changera quand il y aura une avance près du (Palais) Venise, quand à Rome il y aura un changement Piazza Colonna.

L'histoire :

« Les brigatenere se livrèrent à des représailles à une moindre échelle que les Allemands certes, mais souvent avec autant de sauvagerie. Par exemple, ce furent des SS qui exécutèrent près de sept cents personnes à Marzabotto[1]... On trouvait dans ces formations fascistes une pègre encore plus dangereuse que parmi les partisans les moins disciplinés... Même lorsque les Allemands parvinrent à se regrouper au nord de *Florence* et à s'installer pour l'hiver sur la ligne gothique entre Rimini et La Spezia[2], les violences se poursuivirent presque à la même échelle derrière le Front. »

« Le 16 avril 1945, ainsi qu'il l'avait confié plus tôt à Mellini : " Maintenant que Rome est perdue, dit-il, la République italienne ne peut plus avoir qu'*une capitale : Milan.* " Il se prépara à partir pour Milan le 19 avril, avec une escorte de soldats allemands. Il installa son bureau au palais Monforte, la préfecture de Milan. »

« Une bande de manifestants se précipita dans le palais *Venise* pour réclamer l'homme qui opprimait le pays depuis vingt ans. Sur la *Piazza Colonna,* siège du parti, la foule chantait et dansait comme à la festa : " Le fascisme est mort ! " criait-on partout joyeux. Cette nuit-là à *Rome,* il ne se trouva pas un seul homme pour le défendre au risque de sa vie. »

« Le 29 avril 1945, le camion de déménagement arrivé à *Milan* après avoir franchi plusieurs barrages américains. Il s'arrêta sur la Piazza Loreto. C'est là que les Allemands avaient fusillé quinze otages neuf mois plus tôt. On jeta les cadavres à bas du camion. Un passant prit la peine de les aligner à peu près en ordre; il plaça Mussolini un peu à part. Puis apparurent deux jeunes gens qui s'acharnèrent avec sauvagerie à lui donner des coups de pied à la mâchoire... Une voix autoritaire clama : qu'on les pende[3] ! »

1. Village au nord de Florence. **2.** Cette ligne passe par Lucques et Florence. **3.** M.C.H.

La chute du Reich – 1945
La contre-offensive soviétique
Le débarquement de Sicile – 10 juillet 1943

VIII, 81.

Le neuf empire en desolation
Sera changé du pôle aquilonnaire[1]
De la Sicile viendra l'émotion[2]
Troubler l'empire[3] à Philip tributaire.

Traduction :

Le nouvel empire (allemand) sera dans la désolation et subira des changements par le nord (U.R.S.S.). C'est à partir de la Sicile que seront chassés (les Allemands) et que l'entreprise de Philippe (Pétain) qui payait tribut sera perturbée.

L'histoire :

« Pendant les deux années qui suivirent l'invasion de la *Russie,* Hitler fut presque entièrement absorbé par la conduite de la guerre sur le front de l'Est. Mais en 1943, la perte de l'Afrique du Nord et l'écroulement de l'*Italie* vinrent lui rappeler qu'il était en guerre contre une alliance mondiale. »

« La nuit du 30 avril 1945, Goebbels et Bormann tentèrent vainement de négocier avec les *Russes.* La réponse fut : " *capitulation* sans condition[4] ". »

« Les exigences allemandes : les vainqueurs disposent de millions de prisonniers et exercent sur Vichy un chantage efficace. La France a déjà *payé*, pour les troupes d'occupation, 631 886 millions de francs, soit près de 160 milliards de nouveaux francs. »

« L'attaque des Alliés se dessine alors. En juillet 1943 l'opération " Husky " leur donne la *Sicile* et 200 000 prisonniers[5]. »

Le procès de Nuremberg – 1945-1946
La guerre froide

II, 38.

Des condamnez sera fait un grand nombre,
Quand les monarques seront conciliez :
Mais l'un d'eux viendra si mal encombre[6]
Que guerre ensemble ne seront raliez.

1. Aquilon : vent du nord violent et impétueux. D.L.7.V. Symbolise la Russie : l'empire du Nord. **2.** Latin : *emoveo :* j'ôte, j'écarte, je chasse, je dissipe. D.L.L.B. **3.** Autrefois : entreprise. D.L.7.V. **4.** H.A.B. **5.** L.M.C. **6.** Encombrier : obstacle, embarras, dommage. D.A.F.L.

Traduction :

Il y aura un grand nombre de condamnés quand les chefs d'État se seront réconciliés. Mais l'un d'entre eux fera si mauvais embarras que ceux qui avaient fait la guerre ensemble ne seront pas alliés.

L'histoire :

« Le 20 novembre 1945 a lieu la première audience du tribunal militaire international de Nuremberg chargé de juger les dirigeants allemands considérés comme criminels de guerre. Ce tribunal, composé de représentants des quatre puissances *alliées* (U.S.A., U.R.S.S., Grande-Bretagne et France), aura à connaître des crimes contre la paix. Le tribunal de Nuremberg juge vingt-quatre grands dirigeants politiques, militaires et économiques de l'Allemagne hitlérienne et six groupements et organisations du IIIe Reich. Les audiences dureront jusqu'au 1er octobre 1946. *De nombreux* autres procès de criminels de guerre, intentés à des responsables moins élevés, auront lieu en Allemagne....

Les condamnés à mort furent exécutés le 16 octobre 1946 entre une heure et trois heures du matin; les condamnés à l'emprisonnement furent internés à la prison de Spandau, près de Berlin.

Le 2 février 1953, dans son premier message sur l'état de l'Union, Eisenhower annonce qu'il a décidé la neutralisation de Formose; il envisage aussi la dénonciation des accords de Yalta conclus par Roosevelt. L'attitude américaine éveille beaucoup d'inquiétude[1]. »

Amitié franco-allemande après les guerres de 1870-1914-1939 Les étapes de l'amitié franco-allemande – 1950-62-63-67

VIII, 3*bis.*

Las quelle fureur! hélas quelle pitié,
Il y aura entre beaucoup de gens :
On ne vit onc une telle amitié,
Qu'auront les loups à courir diligens[2].

Traduction :

Hélas! Quelle fureur et quelle pitié il y aura entre beaucoup de gens! Jamais on ne vit une telle amitié à laquelle seront attachés les Allemands.

1. V.C.A.H.U. **2.** Latin : *diligens :* qui aime, attaché à. D.L.L.B.

L'histoire :

« Dans deux interviews à un journaliste américain (8 et 21 mars 1950), Adenauer propose à la France une *union franco-allemande* comportant une véritable fusion, avec un parlement unique, une économie et une nationalité communes. »

« Du 4 au 12 août 1962, le Général de Gaulle effectue une visite officielle en Allemagne fédérale. Voyage triomphal : de Gaulle trouve les mots pour gagner le cœur d'un peuple qui, en dépit de sa puissance économique retrouvée, reste marqué par le complexe de culpabilité imposé en 1945. »

« Le traité franco-allemand, qui prévoit des consultations périodiques entre les gouvernements et une coopération organique dans les domaines de la défense, de l'économie et de la culture, est signé le 22 janvier 1963. »

« Les 12 et 13 juillet 1967, de Gaulle et Kiesinger se rencontrent à Bonn et décident la création de deux commissions communes, l'une pour la coopération économique et technique, l'autre pour les échanges de vues sur les problèmes politiques et stratégiques[1]. »

Le retour des Juifs en Palestine – 1939-1948
Les guerres israélo-arabes

II, 19.

Nouveaux venus lieu basty sans défense,
Occuper la place par lors inhabitable,
Prez, maisons, champs, villes, prendre à plaisance[2]
Faim, peste, guerre, arpen long labourable.

Traduction :

Des gens nouveaux venus bâtiront des villes sans défense et occuperont des lieux qui étaient jusque-là inhabitables. Ils prendront avec plaisir les prés, les maisons, les champs et les villes. Puis la famine, la maladie et la guerre seront sur cette terre labourable depuis longtemps (1939).

L'histoire :

« Quand la Seconde Guerre mondiale éclata, le bilan du sionisme était le suivant : la population juive était passée de 85000 (11 % du total) à 416000 (29 %), le nombre des *agglomérations* juives de 79 à 200. *L'agriculture* s'était considérablement développée; ainsi la superficie des orangeraies était passée de 1000 à 15000 *hectares.* »

« En dehors d'une minorité arabe d'environ 10 %, la quasi-totalité de la population est composée *d'immigrants juifs* arrivés depuis moins d'un siècle. »

1. V.C.A.H.U. **2.** Plaisir, joie, volupté. D.L.7.V.

« Quelles que soient les causes proches de *la guerre* de juin 1967, il faut en retenir le retentissement qu'elle a eu sur la psychologie des Arabes et des Israéliens. Les premiers ont retenu que la volonté d'effacer les résultats d'un fait précédemment accompli (1956-1957) fut considérée par l'opinion internationale, influencée par l'Occident, comme une agression, alors que l'attaque surprise israélienne du 1er juin 1967 était tenue pour un acte de légitime défense[1]. »

Ce quatrain de Nostradamus doit être rapproché du Chapitre XXXVIII de la prophétie d'Ézéchiel :

« Après plusieurs jours tu seras visité; dans les dernières années, tu viendras au pays qui aura été sauvé de devant l'épée, et *ramassé de plusieurs peuples,* savoir contre les montagnes d'Israël, qui auront été longtemps *désertes;* lorsque ce pays-là ayant été retiré d'entre les peuples, tous y *habiteront en assurance...* Et tu diras : je monterai contre le pays des *villes sans murailles* (les Kibboutz), j'envahirai ceux qui sont en repos... pour mettre la main sur les lieux déserts qui auront été rendus habitables[2]... »

L'insurrection hongroise à Budapest 23 octobre 1956 Son écrasement par les troupes soviétiques 4 novembre 1956

II, 90.

Par vie et mort changé regne d'Ongrie,
La loy sera plus aspre que service[3] :
Leur grand cité d'urlements pleincts et crie,
Castor et polux[4] ennemis dans la lice[5].

Traduction :

Le pouvoir sera changé en Hongrie par la vie et par la mort; la loi sera plus impitoyable que les usages. La grande ville (Budapest) sera remplie de hurlements et de cris. Les frères seront ennemis dans ce théâtre de lutte (la capitale).

L'histoire :

« En Hongrie, la trop longue résistance de l'ancienne direction stalinienne provoque le *pire :* l'insurrection éclate à *Budapest* le 23 octobre 1956 et prend une telle ampleur que le retour au pouvoir d'Imre Nagy (Castor) ne parvient pas à la calmer... Sous la pression, Imre Nagy, qui a formé un gouvernement de coalition, le 1er novembre, annonce que la Hongrie décide de se dégager du pacte de Varsovie et demande à l'O.N.U. de la reconnaître solennellement comme État neutre. Le lendemain

1. E.U. **2.** *La Sainte Bible,* par J.F. Ostervald, 1823. **3.** Usage, utilité qu'on tire de certaines choses. D.L.7.V. **4.** Deux frères, fils de Jupiter. **5.** Champ clos pour les tournois, par extension, théâtre d'une lutte quelconque. D.L.7.V.

même, Budapest est complètement encerclée (lice) par les chars soviétiques. Ceux-ci entrent en action le 4, tandis qu'un contre-gouvernement, fidèle à Moscou, est formé par Janos Kadar (Pollux). On se bat de nouveau dans Budapest où les insurgés, malgré une farouche résistance, sont assez vite écrasés. Le nombre des morts, pendant toutes ces journées de révolte, dépassera 25000. Imre Nagy, qui avait trouvé refuge à l'ambassade de Yougoslavie, en est enlevé le 21 par la police et déporté en Roumanie. Plus de 15000 personnes seront déportées par les Soviétiques. Plus de 150000 réfugiés réussiront à passer à l'Ouest (lieu changé). Budapest montre que la recherche des voies diverses (service) vers le socialisme ne saurait en aucun cas signifier, pour les hommes du Kremlin, une rupture des liens (loi) imposés depuis 1945 aux pays de l'Europe orientale... La persistance de l'agitation oblige le gouvernement Kadar à proclamer la *loi martiale* le 8 décembre; tous les conseils révolutionnaires ouvriers sont dissous[1]. »

La conquête de l'Afrique du Nord par la IIIe République – 1891-1911 La chute de la IVe République – 13 mai 1958

III, 59.

Barbare empire[2] par le tiers[3] usurpé[4],
La plus grand part de son sang mettra à mort :
Par mort sénile par luy le quart[5] frappé,
Pour peur que sang par le sang[6] ne soit mort.

Traduction :

La troisième (République) s'appropriera l'empire barbaresque et mettra à mort la plus grande partie des siens. A cause de sénilité la quatrième (République) sera frappée à mort par lui (l'Empire barbare) de peur que ceux qui auront versé leur sang ne soient pas morts pour rien.

L'histoire :

« L'Afrique a été le principal domaine de l'expansion coloniale française. Depuis la monarchie de Juillet la France y *possédait l'Algérie.* Mais l'Algérie n'est que la partie centrale de la région montagneuse de l'Atlas. Elle se continue à l'est par la Tunisie, à l'ouest par le Maroc, et les *trois pays* sont si étroitement soudés par la nature qu'on ne peut être pleinement maître de l'Algérie qu'à la condition de *dominer* les deux pays voisins. Ainsi s'explique l'importance prise successivement par la question de Tunisie, puis par la question du Maroc dans la

1. V.C.A.H.U. **2.** Barbarie : états barbaresques, région de l'Afrique du Nord qui comprend les états de Tripoli, de Tunis, d'Alger et du Maroc. D.H.B. **3.** Qui vient en *troisième rang,* s'ajoute à deux autres. D.L.7.V. **4.** Latin : *usurpo :* je prétends à, je m'approprie. D.L.L.B. **5.** Autrefois quatrième. D.L.7.V. **6.** Sanguine *barbarorum* modico. Tacite : les barbares ayant perdu peu de monde. D.L.L.B.

politique française... Les incessantes *pilleries* commises en territoire algérien par les montagnards tunisiens, les Kroumirs, servirent de prétexte à l'entrée d'une armée française en Tunisie (avril 1881). La Tunisie paraissant tranquille, les troupes furent rappelées. Il y eut aussitôt un soulèvement général, dont le centre était à Kairouan, une des villes saintes des Musulmans. La répression fut prompte... »

« L'acte d'Algésiras ne pouvait régler définitivement la question marocaine. De nouveaux incidents surgirent dès 1907. Des Français ayant été massacrés par les indigènes, la France fit *occuper* Casablanca (1907-1908). En 1911 les troupes françaises pénétrèrent jusqu'à Fez... »

« *Algérie, Tunisie et Maroc*, désormais étroitement unis, c'est une nouvelle France d'Afrique qui est en formation[1]. »

« La crise d'Algérie s'étend : parce que Guy Mollet, devant l'hostilité que lui manifestent les Français d'Algérie, le 5 février 1956, renonce aux réformes qu'il avait promises, parce que le président du Conseil approuve une initiative malheureuse d'un officier irresponsable qui prend sur lui de contraindre à atterrir à Alger l'avion *marocain* qui transportait les chefs du F.L.N. Cet acte sans profit nous brouille avec le roi du *Maroc* et la *Tunisie*... Quand Mollet est renversé le 21 mai 1957, quand son successeur, Félix Gaillard, ne fait pas mieux que lui, on peut penser que la IVe République a fait preuve de son *inefficacité. Instabilité et faiblesse* ont amené à l'impuissance... Le Général de Gaulle accepte de venir demander l'investiture à l'Assemblée. Le 1er juin 1958 il est investi et obtient les pleins pouvoirs. La IVe République a vécu[2]. »

La guerre des Six Jours – 5-10 juin 1967 L'occupation par Israël de Gaza, de la Cisjordanie et du Golan

III, 97.

Nouvelle loy terre neuve occuper,
Vers la Syrie, Iudée et Palestine :
Le grand Empire barbare corruer[3],
Avant que Phebes[4] son siècle détermine.

Traduction :

Par une nouvelle loi de nouveaux territoires seront occupés vers la Syrie, la Judée et la Palestine. La puissance arabe s'écroulera avant le solstice d'été (21 juin).

L'histoire :

« La guerre israélo-arabe (5-10 juin 1967) : en une campagne éclair contre l'Égypte, la Jordanie et la Syrie, les armées

1. H.F.A.M. **2.** L.M.C. **3.** Latin : *corruo :* je tombe, je m'écroule. D.L.L.B. **4.** Phoebe : Diane ou la Lune, sœur de Phoebus, le Soleil. D.L.L.B.

israéliennes *occupent* toute la péninsule du Sinaï[1] jusqu'au canal de Suez, la Cisjordanie[2] et les hauteurs du Golan[3]...

A l'aube du 5, l'aviation israélienne attaque les aéroports égyptiens et détruit au sol la majeure partie de l'aviation ennemie, l'armée égyptienne est *bousculée* (corruer) dès les premières heures de combat; maîtres de *Gaza* et d'El-Arich, les Israéliens foncent à travers le désert du Sinaï, et dès le 7, ils occupent le port de Charm-el-Cheikh et arrivent sur le canal de Suez. Du côté jordanien, ils rencontrent plus de résistance; cependant la vieille ville de Jérusalem et toute la partie *cisjordanienne* (Iudée) de la Jordanie sont *conquises. Le monde arabe* est accablé par l'ampleur et la rapidité des succès israéliens... L'U.R.S.S. accuse Israël d'agression et, sur sa demande, l'Assemblée générale de l'O.N.U. se réunit le *19* (avant que Phebes...). Le problème numéro un est maintenant celui des *territoires arabes occupés* par Israël. Dès le 11, le général Dayan déclare qu'Israël doit conserver Gaza, Charm-el-Cheikh, la vieille ville de Jérusalem et la Cisjordanie. Les Israéliens soutiendront qu'on ne saurait parler de retour aux frontières d'avant le 5 juin 1967, car il ne s'agissait pas de frontières, mais de lignes de démarcation tracées par les armistices de 1949 et n'ayant jamais été reconnues *juridiquement* (nouvelle loi) par les États arabes... Le 27 juin, la Knesseth adopte une « *loi fondamentale* » pour la protection des lieux saints. Le gouvernement décide l'annexion de la vieille ville de Jérusalem[4]. »

Le retour des Juifs en Palestine – 1948
Golda Meir et le sionisme
La démission de Golda Meir – 1974

VIII, 96.

La Synagogue[5] stérile sans nul fruit,
Sera receuë entre les infidèles[6] :
De Babylon[7] la fille[8] du poursuit,
Misère et triste lui tranchera les aisles.

1. Dont Gaza : ville du Proche-Orient dans la *Palestine* méridionale. E.U. **2.** Judée : partie méridionale de la *Palestine* comprise entre la Mer Morte et la Méditerranée, et dont la plus grande partie constitue aujourd'hui la partie méridionale de la *Cisjordanie*, territoire qu'Israël a conquis sur la Jordanie lors de la guerre des Six Jours en 1967. A.E. **3.** Territoire syrien. **4.** V.C.H.A.U. **5.** La Synagogue paraît être née, parmi les Juifs exilés à Babylone, du besoin qu'ils éprouvèrent, loin du temple, de prier et de s'édifier en commun. Au retour de l'exil, une première synagogue fut construite à Jérusalem, dans le parvis du Temple. D.L.7.V. **6.** Qui n'a pas la vraie foi religieuse. D.L.7.V. Les Arabes par opposition aux Juifs. **7.** La grande Babylone, la Babylone moderne : désignent couramment de grands centres, comme Londres, Paris, etc., D.L.7.V. **8.** Les poètes donnent fréquemment le nom de filles à des êtres animés ou non, en indiquant par un déterminatif, le lieu, l'origine, les habitudes favorites : c'est ainsi qu'ils appellent les femmes d'Israël, *les filles de Sion*. D.L.7.V.

Traduction :

Le sionisme[1] stérile, sans nul fruit, sera reçu parmi les Arabes. Venue de New York (Babylone) la femme (chef) des pourchassés (Golda Meir) perdra son pouvoir par l'infortune et la tristesse.

L'histoire :

« Golda Meir : née à Kiev (Ukraine), elle émigre aux Etats-Unis avec sa famille, en 1906. Elle se fait connaître comme militante responsable de la Section locale du Parti travailliste sioniste... Dès 1924, elle rejoint l'Histadrouth et, en 1928, est nommée secrétaire de l'organisation féminine de celle-ci... Au cours de la Seconde Guerre mondiale, elle milite aux côtés de David Ben Gourion pour assurer *le retour des Juifs* à Sion en 1946, lorsque Moshe Sharett, chef du département politique de l'Agence juive, et d'autres activistes sont arrêtés par les Britanniques, elle le remplace (la fille du poursuit) d'abord provisoirement et se bat pour faire libérer activistes et immigrés juifs internés... Peu avant que Ben Gourion proclame la création de l'État d'Israël, elle est envoyée près de l'O.N.U. pour formuler un ultime plaidoyer en faveur de la reconnaissance *d'un État juif de Palestine...* En octobre 1973, Israël doit affronter dans une guerre meurtrière les forces égyptiennes et syriennes soutenues par différents contingents de forces arabes. Le gouvernement de Golda Meir *subit alors les attaques* de la droite israélienne et les critiques des officiers supérieurs sur l'état d'impréparation du pays. Les élections du 31 décembre devraient toutefois reconduire Golda Meir et son parti au pouvoir. En mars 1974, *les critiques* à l'adresse de Madame Meir et du général Dayan se faisant plus vives, le Premier ministre israélien devait remettre *la démission* de son gouvernement un mois plus tard (misère et triste)[2]. »

N.B. Nostradamus établit un parallèle entre le premier retour des Juifs, en captivité à Babylone, et le second retour, à partir des Babylone modernes : Londres, Paris, New York.

1. Mouvement politico-religieux, fondé par Théodor Herzl à la fin du XIXe siècle, et ayant pour but de créer en Palestine un État où puissent se rassembler des Israélites dispersés dans le monde entier. A.E. **2.** E.U.

Guerre du Kippour – octobre 1973. L'attaque surprise d'Israël par l'Égypte.

Sixain 31.

Celuy qui a, les hazards surmonte,
Qui fer, feu, eau, n'a jamais redouté,
Et du pays bien proche du Basacle[1],
D'un coup de fer tout le monde estouné,
Par Crocodil[2] estrangement donné,
Peuple ravi de voir un tel spectacle.

Traduction :

Le peuple qui a surmonté les hasards, qui n'a jamais craint la guerre ou la révolution, dans le pays très proche du point de départ du christianisme, sera étonné d'un acte de guerre étrangement commis par l'Égypte dont la population se réjouira d'un tel spectacle.

L'histoire :

« 6 octobre 1973. Il est 13 heures 50. Le Conseil des ministres est occupé à ratifier l'ensemble des décisions et des mesures prises durant la matinée par Golda Meir, Dayan et Éléazar. La porte de la salle du Conseil s'ouvre soudain. C'est le général Israël Lior : l'ennemi vient d'attaquer... *La surprise est donc totale :* attaque simultanée des *Égyptiens* au sud et des Syriens au nord... Cinq divisions égyptiennes, équipées et entraînées par les Soviétiques, submergent les fortins de la ligne Bar-Lev et, sous la protection aérienne des missiles, conquièrent de 5 à 10 kilomètres de profondeur dans le Sinaï. Les blindés israéliens sont décimés par les missiles antichars téléguidés, de 3 kilomètres de portée, dont l'usage intensif par les *Égyptiens* remet en question, d'un coup, tout l'art militaire moderne : la supériorité des blindés sur l'infanterie... *Mille deux cents chars égyptiens sont passés à l'attaque*[3]...

« Le Raïs parle de l'Égypte, société pacifique depuis des millénaires, forcée à la guerre par l'injustice et l'occupation. Il remarque : Si nous n'étions pas de bons combattants, c'est parce que nous n'avons jamais aimé nous battre. Cette fois-ci c'est différent. Nous avons une humiliation à venger[4]. »

1. Endroit où l'on renferme le poisson afin de le *conserver* vivant. D.L.7.V. Le poisson a été pour les premiers Chrétiens l'emblème par excellence. D.L.7.V. **2.** L'espèce la plus anciennement connue est le crocodile du Nil. C'est celui que les anciens *Égyptiens* vénéraient. D.L.7.V. **3.** *L'Express* du 13 au 19 janvier 1975. « Israël, la mort en face », Jacques Derogy, Jean-Noël Gurgand, éditions R. Laffont. **4.** *Le Point* n° 60, 12 novembre 1973, article de Marwan Hamade.

La guerre du Kippour – 6 octobre 1973
L'attaque-surprise des Égyptiens

Sixain 35.

Dame par mort grandement attristée,
Mère et tutrice au sang qui l'a quittée,
Dame et seigneurs, faicts enfants orphelins,
Par les aspics[1] et par les Crocodiles,
Seront surpris forts, Bourgs, Chasteaux, Villes,
Dieu tout-puissant les garde des malins.

Traduction :

La dame (Golda Meir) sera grandement attristée par la mort (des soldats israéliens); la mère et la tutrice (de l'État hébreu) laissera le pouvoir à cause du sang qui aura coulé. Avec ses ministres, elle sera rendue responsable des orphelins; à cause des Égyptiens qui auront attaqué par surprise les fortifications (la ligne Bar-Lev), les villages et les villes. Mais Dieu tout-puissant les protégera du malheur.

L'histoire :

« Le 6 du mois d'octobre, Israël est rassemblé dans les synagogues pour le Kippour, l'Expiation... A midi, les sirènes mugirent. Israël avait été attaqué simultanément au nord et au sud : par la Syrie et par l'*Égypte...* Pendant les premières heures du 6 octobre, les lignes du Golan étant dégarnies, les chars syriens avaient failli atteindre la Galilée, tandis que, sur le canal, 3000 soldats à peine avaient dû tenir, face à *des dizaines de milliers d'Égyptiens* (aspics et crocodiles) : loin de se féliciter du redressement intérieur, les Israéliens demandaient : " Comment les négligences du Kippour ont-elle été possibles? " Certains ajoutaient, avec une pointe d'humour noir : " Encore heureux que les Arabes nous aient attaqués le jour où nous faisions repentance. *Dieu ne pouvait pas nous refuser un miracle* " (Dieu tout-puissant les garde des malins)... Le gouvernement rejeta dédaigneusement les avertissements répétés des services secrets du Pentagone. L'État-Major était endormi derrière la *Ligne Bar-Lev,* comme les Français en 1939 derrière la Ligne Maginot (forts)... A Jérusalem et à Tel-Aviv, où l'on *pleure* (attristée) 2000 *morts* (chiffre considérable pour un pays de trois millions d'âmes), dans les hôpitaux où s'entassent 3000 blessés, sur les fronts où plus de 150000 réservistes montent la garde, c'est la fronde... Le 10 avril 1974, au milieu de la Pâque juive, Madame Meir, excédée, épuisée, remet sa démission (quittée) au président de l'État[2]. »

1. Serpent de Cléopâtre : nom vulgaire des échis et des aspics. D.L.7.V. Cette allusion à Cléopâtre désigne les Égyptiens comme les Crocodiles. **2.** In *Le spectacle du Monde,* n° 147, juin 1974.

Révolution, guerres, famines en Iran – 1979
La chute du Schah – 1978-1979
L'ayatollah Khomeiny a Neauphle-le-Château

I,70.

Pluye[1], faim, guerre en Perse non cessée,
La foy trop grande[2] trahira le Monarque[3] :
Par la finie en Gaule commencée,
Secret[4] augure[5] pour à un estre parque.

Traduction :

La révolution, la famine, la guerre ne cesseront pas en Iran; le fanatisme religieux trahira le Schah dont la fin aura commencé en France, à cause d'un prophète qui se sera parqué dans un lieu retiré (Neauphle-le-Château).

L'histoire :

« Avec ses manifestants *fanatiques* brandissant l'étendard de leur *foi* et acceptant pour elle d'affronter, poitrine nue, les armes à feu des soldats du Schah, l'Iran a donné toute la semaine dernière l'exemple le plus spectaculaire de l'étonnant réveil musulman... Meched et Qom en Iran, Al Nadjaf et Karbala en Irak : ce sont les sanctuaires des musulmans chiites. S'y ajoute à présent, sans mosquée ni minarets d'or, ni coupoles turquoises, une troisième cité sainte tout ébahie de ce qui lui arrive : celle de Neauphle-le-Château. Pour medersa (séminaire coranique) elle ne dispose que d'un banal pavillon de banlieue. Mais c'est là que se prosterne ou s'accroupit l'ayatollah[6] Khomeiny... »

« Cette année, l'appel lancé par l'ayatollah Khomeiny à la veille du moharran, invitant les fidèles à se lancer dans une sorte de *révolte sainte,* a achevé de porter les passions à leur paroxysme. N'hésitez pas à verser votre sang pour protéger l'islam et renverser la tyrannie, avait demandé de *sa retraite* de Neauphle-le-Château, *le prophète exilé* des chiites[7]. »

« L'Iran s'achemine vers une *guerre* fratricide, prédit le général révolutionnaire M. Hadavi. Dirigeant religieux des Arabes iraniens, l'ayatollah Khafani prophétisa des *tragédies amères...* Le général Rahini s'indigna : il est honteux de voir des régions iraniennes à feu et à sang quand l'armée se repose dans ses casernes[8]. »

1. Comme les mots onde, eau, Nostradamus utilise le mot pluie pour désigner les troubles révolutionnaires. **2.** Le fanatisme religieux est une foi aveugle, irréfléchie, inconsciente; zèle *outré* pour le triomphe d'une doctrine religieuse. D.L.7.V. **3.** Persan : *Schah :* roi, souverain. D.L.7.V. **4.** Latin : *secretum :* lieu retiré, *retraite.* D.L.L.B. **5.** Latin : *augur :* prêtre qui annonçait l'avenir, *prophète.* D.L.L.B. **6.** Signifie : signe de Dieu. **7.** *Le point,* n° 325, 11 décembre 1978. **8.** *Le Spectacle du Monde,* n° 209, août 1978.

La chute du Schah d'Iran – 16 janvier 1979
Le gouvernement militaire – 6 novembre 1978
Prise du pouvoir par les prêtres – 3 février 1979

X, 21.

Par le despit[1] du Roy soustenant[2] moindre;
Sera meurdry[3] lui présentant[4] les bagues[5] :
Le père au fils voulant noblesse poindre[6],
Fait comme a Perse jadis feirent les Magues[7].

Traduction :

A cause de son mépris, le Schah, en état de moindre résistance, sera lésé quand il exhibera son armée, le père voulant manifester la noblesse de son fils. Puis il sera fait en Iran ce que jadis firent les prêtres (tenir le pouvoir).

L'histoire :

« Lundi 6 novembre 1978 : le général Azhari, chef de l'armée de Terre, est nommé chef du gouvernement. L'entrée en force des militaires bouleverse radicalement les données du problème. Hier encore, en coulisse et n'intervenant que pour contenir la vague de mécontentement, *l'armée* occupe désormais *le devant de la scène* (présentant)[8]. »

« En 1967, alors qu'il se préparait à se couronner lui-même empereur et à couronner l'impératrice Farah, Mohammed Reza déclarait : " *Je veux laisser à mon fils* une nation jeune, évoluée, fière, tout à fait moderne, parfaitement stable et de plus en plus tournée vers l'avenir et la coopération avec les peuples du monde entier... " Son père lui a confié ces dernières années des tâches de représentation dont il s'est fort bien acquitté. En 1971 déjà, au moment des fêtes de Persépolis, le Schah avait laissé entendre qu'il laisserait un jour *le pouvoir à son fils*[9]. »

« – Mardi 16 janvier 1979, départ du Schah pour l'Égypte.

– Dimanche 21 janvier 1979, démission de Monsieur Tehrani, président du Conseil de régence.

– Jeudi 1er février 1979, retour de l'ayatollah Khomeyni à Téhéran.

– Samedi 3 février 1979, l'ayatollah Khomeyni annonce la création d'un " Conseil national islamique ". »

« Iran : 200000 *mollahs* sur le pied de guerre[10]. »

1. Mépris. D.A.F.L. **2.** Latin . *sustineo :* je résiste. D.L.L.B. **3.** Blesser, endommager, nuire à. D.L.7.V. **4.** Exhiber, montrer. D.L.7.V. **5.** Armes. D.A.F.L. **6.** Manifester. D.L.7.V. **7.** Du grec μαγοζ :mage, prêtre chez les Perses. D.G.F. En Perse, les mages menaient une vie austère et dure. Les vertus qu'ils possédaient ou qu'on leur prêtait leur avaient valu une autorité sans limite sur l'esprit du peuple et des *nobles.* Le roi lui-même se vantait d'être leur élève et les consultait. Il y a quelques raisons de croire que la caste des mages fut toute-puissante tant que dura la royauté médique. D.L.7.V. Nostradamus désigne par le mot mage ou prêtre les ayatollahs. **8.** *Le Spectacle du Monde,* n° 201 : « La révolution des ayatollahs », par Régis Faucon. **9.** « Le front commun contre la dynastie », in *Spectacle du Monde,* n° 203, février 1979. **10.** Article in *Le Figaro-magazine* du 19 janvier 1980.

L'ayatollah Khomeyni en Irak – 1963-1978
La République islamique – 1979

VIII, 70.

Il entrera vilain, meschant, infâme,
Tyrannisant la Mésopotamie[1] :
Tous amis fact d'adulterine[2] dame[3],
Terre horrible noir[4] de phisionomie.

Traduction :

Le personnage affreux, méchant et infâme entrera en Irak pour imposer sa tyrannie. Ils seront tous amis d'une fausse république (la République islamique); la Terre sera horrifiée par cette physionomie odieuse.

L'histoire :

« Les mollahs appellent les fidèles à la révolte contre la *tyrannie* impie. Le Schah est personnellement et directement visé. " Schah, nous te tuerons! " scandent des foules fanatisées, formées en cortèges, après avoir écouté les prêches dans les mosquées. Même en 1963, au temps de la première grande vague d'émeutes déclenchée en Iran par l'ayatollah Rouallah Moussavi Khomeyni, exilé depuis lors en *Irak,* la révolte n'avait pas revêtu une pareille ampleur[5]. »

« La République islamique, telle que la conçoit l'ayatollah Khomeyni, a fait la démonstration de son incapacité à gouverner l'Iran. Impopulaire dans l'ensemble du pays, elle ne se maintient qu'en s'appuyant sur le fanatisme (tyrannie) de la classe la moins évoluée de la population entièrement soumise au pouvoir des " akhonds ", les membres du clergé[6]. »

1. Aujourd'hui l'Irak. Région comprise entre le Tigre et l'Euphrate. D.H.B. **2.** Latin : *adulterinus :* falsifié, faux. D.L.L.B. **3.** On a vu ce mot pris fréquemment par Nostradamus pour désigner la République, symbolisée par un personnage féminin. **4.** Au figuré : atroce, pervers, odieux. D.L.7.V. **5.** « Iran, deux mondes face à face », Jacques Ermont, in *Le Spectacle du Monde,* N° 199, octobre 1978. **6.** In *Le Spectacle du Monde.*

CHAPITRE III

NOSTRADAMUS : PROPHÈTE

LE CLIMAT D'AVANT-GUERRE

LA PAIX ET LA GUERRE

La crise économique mondiale.
La crise et la révolution en Italie après les Jeux Olympiques.
La discorde en France.
« L'Europe des Neuf » et la Chine.

Les conflits du XXe siècle entre l'Est et l'Ouest : 1914-1918, 1939-1945, Troisième Guerre mondiale 1999

VIII, 59.

Par deux fois hault, par deux fois mis a bas.
L'Orient aussi l'Occident faiblira.
Son adversaire après plusieurs combats.
Par mer chassé au besoing faillira.

Traduction :

Deux fois élevé en puissance, deux fois abattu, l'Occident comme l'Orient sera affaibli. Son adversaire, après plusieurs combats, sera chassé par mer et chutera par pénurie.

Recherche de la paix et de la guerre La guerre en France

IX, 52.

La paix s'approche d'un côté et la guerre
Oncques ne fut la poursuite si grande,
Plaindre homme, femme, sang innocent par terre
Et ce sera de France à toute bande.

Traduction :

On s'apprête d'une part à signer la paix, et d'autre part à faire la guerre. Jamais on ne poursuivit tant les deux. Puis on plaindra les hommes, les femmes; le sang innocent coulera sur la terre, et particulièrement en France de tous côtés.

Pourparlers de paix : U.R.S.S.-U.S.A.

VIII, 2 *bis.*

Plusieurs viendront et parleront de paix,
Entre Monarques et Seigneurs bien puissants;
Mais ne sera accordé de si près,
Que ne se rendent plus qu'autres obéissants.

Traduction :

On parlera de paix entre chefs d'Etats très puissants (U.S.A. U.R.S.S.); mais la paix ne sera pas accordée, car les chefs d'Etat ne seront pas plus sages que d'autres.

Les fausses proclamations de paix Le non-respect des traités La guerre jusqu'à Barcelone

VI, 64.

On ne tiendra pache[1] aucun arresté,
Tous recevans iront par tromperie :
De paix et tresve, terre et mer protesté,
Par Barcelone classe prins d'industrie[2].

Traduction :

On ne tiendra aucun compte des décisions des traités de paix. Les hommes d'Etat se recevront dans la tromperie. On fera par terre et par mer des proclamations de paix. L'armée sera prise d'activité jusqu'à Barcelone.

Les moyennes puissances confrontées aux grandes

VIII, 4 *bis.*

Beaucoup de gens voudront parlementer,
Aux grands Seigneurs qui leur feront la guerre :
On ne voudra en rien les écouter,
Hélas! Si Dieu n'envoye paix en terre!

Traduction :

Beaucoup de peuples (petits) voudront engager des pourpar-

1. Latin : *pax :* traité de paix. D.L.L.B. 2 Latin : *industria :* activité. D.L.L.B.

lers (de paix) avec les grandes puissances qui leur feront la guerre. Mais ils ne seront pas écoutés, hélas! si Dieu n'envoie pas la paix sur la terre.

Les mythes pacifistes, causes de guerres

I, 91.

Les Dieux feront aux humains apparences,
Ce qu'ils seront autheurs de grand conflict,
Avant ciel veu serein, espée et lance,
Que vers main[1] gauche sera plus grand afflict.

Traduction :

Les mythes tromperont les hommes parce qu'ils seront la cause de grandes guerres, avant lesquelles les hommes verront le ciel serein, puis les armes terrestres (épées) et aériennes (lances) seront encore plus affligeantes pour les forces de gauche.

De la Deuxième à la Troisième Guerre mondiale Grandes batailles navales

II, 40.

Un peu après non point long intervalle :
Par terre et mer sera faict grand tumulte :
Beaucoup plus grande sera pugne navalle[2],
Feux, animaux, qui plus feront d'insulte.

Traduction :

Après un intervalle peu important, une grande guerre éclatera sur terre et sur mer. Les combats navals seront les plus importants. La férocité (des hommes) sera pire que la guerre elle-même.

La Troisième Guerre mondiale succède à la Deuxième L'utilisation de fusées nucléaires

II, 46.

Après grand troche[3] humain plus grand s'appreste,
Le grand moteur[4] les siècles renouvelle,
Pluye, sang laict, famine fer et peste,
Au ciel vu feu, courant longue étincelle[5].

1. Latin : *manus :* force. D.L.L.B. **2.** Latin : *pugnum :* combat. D.L.L.B. **3.** Faisceau, bouquet, assemblage. D.A.F.L. **4.** Par analogie : personne qui gouverne, qui régit : Dieu est le premier principe et le Moteur universel de toutes les créatures (Bossuet). D.L.7.V. **5.** Petit fragment de matière en combustion qui se détache d'un corps. D.L.7.V. Allusion aux fusées à têtes multiples (M.I.R.V.).

Traduction :

Après un grand rassemblement d'hommes (soldats) il s'en prépare un plus grand; Dieu renouvelle les siècles. La révolution et l'effusion de sang, après la douceur de vivre, entraîneront la famine, la guerre et l'épidémie; on verra alors du feu dans le ciel et courir une grande fusée.

Le climat révolutionnaire dans les provinces de France La guerre en France

XII, 56.

Roy contre Roy et le Duc contre Prince,
Haine entre iceux, dissension horrible :
Rage et fureur sera toute province[1],
France grand guerre et changement terrible.

Traduction :

Un chef d'Etat se dressera contre un autre chef d'Etat. Dissension et haine seront entre eux. La rage et la fureur s'étendront à toutes les provinces, puis une grande guerre causera en France de terribles changements (dont le changement de capitale).

Le manque d'or et d'argent La cherté de la vie

III, 5.

Près loing defaut de deux grands luminaires[2],
Qui surviendra entre l'Avril et Mars :
Ô quel cherté! Mais deux grands débonnaires[3]
Par terre et mer secourront toutes pars.

Traduction :

Peu longtemps après le manque de deux métaux (or et argent) qui surviendra entre avril et mars, quelle cherté de la vie on connaîtra! Mais deux chefs d'Etat de race noble apporteront des secours par terre et par mer.

1. Mouvements révolutionnaires en Corse, en Bretagne, au Pays Basque.
2. Latin : *lumen :* éclat d'un métal. D.L.L.B. 3. De bonne race, noble. D.A.F.L.

La crise économique
La fin du système monétaire

VIII, 28.

Les simulachres[1] d'or et d'argent enflez,
Qu'après le rapt lac[2] au feu furent[3] jettez,
Au descouvert[4] estaincts[5] tous et troublez,
Au marbre[6] escripts, prescripts[7] interjettez.

Traduction :
Les représentations de l'or et de l'argent victimes de l'inflation, après le vol de la douceur de vivre, seront jetées dans un feu en furie; épuisés et perturbés par la dette publique, les papiers et les monnaies seront mis au pilon.

Décadence du pouvoir due à l'inflation
Corruption des mœurs
Paris en grand désarroi

VI, 23.

Despit[8] de règne numismes[9] descriés[10],
Et seront peuples esmeus contre leur Roy :
Paix, fait nouveau, sainctes loix empirées[11]
RAPIS[12] onc fut en si tresdur arroy[13].

Traduction :
Le pouvoir sera méprisé à cause de la dévaluation de la monnaie et le peuple se soulèvera contre le chef de l'Etat. On proclamera la paix; par un fait nouveau, les lois sacrées seront corrompues. Jamais Paris ne fut en si dur désarroi.

L'abondance de l'argent
La tromperie du pouvoir

VIII, 14.

Le grand crédit, d'or d'argent l'abondance
Aveuglera par libide[14] l'honneur :
Cogneu sera l'adultère l'offence,
Qui parviendra à son grand deshoneur.

1. Latin : *simulacrum :* image, représentation, D.L.L.B. **2.** Latin : *lac, lactis :* lait. D.L.L.B. Symbole de douceur. **3.** Latin : *furens, entis :* furieux. D.L.L.B. **4.** On appelle aujourd'hui le découvert le déficit de la balance des paiements. **5.** Estanc : lassé, épuisé. D.A.F.L. **6.** Mortier : vase à parois épaisses en *marbre* ou autre substance, dans lequel on concasse, pulvérise ou écrase à l'aide d'un pilon. **7.** Latin : *perscribo :* je paye en billets. D.L.L.B. **8.** Mépris. D.A.F.L. **9.** Latin : *nomisma :* pièce de monnaie (d'or et d'argent). D.L.L.B. **10.** Déprécier. D.A.F.L. **11.** Empirier : gâter, corrompre, détériorer. D.A.F.L. **12.** Anagramme de Paris. **13.** Pour désarroi, par aphérèse. **14.** Latin : *libido :* désir, corruption. D.L.L.B.

Traduction :

L'importance du crédit et l'abondance de l'or et de l'argent aveugleront les hommes envieux d'honneur. L'offense de la tromperie sera connue de celui qui parviendra à son grand déshonneur.

La crise économique et l'incurie des hommes politiques

VII, 35.

La grande poche[1] viendra plaindre, pleurer,
D'avoir esleu : trompez seront en [2] l'aage :
Guière avec eux ne voudra demeurer,
Deceu sera par ceux de son langage.

Traduction :

On viendra plaindre la richesse perdue et pleurer d'avoir élu (les hommes politiques responsables) qui se tromperont de temps en temps. Bien peu de gens voudront les suivre, déçus qu'ils seront par leurs discours.

La fin de la civilisation de consommation L'inflation. La violence L'explication des prophéties de Nostradamus

III, 26.

Des Roys et Princes dresseront simulachres[3],
Augures, creux eslevez aruspices[4]
Corne[5] victime dorée, et d'azur[6], d'acres[7]
Interpretez[8] seront les exstipices[9].

Traduction :

Les chefs d'Etat et de gouvernement fabriqueront des imitations (de l'or) (la planche à billets); on verra se lever des prophètes qui feront des pronostics vides de sens (les discours des hommes politiques et des économistes). La corne d'abondance (la société de consommation) en sera victime, et la violence succédera à la paix. Les prophéties seront expliquées.

1. Avoir la poche vide : être sans argent. D.L.7.V. **2.** Latin : *in aetate :* de temps en temps. D.L.L.B. **3.** Latin : *simulacrum :* imitation. D.L.L.B. **4.** Latin : *harupex :* devin, prophète. D.L.L.B. **5.** L'Abondance était une divinité allégorique, qui n'eut point de temple, bien qu'elle symbolise la richesse, le bien-être, etc., par sa brillante santé et par la *corne* remplie de fleurs et de fruits qu'elle tenait entre ses mains. D.L.7.V. **6.** Au figuré : calme, paix, innocence, par allusion à cette couleur bleue que le ciel ne revêt que lorsqu'il est serein. D.L.7.V. **7.** Latin : *acer :* aigre, dur, violent. D.L.L.B. **8.** Latin : *interpretor :* commenter (un auteur), traduire, expliquer. D.L.L.B. **9.** Latin : *extipex :* devin qui observait les entrailles des victimes. D.L.L.B.

Les proclamations de paix et la guerre L'exécution de 300 000 prisonniers

I, 92.

Sous un la paix partout sera clamée,
Mais non long temps pille et rebellion,
Par refus ville[1], terre et mer entamée,
Mort et captifs le tiers d'un million.

Traduction :

Sous un (personnage) la paix sera partout proclamée, mais peu de temps après, il y aura pillage et révolution. A cause de la résistance de Paris, la terre et la mer seront envahies et trois cent mille prisonniers seront mis à mort.

La révolution en Italie

VIII, 16.

Au lieu que HIERON[2] fait sa nef fabriquer,
Si grand déluge sera et si subite,
Qu'on n'aura lieu ne terres s'ataquer,
L'onde monter Fesulan[3] Olympique.

Traduction :

A l'endroit où Dieu a bâti son Eglise (Rome), il y aura une révolution si grande et si subite qu'il n'y aura ni lieux ni terres qui ne soient assaillis. La révolution atteindra la Toscane (Florence) après les Jeux Olympiques.

Ruine morale et sanglante de Rome La littérature subversive Les attentats

X, 65.

Ô vaste Rome ta ruine s'approche
Non de tes murs de ton sang et substance :
L'aspre par lettres fera si horrible coche,
Fer pointu mis à tous jusqu'au manche.

Traduction :

Ô vaste Rome ta ruine approche, non celle de tes murs mais de ton sang et de ta substance. La méchanceté fera une si horrible atteinte par les écrits que tous seront persécutés.

1. Lorsque Nostradamus utilise le mot ville sans autre précision, il s'agit de Paris. Il dit aussi « la grande cité » **2.** Grec : ἱερός : saint, sacré, divin. D.G.F. Allusion à la phrase du Christ : « Tu es Pierre et sur cette pierre je bâtirai mon Eglise. » **3.** Faesula, ville d'Etrurie (Toscane), Fiésole. D.L.L.B. Ou Felsina, ancien nom de Bologne. D.H.B.

La discorde des Français
Luttes intestines à Marseille

XII, 59.

L'accord et pache sera du tout rompuë :
Les amitiés polluées par discorde,
L'haine envieillie, toute foy[1] corrompuë,
Et l'espérance, Marseille sans concorde.

Traduction :

L'accord de paix sera entièrement brisé. Les alliances seront rompues par la discorde. La vieille haine viendra corrompre toute confiance et tout espoir. Il n'y aura pas de concorde à Marseille.

L'Europe des Neuf et la Chine
Faiblesse dans les rapports internationaux

Présage 41, juillet.

Predons[2] pillez chaleur, grand seicheresse,
Par trop non estre cas non veu, inoui :
A l'estranger la trop grande caresse,
Neuf pays Roy. L'Orient esblouy.

Traduction :

Des pillards feront du pillage pendant une grande sécheresse, qui ne constituera que trop un événement jamais vu. On sera trop tendre avec les pays étrangers (de l'Est). Les chefs de gouvernement de l'« Europe des Neuf » seront séduits par l'Orient (Chine).

1. Latin : *fides*. confiance. D.L.L.B. **2.** Ou préon (de préder ou préer) : pillard, bandit. D.A.F.L.

LA TROISIÈME GUERRE MONDIALE

INVASION DE L'ITALIE

– Fuite de Rome de Jean-Paul II.
– Jean-Paul II se rend en France – aux bords du Rhône.
– Bombardement des villes du Gers.
– La Comète.
– Révolution au Pays Basque et en Italie.
– Mort du Pape.
– Le pillage du Vatican.
– Guerre en Italie, en Grèce et en mer Rouge.

Jean-Paul II fuit l'invasion russe
La résistance à l'envahisseur

IX, 99.

Vent[1] Aquilon[2] fera partir le siège,
Par mur jetter cendres, platras chaulx et poussière :
Par pluye apres qui leur fera bien piège,
Dernier secours encontre leur frontière.

Traduction :

Le mouvement des forces russes fera partir le Pape de Rome. Il jettera à terre en les réduisant en cendres les murs de plâtre, de chaux et de poussière : mais la révolution qui s'ensuivra sera pour eux un piège, un dernier secours se portant à l'encontre de leur frontière.

1. Au figuré : impulsion, cause qui entraîne ou qui produit un effet général. D.L.7.V. 2. Vent du nord, violent et impétueux. Le Nord. D.L.7.V. Symbole de la Russie : l'Empire du Nord, de la mer baltique à Vladivostok.

Jean-Paul II aux bords du Rhône L'alliance du coq et des U.S.A.

VIII, 46.

Pol[1] mensolée[2] mourra à trois lieues du Rosne,
Fuis les deux prochains tarasc détroits :
Car Mars fera le plus horrible trosne,
De Coq et d'Aigle[3] de France frères trois.

Traduction :

(Jean)-Paul II, le travail du soleil, mourra près du Rhône, ayant fui près des défilés de Tarascon (et Beaucaire), car la guerre fera des choses terribles au trône (de Saint-Pierre); puis il y aura en France trois alliés du roi de France et des Etats-Unis.

Bombardements de villes du Sud-Ouest

VIII, 2.

Condom et Aux et autour de Mirande,
Je vois du ciel feu qui les environne :
Sol[4], Mars conjoint au Lyon, puis Marmande,
Foudre grand gresle, mur tombe dans Garonne.

Traduction :

Je vois les villes de Condom, Auch et Mirande et ses environs entourées du feu venu du ciel, le Pape à Lyon rejoint par la guerre, puis des bombardements sur Marmande et des immeubles s'écroulant dans la Garonne.

Bombardements du Gers Tremblement de terre

I, 46.

Tout aupres d'Aux, de Lestore et Mirande,
Grand feu du ciel en trois nuits tombera :
Cause adviendra bien stupende[5] et mirande[6],
Bien peu après la terre tremblera.

Traduction :

Tout près d'Auch, de Lectoure et de Mirande de grands bombardements incendiaires seront effectués pendant trois nuits. La cause en sera étonnante et merveilleuse et peu de temps après il y aura un tremblement de terre.

1. Nostradamus, comme souvent, donne une double signification au mot Pol : le prénom Paul de Jean-Paul II et le début du mot Pologne pour marquer son origine. **2.** Le mot est écrit deux fois avec un a : IX, 85 et X, 29. Mot fabriqué par Nostradamus avec deux mots latins : *manus* : ouvrage de l'homme, travail, industrie et sol : le soleil; ce qui correspond à la devise de Jean-Paul II dans la prophétie de Malachie : « de labore Solis », du travail du soleil. **3.** L'aigle américain. Cf. V, 99 : « Phalange aquilée. » **4.** Allusion à la devise de Malachie « de labore Solis ». **5.** Latin : *stupendus :* étonnant, merveilleux. D.L.L.B. **6.** Latin : *mirandus :* digne d'étonnement, admirable, merveilleux. D.L.L.B.

Jean-Paul II près de Tarascon Libération depuis Salon jusqu'à Monaco

IV, 27.

Salon, Mansol[1], Tarascon[2] de SEX[3], l'arc[4]
Où est debout encore la piramide[5]
Viendront livrer[6] le Prince Dannemarc,
Rachat[7] honny au temple d'Artémide[8].

Traduction :

Près de Salon, « le travail du soleil » (Jean-Paul II) à Tarascon depuis Aix-en-Provence jusqu'à Monaco où est encore debout le rocher, (les Français) viendront délivrer le prince de Danemark. Le sauveur sera honni en Turquie.

L'invasion en Gironde, dans le Sud-Ouest Le conflit gagne Marseille Le Vatican occupé

IX, 85.

Passer Guienne, Languedoc et le Rosne,
D'Agen tenans de Marmande et la Roole[9] :
D'ouvrir par foy[10] parroy[11] Phocen tiendra son trosne.
Conflit aupres sainct pol de Manseole[12].

Traduction :

(L'invasion) passera par la Guyenne, le Languedoc jusqu'au Rhône. D'Agen les occupants venus de Marmande et de La Réole viendront ouvrir par horreur les rivages de Marseille car ils occuperont le trône (de Saint-Pierre) et le conflit arrivera près du lieu où se sera réfugié (Jean)-Paul II, « le travail du soleil ».

1. Cf. VIII, 46. **2.** Cf. VIII, 46. **3.** Cf. V, 57. **4.** Arx Monoeci : Monaco. D.L.L.B. **5.** Par extension, colline ou montagne affectant la forme pyramidale. D.L. **6.** Exemple d'aphérèse. **7.** Rachatere : rédempteur. D.A.F.L. **8.** Diane, en grec Artémis; son temple le plus célèbre était incontestablement celui d'Ephèse. M.G.R. Ephèse était située en Asie Mineure, aujourd'hui en Turquie. A.V.L. **9.** Ville sur la Garonne à 67 kilomètres au S.E. de Bordeaux et à 18 kilomètres de Langon. A.V.l. Cf. I,90 et XII, 65. **10.** Pour foui, terme qui marque l'horreur que l'on a d'une chose sale et dégoûtante, du celte fouy. D.P. **11.** Ou perei : grève, gravier. D.A.F.L. **12.** Cf. VIII, 46.

Les partisans de Jean-Paul II arrêtés et emprisonnés en Bigorre

X, 29.

De Pol MANSOL[1] dans caverne caprine[2],
Caché et pris extrait hors par la barbe[3] :
Captif mené comme beste mastine[4],
Par Begourdans[5] amenée près de Tarbe.

Traduction :

(L'entourage) de (Jean)-Paul II, le travail du soleil, réfugié dans l'île de Capri sera fait prisonnier et emmené par les révolutionnaires. Il sera conduit en prison, comme des animaux domestiques, à travers la Bigorre près de Tarbes (Lourdes?).

Le pape à Lyon
Son passage à Capri et à Monaco
Sa mort

II, 35.

Dans deux logis de nuict le feu prendra
Plusieurs dedans estouffez et rostis :
Près de deux fleuves pour seul il adviendra,
Sol[6], l'Arq[7] et Caper[8], tous seront amortis[9].

Traduction :

Le feu prendra la nuit dans deux immeubles (ministères?) où plusieurs seront brûlés et étouffés. Le Pape arrivera seul près de deux fleuves (Lyon); après son passage à Capri et à Monaco, tous seront mis à mort.

1. Cf. VIII, 46. **2.** Capri : île du Golfe de Naples, remarquable par l'escarpement de ses rivages où les touristes vont admirer la *grotte* d'Azur, grotte qui doit son nom à un curieux effet de décomposition de la lumière solaire. D.L.7.V. **3.** Raccourci de Aenobarbe qui représente pour Nostradamus les forces révolutionnaires de destruction... Domitius Aenobarbus fut le père de Néron; souillé de tous les crimes, il avait conscience de son infamie, car on lui attribue ce mot : « d'Agrippine et de moi il ne peut naître qu'un monstre ». D.L.7.V. On comprend alors que Nostradamus ait désigné Hitler par le nom de Néron. « Malgré le succès électoral de Brüning, il était menacé. L'armée excitait Hindenburg contre lui en disant que Brüning l'avait fait élire par les *« rouges »*. H.D.A. Et c'est Hindenburg qui va offrir la chancellerie à Hitler. **4.** Race de chien domestique. D.L.7.V. **5.** Habitants de la Bigorre; ville principale, Tarbes. D.L.7.V. **6.** Allusion à la devise de Jean-Paul II : « de labore Solis » **7.** *Monoeci Arx* : Monaco. D.L.L.B. **8.** Capri. **9.** Amortir : rendre comme mort. D.A.F.L.

Le pape quitte Rome et l'Italie
La fin de son règne

V, 57.

Istra du mont Gaulsier[1] et Aventin[2],
Qui par le trou advertira[3] l'armée,
Entre deux rocs[4] sera prins le butin,
De SEXT[5] mansol[6] faillir la renommée.

Traduction :

Il sortira de Rome et passera par les montagnes de l'Italie du Nord à cause de celui qui dirigera son armée vers un tunnel (Suisse). Entre deux rochers (Beaucaire et Tarascon) seront saisis des biens. A partir d'Aix-en-Provence faillira la renommée du « travail du soleil » (Jean-Paul II).

Combats dans le Jura et dans les Alpes
Mort de Jean-Paul II à Lyon

VIII, 34.

Apres victoire du Lyon[7] au Lyon,
Sus la montagne de JURA secatombe[8].
Delues[9] et brodes[10] septiesme million
Lyon, Ulme[11] a Mausol[12] mort et tombe.

Traduction :

Après la victoire du chef violent à Lyon, il y aura une hécatombe sur les monts du Jura, un septième million de soldats sera anéanti dans les Alpes. « Le travail du soleil » (Jean-Paul II) trouvera la mort et sa sépulture à Lyon.

Mort du pape à Lyon
La gauche au pouvoir en France

II, 97.

Romain Pontife garde de t'approcher
De la cité que deux fleuves arrose[13] :
Ton sang viendra auprès de là cracher,
Toy et les tiens quand fleurira la rose[14].

1. La Gaule Cisalpine, l'Italie du Nord. D.H.B. **2.** L'une des sept collines de Rome. D.L.7.V **3.** Latin : *adverto :* tourner, diriger un objet vers. D.L.L.B **4.** Cf. « les deux tarasc détroits », VIII, 46. **5.** *Aquae Sextiae :* Aix-en-Provence. D.L.L.B. **6.** Cf. VIII, 46. **7.** Personne violente, furieuse. D.L.7.V. **8.** Grec : εχατόμβη, hécatombe. Le s remplace l'esprit rude au lieu du h. **9.** Latin : *deleo, delui :* anéantir, détruire. D.L.L.B. **10.** Latin : *Brodiontii,* Brodiontiens, peuple des Alpes. D.L.L.B. **11.** Anagramme de mule : pantoufle blanche du pape. D.L.7.V. **12.** Cf. VIII, 46. **13.** Lyon arrosée par le Rhône et la Saône. Cf. IX, 68. **14.** Emblème du parti socialiste.

Traduction :

Pape romain ne t'approche pas de la ville que deux fleuves arrosent (Lyon). Ton sang et celui des tiens viendra couler près de ce lieu, quand la gauche arrivera au pouvoir.

L'assassinat de Jean-Paul II, la nuit Jean-Paul II : un pape entreprenant, prudent, bon et doux

X, 12.

Esleu en Pape d'esleu sera mocqué,
Subit soudain esmeu[1] prompt[2] et timide[3] :
Par trop bon doux a mourir provoqué,
Crainte estreinte la nuit de sa mort guide.

Traduction :

Celui qui aura été élu pape sera moqué par ses électeurs. Ce personnage entreprenant et prudent sera subitement réduit au silence. On provoquera sa mort à cause de sa trop grande bonté et de sa douceur. Etreint par la crainte, on le conduira à la mort la nuit.

La mort de Jean-Paul II à Lyon Le 13 décembre Son passage à Montélimar

IX, 68.

Du mont Aymar[4] sera noble[5] obscurcie,
Le mal viendra au joinct de Saone et Rosne :
Dans bois cachez soldats jour de Lucie[6],
Qui ne fut onc un si horrible throsne.

Traduction :

Depuis Montélimar le Pape perdra son éclat. Son malheur arrivera au confluent de la Saône et du Rhône (Lyon), à cause des soldats cachés dans les bois le 13 décembre. Rien n'arrivera jamais de si horrible au trône (de Saint-Pierre).

1. Esmuir : devenir muet. D.A.F.L. **2.** Latin : *promptus :* en parlant des personnes : actif, résolu, entreprenant. D.L.L.B. **3.** Latin : *timidus :* prudent, circonspect. D.L.L.B. **4.** Pour Montélimar par syncope qui permet à Nostradamus de gagner un pied pour son vers. **5.** Les papes, du fait de leurs blasons, peuvent être considérés comme des nobles. Mais Nostradamus fait ici allusion à la noblesse de cœur de Jean-Paul II. **6.** La Sainte-Lucie est fêtée le 13 décembre.

La gauche au pouvoir Les troubles révolutionnaires

V, 96.

Sur le milieu du grand monde[1] la rose[2],
Pour nouveaux faicts sang public espandu :
A dire vray, on aura bouche close[3] :
Lors au besoing tard viendra l'attendu.

Traduction :

Lorsque le socialisme sera au pouvoir au milieu des bourgeois, le sang du peuple coulera à cause de nouveaux actes. A dire vrai, la liberté d'expression disparaîtra. Alors (le sauveur) attendu arrivera tard à cause de la pénurie.

Fuite du pape en Occident Persécutions religieuses

VII, 8.

Flora[4], fuis, fuis le plus proche Romain,
Au Fesulan[5] sera conflict donné :
Sans espandu, les plus grands prins à main,
Temple ne sexe ne sera pardonné.

Traduction :

Toi, le plus proche Romain (le Pape), fuis, fuis en Occident, le conflit atteindra Fiesole : le sang sera répandu et les plus grands seront capturés. Ni les églises ni les sexes ne seront épargnés.

La fuite de Rome du pape polonais

X, 3.

En après cinq troupeau[6] ne mettra hors,
Un fuytif[7] pour Penelon[8] laschera[9] :
Faux murmurer secours venir par lors,
Le chef, le siège lors abandonnera.

1. Ensemble de gens distingués par leur position, leur fortune, leur éducation, leurs habitudes de luxe et d'élégance. On dit aussi grand monde. D.L.7.V **2.** Emblème du parti socialiste. **3.** Fermer la bouche à quelqu'un : le faire taire d'autorité. D.L.7.V. **4.** Flore, femme de Zéphyre, le vent d'Occident. **5.** Latin : *Faesulae,* aujourd'hui Fiésole, ville de Toscane. D.H.B. Ou anagramme de Felsina, ancien nom de Bologne. D.H.B. **6.** Troupeau de Jésus-Christ : l'Eglise. D.L.7.V **7.** Fuitif : fugitif (forme savante); a souvent un sens péjoratif. D.A.F.L. **8.** « Les pays qui formèrent la Pologne furent réunis sous le nom de *Polènes* Polonais. » D.H.B. Pénelon est l'anagramme de Polenne. **9.** Relâcher, abandonner. D.A.F.L.

Traduction :

Après cinq (jours ou mois)[1] l'Eglise sera expulsée; un personnage fuira en abandonnant le Polonais : on fera courir de faux bruits de secours, le chef (de l'Eglise) abandonnera alors le Saint)-Siège.

Une comète visible pendant sept jours
L'appel au secours du Chef d'Etat anglais
Le pape quitte Rome

II, 41.

La grande estoille par sept jours bruslera
Nuë fera deux soleils apparoir
Le gros mastin[2] toute nuict hurlera
Quand grand Pontife changera de terroir.

Traduction :

La comète brûlera pendant sept jours. Le ciel fera voir deux soleils; le chef anglais hurlera toute la nuit quand le pape changera de pays.

La capture du pape au cours d'un voyage
L'assassinat de son préféré

V, 15.

En navigant captif prins grand pontife;
Grand apres faillir les clercs tumultuez :
Second[3] esleu absent son bien debife[4],
Son favori[5] bastard a mort tué.

Traduction :

Le grand pontife sera fait prisonnier au cours d'un déplacement. Le Pape mourra ensuite et les religieux feront du tumulte. Celui qui aura été élu second étant absent (du Vatican) verra son bien mis en mauvais état et son favori d'humble origine sera mis à mort.

1. Probablement 5 mois après le début de la troisième guerre mondiale. **2.** Ce symbole a été déjà attribué à un chef anglais par Nostradamus, à savoir Churchill. Cf. V-4. **3.** Jean-Paul II, après Jean-Paul Ier. **4.** Debiffer : mettre en mauvais état. D.A.F.L. Cf. V-56. **5.** Peut-être le secrétaire d'Etat.

Brouille entre trois chefs d'Etat pendant la comète Le Pays Basque et Rome en proie à la révolution

II, 43.

Durant l'estoille chevelue apparante,
Les trois grands princes seront faits ennemis
Frappez du ciel paix terre trémulent[1],
Pau, Timbre[2] undans[3], serpent sur le bort mis.

Traduction :

Pendant que l'on verra la comète, les trois grands chefs d'Etat seront faits ennemis; ils seront frappés du ciel et la terre tremblera. Les Basses-Pyrénées et le Tibre éprouveront l'agitation, Satan s'installera sur ses bords.

L'Irak contre l'Occident Le pape aux bords du Rhône L'Italie occupée

VII, 22.

Les Citoyens de Mésopotamie[4]
Irez encontre amis de Tarragone[5] :
Jeux, ritz, banquets, toute gent endormie,
Vicaire[6] au Rosne, prins cité, ceux d'Ausone[7].

Traduction :

Les Irakiens marcheront contre les alliés de l'Espagne pendant que les gens s'amuseront, riront, feront des banquets, tout le peuple étant endormi; le pape ayant fui au bord du Rhône, la cité du Vatican étant occupée ainsi que l'Italie.

Le pillage du Vatican Le pape aux bords du Rhône

VIII, 62.

Lorsqu'on verra expiler[8] le sainct temple,
Plus grand du Rhosne et sacres prophanes :
Par eux naistra pestilence si ample,
Roy faict injuste[9] ne fera condamner.

1. Latin : *tremo* : je tremble. A donné tremulus. D.L.L.B. **2.** Le Vatican est au bord du Tibre. **3.** Latin : participe présent de *undo* : je suis agité, je bouillonne. D.L.L.B. **4.** Région comprise entre le Tigre et l'Euphrate. Aujourd'hui l'Irak. D.H.B. **5.** Ville d'Espagne (Catalogne). D.H.B. **6.** Vicaire de saint Pierre, de Jésus-Christ, titre porté par les papes. D.L.7.V. **7.** Ausonia : Ausonie : ancienne contrée de l'Italie, par extension l'Italie. D.L.L.B. **8.** Latin : *expilo* : je pille, je vole, je dépouille. D.L.L.B. **9.** Latin : *injustus* : dur, méchant. D.L.L.B.

Traduction :

Lorsqu'on verra piller le Vatican, le plus grand (le Pape) au bord du Rhône et les choses sacrées seront profanées par (les ennemis) qui seront cause d'une grande calamité. Le chef du gouvernement ne fera que condamner ces actes cruels.

Mort d'un Chef d'Etat ennemi, empoisonné Pluie d'aérolithes

II, 47.

L'ennemy grand vieil dueil[1] meurt de poyson,
Les souverains par infinis subjuguez :
Pierres pleuvoir, cachez, soubs la toison,
Par mort articles en vain sont alleguez.

Traduction :

Quand le grand et vieil ennemi qui apporte le malheur sera empoisonné, les souverains seront soumis par (des troupes) innombrables. Les aérolithes cachés dans la chevelure de la comète pleuvront sur la terre quand on invoquera en vain les articles (des traités de Genève) sur les droits de la guerre (la mort).

La chute des envahisseurs La comète

II, 62.

Mabus[2] puis tost alors mourra, viendra,
De gens et bestes une horrible défaite,
Puis tout à coup la vengeance on verra,
Cent[3], main, soif, faim, quand courra la comète.

Traduction :

L'envahisseur malfaisant mourra bientôt, après avoir provoqué une horrible hécatombe d'hommes et d'animaux. Puis subitement on assistera à la vengeance. A cause des discours sans suite, la force régnera; on connaîtra la soif et la faim, quand la comète parcourra le ciel.

1. Duel, changé en deuil : douleur, affliction, malheur. D.A.F.L. **2.** On trouve dans plusieurs éditions : *malus :* mauvais, méchant, nuisible. D.L.L.B. **3.** Latin : *cento :* discours sans suite, sornette. D.L.L.B. Allusion aux conventions internationales de Genève.

Apparition d'une comète près de la Petite Ourse en juin Guerre en Italie, en Grèce et en Mer Rouge Mort du pape

VI, 6.

Apparoistra vers le Septentrion [1]
Non loing de Cancer [2] l'estoille cheveluë :
Suse [3], Sienne [4], Boëce [5], Eretrion [6],
Moura de Rome grand, la nuit disparuë.

Traduction :

La comète apparaîtra vers la Petite Ourse non loin du 21 juin. Suse et la Toscane, la Grèce et la Mer Rouge trembleront. Le pape de Rome mourra, la nuit où disparaîtra la comète.

La mort du pape. La comète La ruine économique L'Italie terre interdite

II, 15.

Un peu devant monarque trucidé,
Castor Pollux [7] en nef, astre crinite [8],
L'erain [9] public par terre et mer vuidé,
Pise, Ast, Ferrare, Turin [10], terre interdite.

Traduction :

Un peu avant que le pape soit tué, l'Eglise aura eu deux frères (Jean-Paul Ier et Jean-Paul II), on verra alors la comète; l'argent public sera pillé par terre et par mer, Pise, Asti, Ferrare et Turin seront des terres interdites.

1. Latin : *septentrio, septentriones :* constellation de sept étoiles, située près du pôle arctique, la Petite Ourse. D.L.L.B. **2.** Le Soleil entre dans le signe du Cancer le 21 juin. D.L.7.V. **3.** Située à la réunion des deux grandes routes du Mont Cenis et du Mont Genève, Suse est de ce côté la clef de l'Italie. D.H.B. **4.** Ville forte de Toscane. D.H.B. **5.** *Boeotia :* Béotie, contrée de la Grèce. D.L.L.B. **6.** *Erythraeum mare :* la Mer Rouge. D.L.L.B. **7.** Deux frères, fils de Jupiter. **8.** Latin : *crinita stella :* astre chevelu, comète. D.L.L.B. **9.** Latin : *aes, aeris :* argent, monnaie. D.L.L.B. **10.** La Toscane, le Piémont et la Romagne. A.V.L.

LA CHUTE DE LA CINQUIÈME RÉPUBLIQUE

– La brouille entre le bloc soviétique et les Musulmans.
– La fuite du chef de l'Etat.

La fuite du Chef de l'Etat
Les ennemis accablés par la mort

IV, 45.

Par conflit Roy, regne abandonnera
Le plus grand chef faillira au besoing
Morts profligez, peu en reschappera
Tous destrangez, un en sera tesmoing.

Traduction :

A cause du conflit, le chef de l'Etat abandonnera le pouvoir. Le plus grand chef d'Etat (Russie) succombera par pénurie et les siens seront accablés par la mort à laquelle peu échapperont. Ils seront tous massacrés; un personnage en témoignera.

Le tyran mis à mort en terre musulmane
La guerre de revanche contre l'Occident
La chute de la République

I, 94.

Au port Selin [1] le tyran mis à mort,
La liberté non pourtant recouvrée :
Le nouveau Mars par vindicte et remort,
Dame [2] par force de frayeur honorée.

Traduction :

Le tyran sera mis à mort dans le port musulman, mais ça n'est pas pour autant que l'on retrouvera la liberté. Une nouvelle guerre sera déclenchée par esprit de vengeance et de revanche; la République sera payée de frayeur par la force.

1. Grec : Σελήνη : la Lune, D.G.F. Désigne le croissant musulman. 2. Désigne constamment la République, symbolisée par Marianne, personnage féminin.

La chute de la République
Les troupes musulmanes en Italie
Le gouvernement d'occupation en Italie

VI, 42.

A[1] Logmyon[2] sera laissé le regne,
Du Grand Selyn[3] qui plus fera de faict :
Par les Itales estendra son enseigne
Sera régi par prudent[4] contrefaict.

Traduction :

Le pouvoir sera abandonné par la République française à cause des forces musulmanes qui feront beaucoup d'actions et qui étendront leur pouvoir en Italie qui sera gouvernée par un personnage qui jouera à l'intelligent.

La fin de la Ve République
La brouille entre les Russes et leurs alliés musulmans

I, 3.

Quand la lictière du tourbillon[5] versée,
Et seront faces de leurs manteaux couverts[6]
La république par gens nouveaux vexée[7]
Lors blancs et rouges jugeront à l'envers.

Traduction :

Quand le lit de la révolution sera renversé et que (les révolutionnaires) se résigneront à leur malheur, la république sera lésée au moment où les blancs (les Musulmans) et les rouges (les forces de l'Est) seront en désaccord.

1. Latin : *a* ou *ab* : par. D.L.L.B. Utilisé souvent par Nostradamus dans ce sens; l'un des pièges philosophiques les plus redoutables. **2.** Ogmius ou Ogmios, dieu de l'éloquence chez les Gaulois. D.H.B. Désigne chez Nostradamus le système républicain français. **3.** Grec : Σελήνη : La Lune. D.G.F. Désigne le croissant des Musulmans. **4.** Latin : *prudens :* prévoyant, intelligent. D.L.L.B. **5.** Latin : *turbo :* révolution. D.L.L.B. **6.** S'envelopper de son manteau : se résigner, attendre stoïquement le malheur dont on est menacé. D.L.7.V. **7.** Latin : *vexo :* j'ébranle, j'endommage, je lèse. D.L.L.B.

LE MOYEN-ORIENT ET LE TROISIÈME CONFLIT

– Le rôle de Malte.
– Le chef d'Etat libyen.
– Israël.

Guerres en Palestine
Conflits israélo-arabes

II, 95.

Les lieux peuplez seront inhabitables,
Pour champs avoir grande division :
Regnes livrez à prudens incapables,
Entre les frères mort et dissention.

Traduction :

Des lieux peuplés seront rendus inhabitables (pollution atomique?) pour des territoires fort divisés (Palestine). Les pouvoirs seront livrés à des gouvernants incapables. La mort et les dissensions régneront entre les frères (Arabes et Juifs).

L'origine orientale
du troisième conflit mondial

I, 9.

De l'Orient viendra le cœur Punique [1]
Fascher Hadrie et les hoirs [2] Romulides,
Accompagné de la classe Libique,
Tremblez Mellites [3] et proches isles vuides.

1. Foi punique : mauvaise foi. D.L. 2. En terme de droit : héritier. D.L.7.V. 3. Latin : *Melita :* Malte. D.L.L.B.

Traduction :

De l'Orient viendra l'acte perfide qui frappera la mer Adriatique et les héritiers de Romulus (les Italiens), avec la flotte de Libye, tremblez les habitants de Malte et son archipel.

Le colonel Khadafi soulève le monde arabe contre l'Occident. Le grand roi : personnage cultivé contre les Arabes

III, 27.

Prince libinique puissant en Occident,
François d'Arabe viendra tant enflammer :
Scavant aux lettres sera condescendent,
La langue Arabe en François translater.

Traduction :

Un chef d'Etat libyen puissant en Occident viendra enflammer tant d'Arabes contre les Français, puis viendra un personnage cultivé et complaisant qui fera traduire la langue arabe en français.

Les forces musulmanes anti-chrétiennes en Irak et en Syrie

III, 61.

La grande bande et secte crucigère[1],
Se dressera en Mésopotamie[2] :
Du proche fleuve compagnie lege,
Que telle loy tiendra pour ennemie.

Traduction :

La grande bande et secte anti-chrétienne des Musulmans se lèvera en Irak et en Syrie près de l'Euphrate[3] avec une armée blindée (cavalerie) et considérera la loi (chrétienne) comme son ennemie.

Persécutions dans les pays musulmans d'Asie particulièrement en Turquie

III, 60.

Par toute Asie grande proscription[4],
Mesme en Mysie, Lysie et Pamphylie[5] :
Sang versera par absolution[6],
D'un jeune noir[7] remply de felonnie.

1. Pour *crucifigere,* latin : crucifier, mettre en croix. D.L.L.B. Exemple de syncope. **2.** Correspond à l'Irak et au nord de la Syrie. A.U. **3.** L'Euphrate est commun aux deux pays. **4.** Latin : *proscriptio :* confiscation, mise hors la loi. D.L.L.B. **5.** Régions de la Turquie d'Asie A.V.L. **6.** Latin : *absolutio :* délivrance. D.L.L.B. **7.** Nom donné à la dynastie musulmane des Abbassides, parce qu'elle avait adopté la couleur noire pour ses vêtements et ses drapeaux. D.L.7.V.

Traduction :

Il y aura de grandes confiscations (des biens des Chrétiens) à travers toute l'Asie et particulièrement en Turquie où le sang sera versé sous couvert de délivrance par un jeune chef musulman plein de traîtrise.

Conférence entre Arabes et Juifs

II, 34.

L'ire insensée du combat furieux
Fera à table par frères le fer luyre,
Les départir mort blessé curieux,
Le fier duelle viendra en France nuyre.

Traduction :

La folle colère du combat furieux fera luire le fer entre frères assis à la même table; pour les départager il faudra que l'un d'eux soit blessé à mort d'une façon curieuse; leur fier duel viendra nuire en France.

L'Italie occupée. L'Espagne dans le conflit Le chef d'Etat libyen

V, 14.

Saturne et Mars en Leo[1] Espagne captive,
Par chef libyque au conflict attrapé,
Proche de Malte, Heredde[2] prinse vive,
Et Romain sceptre sera par coq[3] frappé.

Traduction :

A l'époque où la guerre atteindra le Léon, l'Espagne prisonnière sera engagée dans le conflit par le chef d'Etat libyen, l'Italie ayant été prise subitement. Puis le pouvoir (rouge) installé à Rome sera frappé par le roi Français.

L'invasion russo-musulmane sur le Rhin et le Danube. Combats à Malte et dans le golfe de Gênes

IV, 68.

En l'an bien proche esloingné de Vénus,
Les deux plus grands de l'Asie et d'Affrique :
Du Ryn et Hister[4] qu'on dira sont venus,
Cris, pleurs à Malte et costé Lygustique[5].

1. Pour Léon : une des 15 grandes divisions anciennes de l'Espagne. D.H.B. Exemple d'apocope. **2.** Latin : *heres, edis :* héritier. D.L.L.B. Les Italiens. Cf. : I, 9, « les hoirs Romulides » : les héritiers de Romulus. **3.** Emblème de la France, mais aussi de la famille cadette d'Orléans. **4.** Ancien nom du Danube. D.H.B. **5.** Latin : *Ligusticus sinus :* le golfe de Gênes. D.H.B.

Traduction :

L'année où l'on sera près de s'éloigner de la tromperie, les deux plus grandes puissances de l'Asie (U.R.S.S.) et d'Afrique (les pays arabes) viendront jusqu'au Rhin et au Danube. Il y aura alors des cris et des pleurs à Malte et dans le golfe de Gênes.

L'invasion de l'Italie
La côte méditerranéenne
Les tremblements de terre

X, 60.

Je pleure Nisse, Mannego, Pize, Gennes,
Savone, Sienne, Capue, Modene, Malte :
Le dessus sang et glaive par estrennes[1],
Feu, trembler terre, eau, malheureuse nolte[2].

Traduction :

Je pleure Nice, Monaco, Pise, Gênes, Savone, Sienne, Capoue, Modène et Malte qui seront couvertes de sang par l'étreinte des armes. La guerre, les tremblements de terre et la révolution causeront un malheur qui n'aura pas été voulu.

Rupture de la paix au Moyen-Orient
La France et le Portugal atteints par le conflit

II, 60.

La foy Punique en Orient rompue,
Grand Iud[3], et Rosne Loire, et Tag changeront
Quand du mulet[4] la faim sera repue,
Classe espargie, sang et corps nageront.

Traduction.

La mauvaise foi musulmane provoquera une rupture au Moyen-Orient. A cause d'un grand personnage de Judée, le Rhône, la Loire et le Tage verront des changements quand la fièvre de l'or sera tombée, la flotte sera engloutie, le sang et les corps des marins nageront.

1. Estreignement : étreinte, compression, resserrement. D.A.F.L. **2.** Latin : *noltis*, archaïque, pour non vultis : nous ne voulons pas. D.L.L.B. **3.** Latin : *Judaei* : les Juifs. D.L.L.B. **4.** Allusion historique : le roi de Macédoine disait qu'il n'existait pas de forteresse imprenable là où pouvait monter un mulet chargé d'or. On rappelle le mot de Philippe pour exprimer la puissance irrésistible de l'or. D.L.7.V.

Bruits de guerre en Israël Résistance dans les Pyrénées

VI, 88.

Un regne grand demourra desolé,
Aupres de l'Hebro[1] se feront assemblées.
Monts Pyrénées le rendront consolé,
Lorsque dans May seront terres tremblées.

Traduction :

Un grand pays sera ravagé quand des troupes se rassembleront près de l'Hébron (Israël); il sera consolé du côté des Pyrénées lorsqu'en mai il y aura des tremblements de terre.

D'Israël, la guerre s'étend à l'Europe de l'Ouest

III, 12.

Par la tumeur[2] de Heb, Po, Tag Timbre et Rome,
Et par l'estang Leman et Aretin[3] :
Les deux grands chefs et citez de Garonne,
Prins, morts, noyez. Partir humain butin.

Traduction :

Les troubles de l'Hébron (Israël) gagneront le Pô, le Tage, le Tibre, Rome, le lac Léman et la Toscane. Les deux chefs des villes de la Garonne (Bordeaux et Toulouse) seront faits prisonniers, mis à mort et noyés. On fera partir du butin humain.

Conflit en mer Adriatique L'Egypte dans la guerre

II, 86.

Naufrage à classe près d'onde Hadriatique,
La terre tremble, esmüe sus l'air en terre mis,
Egypte tremble augment Mahométique,
L'Héraut[4] soy rendre à crier est commis.

Traduction :

Une flotte fera naufrage près de la mer Adriatique, la terre tremblera quand une flotte aérienne sera abattue. L'Egypte augmentée de troupes musulmanes tremblera. On demandera au général en chef de se rendre.

1. Ville fort ancienne de Palestine, dans la tribu de Juda, au sud de Jérusalem. D.H.B. **2.** Latin : *tumor :* trouble, agitation. D.L.L.B. **3.** Habitant d'Arezzo (Italie), en Toscane. D.L.7.V. **4.** Officier public, qui était autrefois chargé de déclarer la guerre et dont la personne était sacrée. D.L.7.V.

MONSEIGNEUR LEFÈVRE ET LES TRADITIONALISTES (LES RASES)

– Suspendu « a divinis ».
– Le séminaire d'Albano.
– Le séminaire d'Ecône.
– Les traditionalistes et l'Espagne.
– Mort de Monseigneur Lefebvre.
– Le retour à l'Eglise de certains traditionalistes.
– Les foudres du Vatican contre les traditionalistes.
– Le schisme et l'antipape.
– Le traité de paix signé près de Venise.

Monseigneur Lefèvre suspendu « a divinis »
Le séminaire traditionaliste d'Albano

Présage 54, septembre.

Privés seront Razes[1] de leurs harnois[2],
Augmentera leur plus grande querelle,
Père Liber[3] deceu fulg.[4] Albonois,
Seront rongés sectes à la moelle.

Traduction :

Les tonsurés seront privés de leurs attributs, ce qui augmentera encore leur esprit querelleur. Celui qui s'est affranchi du Pape sera déçu et les gens d'Albano seront frappés par les foudres (du Vatican). Les sectes seront rongées jusqu'à la moelle.

1. Tonsure : espace circulaire que l'on *rase* sur la tête des clercs. D.L.7.V. 2. Fam. : vêtements. D.L.7.V. 3. Latin : *liber a patre :* affranchi de la puissance paternelle. D.L.L.B. D'où : affranchi de l'autorité du pape. 4. Latin : *fulgor :* foudre. D.L.L.B.

Le mouvement traditionaliste
La comète et la guerre

Présage 52.

Longue crinite[1] le fer le Gouverneur
Faim, fièvre ardente, feu et de sang fumée :
A tous estats Joviaux[2] grand honneur[3],
Seditions par Razes allumée.

Traduction :

Lorsqu'on verra la grande comète le chef du gouvernement sera frappé par la guerre; la famine, la maladie, la fumée du feu de la guerre et le sang seront vus dans tous les pays de l'Occident avec toutes leurs parures extérieures, quand une sédition aura été allumée par les tonsurés (les traditionalistes).

Le séminaire d'Écône et monseigneur Lefèvre

Présage 50, avril.

Du lieu esleu Razes n'estre contens,
Du lac Leman[4] conduite non prouvée :
Renouveller on fera le vieil temps,
Espeuïllera la trame[5] tant couvée[6].

Traduction :

Les tonsurés ne seront pas contents de l'élection au Vatican. La conduite des gens du lac Léman ne sera pas approuvée parce qu'ils renouvelleront les coutumes des temps anciens[7], l'intrigue si secrètement développée les fera dépouiller.

Les traditionalistes contre le Concile

Présage 99, juillet.

En péril monde et Rois féliciter,
Razes esmeu[8] par conseil[9] ce qu'estoit
L'Eglise Rois pour eux peuple irriter[10]
Un montrera apres ce qu'il n'estoit.

1. Latin : *crinitus :* chevelu. D.L.L.B. Cf. II-15, « astre crinite ». 2. Du latin *jovialis*, relatif à Jupiter; la planète Jupiter étant regardée comme une source de bonheur par les astrologues. D.L.7.V. Nostradamus désigne ainsi les pays occidentaux et leur bien-être. 3. Latin : *honor :* ornement, parure, beauté extérieure. D.L.L.B. 4. Le séminaire d'Ecône se trouve à Riddes, en Suisse, sur les bords du Rhône, à une trentaine de kilomètres du lac Léman. 5. Complot, intrigue. D.L.7.V. 6. Développer secrètement. D.L.7.V. 7. Les traditionalistes refusent les réformes du Concile Vatican II, et n'acceptent que la messe de Pie V, pape de 1566 à 1572. 8. Latin : *movere :* soulever, se révolter. D.L.L.B. 9. Latin : *consilium :* assemblée délibérante. D.L.L.B. 10. Latin : *irritare :* mettre en colère, exciter, provoquer. D.L.L.B.

Traduction :

Le monde sera en danger malgré les chefs d'Etat qui se féliciteront[1]. Les tonsurés se révolteront à cause de ce qu'aura décidé le concile. Les cardinaux exciteront le peuple contre eux. Et l'un d'entre eux montrera ensuite son vrai visage.

Les trop grandes erreurs de monseigneur Lefèvre Les partisans privés de tout pouvoir

Présage 88, septembre.

De bien en mal le temps se changera
Le pache[2] d'Aust[3] des plus Grands esperance :
Des Grands deul[4] L V I S[5] trop plus trebuchera,
Cognus Razez pouvoir ni cognoissance.

Traduction :

Le temps du bien-être se changera en temps de malheur, bien que la paix du Sud fasse naître les plus grandes espérances. Les grands (les cardinaux) déploreront les actes de Monseigneur Lefèvre qui fera trop d'erreurs. Ses partisans n'auront plus ni pouvoir ni connaissance.

Mort de monseigneur Lefèvre et du pape

Présage 57, décembre.

Les deuils laissez, supremes alliances,
Raze Grand mort refus fait en à l'entrée :
De retour estre bien fait en oubliance,
La mort du juste à banquet[6] perpétrée.

Traduction :

La tristesse abandonnée, de grandes alliances ayant été faites, le grand Tonsuré mourra, refus lui ayant été fait de rentrer dans le giron de l'Eglise. En retour on finira par l'oublier; la mort du juste (le pape) sera commémorée par la communion (messe).

1. Allusion aux accords de Camp David entre Begin, Sadate et Carter. **2.** Latin : *pax :* la paix. D.L.L.B. **3.** *Auster :* mot latin qui servait à désigner le vent du midi. D.L.7.V. Nostradamus désigne ici les accords de Camp David signés entre deux pays du Midi, par opposition à l'U.R.S.S., l'empire d'Aquilon, c'est-à-dire du Nord. **4.** Du verbe *doloir :* souffrir, déplorer, se lamenter. D.A.F.L. **5.** Abréviation de Lefè Vre; même nom que Faivre, Fabri, Fauri, etc. Dict. étymologique des noms de famille. A. Dauzat. **6.** Le banquet sacré : la communion. D.L.7.V.

La fin de la sécession du mouvement traditionaliste. L'enlèvement de leurs attributs ecclésiastiques

Présage 101.

Tout innonder[1] à la Razée perte,
Vol de mur, mort de tous biens abondance :
Eschappera[2] par manteau[3] de couverte,
Des neufs et vieux sera tournée chance.

Traduction :

La révolution causera la perte du mouvement traditionaliste quand les biens fonciers seront volés et que prendra fin la société de consommation. Le mouvement traditionaliste disparaîtra par la privation des habits sacerdotaux; la chance des novices comme des vieux tournera.

L'exode provoqué par la guerre Les foudres du Vatican contre les traditionalistes

Présage 98.

Au lieu mis la peste et fuite naistre,
Temps variant vent. La mort des trois Grands :
Du ciel grand foudres estat[4] des Razes paistre[5],
Vieil[6] près de mort bois peu dedans vergans[7].

Traduction :

On commencera à fuir les lieux qu'atteindront la guerre et la maladie. Le vent de l'histoire changera le cours du temps et les trois grands chefs d'Etat mourront. Le grand pasteur montrera les foudres du ciel aux Tonsurés. Le système vieilli, près de mourir, sera un peu plus à son déclin.

Certains traditionalistes rejoignent l'Église

Présage 75, septembre.

Remis seront en leur pleine puissance,
D'un point d'accord conjoints, non accordez :
Tous defiez plus aux Razes fiance,
Plusieurs d'entre eux à bande debordez.

1. Eau, onde sont pris comme symboles des mouvements révolutionnaires. **2.** S'évanouir, disparaître. D.L.7.V. **3.** Manteau d'évêque (Bischofsmantel); ce vêtement, qui était en usage au Moyen Age et que les Allemands portèrent jusque vers 1530, était une pèlerine de mailles. D.L.7.V. **4.** Latin : *exstare :* se montrer, être visible. D.L.L.B. **5.** Latin : *pastor :* pasteur. D.L.L.B. Comme « le grand prophète » (11-36), le grand pasteur désigne le Pape. **6.** Cf. : I, 7 « Par le Rousseau sennez les entreprises ». **7.** Latin : *vergo :* décliner, être à son déclin. D.L.L.B.

Traduction :

Les traditionalistes seront réhabilités et rejoindront l'Eglise par un accord. Ceux qui n'accepteront pas cet accord seront défiés. On ne fera plus confiance aux Traditionalistes dont plusieurs seront débordés par la Confrérie.

Le schisme dans l'Église catholique Le prince Charles meurtri à Londres

VI, 22.

Dedans la terre du grand temple Celique[1],
Neveu[2] à Londres par paix fainte[3] meurtry,
La barque alors deviendra schismatique
Liberté fainte sera au corn[4] et cry.

Traduction :

Dans le territoire du Vatican, lorsque le petit-fils sera meurtri à Londres par une fausse paix, la barque (de Pierre) deviendra schismatique, et une fausse liberté sera proclamée à cor et à cri.

Le schisme pendant la guerre

IV, 40.

Les forteresses des assiégez serrez,
Par poudre à feu profondes en abysme
Les proditeurs[5] seront tous vifs serrez[6],
Onc aux Sacristes n'advint si piteux scisme.

Traduction :

Les assiégés seront enfermés dans des forteresses qui s'abîmeront sous les armes incendiaires, les traîtres seront enfermés vivants. Jamais il n'advint un si piteux schisme dans l'Eglise.

Le schisme et l'antipape Le traité de paix signé près de Venise

VIII, 93.

Sept mois sans plus obtiendra prélature[7]
Par son décez grand schisme fera naistre :
Sept mois tiendra un autre la préture,
Près de Venise paix, union renaistre.

1. Celeste. D.A.F.L. temple : poétiquement, l'Eglise catholique. D.L.7.V. **2.** Anciennement petit-fils. D.A.F.L. Le prince Charles d'Angleterre est le petit-fils du dernier roi d'Angleterre George VI. **3.** Faindre ou feindre. D.A.F.L. **4.** Cor. D.A.F.L. **5.** Latin : *proditor :* traître, perfide. D.L.L.B. **6.** Endroit clos, mais aussi barre pour fermer, serrure. D.A.F.L. **7.** Corps des prélats romains ou officiers de la maison du Pape. D.L.7.V.

Traduction :

Il n'obtiendra la prélature (le trône de Saint-Pierre) que pendant sept mois et fera naître un grand schisme en mourant. Un autre que le pape occupera le trône de Saint-Pierre pendant sept mois, et puis la paix sera signée près de Venise et l'unité de l'Eglise sera recouvrée.

Le schisme et le pape étranger

V, 46.

Par chapeaux rouges querelles et nouveaux scismes
Quand on aura esleu le Sabinois[1]
On produira contre lui grands sophismes
Et sera Rome lésée par Albannois.

Traduction :

A cause des cardinaux il y aura des querelles et un nouveau schisme, quand on aura élu l'Etranger. On énoncera contre lui de grands sophismes et le Vatican sera lésé par les gens d'Albano.

Les traditionalistes et l'Espagne

VIII, 94.

Devant le lac où plus cher fut jetté
De sept mois et son ost[2] tout déconfit,
Seront Hispans par Albannois gastez
Par délay perte en donnant le conflit.

Traduction :

Près du Lac Léman, où fut jetée (une hérésie) plus chère (le Calvinisme) au bout de sept mois ses partisans seront déconfits. Des Espagnols seront contaminés par les gens d'Albano (les traditionalistes) et c'est le conflit qui sera cause de leur perte.

L'échec des tentatives de monseigneur Lefèvre Sa mort dans une modeste maison

Présage 68, février.

Pour Razes Chef ne parviendra à bout,
Edicts changez, les serrez mis au large :
Mort Grand trouvé moins de foy, bas dedo[3]
Dissimulé, transi frappé à bauge[4].

1. Les Sabins étaient les Etrangers pour les Romains. **2.** Troupe, foule. D.A.F.L. **3.** Pour debout. D'autres éditions donnent le mot debout. **4.** Habitation misérable. D.L.7.V.

Traduction :

Le chef des Tonsurés ne parviendra pas à ses fins; des règles ayant été changées (par le concile), ceux qui étaient pressés (par le pape) seront élargis. On trouvera le chef (des Traditionalistes) mort au moment où la foi, ayant baissé, sera redressée, et celui-ci sera caché, transi, frappé dans une maison misérable.

LA 3ème GUERRE MONDIALE - L'INVASION

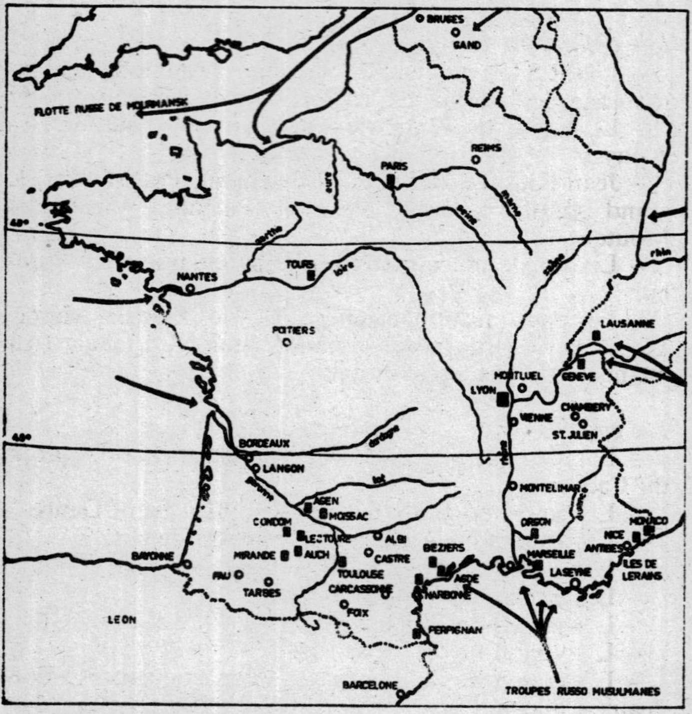

AXES D'INVASION

VILLES DETRUITES OU ENDOMMAGEES

VILLES DE COMBAT

L'INVASION. LES OPÉRATIONS MILITAIRES

Les définitions clefs :

– L'U.R.S.S. : l'ours, l'Esclavonie, l'Aquilon, la Tramontane, les Normands, le Boristhènes, les Rouges.

– Le pacte de Varsovie : le gryphon, l'autour, les 7 pays.

– Jean-Paul II : Memmel (le Niemen), Pol Mansol, le grand pontife, le noble, Penelon (Polenne), Vicaire, le Mouton, Sol.

– Le monde musulman : les barbares, punique, Annibal.

– Les pays musulmans cités : Algérie, Tunisie, Maroc, Libye, Perse (Iran), Mésopotamie (Irak), Carmanie (Afghanistan), Byzance (Turquie).

La guerre

– La guerre entre les 45e, 48e parallèles et le Tropique du Cancer.

– Les mises en garde de Jean-Paul II à Saint-Denis.

– Les Russes en Afghanistan, base de départ.

– L'invasion de la Grande-Bretagne.

– Les Russes en Yougoslavie.

– L'invasion de l'Italie.

– L'invasion de la Suisse.

– L'invasion de la France; les villes concernées : Bordeaux, Langon, Nantes, Tours, Reims, Paris, Lyon, Marseille, La Seyne-sur-Mer, Agde, Narbonne, Béziers, Carcassonne, Toulouse, Pau, Bayonne.

– L'invasion de la R.F.A. et de l'Autriche.

– L'occupation de Paris et de Rome.

– L'attaque de l'Espagne et du Portugal.

– L'invasion de la Grèce par des troupes iraniennes.

– L'Irak contre l'Occident, sa défaite.

– Destruction de Tours.

– Istanbul détruite par la France.

– Combats en Mer Noire.

– La Tunisie, l'Algérie et la Turquie soulevées par l'Iran.

– Le rôle du Portugal.

– Le rôle de Jean-Paul II.

L'axe de la guerre : le 45e parallèle : Bordeaux, Genève, Bakou La destruction de Genève

VI, 97.

Cinq et quarante degrez ciel bruslera,
Feu approcher de la grand'cité neuve[1] :
Instant grand flamme esparse[2] sautera,
Quand on voudra des Normans[3] faire preuve[4].

Traduction :

Le feu de la guerre se propagera le long du 45e parallèle et approchera de la grande cité neuve (Genève). En un instant la grande flamme divisée sautera (par-dessus les mers), quand on voudra reprendre la guerre contre les Russes.

La guerre du 48e parallèle au tropique du Cancer La pollution des eaux

V, 98.

A quarante huict degré climaterique[5],
A fin de Cancer[6] si grande sècheresse,
Poisson en mer, fleuve, lac cuit hectique[7],
Bearn, Bigorre par feu ciel en détresse.

Traduction :

Depuis le 48e parallèle jusqu'aux confins du Tropique du Cancer il y aura une très grande aridité. Les poissons mourront dans la mer, dans les fleuves, dans les lacs cuits par une chaleur continue. Le Béarn et la Bigorre connaîtront la détresse à cause de bombardements incendiaires.

1. Genève signifie « terre neuve ». Elle est située sur le 46e parallèle. **2.** Disséminé, dispersé, séparé, divisé. D.L.7.V. Probablement une allusion aux M.I.R.V., les fusées à têtes multiples. **3.** Les hommes du Nord. D.H.B. Les Russes, l'Empire d'Aquilon. **4.** Eprouver : faire souffrir, soumettre à des épreuves douloureuses. D.L.7.V. **5.** Grec : κλιμακτήρ : échelon, degré. D.G.F. Le 48e parallèle délimite les frontières entre la Chine et l'U.R.S.S. C'est également le parallèle de Paris et de Kiev. **6.** Le tropique du Cancer traverse le Sahara ex-espagnol, la Mauritanie, l'Algérie, la Libye, l'Egypte, l'Arabie Saoudite et le golfe d'Oman à l'entrée du golfe Persique. **7.** Continue. Fièvre hectique, état habituel de la fièvre avec dépérissement graduel dans certaines maladies à marche lente. D.L.7.V.

La déroute de l'Occident
Les avertissements du pape
Le message de Nostradamus méprisé par la gauche et par l'Allemagne
Le retour de la monarchie

Sixain 46.

Le pourvoyeur mettra tout en desroutte
Sangsuë[1] et loup, en mon dire n'escoutte
Quand Mars sera au signe du Mouton[2]
Joint à Saturne, et Saturne à la Lune,
Alors sera ta plus grande infortune,
Le Soleil lors en exaltation.

Traduction :

Le pourvoyeur (russe) mettra l'Occident en déroute. Ni les gens issus de la révolution (hommes de gauche) ni les Allemands n'écouteront mon message quand les dangers de guerre seront signalés par le pape pendant son pontificat, et sous la République; alors, France! tu connaîtras ta plus grande infortune. Puis la monarchie reviendra.

La défection de deux pays du pacte de Varsovie
Le pape, Paris et la Provence attaqués malgré la Pologne

II, 88.

Le circuit du grand fait ruyneux,
Au nom septiesme du cinquiesme sera :
D'un tiers[3] plus grand l'estrange belliqueux
Mouton[4], Lutèce, Aix ne garantira.

Traduction :

La course de la grande guerre qui apportera la ruine fera que ceux que l'on nomme les sept (pays du pacte de Varsovie) ne seront plus que cinq. Les pays étrangers pris dans la guerre, le plus grand et représentant un tiers (de l'ensemble) ne pourra garantir la sécurité du Pape, de Paris et d'Aix-en-Provence.

1. La révolution, la buveuse de sang. **2.** Le mouton a été donné pour attribut à l'Innocence, à la Douceur, à la Virginité. L'art chrétien a fait de l'agneau la figure symbolique par excellence du Fils de Dieu, immolé pour les péchés du monde. Il a été donné pour attribut au *Bon Pasteur*. D.L.7.V. **3.** Les surfaces respectives des pays du pacte de Varsovie sont : R.D.A. 108 178 km²; Tchécoslovaquie 127 876 km²; Roumanie 237 500 km²; Bulgarie 110 912 km²; Hongrie 93 032 km²; *Pologne* 362 677 km², pour un total de 990 175 km². La Pologne représente donc le tiers de l'ensemble des satellites de l'U.R.S.S. **4.** Cf. Sixain, 46.

Utilisation des armes chimiques Découverte de nouveaux gisements de pétrole Les déclarations de Jean-Paul II à Saint-Denis Attaque de la marine musulmane

Présage 125, juillet.

Par pestilence et feu fruits d'arbres périront,
Signe[1] d'huile[2] abonder. Père Denys non guères[3] :
Des grands mourir. Mais peu d'étrangers failliront,
Insult[4], marin Barbare, et dangers de frontières.

Traduction :

Par le feu et la pestilence les fruits des arbres seront détruits quand on découvrira en abondance des indices de pétrole. Le (Saint)-Père à (Saint)-Denis ne sera guère écouté. Des chefs d'Etat mourront[5] mais peu d'étrangers trouveront la mort. La marine musulmane mettra les frontières en danger par son attaque.

Les préparatifs et les ruses des troupes musulmanes Jean-Paul II à Saint-Denis Insouciance de l'Occident

Présage 11, septembre.

Pleurer le ciel ail[6] cela fait faire,
La mer s'appreste. Annibal[7] fait ses ruses :
Denys[8] mouille[9] classe[10] tarde ne taire[11],
N'a sceu secret et à quoy tu t'amuses.

1. Latin : *signum :* indice, trace. D.L.L.B. **2.** On donne le nom d'huiles minérales à divers hydrocarbures liquides, l'huile de schiste, de naphte, de pétrole. D.L.7.V. **3.** « A Saint-Denis, la rencontre avec le monde ouvrier. C'est sur un réquisitoire implacable contre le nucléaire que Jean-Paul II devait conclure son propos : notre monde contemporain, devait-il notamment déclarer, voit s'accroître la menace terrible de la destruction des uns par les autres, notamment avec l'accumulation des moyens nucléaires... Aussi, au nom de la force morale qui se trouve en elle, la grande société des travailleurs doit-elle poser la question de savoir pourquoi la force morale et créatrice s'est transformée en une force destructrice, la haine, dans les nouvelles formes de l'égoïsme collectif, qui laisse apparaître la menace de la possibilité d'une lutte de tous contre tous et d'une monstrueuse autodestruction. » Article de J.M. Durand-Souffland in *Le Monde*, n° 10 992 du mardi 3 juin 1980. **4.** Latin : *insulto :* j'attaque. D.L.L.B. **5.** Tito, Brejnev, l'ayatollah Khomeini et d'autres encore. **6.** Pour aïe : cri de douleur qui ordinairement se répète. D.L.7.V. **7.** Annibal : général carthaginois, fils d'Amilcar. Son père lui avait fait jurer, dès son enfance, une haine implacable aux Romains. D.H.B. Nostradamus, entre autres, utilise les mots carthaginois, punique ou Annibal pour désigner le monde musulman. Cf. III, 93. **8.** Nostradamus utilise trois fois le mot Denis, toujours dans le sens de Saint-Denis. Cf. IX, 24. **9.** Allusion aux déplacements en hélicoptère de Jean-Paul II, mais aussi aux intempéries. **10.** Latin : *classis :* flotte, armée. D.L.L.B. **11.** Ne pas se manifester. D.L.7.V.

Traduction :

Voir pleurer le ciel fait pousser un cri de douleur. Les flottes de guerre se préparent. Le chef musulman fait ses ruses. (Le pape) mouille à (Saint)-Denis[1]. L'armée tardera à se manifester parce que l'on n'aura pas su ce qui se tramait en secret, alors que pendant ce temps-là on s'amusait.

Deux pays s'unissent et se brouillent
L'Égypte éprouvée par la guerre

V, 23.

Les deux contens[2] seront unis ensemble,
Quand la plupart à Mars seront conjoint :
Le grand d'Affrique en effrayeur et tremble,
DUUMVIRAT[3] par la chasse[4] desioinct[5].

Traduction :

Les deux pays qui se disputaient s'uniront quand la plupart des pays seront entraînés dans la guerre. Le grand pays d'Afrique (l'Égypte) tremblera et ce duumvirat se brouillera à cause de leur défaite.

Fusées utilisées contre l'Occident et le Japon
La IIIe Guerre mondiale
Le règne des rouges

Sixain 27.

Celeste feu du costé d'Occident,
Et du midy, courir jusqu'au Levant[6],
Vers demy morts sans poinct trouver racine[7]
Troisième aage, à Mars le belliqueux,
Des Escarboucles on verra briller feux,
Aage Escarboucle[8], et à la fin famine.

1. « A Saint-Denis, la rencontre avec le monde ouvrier... Une foule disciplinée, nombreuse, patiente. Il est 16 heures 30. Encore près de deux heures d'attente, sur des jambes engourdies, avec, de surcroît, de temps à autre, sur les visages, les gifles *mouillées* de giboulées sévères qui font s'ouvrir d'un coup quelques milliers de parapluies... » in *Le Monde*, n° 10 992 du mardi 3 juin 1980. 2. Latin : *contendere :* se disputer. D.L.L.B. L'Irak et l'Iran ? 3. Latin : *duumviratus :* duumvirs ; nom de deux magistrats composant un tribunal. D.L.L.B. 4. S'emploie, dans le langage ordinaire, pour signifier poursuivre, chasser, courir sus. D.L.7.V. 5. Latin : *disjunctus :* désuni, brouillé, séparé. D.L.L.B. 6. L'Empire du Soleil Levant : le Japon. 7. Image pour stigmatiser la disette. 8. L'escarboucle ou grenat noble est d'un rouge de coquelicot ou d'un rouge de sang. D.L.7.V.

Traduction :

Du feu venu du ciel (fusées) atteindra l'Occident et depuis le Midi (le monde musulman) courra jusqu'au Japon. Les vers mourront de faim sans même trouver une racine pour se nourrir. Ce sera la Troisième Guerre mondiale qui fera luire les feux de la guerre des Rouges qui régneront, et à la fin on connaîtra la famine.

Persécutions religieuses en Pologne

V, 73.

Persécutée de Dieu sera l'Eglise,
Et les saincts temples seront expoliez,
L'enfant, la mère mettra nud en chemise,
Seront Arabes aux Polons ralliéz.

Traduction :

L'Eglise catholique sera persécutée en Pologne et les Eglises seront expropriées. La mère (l'Eglise) sera mise nue par ses propres enfants et les Arabes seront alliés aux Polonais (Pacte de Varsovie).

La crise économique Guerre contre l'Occident et contre l'Eglise catholique

II, 65.

Le parc[1] enclin[2] grande calamité,
Par l'Hesperie[3] et Insubre[4] fera,
Le feu en nef, peste et captivité,
Mercure[5] en l'Arc[6] Saturne fenera[7].

Traduction :

L'économie en baisse, il y aura une grande calamité en Occident et en Italie, la guerre, la calamité et la captivité atteindront l'Eglise. Le temps du pillage ruinera Monaco.

1. Latin : *parcus :* économe. D.L.L.B. 2. Latin : *inclino :* baisser, décliner. D.L.L.B. 3. Grec : Εσπεριζ : Occident. D.G.F. 4. Le Milanais. D.H.B. 5. Fils de Jupiter, messager des dieux, et lui-même dieu de l'éloquence, du commerce et des *voleurs.* D.L.7.V. 6. Latin : *Monoeci Arx :* Monaco. D.L.L.B. 7. Latin : *feneror :* ruiner. D.L.L.B.

La débauche en Angleterre
L'extension du conflit à la Grande-Bretagne

IV, 33.

Jupiter[1] joinct plus Venus qu'à la Lune,
Apparoissant de plenitude blanche :
Venus cachée sous la blancheur Neptune,
De Mars frappée par la gravée[2] branche[3].

Traduction :

Le monde sera davantage sous l'emprise de la parole venimeuse et de la luxure que sous celle des principes républicains, qui apparaîtra dans une plénitude de candeur. La débauche se cachera sous la candeur en Angleterre qui sera frappée par la lourde extension du conflit.

Travail de sape de la société anglaise
La Grande-Bretagne surprise par la guerre

Présage 12, octobre.

Venus, Neptune poursuivra l'entreprise,
Serrez[4] pensifs, troublez les opposans :
Classe en Adrie, citez[5] vers la Tamise,
Le quart bruit[6] blesse de nuict les reposans.

Traduction :

La parole venimeuse et la débauche poursuivront leur entreprise en Grande-Bretagne. Les penseurs seront emprisonnés et les opposants seront tourmentés. Une flotte dans la mer Adriatique sera mise en mouvement vers la Tamise. Le bruit (de la guerre) sortira de leur sommeil la nuit le quart des habitants.

L'attaque de l'Angleterre
après l'invasion de l'Allemagne
La guerre et la révolution

Sixain 50.

Un peu devant ou après l'Angleterre
Par mort de loup mise aussi bas que terre,
Verra le feu resister[7] contre l'eau,
Le ralumant avec telle force
Du sang humain, dessus l'humaine escorce[8]
Faute de pain, bondance de couteau[9].

1. Dieu souverain du ciel et du monde. Personnifiait la lumière, les phénomènes célestes. D.L.7.V. **2.** Latin : *gravis :* lourd, pesant. D.L.L.B. **3.** Au figuré extension. D.L.7.V. **4.** Serre : prison. D.A.F.L. **5.** Latin : *cito :* je mets en mouvement. D.L.L.B. **6.** Querelle, dispute. D.L.7.V. **7.** Latin : *resisto :* j'arrête. D.L.L.B. **8.** L'écorce terrestre. **9.** Poétique : poignard. D.L.7.V.

Traduction :

Peu avant, peu après, l'Angleterre sera ruinée à cause de la chute de l'Allemagne et verra la guerre mettre un terme à la révolution; la guerre s'étant rallumée avec une telle force que le sang humain sera répandu sur la terre, que l'on manquera de nourriture et que l'on aura des armes en abondance.

Les mouvements révolutionnaires en Grande-Bretagne et en Italie

III, 70.

La Grande Bretagne comprise l'Angleterre,
Viendra par eaux[1] si haut inonder,
La ligne neusve d'Ausonne[2] fera guerre,
Que contre eux ils se viendront bander[3].

Traduction :

La Grande-Bretagne, y compris l'Angleterre, sera très fortement submergée par la révolution. La nouvelle ligne italienne fera la guerre et les Italiens feront effort pour lui résister.

Invasion de la Grande-Bretagne par les Russes

II, 68.

De l'Aquilon les efforts seront grands,
Sur l'Océan sera la porte ouverte :
Le regne en l'Isle sera réintégrand,
Tremblera Londres par voille descouverte.

Traduction :

Les efforts (de guerre) de la Russie seront grands; elle aura accès à l'Océan Atlantique. Le gouvernement sera rétabli en Angleterre et Londres couverte de bateaux tremblera.

Les îles Britanniques assiégées. La famine

III, 71.

Ceux dans les Isles de long temps assiegez :
Prendront vigueur force contre ennemis,
Ceux par dehors morts de faim profligez
En plus grand faim que jamais seront mis.

1. Symbolise la révolution. 2. Peuple d'Italie. Souvent la dénomination d'Ausonie est étendue à toute l'Italie. D.H.B. 3. Faire effort pour résister. D.L.7.V.

Traduction :

Les habitants des îles Britanniques seront assiégés pendant un long temps; ils résisteront avec force contre les ennemis. Ceux-ci mourront de faim à cause de ceux venus de l'extérieur et ils connaîtront une famine plus grande que jamais.

L'attaque des îles Britanniques Combat entre Français et Musulmans

II, 78.

Le grand Neptune du profond de la mer,
De gent Punique et sang Gaulois meslé :
Les Isles à sang pour le tardif ramer[1],
Plus luy nuira que l'occult mal celé.

Traduction :

L'Angleterre sera attaquée du fond de la mer (attaque sous-marine); le sang français et musulman sera mêlé. Les îles Britanniques seront ensanglantées pour s'être donné trop tard de la peine, ce qui lui nuira encore plus que d'avoir caché le malheur (au peuple).

L'invasion de l'Aquitaine et de l'Angleterre L'invasion des troupes musulmanes

II, 1.

Vers Aquitaine par insuls Britanniques,
De par eux mesmes grandes incursions :
Pluyes, gelées feront terroirs iniques[2],
Port Selyn[3] fortes fera invasions.

Traduction :

Vers l'Aquitaine et par les îles Britanniques, il y aura de grands débarquements de troupes. Les mouvements révolutionnaires et un hiver rigoureux rendront ces territoires malheureux car ils auront subi de fortes invasions venues d'un port musulman.

Le siège de Londres La capture du Chef d'Etat anglais

VIII, 37.

La forteresse aupres de la Tamise,
Cherra[4] par lors, le Roy dedans serré,
Auprès du pont[5] sera veu en chemise,
Un devant mort, puis dans le fort barré[6].

1. Prendre beaucoup de peine, se donner beaucoup de fatigue. D.L.7.V. **2.** Latin : *iniquus :* malheureux. D.L.L.B. **3.** Grec : Σελήϑη : la Lune. D.G.F. Désigne le croissant musulman. Le port du monde musulman d'où partira l'invasion reste à définir. **4.** Futur de choir : tomber. D.A.F.L. **5.** Grec : πόγτοζ : mer. D.G.F. **6.** Fermer au moyen d'une barre. D.L.7.V.

Traduction :

Les fortifications près de la Tamise s'écrouleront alors, le chef du gouvernement y étant assiégé. On le verra dépouillé près de la mer, l'un étant mort avant, puis il sera enfermé dans le fort.

La guerre dans la vallée du Rhône L'occupation de l'Angleterre

V, 62.

Sur les rochers sang on verra plouvoir.
Sol Orient, Saturne Occidental :
Pres d'Orgon [1] guerre, à Rome grand mal voir,
Nefs parfondrées et prins le Tridental [2].

Traduction :

On verra le sang pleuvoir sur les massifs montagneux, lorsque le roi, venu d'Orient, pour rétablir l'Occident. La guerre atteindra Orgon, le pape sera honni à Rome, des bateaux ayant été coulés et l'Angleterre occupée.

L'invasion de la R.F.A. et de l'Italie par les Russes La Yougoslavie livrée au massacre

II, 32.

Laict [3], sang grenouilles [4] escoudre [5] en Dalmatie [6],
Conflict donné, peste près de Balennes [7],
Cry sera grand par toute Esclavonie [8],
Lors naistra monstre [9] pres et dedans Ravenne.

Traduction :

Après le lait du bien-être, c'est le sang du peuple qui coulera en Yougoslavie, quand le conflit sera déclenché, ainsi qu'une calamité près de Ballenstedt. Le cri (de guerre) sera grand à travers toute la Russie. C'est alors qu'un fléau prendra naissance près et dans Ravenne.

1. Chef-lieu de canton des Bouches-du-Rhône, sur la rive gauche de la Durance. D.H.B. 2. Dans le langage figuré, le « trident de Neptune » désigne l'empire des mers. D.L.7.V. Symbole de l'Angleterre. 3. Pris par Nostradamus comme symbole de la douceur de vivre. Vieux symbole biblique. 4. Les grenouilles figurent tous les peuples de l'histoire, et aussi tous les braves gens qui ne sont jamais contents de leur situation. D.L.7.V. 5. Pour escorre : couler, s'écouler. D.A.F.L. 6. Contrée de l'Europe située entre l'Adriatique à l'ouest et les monts de la Liburnie à l'est. Faisait partie de la grande région illyrique. D.H.B. 7. Francisation de Ballenstedt : ville du duché d'Anhalt, sur le Gretel. D.H.B. Cette ville est située à quelques kilomètres de la frontière de la R.F.A. et de la R.D.A., en territoire est-allemand. 8. Esclavonie ou Slavonie : sous les Romains, faisait partie de la Pannonie (Hongrie). Elle dut son nom aux Slavi, peuple Sarmates qui vint s'y établir au VIIe siècle. D.H.B. Désigne la Russie. 9. Latin : *monstrum* : fléau. D.L.L.B.

Invasion de l'Italie et de la Yougoslavie
Pénurie de pétrole

II, 84.

Entre Campagne[1], Sienne[2], Flora, Tustie[3],
Six mois neuf jours ne pleuvra une goute,
L'estrange langue en terre Dalmatie,
Courira sus, vastant la terre toute.

Traduction :

Entre les provinces de Campanie, de Sienne et d'Ombrie, en Occident, il y aura six mois et neuf jours de pénurie totale (pétrole?). On entendra parler une langue étrangère en Dalmatie (russe ou arabe?) qui courra et dévastera toute la terre.

La guerre musulmane en mer Noire
et en Yougoslavie
Le secours du Portugal :
Débarquement américain?

IX, 60.

Conflict Barbar en la Cornere noire,
Sang espandu trembler la Dalmatie
Grand Ismael mettra son promontoire[4]
Ranes[5] trembler, secours Lusitanie[6].

Traduction :

Le conflit sera déclenché par les musulmans dans la mer Noire et le sang qu'ils répandront fera trembler la Yougoslavie où le grand chef musulman atteindra son point culminant. Le peuple tremblera puis le secours viendra du Portugal.

1. Campanie : province d'Italie. Ville principale : Naples. Comprend les provinces suivantes : Terre de Labour, Bénévent, Naples, Salerne, Avellino. D.L.7.V. **2.** Province de Sienne : province d'Italie (Toscane). D.L.7.V. **3.** Tuscie : comprenait l'Etrurie et l'Ombrie. D.H.B. **4.** Latin : *promontorium :* point culminant. D.L.L.B. **5.** Latin : *rana :* grenouille. D.L.L.B. Même signification que II-32. **6.** Ancien nom du Portugal.

L'attaque russe en Yougoslavie et dans l'Adriatique Le Chef d'Etat turc Le secours venu d'Espagne et de son roi

IX, 30.

Au port de PUOLA[1] et de Saint Nicolas[2],
Péril Normande[3] au goulfre Phanatique[4]
Cap.[5] de Bisance rues crier hélas.
Secours de Gaddes[6] et du grand Philippique[7].

Traduction :

A Pola venu de Russie (le 6 décembre?), le péril des hommes du Nord (les Russes) viendra sur la côte yougoslave. Le chef de la Turquie criera grâce, puis le secours viendra d'Espagne avec le descendant de Philippe V.

La Turquie livrée au pillage à partir de la Yougoslavie

VIII, 83.

Le plus grand voile[8] hors du port de Zara[9]
Près de Bisance fera son entreprise :
D'ennemi perte et l'amy ne sera,
Le tiers à deux fera grand pille et prise.

Traduction :

La plus grande flotte aérienne sortira du port de Zara pour faire une entreprise de Guerre en Turquie. Elle fera une grande hécatombe d'ennemis et ne sera pas alliée (aux Turcs); elle fera un grand pillage et un grand butin aux deux tiers du pays.

L'invasion musulmane

Présage 60, avril.

Le temps purge[10], pestilence, tempeste,
Barbare insult. Fureur, invasion :
Maux infinis par ce mois nous appreste,
Et les plus Grands, deux moins, d'irrision[11].

1. Pour Pola, ou Pula, par épenthèse; ville yougoslave sur l'Adriatique, au sud de Trieste. Beau *port* militaire. D.H.B. et A.U. **2.** Patron de la Russie; on le fête le 6 décembre. **3.** Ou Northmans, c'est-à-dire hommes du Nord. D.H.B. **4.** Golfe Flanatique, enfoncement de l'Adriatique entre l'Istrie et l'Illyrie, en Yougoslavie, aujourd'hui le golfe de Kvarner. D.H.B. Nostradamus a ôté la lettre L par syncope. Pola se trouve à l'entrée de ce golfe. **5.** Latin : *caput* · chef. D.L.L.B. **6.** Ancien nom de Cadix, ville d'Espagne. D.H.B. **7.** Philippe V, chef de la maison des Bourbons d'Espagne. D.H.B. Nostradamus désigne ici le roi d'Espagne. **8.** Utilisé par Nostradamus pour désigner les avions dont les premiers furent en toile. **9.** Port de Dalmatie, en Yougoslavie, sur la mer Adriatique. D.H.B. **10.** Latin : *purgamen :* ordures, immondices. D.L.L.B. **11.** Latin : *irrisio :* moquerie. D.L.L.B.

Traduction :

Le temps sera ordurier, pestilent et violent à cause d'une furieuse attaque musulmane et d'une invasion. De grandes calamités se préparent en avril et l'on se moquera des plus grands personnages excepté deux d'entre eux.

La fin de la douceur de vivre Le pillage fait par les musulmans

X, 97.

Triremes pleines tout aage captifs,
Temps bon à mal, le doux pour amertume :
Proye à Barbares trop tost seront bastifs[1],
Cupide de voir plaindre au vent la plume[2].

Traduction :

Des bateaux emmèneront des prisonniers de tous âges. Le bon temps deviendra le temps du malheur; l'amertume remplacera la douceur : c'est bien trop tôt que les Musulmans se procureront du butin, désireux de venir voir (la France) et les Français se plaindre et flotter au gré du vent.

Combat entre des forces allemandes et espagnoles contre les musulmans

Présage 29.

Guerre, tonnerre, maints champs depopulez,
Frayeur et bruit, assault à la frontière :
Grand Grand failli. pardon aux Exilez,
Germains, Hispans par mer Barba. bannière.

Traduction :

La guerre et les bombardements dépeupleront maints territoires dans la frayeur et le bruit; les frontières seront attaquées. Le grand chef ayant succombé, et les exilés ayant été pardonnés. Les Allemands et les Espagnols s'attaqueront sur mer aux forces musulmanes.

La côte méditerranéenne livrée au pillage

II, 4.

Depuis Monach jusqu'auprès de Sicile,
Toute la plage demourra désolée,
Il n'y aura fauxbourg, cité ne ville,
Que par Barbares pillée soit et volée.

1. Disposer, se procurer. D.A.F.L. 2. Mettre la plume au vent : flotter au gré du vent. D.L.7.V. Cf. Sixain 6.

Traduction :

Depuis Monaco jusqu'à la Sicile, le rivage sera ravagé. Pas une ville ou un faubourg n'échapperont au pillage des troupes musulmanes.

Invasion de la R.F.A. et des côtes méditerranéenne et atlantique Reconnaissance de l'inefficacité des conventions de Genève

V, 85.

Par les Sueves[1] et lieux circonvoisins,
Seront en guerre pour cause des nuées[2] :
Camp marins locustes[3] et cousins[4],
Du Leman fautes seront bien desnuées[5].

Traduction :

L'Allemagne de l'Ouest et ses voisins (Suisse, Hollande, France et Belgique) seront en guerre à cause de l'innombrable multitude (des troupes russes). Les ports de guerre seront couverts d'avions et de bateaux et les fautes du lac Léman (les traités et conventions de Genève) seront bien mises à nu.

Bombardements en Italie

IV, 48.

Planure[6], Ausonne[7] fertille, spacieuse,
Produira[8] taons si tant de sauterelle,
Clarté solaire deviendra nubileuse,
Ronger[9] le tout, grand peste venir d'elles.

Traduction :

Une telle quantité d'avions avancera sur la plaine fertile et large du Pô que le soleil en sera obscurci. Ces avions apporteront la destruction et la calamité.

1. Nom donné par les Romains à des peuples de la Grande-Germanie... le siège principal de la ligue suévique, qui se forma au troisième siècle, fut le S.O. de la Germanie, depuis le Rhin, jusqu'au Mein, à la Saale et au Danube. D.H.B. Aujourd'hui le territoire ouest-allemand. 2. Innombrable multitude. D.L.7.V. 3. Latin : *locusta :* sauterelles. D.L.L.B. Nostradamus désigne par là les avions. Cf. Apocalypse IX. 4. Genre d'insectes diptères... Leurs mœurs dans leur premier état sont aquatiques. D.L.7.V. Désignent les navires de guerre. 5. Mettre à nu, dépouiller. D.A.F.L. 6. Latin : *planura :* plaine. D.L.L.B. 7. Latin : *Ausonia :* ancienne contrée de l'Italie; par extension l'Italie. D.L.L.B. 8. Latin : *produco :* faire avancer, pousser en avant. D.L.L.B. 9. Attaquer et détruire successivement. D.L.7.V.

Pillage et saccage de la côte méditerranéenne

III, 82.

Erins[1], Antibor, villes autour de Nice
Seront vastées, fort par mer et par terre
Les sauterelles[2] terre et mer vent propice,
Prins, morts, troussez, pillez, sans loy de guerre.

Traduction :

Les îles de Lérins, Antibes et les villes voisines de Nice seront dévastées par des forces venues par terre et par mer, avec des chars amenés par terre et par mer, le vent (de l'histoire) leur étant favorable. Les habitants seront faits prisonniers, massacrés, troussés, pillés, sans respect des lois de la guerre.

Pillages musulmans en Méditerranée La Corse, la Sardaigne et l'Italie

VII, 6.

Naples, Palerme, et toute la Cecile,
Par main barbare sera inhabitée,
Corsique, Salerne[3] et de Sardeigne l'Isle,
Faim, peste, guerre, fin des maux intemptee[4].

Traduction :

Naples, Palerme et toute la Sicile seront dépeuplées par les forces musulmanes ainsi que la Corse et la Sardaigne et Salerne, où régneront la famine, la maladie et la guerre, puis on se dirigera vers la fin des malheurs.

Invasion à Agde par la mer Débarquement d'une armée d'un million d'hommes Défaite navale occidentale en Méditerranée

VIII, 21.

Au port de Agde trois fustes[5] entreront,
Portant l'infect[6] non foy et pestilence :
Passant le pont[7] mil milles[8] embleront[9],
Et le pont rompre à tierce résistance.

1. Les îles de Lérins (exemple d'aphérèse), îles françaises de la Méditerranée, sur la côte du Var, vis-à-vis de la pointe qui se termine à l'est, le golfe de La Napoule. D.H.B. **2.** Cf. Apocalypse IX, 3 et 7 : « De la fumée sortirent des sauterelles qui se répandirent sur la terre... Ces sauterelles ressemblaient à des chevaux préparés pour le combat... » La cavalerie, c'est-à-dire les chars. **3.** Ville d'Italie, dans l'ancien royaume de Naples. **4.** Latin : *intento :* diriger, tendre vers. D.L.L.B. **5.** Bâtiment de bas bord à la voile et à la rame. D.A.F.L. **6.** Latin : *inficio :* mélanger, imprégner, pénétrer. D.L.L.B. **7.** Grec : πόντος : mer. D.G.F. **8.** Mille fois mille : un million. **9.** Exemple d'aphérèse.

Traduction :

Trois navires de guerre entreront dans le port d'Agde apportant avec eux l'invasion sans foi ni loi et l'épidémie. Un million de soldats s'assembleront pour franchir la mer et la résistance sur mer sera brisée par trois fois.

Défaite d'une armée franco-espagnole dans les Pyrénées. La guerre en Suisse et en Allemagne. Le Rhône et le Languedoc atteints par le conflit

IV, 94.

Deux grands frères seront chassez d'Espagne
L'aisné vaincu sous les monts Pyrénées
Rougir mer, Rosne, sang Léman d'Alemagne,
Narbon, Blyterres[1], d'Agath contaminées[2].

Traduction :

Deux grands alliés seront chassés d'Espagne. L'aîné des deux (Juan Carlos Ier) sera vaincu au pied des Pyrénées. La mer sera occupée par la flotte rouge et le sang coulera au bord du Rhône, sur le lac Léman et en Allemagne. Narbonne, Béziers et Agde seront contaminées.

La guerre en Languedoc La défaite de l'Armée française

I, 5.

Chassez seront sans faire long combat,
Par le pays seront plus fort grevez[3] :
Bourg et cité auront plus grand débat[4],
Carcas. Narbonne auront cœur esprouvez.

Traduction :

L'armée française sera battue sans combattre longtemps. Les plus puissants seront accablés à travers le pays. Les villes et les villages seront en proie à d'encore plus grandes luttes. Le centre des villes de Carcassonne et de Narbonne sera durement éprouvé.

1. Béziers, conquise par les Romains vers 120 av. J-C., fut colonisée en 52 par Jules César, d'où elle reçut le nom de Julia Biterra. D.H.B. La lettre L a été ajoutée par épenthèse. **2.** Latin : *contamino :* je souille, j'infecte. D.L.L.B. **3.** Accabler, tourmenter, opprimer. D.A.F.L. **4.** Résistance, lutte. D.A.F.L.

L'invasion depuis la Suisse jusqu'au bassin parisien Défaite des Allemands, des Suisses et des Italiens

IV, 74.

Du lac Lyman et ceux de Brannonices[1],
Tous assemblez contre ceux d'Aquitaine,
Germains beaucoup, ençore plus Souisses,
Seront defaicts avec ceux d'humaine[2].

Traduction :

Depuis la Suisse jusqu'à l'Eure, des troupes s'assembleront pour marcher contre le sud-ouest de la France. Les Allemands (de l'Ouest) et encore plus les Suisses seront écrasés avec ceux qui sont à l'origine de l'humanisme (les Italiens).

Le pouvoir installé en Savoie L'occupation du Languedoc par les troupes du Pacte de Varsovie

III, 92.

Le monde proche du dernier période[3],
Saturne encor tard sera de retour :
Translat empire devers[4] nations Brode[5],
L'œil[6] arraché à Narbon par Autour[7].

Traduction :

Le monde occidental s'approche de sa fin; l'époque du renouvellement tarde encore à venir. Le pouvoir sera transféré du côté de la Savoie, le pouvoir ayant été enlevé à Narbonne par le pacte de Varsovie.

1. Brannovices, surnom des Aulerques, peuple de Gaule (entre la Sarthe et l'Eure). D.L.L.B. **2.** Le premier centre de l'humanisme est Florence... De l'Italie, l'humanisme s'était répandu dans toute l'Europe occidentale, dès la fin du XVe siècle. D.L.7.V. **3.** Le dernier période, la fin. La puissance de cet empire touchait à son dernier période. D.L. **4.** Du côté de. D.L.7.V. **5.** « Après que les Allobroges, que les Provençaux par corruption et syncope appellent Brodes, furent vaincus par Fabius Maximus auprès de l'Isère. » *Histoire de Provence*, César Nostradamus. Chez Simon-Rigaud, Lyon 1614. La Savoie. D.H.B. **6.** Pouvoir, dans le sens de droit de regard. **7.** Genre d'oiseau rapace. D.L.7.V. Même signification que le Griffon : le Pacte de Varsovie.

Abandon de Perpignan par ses habitants Contre-attaque occidentale en Méditerranée

VI, 56.

La crainte armée de l'ennemy Narbon,
Effroyera si fort les Hespériques[1] :
Parpignan vuidé par l'aveugle darbon[2],
Lors Barcelon par mer donra les piques[3].

Traduction :

La crainte de l'armée ennemie à Narbonne effrayera terriblement les Occidentaux (Américains). Perpignan sera abandonnée à cause de la perte du pouvoir à Narbonne; c'est alors que près de Barcelone des fusées seront envoyées par mer (sous-marins nucléaires).

Guerre dans les Pyrénées et le Languedoc

IX, 63.

Plainctes et pleurs, cris et grands hurlements,
Pres de Narbon à Bayonne et en Foix :
O quels horribles calamitez changemens,
Avant que Mars revolu quelques fois.

Traduction :

On entendra des plaintes, des pleurs, des cris et de grands hurlements près de Narbonne et des Basses-Pyrénées jusqu'en Ariège. Ô que les changements seront épouvantables! avant que l'époque de la guerre soit révolue.

Le chef militaire est-allemand dans les Pyrénées et en Languedoc Le roi capétien en difficulté

IX, 64.

L'Æmathion[4] passer mont Pyrénées,
En Mars Narbon ne fera résistance :
Par mer et terre fera si grand menée,
Cap n'ayant terre seure pour demeurance.

Traduction :

Le chef allemand (R.D.A.) passera dans les Pyrénées; Narbonne ne résistera pas pendant la guerre. Il y aura de si grandes actions sur terre et sur mer que le Capétien n'aura pas de terre où il puisse être en sécurité.

1. Grec : Εσπερις : Occident. **2.** Pour De Narbo : anagramme. Cf. III-92. **3.** Allusion à l'extrémité pointue des fusées. **4.** Cf. X, 7.

Attaque par le Portugal jusqu'aux Pyrénées

III, 62.

Proche del duero[1] par mer Cyrenne[2] close,
Viendra percer les grands monts Pyrénées.
La main plus courte et sa percée gloze[3],
A Carcassonne conduira ses menées.

Traduction :

Près du Douro, par les côtes de Libye qui auront été fermées, il viendra traverser les Pyrénées. Avec des forces inférieures et par une percée de brigand, il conduira ses actions jusqu'à Carcassonne.

Trahison d'un homme politique. Sa mort Assaut dans le Languedoc

III, 85.

La Cité prise par tromperie et fraude,
Par le moyen d'un beau jeune attrapé,
Assaut donné, Raubine[4] près de l'AUDE,
Luy et tous morts pour avoir bien trompé.

Traduction :

Paris sera occupé grâce à une tromperie et une manœuvre frauduleuse par l'utilisation d'un beau jeune homme (politique) qui se fera attraper. La région des Robines de Narbonne sera assaillie; cet homme politique et les siens trouveront la mort à cause de leur tromperie.

Les troupes musulmanes en Italie

X, 33.

La faction cruelle à robe longue
Viendra cacher souz les pointus poignards :
Saisir Florence le duc et lieu diphlongue[5],
Sa descouverte[6] par immeurs[7] et flangnards[8].

1. Pour Douro, rivière d'Espagne et du Portugal; traverse le Portugal de l'est à l'ouest. D.H.B. **2.** Cyrène, capitale de la Cyrénaique, aujourd'hui Curin ou Grennah, ville de Libye. D.H.B. et A.U. **3.** Gloz, glos, cas sujet de glot, adj., et de gloton : méchant, brigand, canaille. D.A.F.L. **4.** Nom donné, dans le Midi, à des canaux d'une largeur médiocre, et qui a passé comme appellation géographique de plusieurs canaux de navigation : les ROBINES de Narbonne, de Vic, d'Aigues-Mortes. On dit aussi Roubine. D.L.7.V. **5.** Du grec : δίς : deux fois, en deux fois, et φλογόω : enflammer. D.G.F. **6.** Art militaire : mouvement d'une troupe que l'on détache pour examiner l'état du pays ou les dispositions de l'ennemi. D.L.7.V. **7.** Du latin : *im* et *mos, moris :* loi, c'est-à-dire sans loi. **8.** De flasnier : tromper. D.A.F.L.

Traduction :

La faction cruelle des Musulmans viendra, cachant sous leurs robes longues leurs armes. Leur chef se saisira de Florence et fera brûler ce lieu en deux fois, après avoir envoyé par avance des gens trompeurs et sans loi (espions).

Invasion de l'Italie par des troupes musulmanes

II, 30.

Un qui les dieux d'Annibal[1] infernaux,
Fera renaistre, effrayeur des humains :
Oncq'plus d'horreur ne plus dire iournaulx,
Qu'avint viendra par Babel[2] aux Romains.

Traduction :

Un personnage qui ressuscitera les dieux terrifiants des Carthaginois effrayera les hommes. Les journaux ne pourront plus jamais dire qu'il advint plus d'horreur aux Romains à cause de leur confusion.

Invasion des troupes musulmanes A Port-de-Bouc Arrivée d'une flotte occidentale

I, 28.

La tour de Boucq[3] craindra fuste Barbare,
Un temps, longtemps après barque hespérique.
Bestail, gens, meubles, tous deux feront grand tare
Taurus[4] et Libra, quelle mortelle picque.

Traduction :

Port-de-Bouc craindra la flotte musulmane pendant un temps; longtemps après viendra une flotte occidentale. Les animaux, les hommes et les biens seront lésés par les deux (flottes). Quelle mortelle atteinte pour la Turquie et la Russie.

1. Général carthaginois. Son père lui avait fait jurer, dès son enfance, une haine implacable aux Romains... Il ralluma la guerre avec les Romains, prenant et saccageant, au milieu de la paix et contre la foi des traités, la ville de Sagonte, alliée de Rome (219 av. J-C). Pensant qu'on ne pouvait vaincre les Romains que dans Rome, il traversa les Gaules et envahit l'Italie. D.H.B. Nostradamus établit un parallélisme entre l'histoire de la Rome antique et celle de la Rome actuelle. **2.** Signifie confusion. D.L.7.V. **1.** Port-de-Bouc, ville au fond du Golfe de Fos. D.L.7.V. **2.** Chaîne de montagnes de l'Asie Mineure, en Turquie. A.U.

Le Pacte de Varsovie et les Russes
Invasion de la France

X, 86.

Comme un gryphon[1] viendra le Roy d'Europe,
Accompagné de ceux de l'Aquilon :
De rouges et blancs[2] conduira grande troppe
Et iront contre le Roy de Babylone[3].

Traduction :

Le chef de l'Europe (de l'Est) viendra comme un vautour, accompagné des Russes. Il conduira une grande troupe de soldats des pays communistes et des pays musulmans qui iront contre le gouvernement de Paris.

L'Armée turque débarque en Espagne
L'Allemagne de l'Ouest occupée

VIII, 51.

Le Bizantin faisant oblation[4],
Apres avoir Cordube[5] à foy reprinse :
Son chemin long repos pamplation[6],
Mer passant proy[7] par Colongna[8] prinse.

Traduction :

Le chef turc fera une offre (de paix) après avoir repris Cordoue pour la foi musulmane, s'arrêtera dans son expansion après un long chemin, lorsqu'en passant par mer, l'Allemagne de l'Ouest aura été occupée par le Pacte de Varsovie.

Invasion russe de l'Europe de l'Ouest

VIII, 15.

Vers Aquilon grands efforts par hommasse,
Presque l'Europe et l'univers vexer[9],
Les deux eclypses mettra en telle chasse[10]
Et aux Pannons[11] vie et mort renforcer.

1. Griffon : du latin *gryphus :* vautour. Nom vulgaire de différents oiseaux de proie. D.L.7.V. Les armes de la Pologne comportent un rapace. **2.** Allusion au burnous blanc que portent les Musulmans. **3.** La grande Babylone, la Babylone moderne : désignent couramment de grands centres, comme Londres, Paris. D.L.7.V. **4.** Latin : *oblatio :* offre. D.L.L.B. **5.** Latin : *Corduba :* Cordoue. D.L.L.B. **6.** Mot fabriqué à partir de πᾶν, tout, et ampliatio, accroissement. D.L.L.B. **7.** Allusion au griffon, oiseau de proie, pour désigner le Pacte de Varsovie. Cf. X-86. **8.** Agrippinensis Colonia : Colonie d'Agrippine sur le Rhin (Cologne). D.L.L.B. L'Allemagne de l'Ouest. **9.** Latin : *vexo :* agiter fortement, ébranler, secouer. D.L.L.B. **10.** Faire chasse : s'en aller, fuir. D.L.7.V. **11.** Pannonie : ancien nom de la Hongrie.

Traduction :

Vers la Russie de grands efforts (de guerre) seront faits par une masse d'hommes qui viendront ébranler l'Europe (de l'Ouest) et presque l'univers. Entre deux éclipses, cette masse d'hommes mettra en telle fuite (les troupes occidentales) que les Hongrois recevront des renforts de vie et de mort.

Présent du Chef de l'Iran aux Occidentaux Attaque de la France et de l'Italie à partir de l'Afghanistan

III, 90.

Le grand Satyre[1] et Tigre[2] d'Hircanie[3],
Don présenté à ceux de l'Occean,
Un chef de classe istra[4] de Carmanie[5]
Qui prendra terre au Tyrren[6] Phocean[7].

Traduction :

Le grand personnage cynique du Tigre et de l'Iran présentera un don à ceux de l'Alliance Atlantique; puis un chef d'armée partira d'Afghanistan pour débarquer dans la mer Tyrrhénienne et à Marseille.

L'invasion russe en Afghanistan La résistance afghane, son extermination

X, 31.

Le sainct empire[8] viendra en Germanie[9],
Ismaëlites trouveront lieux ouverts :
Anes[10] voudront aussi la Carmanie[11],
Les soustenans[12] de terre tous couverts.

1. Personnage impudent, cynique. D.L.7.V. **2.** Fleuve d'Asie, qui se jette dans le Golfe Persique, en Iran. **3.** Hyrcanie : contrée de l'Asie ancienne qui s'étendait le long de la côte S-E de la mer Caspienne. Elle appartenait à l'empire des Perses D.H.B. Aujourd'hui territoire iranien. **4.** Istre, forme de issir : sortir. D.A.F.L. **5.** Province de l'ancien empire des Perses, formant actuellement le territoire de l'Afghanistan. D.L.7.V. **6.** Naples, base importante de l'OTAN (l'Océan !). **7.** Nostradamus a ajouté « an » au mot Phocée par paragoge et pour le besoin de la rime. **8.** Empire de Russie, le plus vaste Etat du globe... la religion orthodoxe domine en Russie, le tsar en est le chef depuis Pierre le Grand; il est secondé dans l'administration des affaires ecclésiastiques par le *Saint*-Synode. D.H.B. On connaît l'expression : La Sainte Russie. **9.** Cf. note 4. **10.** Certains peuples de Carmanie, aux dires de Strabon, conduisaient des ânes à la guerre. D.L.7.V. Nostradamus désigne par là les résistants afghans à l'invasion russe. **11.** Province de l'ancien empire des Perses, formant actuellement le territoire de l'Afghanistan. C'est la *Germania* des anciens. D.L.7.V. Allusion à l'invasion de l'Afghanistan et de l'Allemagne. **12.** Latin : *sustineo :* je résiste. D.L.L.B.

Traduction :

Les Russes viendront en Afghanistan; les Musulmans trouveront ces lieux ouverts. Les Afghans voudront conserver l'Afghanistan; mais les résistants seront ensevelis.

Utilisation d'armes nucléaires contre la Russie

II, 91.

Soleil levant un grand feu on verra,
Bruit et clarté[1] vers Aquilon tendans[2],
Dedans le rond[3] mort et cris l'on orra[4].
Par glaive[5] feu, faim, morts les attendans.

Traduction :

A l'est on verra un grand feu, le bruit et les flammes (de la guerre) s'étendront à la Russie. Il y aura des morts dans un cercle (bombe A ou H) et on entendra des cris. Par la guerre, le feu, la famine, les hommes attendront la mort.

Alliance russo-musulmane

X, 69.

Le fait luysant de neuf vieux eslevé,
Seront si grands par midy Aquilon :
De sa seur[6] propre[7] grandes alles[8] levé
Fuyant meurtry au buisson[9] d'ambellon[10].

Traduction :

Le fait remarquable de l'élévation (au pouvoir) d'un nouveau (après la disparition) d'un vieux chef (les efforts) seront si grands par les Musulmans et la Russie qu'il lèvera de grandes troupes aériennes (ailes) dans la cité voisine (Pacte de Varsovie) et meurtri se tirera d'affaire malgré sa faiblesse.

1. Lumière, flambeau. D.L.7.V. **2.** Latin : *tendo :* je tends, j'étends. **3.** Cercle, ligne circulaire. D.L.7.V. **4.** Futur de oïr, ouir. D.A.F.L. **5.** Symbole de la guerre, des combats. D.L.7.V. **6.** Latin : *soror :* adj. : soror civitas : une cité sœur. D.L.L.B. **7.** Latin : *propior :* plus proche, plus voisin. D.L.L.B. **8.** Latin : ales : ailé, qui a des ailes. D.L.L.B. **9.** Se sauver à travers les buissons : se tirer d'affaire par des échappatoires, dans une discussion où l'on a le dessous. D.L.7.V. **10.** Latin : *imbellis :* impropre à la guerre, faible, sans défense. D.L.L.B.

La révolution à Paris
La Turquie soulevée par l'Iran contre l'Occident

V, 86.

Par les deux testes, et trois bras[1] séparés,
La grand cité sera par eaux vexée[2] :
Des Grands d'entre eux par exil esgarés,
Par teste Perse Bysance fort pressée.

Traduction :

A cause de deux chefs séparés de leurs trois adjoints, Paris sera secoué par la révolution. Un certain nombre de ses chefs (ministres) seront éloignés par l'exil au moment où la Turquie sera pressée (contre l'Occident) par le chef de l'Iran.

La flotte française en Méditerranée
Les troupes musulmanes dans l'Adriatique
Leur défaite

III, 23.

Si France passe outre mer Lygustique,
Tu te verras en isles et mers enclos :
Mahommet contraire, plus mer Hadriatique,
Chevaux et Asnes[3] tu rongeras les os[4].

Traduction :

Si la flotte française dépasse les côtes de Ligurie, elle se verra enfermée entre les îles (Sardaigne, Corse et Sicile) et la mer. Les troupes musulmanes seront contre elle et encore plus dans la mer Adriatique. Elle finira par ruiner les troupes musulmanes complètement.

Bruits de guerre en Russie

Présage 26.

Par la discorde effaillir au défaut,
Un tout à coup le remettra au sus[5] :
Vers l'Aquilon seront les bruits si haut,
Lesions[6], pointes[7] à travers, par dessus.

1. Personne, considérée au point de vue du travail, de l'action, de la lutte, dont le bras est l'instrument naturel. D.L.7.V. 2. Latin : *vexo :* j'ébranle, je secoue. D.L.L.B. 3. Cf. X-31. 4. Ronger quelqu'un jusqu'aux os : le ruiner petit à petit et complètement. D.L.7.V. 5. En haut. D.A.F.L. 6. Dommage, tort. D.A.F.L. 7. Extrémité amincie. D.L.7.V. Allusion aux fusées dont le bout est pointu.

Traduction :

Par la discorde (le peuple français) s'effondrera par défaut. Un (personnage) subitement le remettra en haut. Vers la Russie il y aura de si grands bruits (de guerre) qu'il y aura des dommages par les fusées à travers et par-dessus le ciel.

Rupture des relations diplomatiques avec l'Iran

Sixain 8.

Un peu devant l'ouvert commerce,
Ambassadeur viendra de Perse,
Nouvelle au franc pays porter,
Mais non receu, vaine espérance
A son grand Dieu sera l'offence,
Feignant de le vouloir quitter.

Traduction :

Un peu avant de signer des accords commerciaux, un ambassadeur viendra d'Iran pour porter une nouvelle en France. Mais il ne sera pas reçu et son espoir sera vain. Il considérera cela comme une offense à son bien et feindra de vouloir quitter le pays.

L'hexagone attaqué sur cinq côtés La Tunisie et l'Algérie soulevées par l'Iran L'attaque de l'Espagne

I, 73.

France a cinq pars[1] par neglect assaillie,
Tunis, Argal esmeuz[2] par Persiens :
Léon, Seville, Barcelonne faillie,
N'aura la classe[3] par les Vénitiens.

Traduction :

La France sera attaquée sur cinq côtés à cause de sa négligence. La Tunisie et l'Algérie seront soulevées contre elle par les Iraniens. Le Léon, Séville et Barcelone succomberont et ne pourront pas être secourus par l'armée italienne.

1. Cinq côtés sur les six de l'hexagone, hormis les Pyrénées. **2.** Latin : *emovere :* déplacer, remuer, ébranler. D.L.L.B. **3.** Latin : *classis :* flotte, armée. D.L.L.B.

Un notable anglais et six notables allemands capturés par les Musulmans Invasion par Gibraltar en Espagne. Le nouveau et redoutable chef Iranien

III, 78.

Le chef d'Escosse, avec six d'Allemagne,
Par gens de mer Orientaux captif:
Traverseron le Calpre[1] et Espagne,
Present en Perse au nouveau Roy craintif.

Traduction :

Le chef de Grande-Bretagne et six chefs allemands seront capturés par mer par les Orientaux qui traverseront Gibraltar et l'Espagne après avoir fait une offre au nouveau chef iranien redoutable.

Débarquement de troupes musulmanes à Toulon et Marseille

I, 18.

Par la discorde negligence Gauloise,
Sera passage à Mahomet ouvert:
De sang trempez la terre et mer Senoise,
Le port Phocen[2] de voiles et nefs couvert.

Traduction :

A cause de la discorde et de la négligence des Français, le passage sera laissé aux troupes musulmanes. La terre et la mer de la Seyne seront trempées de sang. Le port de Marseille sera couvert d'avions et de bateaux.

Invasion russe. Désolation en Italie

IV, 82.

Amas s'approche venant d'Esclavonie[3]
L'Olestant[4] vieux cité ruynera:
Fort désolée verra sa Romainie,
Puis la grand flamme estaindre ne sçaura.

1. Du latin : *Calpe*, mont de Bétique : Gibraltar. D.L.L.B. Exemple d'épenthèse. **2.** Phocée, ancien nom de Marseille. **3.** Cf. note, II-32. **4.** Grec : inf. aoriste de 'ολλνμι, 'ολέοθαι : faire périr. D.G.F. Nostradamus a fabriqué à partir du temps du verbe grec un participe présent qu'il utilise comme substantif.

Traduction :

De grandes troupes amassées s'approcheront, venant de Russie. Le destructeur mettra en ruine la vieille cité (Paris). On verra l'Italie bien désolée et il ne saura éteindre le grand feu (de la guerre) qu'il aura allumé.

La destruction de Tours
Combats depuis Nantes jusqu'à Reims
Fin de la guerre en novembre

IV, 46.

Bien defendu le faict par excellence,
Garde toy Tours de ta prochaine ruine,
Londres et Nantes par Reims fera deffence,
Ne passe outre au temps de la bruyne.

Traduction :

L'acte (de guerre) sera au plus haut point interdit. Garde-toi, Tours! de ta prochaine ruine. L'Angleterre et la France se défendront jusqu'à Reims, et (la guerre) ne dépassera pas le mois de novembre.

L'invasion de la R.F.A. et de l'Autriche
L'Assemblée européenne

I, 82.

Quand les colonnes de bois grande[1] tremblée,
D'Austere[2] conduicte, couverte de rubriche[3],
Tant vuidera dehors grande assemblée,
Trembler Vienne et le pays d'Autriche.

Traduction :

Lorsque les grandes forêts (des pays du Pacte de Varsovie) trembleront (le grondement des divisions blindées) l'armée sera conduite en Allemagne de l'Ouest qui sera couverte par l'Armée Rouge; la grande assemblée (européenne) sera expulsée, Vienne et l'Autriche seront envahies.

1. On connaît la forêt polonaise, dernière forêt primitive d'Europe. **2.** Latin : *Austerania*, île sur les côtes d'Allemagne. D.L.L.B. Aujourd'hui l'île d'Arneland, en R.F.A. **3.** Latin : *ruber :* rouge. D.L.L.B. Cf. « classe rubre », IV-37.

L'Armée Rouge sur le Rhin Invasion de l'Allemagne, de l'Autriche et de l'Italie

V, 94.

Translatera en la Grand Germanie[1],
Brabant et Flandres, Gand, Bruges et Bologne[2] :
La trefve feinte[3], le grand Duc d'Arménie[4]
Assaillira Vienne et la Cologne[5].

Traduction :

Le grand général arménien traversera l'Allemagne de l'Ouest, le Brabant, les Flandres, Gand, Bruges et Bologne, après avoir simulé la paix, et il attaquera l'Autriche et la région de Cologne.

L'invasion de la R.F.A., de la Suisse et de la France L'occupation de Paris

V, 12.

Auprès du Lac Leman sera conduite,
Par garse[6] estrange cité voulant trahir[7],
Avant son meurtre[8] a Augsbourg la grande fuite,
Et ceux du Rhin la viendront invahir.

Traduction :

(L'armée) sera conduite près du lac Léman par une république étrangère (soviétique) voulant enlever de force Paris. Avant de commettre ce grand dommage, les habitants de la Bavière s'enfuiront et ceux qui auront atteint le Rhin (les Russes) viendront envahir Paris.

Invasion de Marseille, de l'Italie du Nord - La Yougoslavie et le golfe Persique : bases de départ

IX, 28.

Voille Symacle[9] port Massiliolique[10],
Dans Venise port marcher aux Pannons[11] :

1. L'Allemagne de l'Ouest est plus grande que l'Allemagne de l'Est : 248 774 km^2 contre 108 178. A.U. **2.** Ville d'Italie, la plus importante de la Romagne. D.H.B. **3.** Exemple d'ablatif absolu. **4.** Probablement un chef de l'Armée Rouge d'origine arménienne. **5.** Ville de l'Allemagne de l'Ouest, sur le Rhin. **6.** Selon son habitude, Nostradamus désigne par ce mot la République, personnage féminin. Cf. dame. **7.** Latin : *traho :* j'enlève de force, je vole. D.L.L.B. **8.** Grand dommage. D.L.7.V. **9.** Grec : σύμμαχος : allié. D.G.F. **10.** Latin : *Massilia :* ancien nom de Marseille. D.H.B. **11.** Pannonie, ancien nom de la Hongrie. D.H.B.

Partir du goulfre[1] et Synus Illyrique[2]
Vast à Socille, Lygurs[3] coups de canons.

Traduction :

Des flottes alliées entreront à Marseille, l'Armée de terre entrera à Venise à partir de la Hongrie. Des troupes partiront du Golfe (Persique) et de la côte Yougoslave pour dévaster la Sicile et l'Italie du Nord avec de l'artillerie.

La destruction d'Istanbul par la France La délivrance des prisonniers des musulmans par le Portugal

VI, 85.

La grande cité de Tharse[4] par Gaulois
Sera destruite : captifs tous a Turban[5]
Secours par mer du grand Portugalois,
Premier d'esté le jour du sacre Urban[6].

Traduction :

Istanbul sera détruite par les Français; tous ceux qui auront été capturés par les Musulmans seront secourus par le grand chef portugais entre le 25 mai et le 21 juin (solstice d'été).

Guerre entre la Grèce et la Turquie La défaite de la Turquie

IV, 38.

Pendant que Duc[7] Roy, Royne[8] occupera,
Chef Bizantin captif en Samothrace[9] :
Avant l'assaut l'un l'autre mangera,
Rebours ferre[10] suyvra de sang la trace.

Traduction :

Pendant que le roi, général en chef de l'armée, occupera la place de la République, le chef de la Turquie sera prisonnier en Grèce, car avant l'assaut l'un battra l'autre et, refoulé en arrière, on suivra sa trace au sang qu'il laissera.

1. Le golfe Persique : le golfe par excellence. D.H.B. **2.** L'Illyrie : la Dalmatie, partie de la Yougoslavie sur la mer Adriatique. D.H.B. **3.** Peuples de l'Italie du Nord. D.H.B. **4.** Anagramme de Thrase. La plus grande ville de Thrace est Istanbul. **5.** Coiffure usitée chez tous les peuples musulmans. D.L.7.V. **6.** Saint Urbain, pape de 222 à 230. Fête le 25 mai. D.L.7.V. **7.** Latin : *dux :* chef d'une armée. D.L.L.B. **8.** Reine, comme dame, est utilisé fréquemment par Nostradamus pour symboliser la République, personnage féminin. **9.** Ile de la mer Egée, sur les côtes de Thrace. D.H.B. **10.** Latin : *fero :* je porte. D.L.L.B.

Catastrophe en Mer Noire
La disette en Grèce et en Italie

II, 3.

Pour la chaleur solaire[1] sus la mer,
De Negrepont[2] les poissons demy cuits,
Les habitans les viendront entamer[3],
Quand Rhod[4] et Gennes leur faudra le biscuit.

Traduction :

A cause d'une chaleur semblable à celle du soleil, les poissons de la mer Noire seront à moitié cuits, et ses habitants viendront les détruire, quand les Grecs et les Italiens auront besoin de nourriture.

La guerre en Méditerranée orientale

V, 16.

A son hault pris plus la lerme[5] sabée[6],
D'humaine chair par mort en cendre mettre,
A l'Isle Pharos[7] par Croisars perturbée,
Alors qu'à Rhodes paroistra dur espectre[8].

Traduction :

Par son prix très cher (la vie) aura un goût de larme, parce que la chair humaine sera réduite en cendres. L'île de Pharos (Egypte) sera perturbée par les Chrétiens, alors qu'en Grèce apparaîtra le spectre de la guerre.

1. Peut-être une explosion atomique. **2.** Latin : *niger :* noir, et πόντος : la mer. **3.** Porter une première atteinte à, détruire. D.L.7.V. **4.** Possession de la Grèce depuis 1947. A.E. **5.** Forme ancienne de *larme.* D.A.F.L. **6.** Latin : *sapio :* avoir le goût de. D.L.L.B. **7.** Petite île des côtes de l'Egypte, voisine du port d'Alexandrie. A.V.L. **8.** Figuré : épouvantail : le spectre de la guerre. D.L.7.V.

L'Arabie, la Turquie, la Grèce et la Hongrie dans le conflit

V, 47.

Le grand Arabe marchera bien avant,
Trahy sera par le Bisantinois :
L'antique Rodes lui viendra au devant,
Et plus grand mal par autre Pannonois.

Traduction :

Le grand chef arabe se mettra en route bien avant et sera trahi par le chef turc, l'antique Grèce viendra au-devant de lui et il lui sera fait plus grand mal par les Hongrois (Pacte de Varsovie).

Le roi de Blois, le libérateur Alliance avec le pape, les Espagnols et les Yougoslaves La chute des sept pays de l'Est

X, 44.

Par lors qu'un Roy sera contre les siens,
Natif de Blois subjuguera Ligures[1] :
Mammel[2], Cordube[3] et les Dalmatiens,
Des sept[4] puis l'ombre à Roy estrennes[5] et lémures[6].

Traduction :

Lorsque le gouvernement aura les siens contre lui, le personnage originaire de Blois subjuguera les occupants de l'Italie du Nord, avec l'aide du Polonais (le pape), de l'Espagne et des Yougoslaves, puis le roi revenant et providentiel mettra à l'ombre les sept (pays).

La chute des sept pays de l'Est en Turquie Persécutions religieuses menées par les Turcs

VII, 36.

Dieu, le ciel tout le divin verbe à l'onde,
Porté par rouges sept razes[7] à Bisance :
Contre les oingts trois cents de Trebisconde[8],
Deux loix mettront, et horreur, puis crédence[9].

Traduction :

Dieu, tout le divin verbe livré à la révolution, porté par les rouges, les sept pays seront abattus en Turquie. Trois cents Turcs émettront deux lois contre les cardinaux, et leur feront subir l'horreur, puis la foi sera rétablie.

1. Ligurie : contrée de l'Italie ancienne, formait la partie S.O de la Gaule cisalpine. D.H.B. **2.** Memel ou Niemen. D.H.B. Le Niemen, jusqu'au XVIIIe siècle, était au centre de la Pologne. **3.** Latin : *Cordoba :* Cordoue, ville d'Espagne. **4.** Les sept pays du bloc de l'Est : U.R.S.S., Roumanie, Pologne, R.D.A., Bulgarie, Hongrie, Tchécoslovaquie. **5.** Chance, fortune. D.A.F.L. **6.** Latin : *lemures :* ombres des morts, revenants. D.L.L.B. **7.** Démolir, abattre à ras de terre. D.L.7.V. **8.** Trébizonde, port de la Turquie d'Asie, sur la mer Noire. D.H.B. **9.** Croyance. D.A.F.L.

Les campagnes de libération contre les rouges
Le pape polonais

VI, 49.

De la partie de Mammer[1] grand Pontife,
Subjuguera les confins du Danube :
Chasser les croix, par fer raffe[2] ne riffe[3],
Captifs, or, bagues plus de cent mille rubes[4].

Traduction :

Originaire de la Pologne, le grand pape repoussera jusqu'aux confins du Danube (la mer Noire) ceux qui pourchasseront les Chrétiens et qui par la guerre les auront volés et pillés, il récupérera des richesses et fera 100 000 rouges prisonniers.

L'U.R.S.S. fait trembler l'Orient
Jean-Paul II et l'Église catholique
Batailles en Turquie

VI, 21.

Quand ceux du pole artic[5] unis ensemble,
En Orient grand effrayeur et crainte :
Esleu nouveau, soustenu le grand temple[6],
Rodes, Bizance de sang barbare teinte.

Traduction :

Quand les territoires arctiques seront unis (*Union* soviétique), on aura de grandes craintes et frayeur en Orient. Lorsqu'un nouveau pape sera élu, pour soutenir l'Eglise catholique, Rhodes et la Turquie seront teintes de sang musulman.

L'invasion de l'Italie à Pérouse et Ravenne

VIII, 72.

Champ perusin ô l'énorme deffaicte,
Et le conflit tout auprès de Ravenne :
Passage[7] sacre lors qu'on fera la feste,
Vainceur vaincu cheval manger l'avenne.

Traduction :

Ô l'énorme défaite dans la campagne de Pérouse et la guerre près de Ravenne : ce qui est sacré subira des maux quand le vainqueur célébrera sa victoire et que son cheval mangera l'avoine de celui du vaincu.

1. Pour Memmel, autre nom du Niemen. D.H.B. Le Niemen, jusqu'au XVIIIe siècle, était au centre du territoire polonais. **2.** Forme ancienne de rafler. D.A.F.L. **3.** Forme ancienne de rifler : piller, rafler. D.A.F.L. **4.** Latin : *rubeus :* rouge. D.L.L.B. **5.** L'Empire d'Aquilon, l'U.R.S.S. et tous les territoires qu'elle occupe depuis la Baltique jusqu'à Vladivostok. **6.** Poétiquement : l'Eglise catholique. D.L.7.V. **7.** Latin : *passare :* subir. D.L.L.B.

Défaite de l'Armée française en Italie Fuite des Romains. Défaite de la France Bataille dans les Alpes suisses et sur l'Adriatique

II, 72.

Armée Celtique en Italie vexée,
De toutes parts conflit et grande perte,
Romains fuis, ô Gaule repoussée[1],
Près de Thesin, Rubicon[2] pugne incerte.

Traduction :

L'armée française sera battue en Italie. Le conflit s'étendra de tous côtés et provoquera de grands dégâts. Fuyez! habitants de Rome; la France sera frappée quand il y aura un combat incertain près du Tessin (Suisse) et de l'Adriatique.

L'invasion de l'Italie par des troupes musulmanes

Présage 31.

Pluye, vent, classe Barbare Ister[3]. Tyrrhene,
Passer holcades[4] Ceres[5], Soldats munies :
Reduits bien faicts par Flor, franchie Sienne,
Les deux seront morts, amitiez unies.

Traduction :

La révolution, la tempête, l'armée musulmane, de la mer Tyrrhénienne jusqu'au Danube, amènera des troupes par bateau à Cérès, avec des soldats équipés. Le bien-être sera réduit à travers l'Occident par ceux qui auront franchi les mers jusqu'à Sienne, lorsque les deux chefs unis d'amitié seront morts.

L'utilisation d'armes chimiques Le gouvernement soviétique en France L'Italie ravagée

IV, 58.

Soleil ardant dans le gosier coller,
De sang humain arrouser en terre Etrusque :
Chef seille[6] d'eau, mener son fils filer[7],
Captive dame conduite en terre Turque.

1. Latin : *repello :* je frappe. D.L.L.B. 2. Petite rivière d'Italie, tributaire de l'Adriatique. D.H.B. 3. Fleuve de l'Europe, aujourd'hui le Danube. D.H.B. 4. Du grec : ʽολκάς, άδος : vaisseau de transport, navire quelconque. D.G.F. 5. Bourg d'Italie, Piémont, province de Turin. D.L.7.V. 6. Contraction de sëeille : faucille. D.A.F.L. 7. Préparer, en parlant du temps à venir. D.L.7.V.

Traduction :

Des brûlures colleront dans la gorge. L'Italie sera arrosée de sang humain. Le chef de la faucille (Russe) révolutionnaire se préparera à amener son régime. Les chefs de la République seront conduits en captivité en Turquie.

Invasion de Marseille jusqu'à Lyon
Invasion par la Gironde et du Bassin aquitain

I, 72.

Du tout Marseille les habitans changéz,
Course et poursuite aupres de Lyon,
Narbon, Toloze, par Bourdeaux outragée,
Tuez captifs presque d'un million.

Traduction :

Dans tout Marseille les habitants seront changés, ils seront poursuivis jusque près de Lyon. Narbonne et Toulouse seront lésées par l'invasion venue de Bordeaux. Près d'un million de captifs seront mis à mort.

L'invasion de Marseille par mer

X, 88.

Pieds et cheval à la seconde veille[1],
Feront entrée vastant tout par la mer.
Dedans le port entrera de Marseille,
Pleurs, crys, et sang, onc nul temps si amer.

Traduction :

L'infanterie et les chars (la cavalerie) entreront dans Marseille entre 21 heures et minuit en dévastant tout par mer. Il y aura tant de pleurs, de cris et de sang qu'on ne vit jamais un temps si dur.

L'invasion de la côte méditerranéenne
de Barcelone à Marseille
L'occupation des îles

III, 88.

De Barcelonne par mer si grande armée,
Tout Marseille de frayeur tremblera,
Isles saisies, de mer ayde fermée,
Ton traditeur[2] en terre nagera[3].

1. Latin : *vigilie :* veille; une des quatre divisions de la nuit. La première veille de 6 à 9 heures, la seconde de 9 heures à minuit. D.L.L.B. 2. Latin : *traditor :* traître. D.L.L.B. 3. Un personnage coupable de trahison.

Traduction :

On verra sur mer une très grande armée de Barcelone jusqu'à Marseille qui tremblera de frayeur. Les îles (Baléares, Corse, Sardaigne, Sicile) seront occupées. Une possibilité d'aide venue de la mer sera fermée (Gibraltar). Et celui qui t'aura trahi sera enseveli.

Trois pays alliés déclenchent la guerre

VIII, 17.

Les bien aisez subit seront desmis[1],
Le monde mis par les trois frères en trouble.
Cité marine saisiront ennemis,
Faim, feu, sang, peste, et de tous maux le double.

Traduction :

Les riches seront subitement abaissés. Le monde sera mis en révolution par trois alliés. Les ennemis se saisiront de Marseille qui subira la famine, l'incendie, la menace, la maladie et de tous ces maux le double.

Invasion dans l'Ouest et en Provence

I, 90.

Bourdeaux, Poitiers au son de la campagne[2],
A grande classe[3] ira jusqu'à l'Angon[4],
Contre Gaulois sera leur tramontane[5],
Quand monstre[6] hideux naistra[7] près de Orgon.

Traduction :

On entendra le tocsin à Bordeaux et à Poitiers; la grande armée ira jusqu'à Langon; l'empire d'Aquilon marchera contre les Français quand un fléau épouvantable prendra naissance près d'Orgon.

1. Latin : *demissus :* enfoncé, baissé, abaissé. D.L.L.B. **2.** Latin : *campana :* cloche. D.L.L.B. **3.** Latin : *classis :* flotte, armée. D.L.L.B. **4.** Port sur la Garonne; l'antique Alingo. D.H.B. **5.** De l'italien : tramontana : nord, puis vent du nord, ainsi appelé sur la Méditerranée parce que, pour l'Italie, le nord est au-delà des Alpes. D.L.7.V. **6.** Latin : *monstrum :* présage divin, chose étrange, fléau. D.L.L.B. **7.** Latin : *nascor :* naître, prendre son origine, commencer. D.L.L.B.

Invasion dans le Sud-Ouest

XII, 65.

A tenir fort par fureur contraindra,
Tout cœur trembler. Langon advent[1] terrible :
Le coup de pied mille pieds se rendra[2];
Guirond, Guaron, nè furent plus horribles.

Traduction :

Il contraindra par sa fureur à résister et fera trembler tout cœur. A Langon aura lieu une terrible invasion qui parcourra une grande distance. Jamais il n'y eut d'événements plus horribles sur la Gironde et la Garonne.

L'invasion du sud-ouest de la France depuis l'Italie Toulouse et Bayonne

VIII, 86.

Par arnani[3] Tholoser Ville Franque,
Bande infinie par le mont Adrian[4],
Passe riviere, Hutin[5] par pont[6] la planque[7],
Bayonne entrer tous Bichoro criant.

Traduction :

Depuis l'Ombrie jusqu'à Toulouse et Villefranche, une très grande armée passera à travers les montagnes qui bordent l'Adriatique, elle franchira les rivières après avoir combattu sur la mer, pour entrer dans Bayonne, tous les habitants de la Bigorre criant d'effroi.

La guerre en Bourgogne en août Les massacres et les exécutions de mars à juin

I, 80.

De la sixieme claire splendeur celeste[8],
Viendra tonnerre si fort en la Bourgongne,
Puis naistra monstre de tres hideuse beste
Mars, Avril, Mai, Juin grand charpin[9] et rongne[10].

1. Latin : *adventus :* arrivée, venue, présence; adventus gallicus : invasion des Gaulois. D.L.L.B. **2.** Donner un coup de pied jusqu'à un endroit : aller jusqu'à tel endroit en prolongeant un peu sa course. D.L.7.V. **3.** Anagramme de Narmia, ville d'Ombrie sur le Nar. D.L.L.B. Aujourd'hui Narni. **4.** Les montagnes de Yougoslavie et d'Italie. **5.** Pour hustin : dispute, lutte, mêlée. D.A.F.L. **6.** Grec : πόντος : la mer. D.G.F. **7.** Lieu, endroit, maison. D.L.7.V. **8.** La Vierge : nom de l'une des constellations zodiacales, qui est la sixième à partir du Bélier. Le sixième signe du zodiaque, dans lequel le Soleil sortant du Lion entre vers le 22 août, et d'où il sort au bout d'un mois pour passer dans la Balance, est appelé signe de la Vierge. D.L.7.V. **9.** De charpir : écharper. D.A.F.L. **10.** Trancher la tête. D.A.F.L.

Traduction :

Vers la fin août, le tonnerre de la guerre sera intense en Bourgogne, puis prendra naissance un fléau à cause d'un personnage horrible et bestial qui provoquera un grand massacre et de grandes exécutions.

Grandes batailles navales dans l'Atlantique

III, 1.

Après combat et bataille navalle,
Le grand Neptune[1] à son plus haut befroy[2]
Rouge adversaire de peur deviendra pasle
Mettant le Grand Occean en effroy.

Traduction :

Après un combat naval, l'Angleterre connaîtra sa plus grande alarme. Puis l'adversaire soviétique pâlira de peur, après avoir semé la terreur dans l'Atlantique (ou l'Alliance atlantique).

La France alliée de l'Angleterre L'invasion de la Provence et du Languedoc

II, 59.

Classe Gauloise par appuy de grande garde,
Du grand Neptune et ses tridens soldats,
Rongée Provence pour soustenir grande bande,
Plus Mars Narbon par javelots et dards.

Traduction :

L'armée française avec l'appui de la grande Garde (Royal Guards) de l'Angleterre et de ses soldats verra la Provence rongée pour se défendre contre une grande bande, et la guerre sera encore plus dure à Narbonne touchée par des fusées et des obus.

Occupation de Paris par les Russes

Présage 34, 1559. Sur ladite année.

Poeur, glas grand pille passer mer, croistre eregne[3],
Sectes, sacrez outre mer plus polis :
Peste, chant[4], feu, Roy d'Aquilon l'enseigne,
Dresser trophée[5] cité d'HENRIPOLIS[6].

1. Dieu de la mer. Symbolise toujours l'Angleterre. **2.** Tour dans laquelle est une cloche pour sonner l'alarme. D.L. **3.** Esregner : détrôner. D.A.F.L. **4.** Se dit, dans un sens déterminé, d'un morceau chanté, des paroles ou des tons que l'on fait entendre en les modulant : chant de joie, de douleur, de victoire. D.L.7.V. **5.** Victoire, succès. D.L.7.V. **6.** Mot fabriqué par Nostradamus : Henri et le mot grec πόλις : ville. Allusion à la célèbre phrase prononcée par Henri IV : « Paris vaut bien une messe. »

Traduction :

Peur, tocsin lorsque (l'ennemi) passera par la mer pour faire un grand pillage, le « sans-trône » commencera à croître et, malgré les sectes, sera sacré outre-mer par des gens plus brillants, l'épidémie, des chants de douleur, l'incendie, le chef de la Russie se réjouira de sa victoire dans la ville d'Henri IV (Paris).

Attaque et siège de Paris Le communisme entraîne la chute de la république

I, 41.

Siège à Cité et de nuict assaillie,
Peu eschappez, non loin de mer conflit,
Femme de joie retour fils deffaillie,
Poison es lettres caché dedans le plic.

Traduction :

Paris sera assiégé et attaqué de nuit et peu de gens pourront s'échapper. Non loin de là il y aura une bataille navale. Au retour de son fils (le communisme), la République s'effondrera à cause de documents empoisonnés et qui avaient été cachés.

Attaque de Paris et occupation de Rome Grandes batailles navales

V, 30.

Tout à l'entour de la grande Cité,
Seront soldats logez par champs et ville,
Donner l'assaut Paris, Rome incité[1]
Sur le pont[2] lors sera faict grand pille.

Traduction :

Tout autour de Paris les soldats seront logés dans les campagnes et dans la ville, lorsque Paris aura été attaqué et que Rome aura été envahie, il sera alors fait un grand pillage sur la mer.

L'Armée française de Libération combat contre l'Armée Rouge en Italie

IV, 37.

Gaulois par sauts monts viendra penetrer,
Occupera le grand lieu de l'Insubre[3],
Au plus profond de son ost[4] fera entrer,
Gennes, Monech pousseront classe rubre[5].

1. Latin : *incito :* se lancer, se jeter sur. D.L.L.B. **2.** Grec : πόντος : la mer. D.G.F. **3.** Le Milanais. D.H.B. **4.** Armée, camp. D.A.F.L **5.** Latin : *ruber :* rouge. D.L.L.B.

Traduction :

Les Français franchiront les montagnes par bonds successifs et occuperont le Milanais. Ils feront entrer leur armée en profondeur et, depuis Gênes et Monaco, ils repousseront l'armée rouge.

Fuite de France d'un chef de l'Eglise L'alliance turco-tunisienne

VI, 53.

Le grand Prelat Celtique à Roy suspect,
De nuict par cours sortira hors du regne :
Par Duc fertile à son grand Roy Bretagne,
Bisance à Cypres et Tunes insuspect[1]

Traduction :

Le grand prélat français sera suspecté par le chef de l'Etat. Il quittera le pays de nuit. L'abondance sera rendue à la Bretagne par le grand roi soldat. La Turquie ne sera pas suspectée par Chypre et la Tunisie.

Rôle important de l'Algérie dans le conflit Débarquement russe Invasion de la Suisse par les Grisons

X, 38.

Amoura legre[2] non loin pose le siege,
Au saint barbare[3] seront les garnisons :
Ursins Hadrie pour Gaulois feront plaige,
Pour peur rendus de l'armée aux Grisons[4].

Traduction :

Le quartier général sera établi non loin d'Amoura et d'Alger où se trouveront les garnisons des soldats de Mahomet. Puis les jeunes soldats russes débarqueront en France à partir de l'Adriatique lorsqu'ils se seront rendus en Suisse, dans les Grisons, pour terroriser l'armée.

1. Latin : *insuspecte :* sans soupçon. D.L.L.B. **2.** Mot fabriqué par Nostradamus avec Amoura, ville d'Algérie au sud d'Alger, dans le massif des Ouled-Naïl, dans le département d'Alger (A.V.L.), et la ville d'Alger. **3.** Le prophète Mahomet. **4.** Un des cantons suisses, arrosé par le Rhin et l'Inn; contient cinq grandes vallées : Rhin postérieur et antérieur, l'Engadine, l'Albula et le Prettigau. D.H.B.

Attaque aérienne sur Marseille et Genève
Invasion de la Grèce par l'Iran

II, 96.

Flambeau ardant au ciel soir sera veu,
Pres de la fin et principe [1] du Rosne,
Famine, glaive, tard le secours pourveu,
La Perse tourne envahi Macedoine [2].

Traduction :

Une fusée sera vue le soir dans le ciel près de l'embouchure et de la source du Rhône. La famine, la guerre régneront et on aura trop tard pourvu au secours, lorsque l'Iran se mettra en route pour envahir la Macédoine.

L'invasion de la Suisse
à travers les tunnels

X, 49.

Jardin [3] du monde auprès de cité neuve [4],
Dans le chemin des montagnes cavées [5],
Sera saisi et plongé dans la cuve,
Beuvant par force eaux soulphre envenimées.

Traduction :

Le pays le plus riche d'Occident, près de Neufchâtel, sera pris et submergé à travers les montagnes par les tunnels, et sa population sera forcée de boire des eaux polluées.

L'invasion par l'Italie du Nord et la Suisse
La disette

IV, 90.

Les deux copies aux murs ne pourront joindre,
Dans cet instant trembler Milan, Ticin [6] :
Faim, soif, doutance si fort les viendra poindre
Chair, pain, ne vivres n'auront un seul boucin [7].

1. Le Rhône naît en Suisse dans le Valais, près du mont Saint-Gothard, coule à l'ouest jusqu'au Lac Léman qu'il traverse et d'où il sort à Genève. D.H.B. **2.** Royaume de l'ancienne Grèce. D.H.B. **3.** Au figuré : pays fertile. D.L. « Jardin du monde », allusion à la Suisse, coffre-fort de l'Occident. **4.** Neufchatel, Neuenburg en allemand, novisburgum en latin, mot à mot signifie « cité neuve ». Ville de Suisse au pied du Jura. D.H.B. **5.** Latin : *cavo :* creuser, percer. D.L.L.B. Les montagnes creusées : le massif alpin. **6.** Latin : *Ticinus.* D.L.L.B. **7.** Provençal : boucoun : bouchée, morceau. D.P.

Traduction :

Les deux armées occidentales ne pourront faire leur jonction jusqu'aux défenses. A cet instant on tremblera à Milan et dans le Tessin où la famine, la soif et l'inquiétude atteindront les habitants qui n'auront ni viande, ni pain, ni les moindres vivres.

L'invasion de la France par la Suisse

VI, 79.

Pres du Tesin les habitants de Loyre
Garonne et Saone, Seine, Tain, et Gironde :
Outre les monts dresseront promontoire,
Conflict donné, Pau granci[1], submergé onde.

Traduction :

Près du Tessin (Suisse) les ennemis passeront au-delà des montagnes où ils dresseront des bases stratégiques pour attaquer les habitants de la Loire, de la Garonne, de la Saône, de Seine, de Tain et de la Gironde. La guerre sera déclenchée, la ville de Pau sera protégée, la révolution submergera tout.

Invasion depuis la Suisse jusqu'aux Basses-Pyrénées

II, 26.

Pour la faveur que la cité fera,
Au grand qui tost perdra camp de bataille
Puis le rang[2] Pau Thesin versera[3],
De sang, feux mors[4] noyez[5] de coups de taille[6].

Traduction :

A cause de la faveur que Paris fera au grand pays (U.S.A.) qui dès le début de la guerre abandonne le champ de bataille, puis l'armée (russe) depuis le Tessin se dirigera vers les Basses-Pyrénées où le sang coulera et où les habitants subiront la morsure du feu et seront passés par les armes.

1. Garance : protection, garantie. Autre forme de garantie. D.A.F.L. Exemple de syncope. **2.** Formation militaire, composée d'hommes placés les uns à côté des autres. D.L.7.V. **3.** Latin . *verto :* je me dirige vers, je prends une direction. D.L.7.V. **4.** Morsure. D.A.F.L **5.** Latin : *necare :* tuer. D.L.7.V. **6.** Tranchant, partie coupante d'une arme. D.L.7.V.

L'invasion et le pillage de la Suisse

IV, 9.

Le chef du camp au milieu de la presse,
D'un coup de flesche sera blessé aux cuisses [1],
Lors que Genève en larmes et en detresse
Sera trahy [2] par Lozan et par Soysses.

Traduction :

Le chef de l'armée assiégé sera atteint dans ses défenses, lorsque les habitants de Genève seront dans la détresse et pleureront et seront pillés par une invasion à travers la Suisse et par Lausanne.

Pillage des richesses en France et en Suisse

IV, 42.

Geneve et Langres par ceux de Chartres et Dole [3]
Et par Grenoble captif au Montlimard,
Seysset [4], Losanne, par frauduleuse dole [5],
Les trahiront [6] par or soixante marc.

Traduction :

Genève et Langres attaquées par ceux qui occuperont Chartres et le Jura suisse et qui, arrivant par Grenoble, auront pris Montélimar ainsi que Seyssel et Lausanne, seront dépouillées de leur or, par une manœuvre frauduleuse.

1. Cuissel : armure qui couvre la cuisse. D.A.F.L. **2.** Enlever de force, ravir, voler. Trahere pagos : piller les bourgades. D.L.L.B. **3.** Montagne du Jura (suisse), canton de Vaud, sur la frontière de France. D.L.7.V. **4.** Seyssel : chef-lieu de canton de l'Ain, mais aussi un autre chef-lieu de canton de la Haute-Savoie. D.H.B. **5.** Dol : manœuvre frauduleuse. D.L.7.V. fraudulent : trompeur. D.A.F.L. **6.** *Trahere pagos :* piller des villes. D.L.L.B

La guerre à Lyon, dans le Roussillon

VIII, 6.

Clarté fulgure[1] à Lyon apparante,
Luysant[2], print Malte, subit sera estainte,
Sardon[3], Mauris[4] traitera décevante[5],
Genève à Londes[6] a Coq trahison fainte.

Traduction :

La lueur de l'incendie qu'on verra à Lyon, Malte ayant été prise avec éclat, s'éteindra subitement. Un traité trompeur sera signé dans le Roussillon avec les Musulmans à cause d'une trahison faite au roi par les occupants de la Suisse et de l'Angleterre.

La guerre menée en Suisse, en Angleterre et en Italie, pays les plus touchés

VI, 81.

Pleurs, cris et plaincts, hurlements, effrayeurs,
Cœur inhumain, cruel noir[7], et transy[8] :
Léman, les Isles, de Gennes les majeurs,
Sang espancher, frofaim[9], à nul mercy.

Traduction :

Les pleurs, les cris, les plaintes, les hurlements de frayeur se feront entendre à cause d'un personnage inhumain, cruel, odieux et terrifiant, en Suisse, dans les îles Britanniques et chez les dirigeants d'Italie, où il fera couler le sang, le froid et la faim régneront; il n'y aura de miséricorde pour personne.

Frayeur en Suisse

Présage 4, février.

Près du Leman la frayeur sera grande,
Par le conseil, cela ne peut faillir :
Le nouveau Roy fait apprester sa bande,
Le jeune meurt faim, poeur fera faillir.

Traduction :

La frayeur sera grande près du Lac Léman, à cause d'une résolution (O.N.U.) et ceci est inévitable. Le nouveau chef fait préparer son armée, quand le jeune chef sera mort de faim, on succombera de peur.

1. Latin : *fulgur :* éclair, lueur de la foudre. D.L.L.B. **2.** Au figuré : apparaître, se manifester avec éclat. D.L.7.V. **3.** Sardones : peuple de la Narbonnaise. Leur pays a formé le Roussillon; c'est aujourd'hui le département des Pyrénées-Orientales. D.H.B. **4.** Latin : *maurus :* maure. D.L.L.B. **5.** Latin : *decipere :* tromper. D.L.L.B. **6.** Londres : *Londinum* en latin, London en anglais. D.H.B. **7.** Au figuré : atroce, pervers, odieux. D.L.7.V **8.** Transir : fig. faire frissonner de crainte. D.L.7.V. **9.** Miséricorde. D.A.F.L.

Fuite des habitants de la Suisse et de la Savoie

XII, 69.

EIOVAS proche esloigner, lac Léman,
Fort grands apprest, retour, confusion :
Loin les nepveux[1], du feu grand Supelman[2],
Tous de leur fuyte.

Traduction :

Il faudra s'éloigner des lieux proches de la Savoie et du Lac Léman. Il sera fait de grands préparatifs (de guerre) qui feront revenir la confusion. Il faudra se tenir loin des Allemands, et de la grande guerre sur le Léman d'où tous les habitants fuiront.

Mise à mort des Genevois et de leur Chef d'Etat

X, 92.

Devant le pere l'enfant sera tué,
Le pere apres entre cordes de jonc :
Genevois peuple sera esvertué[3],
Gisant le chef au milieu comme un tronc[4].

Traduction :

L'enfant sera tué devant son père qui sera ensuite emprisonné. Les habitants de Genève seront détruits, leur chef mort décapité.

Destruction de Genève. La Suisse et l'Iran

IX, 44.

Migrés, migrés de Genève trestous,
Saturne[5] d'or en fer se changera :
Le contre RAYPOZ[6] exterminera tous
Avant l'advent le ciel signes fera.

Traduction :

Quittez tous votre ville, habitants de Genève! Votre âge d'or se changera en âge de guerre. Celui qui se lèvera contre le chef iranien vous exterminera tous. Avant cet événement il y aura des signes dans le ciel.

1. Hist : titre donné par les empereurs d'Allemagne aux électeurs séculiers de l'empire. D.L.7.V.**2.** Pour super Leman : sur le Léman. **3.** Latin : *everto :* renverser, abattre, détruire, ruiner. D.L.L.B. **4.** Latin : *truncus :* corps mutilé, tronc sans tête. D.L.L.B. **5.** Dieu du temps. **6.** Anagramme de Zopyra : l'un des sept seigneurs perses qui assassinèrent le pseudo-Smerdis et qui firent Darius Ier roi. D.L.7.V.

Destruction de Paris et de Genève
Fuite des habitants

II, 6.

Auprès des portes et dedans deux citez
Seront deux fléaux onc n'aperceu un tel,
Faim, dedans peste, de fer hors gens boutez,
Crier secours au Grand Dieu immortel.

Traduction :

Près des faubourgs et dans deux villes (Paris et Genève) il y aura deux fléaux tels qu'on n'en vit jamais. La famine et la maladie régnant dans ces villes, les gens en seront expulsés et imploreront le grand Dieu immortel.

Destruction de Genève
Défaite des troupes musulmanes

II, 64.

Seicher de faim, de soif, gent Genevoise,
Espoir prochain viendra au defaillir,
Sur point tremblant sera loy Gebenoise[1],
Classe au grand port ne se peut accueillir.

Traduction :

Les habitants de Genève mourront de faim et de soif, (la Suisse) succombera sans espoir proche. A ce point de la guerre la loi musulmane sera ébranlée. Marseille ne pourra accueillir l'armée.

Catastrophe à Lausanne

VIII, 10.

Puanteur grande sortira de Lausanne
Qu'on ne sçaura l'origine du faict,
L'on mettra hors toute la gent lointaine
Feu veu au ciel, peuple estranger deffaict.

Traduction :

Il sortira de Lausanne une puanteur dont on ne connaîtra pas l'origine. On éloignera toute la population de la ville, lorsqu'on verra du feu dans le ciel (fusées) et un pays étranger vaincu (Allemagne ou Italie).

1. Latin : *Gebanitae :* Gébanites, peuples de l'Arabie Heureuse. D.L.L.B.

L'invasion depuis la Suisse jusqu'à Paris Chute du Chef de l'Etat

VIII, 7.

Verseil, Milan donra intelligence,
Dedans Tycin sera faicte la playe[1] :
Courir par Seine, eau, sang, feu par Florence,
Unique cheoir d'hault en bas faisant maye[2].

Traduction :

Il y aura des accords secrets avec l'ennemi en Italie du Nord. La percée de l'armée aura lieu dans le Tessin pour courir jusqu'à la Seine où régnera la révolution, le sang et la guerre ayant atteint Florence. Le chef de l'Etat tombera en faisant des réjouissances.

Combat près d'Orgon et du plateau d'Albion Défaite de l'Irak en France

III, 99.

Aux champs herbeux d'Alein[3] et du Varneige[4],
Du mont Lebron[5] proche de la Durance,
Camp des deux parts conflit sera si aigre,
Mesopotamie[6] defaillira[7] en la France.

Traduction :

Dans la plaine d'Alleins et de Vernègues et sur le plateau d'Albion, près de la Durance, le conflit sera très dur pour les deux camps et l'Irak perdra ses forces en France.

Transport d'or sur le Rhône

V, 71.

Par la fureur d'un qui attendra[8] l'eau,
Par la grand rage tout l'exercite esmeu :
Chargé des nobles[9] à dix-sept bateaux
Au long du Rosne, tard messager venu.

1. Poétique : brèche, trouée. D.L.7.V. **2.** Mayo : Maia, mère de Mercure, dont on célébrait la fête les premiers jours du mois de mai. D.P. Mai : réjouissance, bon temps. D.A.F.L. **3.** Alleins, commune des Bouches-du-Rhône. D.L.7.V. Près d'Orgon. **4.** Vernègues, commune des Bouches-du-Rhône, près de la nationale 7. **5.** Luberon ou Léberon : montagne de la France méridionale (Basses-Alpes et Vaucluse), au-dessus de la vallée de la Durance. D.L.7.V. Le plateau d'Albion fait partie du massif du Lubéron. **6.** Région comprise entre le Tigre et l'Euphrate. Aujourd'hui l'Irak. D.H.B. **7.** Perdre ses forces. D.L.7.V. **8.** Latin : *attendo :* je tends, je dirige vers. D.L.L.B. **9.** Numismatique : En 1344, Edouard III d'Angleterre fit la première émission d'or anglais et fit frapper des « nobles d'or » dont il modifiera le poids par la suite. La livre d'or servait à fabriquer 45 nobles. D.L.7.V.

Traduction :

Par la fureur d'un personnage la révolution se répandra. Avec une grande rage toute l'armée sera mise en mouvement. Une flotte de dix-sept bateaux chargés d'or remontera le Rhône, le messager étant arrivé trop tard.

L'invasion de Lyon repérée par satellite

III, 46.

Le ciel (de Plencus[1] la cité) nous présage
Par clers[2] insignes et par estoilles fixes[3],
Que de son change subit s'approche l'aage,
Ne pour son bien ne pour les malefices.

Traduction :

Le ciel nous annonce par des signaux lumineux et par satellites que le moment d'un changement subit à Lyon s'approche ni pour le bien ni pour le malheur de la ville.

1. Munatius Plancus, orateur et général romain... Il fonda ou du moins repéra Lugdunum (Lyon) pendant qu'il était proconsul dans les Gaules. D.H.B. **2.** Forme primitive de clair. D.A.F.L. **3.** On nomme ainsi des astres doués d'un éclat propre, et qui occupent ou nous paraissent toujours occuper la même position dans l'espace. D.L.7.V.

LA DESTRUCTION DE PARIS

Occupation de Paris par l'Armée Rouge
Sa destruction : grande mortalité

VI, 96.

Grande Cité à soldats abandonnée,
Onc n'y eust mortel tumult si proche,
O qu'elle hideuse mortalité s'approche,
Fors une offense ny sera pardonnée.

Traduction :

Paris sera abandonné aux soldats (ennemis). Jamais on ne vit un tel conflit si près de la ville. Ô quelle affreuse mortalité s'approche d'elle. Aucun acte de résistance ne sera toléré!

Paris brûlé

V, 8.

Sera laissé le feu vif, mort caché,
Dedans les globes[1] horrible espovantable,
De nuict a classe cité en poudre[2] lasché,
La cité à feu, l'ennemy favorable.

Traduction :

Celui qui se sera caché mourra brûlé vif dans d'horribles et épouvantables tourbillons de flammes. La ville sera détruite en poussière de nuit, par la flotte (aérienne). La ville en feu sera favorable à l'ennemi.

Paris sauvé en 1945
Paris détruit dans le IIIe conflit mondial

Sixain 3.

La ville sens dessus dessous
Et renversée de mille coups
De canon : et fort dessous terre :
Cinq ans tiendra : le tout remis,
Et laschée à ses ennemis,
L'eau leur fera après la guerre.

1. Latin : *globus :* masse, amas. Globi flammarum : tourbillons de flammes. Virgile. D.L.L.B. 2. Latin : *pulvis :* poussière. D.L.L.B.

Traduction :

La ville renversée de fond en comble par mille coups de canon et fortement sous la terre (métro). Elle résistera cinq ans (1940-1945), tout sera remis en place, puis elle sera abandonnée à ses ennemis auxquels la révolution fera la guerre.

Une fusée contre Paris
Troubles révolutionnaires dans la ville

VI, 34.

De feu volant la machination[1],
Viendra troubler au grand chef assiegez;
Dedans sera telle sedition,
Qu'en desespoir seront les profligez.

Traduction :

Un engin de guerre volant et incendiaire viendra troubler le chef des assiégés. Il y aura à l'intérieur une telle sédition que les malheureux seront désespérés.

Destruction de Paris

VI, 4.

Le Celtique fleuve changera de rivage,
Plus ne tiendra la cité d'Aggrippine[2]
Tout transmué, hormis le vieil langage,
Saturn, Leo, Mars, Cancer en rapine[3].

Traduction :

Les rives du fleuve français (la Seine) changeront d'aspect. Paris ne se maintiendra plus. Tout sera transformé hormis la langue française, car l'époque sera au totalitarisme, à la guerre et à la misère par le pillage.

Destruction de Paris

III, 84.

La grand Cité sera bien désolée,
Des habitants un seul n'y demourra,
Mur sexe, temple et vierge violée,
Par feu, feu, peste, canon peuple mourra.

1. Latin : *machinatio :* appareil mécanique, machine. D.L.L.B. **2.** Nostradamus appelle ainsi Paris parce qu'il compare la République française de la Révolution de 1789 à Agrippine, et le communisme, issu de la Révolution, à Néron. Et comme Agrippine fut tuée par son fils Néron, la République française sera mise à mort par son enfant : le communisme qui fera brûler Paris comme Néron fit brûler Rome. **3.** Le mot de rapina désignait un délit consistant en un vol accompagné de violence commis par une bande d'hommes armés.

Traduction :

Paris sera bien dévasté. Pas un seul de ses habitants n'y demeurera. Les édifices, les églises seront détruits, les femmes et les jeunes filles seront violées. Par le fer de la guerre, le feu, la maladie et l'artillerie le peuple de Paris mourra.

La Région parisienne rendue inhabitable L'invasion de l'Angleterre

VI, 43.

Long temps sera sans estre habitée,
Où Seine et Marne [1] autour vient arrouser,
De la Tamise et martiaux temptée [2],
De ceux les guardes en cuidant repousser.

Traduction :

Le confluent de la Seine et de la Marne restera longtemps inhabité lorsque les guerriers qui auront attaqué l'Angleterre croiront en repousser les défenses.

Le roi contre l'occupant de Paris Une fusée brûlera Paris Le gouverneur militaire occupant haï

VI, 92.

Prince sera de beauté tant venuste [3],
Au chef menée, le second faict trahy :
La cité au glaive de poudre face [4] aduste [5],
Par trop grand meurtre le chef du Roy haï.

Traduction :

Le prince sera d'une beauté très agréable et fera une menée contre le chef du gouvernement, aussi, le second (gouvernement) sera trahi. La ville (Paris) livrée au massacre brûlera par une fusée incendiaire. Le chef du gouvernement (rouge) sera haï à cause de ses meurtres trop importants.

1. Paris est au confluent de la Seine et de la Marne. **2.** Latin : *tempto :* attaquer. D.L.L.B. **3.** Latin : *venustus :* charmant, agréable. D.L.L.B. **4.** Latin : *fax :* tison. D.L.L.B. **5.** Latin : *adustus :* brûlé. D.L.L.B.

LA CONJURATION

L'attaque musulmane

VIII, 73.

Soldat Barbare le grand Roy frappera,
Injustement non esloigné de mort,
L'avare[1] mère du faict cause sera
Conjurateur et regne en grand remort.

Traduction :

Les troupes musulmanes frapperont le grand chef dont la mort, injustement, ne sera pas éloignée; la cupidité de la mère (la République) sera la cause de l'événement. Le conjurateur et le pouvoir seront grandement tourmentés.

Les trois ans et soixante-dix jours de régime rouge La conjuration

VI, 74.

La déchassée[2] au regne tournera,
Ses ennemis trouvez des conjurés :
Plus que jamais son temps triomphera
Trois et septante à mort trop asseurés.

Traduction :

La gauche arrivera au pouvoir. On découvrira que les ennemis sont des conjurés. Plus que jamais son temps triomphera, mais elle est assurée de mourir au bout de trois ans et soixante-dix jours.

La fin du système républicain par une conjuration La sénilité des idées de J.-J. Rousseau

I, 7.

Tard arrivé l'exécution faite,
Le vent contraire, lettres au chemin prises :
Les conjurez XIIII d'une secte,
Par le Rousseau senez les entreprises.

1. Latin : *avarus :* cupide d'argent, avide. D.L.L.B. 2. Pas de danse qui se fait vers la *gauche*, par opposition au chassé qui se fait vers la droite. D.L.7.V.

Traduction :

(Le sauveur) arrivé tard, l'exécution (du régime) sera exécutée, le vent (de l'histoire) étant devenu contraire et des documents ayant été saisis. Quatorze conjurés d'un parti rendront séniles les entreprises commencées par Jean-Jacques Rousseau.

La fin du Chef rouge. Les conjurés

V, 17.

De nuict passant le Roy près d'une Androne[1],
Celui de Cypres[2] et principal guette,
Le Roy failly, la main fuit long du Rosne,
Les conjurez l'iront à la mort mettre.

Traduction :

Passant de nuit près d'un détroit (le Bosphore?) que le chef de Chypre surveille, le chef (ennemi) s'effondrera quand ses forces fuiront le long du Rhône; les conjurés iront alors le mettre à mort.

1. Provençal : *androuno :* passage étroit, ruelle. D.P. 2. L'ancienne Cypros : Chypre.

LA VICTOIRE DE L'OCCIDENT

– Fin de la Ve République et accomplissement de la prophétie de Nostradamus en 1999.

– Chute des forces russes avant celle des Musulmans.

– Défaite musulmane en mer Adriatique.

– Flotte coulée en mer Rouge.

– Mort du chef musulman en mer Rouge.

– La Russie et la Turquie.

– La chute des sept pays de l'Europe de l'Est.

– Le roi d'Espagne contre les troupes musulmanes.

– Grand rassemblement de troupes à la frontière irano-arménienne.

– Trois ans et sept mois de guerre.

– Deux ans d'occupation totale.

– « L'Empire éclaté. »

– La libération de Marseille.

– La libération du Sud-Ouest par les Américains.

– Proclamation de la République d'Occitanie.

– Ecrasement des forces communistes à Toulouse.

– Mouvements rouges dans le Sud-Ouest – 1982.

– Les mouvements révolutionnaires à Toulouse.

– Arrêt des troupes musulmanes dans la Drôme.

– Défaite des troupes musulmanes.

– Alliance de la Roumanie, de l'Angleterre, de la Pologne et de l'Allemagne de l'Est.

– Retraite des troupes musulmanes en Tunisie.

– Défaite des troupes russes dans les Alpes (Chambéry).

– Victoire finale en Arménie.

– Fin de la guerre au mois de novembre (1985 ou 86 ?).

La Ve République : un peu plus de vingt ans Le retour de la monarchie jusqu'en 1999 La fin et l'accomplissement de la prophétie de Nostradamus : 1999

I, 48.

Vingt ans du règne de la Lune passéz[1],
Sept mille ans autre tiendra sa Monarchie
Quand le soleil prendra ses jours lasséz[2],
Lors accomplir et mine[3] ma prophétie.

Traduction :

Après vingt ans de pouvoir républicain, un autre établira la monarchie jusqu'au septième millénaire (1999). Quand le Bourbon connaîtra le malheur, alors ma prophétie sera terminée et accomplie.

Le Portugal : base de départ de la libération de la France Combats dans le Sud-Ouest et en Languedoc

X, 5.

Albi et Castres feront nouvelle ligue,
Neur[4], Arriens[5] Libon et Portugues :
Carcas. Tholose consumeront leur brique,
Quand chef neuf monstre[6] de Lauragues[7].

Traduction :

Il se créera un nouveau parti dans le Tarn, puis un nouvel Arrien, depuis Lisbonne au Portugal, détruira ses menées jusqu'à Carcassonne et Toulouse quand le nouveau chef fera une calamité dans le Lauraguais.

1. Début de la Ve République : 1er janvier 1959; fin : 1er janvier 1984 au plus tard. **2.** Latin : *lassae res :* mauvaise fortune. D.L.L.B. **3.** Pour terminer : par aphérèse. **4.** Pour neuf : nouveau. D.A.F.L. **5.** Arrien, historien grec, homme d'État et guerrier. Il repoussa les Alains et fut, en récompense de ses services, nommé consul. D.H.B. Nostradamus établit un parallèle entre Arrien et le chef français qui chassera l'armée est-allemande d'occupation. D.H.B. **6.** Latin : *monstrum :* fléau, calamité. D.L.L.B. **7.** Région comprise dans les départements de la Haute-Garonne et de l'Aude. D.H.B.

L'effondrement du bloc russo-musulman

III, 95.

La loy Moricque[1] on verre déffaillir,
Après une autre beaucoup plus séductive;
Boristhènes[2] premier viendra faillir,
Par dons et langue une plus attractive.

Traduction :

On verra s'effondrer la loi musulmane, après une autre loi bien plus séduisante (la loi communiste). La Russie s'effondrera la première et sera attirée par les bienfaits et le langage (des Français).

Défaite navale des troupes russo-musulmanes La défense du grand pape

V, 44.

Par mer, le rouge sera prins de pyrates,
La paix sera par son moyen troublée :
L'ire et l'avare[3] commettra[4] par sainct acte,
Au Grand Pontife sera l'armée doublée.

Traduction :

Sur la mer les forces soviétiques seront prises avec les Musulmans qui auront troublé la paix. La colère et la cupidité s'uniront contre les actions de l'Église. Les effectifs de l'armée de protection du grand pape seront doublés.

Grandes batailles en Mer Noire Les troupes iraniennes en Turquie Défaite navale arabe en Adriatique

V, 27.

Par feu et armes non loin de la marnegro[5],
Viendra de Perse occuper Trebisonde[6] :
Trembler Phato[7], Methelin[8], sol alegro,
De sang Arabe d'Adrie couvert onde.

1. Mores ou Maures : des Musulmans. 2. Ancien nom du Dniepr, fleuve de la Russie d'Europe. D.H.B. 3. Latin : *avaritia :* cupidité. D.L.L.B. 4. Latin : *committo :* assembler, réunir, joindre. D.L.L.B. 5. Latin : *mar :* la mer, et negro, de niger : noir. D.L.L.B. 6. Ville de Turquie d'Asie sur la mer Noire. D.H.B. 7. Phatnitique : un des anciens bras du Nil, aujourd'hui la branche de Damiette, D.H.B. 8. Autrefois Mytilène, ancienne capitale de l'île de Lesbos; était une des principales villes grecques d'Asie. D.H.B.

Traduction :

Par le feu et les armes de la guerre non loin de la mer Noire, des troupes d'Iran viendront occuper Trébizonde. L'embouchure du Nil et la Grèce trembleront, à cause de l'habileté du Bourbon, qui couvrira de sang arabe l'Adriatique.

Les combats entre l'Angleterre et la R.D.A. La guerre en France L'occupation de Marseille La victoire de l'Occident

X, 58.

Au temps de deuil que le félin monarque[1]
Guerroyera le jeune Aemathien[2]
Gaule bransler pérecliter la barque.
Tenter[3] Phossens[4] au Ponant[5] entretien[6].

Traduction :

Au moment où le chef anglais fera la guerre au jeune chef allemand, la France sera ébranlée, l'Église périclitera. Marseille sera occupée, puis l'Occident se maintiendra.

La victoire de l'Occident

Présage 8, juin.

Loin près de l'Urne[7] le malin[8] tourne arrière,
Qu'au grand Mars feu donra empeschement :
Vers l'Aquilon au midy le grand fiersl[9],
FLORA[10] tiendra la porte en pensement[11].

Traduction :

A l'approche de l'ère du Verseau, le diable retournera loin en arrière et il sera donné empêchement au feu de la grande guerre. De la Russie aux pays musulmans, au grand orgueilleux, et l'Occident maintiendra la liberté de pensée.

1. Allusion au léopard des armoiries d'Angleterre. **2.** Symbolise l'esprit de conquête et de guerre de l'Allemagne. Cf. X, 7. **3.** Latin : *teneo*, tentum : je tiens, j'occupe. D.L.L.B. **4.** Les Phocéens : les Marseillais. **5.** Mot employé jadis dans la Méditerranée pour désigner l'Océan ou l'Occident, par opposition au Levant. D.L.7.V. **6.** Tenir en bon état, rendre durable. D.L.7.V. **7.** Latin : *Urna :* attribut du Verseau. D.L.L.B. **8.** Nom masculin : diable, démon; on représente souvent le malin déguisé en serpent. D.L.7.V. **9.** Orgueilleux. D.L.7.V. **10.** Zéphyr était réellement le vent d'Occident. Les poètes grecs et latins l'ont célébré parce qu'il porte la fraîcheur dans les climats brûlants qu'ils habitaient. Son souffle, à la fois doux et puissant, rend la vie à la nature. Les Grecs lui donnaient pour femme Chloris, et les Latins la déesse FLORE. M.G.R. **11.** Action de penser. D.L.7.V.

Décadence de l'Occident. La guerre

Présage 32, novembre.

Venus[1] la belle entrera dedans FLORE,
Les exilez secrets[2] lairront[3] la place :
Vesves beaucoup. mort de Grand on déplore,
Oster du regne. le Grand Grand ne menace.

Traduction :

Lorsque la parole venimeuse et les plaisirs sexuels séductifs s'introduiront en Occident, des exilés laisseront la place pour des lieux retirés. Il y aura beaucoup de veuves et on déplorera la mort d'un grand personnage qui sera ôté du pouvoir; alors que la grandeur de ce grand personnage ne menaçait personne.

La libération de la France par Nantes Une grande flotte coulée en Mer Rouge Un fléau en Allemagne provoqué par la Russie et la Turquie

VI, 44.

De nuict par Nantes Lyris apparoistra,
Des arts marins susciteront la pluye :
Arabiq goulfre[4] grand classe parfondra,
Un monstre en Saxe naistra d'ours et de truye[5].

Traduction :

La paix sera entrevue la nuit à partir de Nantes (les Français) déclencheront des bombardements par la marine. Une grande flotte sera coulée dans la mer Rouge, lorsqu'un fléau prendra naissance à cause de la Russie et de la Turquie, en Allemagne.

1. Venin : latin : *venus :* désir sexuel personnifié en Vénus, déesse de l'amour. D.L.7.V. 2. Latin : *secretum :* retraite, lieu retiré. D.L.L.B. 3. Lairai : futur de laïer : laisser. D.A.F.L. 4. Mer Rouge ou golfe Arabique. D.H.B. 5. Latin : *troja,* qu'on rapproche de l'expression sus Trojanus, porc troyen, c'est-à-dire farci, par allusion au cheval de Troie. D.L.7.V. Nostradamus désigne ainsi la Turquie, la ville de Troie étant située en Asie Mineure.

Les Armées franco-belges contre les troupes musulmanes La mort du chef musulman en Mer Rouge

VIII, 49[1].

Satur[2] au bœuf[3] iove[4] en l'eau, Mars en fleiche,
Six de Fevrier mortalité donra :
Ceux de Tardaigne[5] à Bruge[6] si grand breche[7],
Qu'à Ponterose[8] chef Barbarin mourra.

Traduction :

Quand le temps sera à la violence et l'atmosphère à la révolution, la guerre augmentera. Le six février, on connaîtra la mortalité. Les Français et les Belges feront une si grande brèche dans les troupes ennemies que le chef musulman mourra dans la mer Rouge.

Victoire de l'Occident Combats contre les troupes musulmanes

IV, 39.

Les Rhodiens[9] demanderont secours,
Par le neglet de ses hoyrs délaissée,
L'Empire Arabe ravalera[10] son cours[11]
Par Hespéries[12] la cause redressée.

Traduction :

Les Grecs demanderont du secours à cause de la négligence de ses héritiers qui les auront abandonnés. Le développement de l'Empire arabe sera rabaissé et l'Occident redressera la situation.

1. Un grand nombre d'exégètes, se souciant peu de la précision de Nostradamus, ont attribué ce texte aux événements sanglants du 6 février 1934. Hormis le jour, rien ne convient à cet événement! **2.** Saturne, Cronos en grec : le temps. **3.** Au figuré : brutal. D.L.7.V. **4.** Jupiter, Jovis : air, ciel, atmosphère. D.L.L.B. **5.** Tardenois : ancien petit pays de France, dans le Soissonnais, aujourd'hui compris dans le département de l'Aisne. D.H.B. **6.** Ville de Belgique, chef-lieu de la Flandre occidentale. D.H.B. **7.** Par analogie, trouée faite dans une troupe d'hommes. D.L.7.V. **8.** Mot fabriqué à partir de πόντος : la mer, et rose. **9.** Rhodes : île de la mer Égée ayant fait retour à la Grèce en 1947. **10.** Faire descendre, abattre, rabaisser. D.L.7.V. **11.** Marche, progression, développement. D.L.7.V. **12.** Grec : Εσπερις : Occident. D.G.F.

Victoire de l'Occident
Chute des sept pays de l'Est

IV, 50.

Libra verra regner les Hesperies,
Du ciel et terre tenir la Monarchie,
D'Asie forces nul ne verra peries
Que sept ne tiennent par rang la hiérarchie [1].

Traduction :

La Russie verra régner les Occidentaux, la Monarchie tiendra le ciel et la terre, mais les forces de l'Asie ne seront pas détruites, tant que sept pays se maintiendront en hiérarchie.

Révolution dans les pays de l'Est
Pluie d'aérolithes sur terre et sur mer
Chute des sept pays du Pacte de Varsovie

II, 18.

Nouvelle pluye [2] subite, impétueuse,
Empeschera subit deux exercites :
Pierres, ciel, feux faire la mer pierreuse,
La mort de sept terre et marins subite.

Traduction :

Une nouvelle révolution subite et violente gênera brusquement deux armées (dans leur progression). Des aérolithes en fusion tombés du ciel empierreront la mer et provoqueront la chute subite des sept pays (du Pacte de Varsovie) sur terre et sur mer.

1. Les sept pays du Pacte de Varsovie : U.R.S.S., R.D.A., Pologne, Roumanie, Hongrie, Tchécoslovaquie, Bulgarie. **2.** Symbole constant de la révolution dans le texte de Nostradamus.

Incendie de Paris, invasion de la Sardaigne par les musulmans, victoire de l'Occident

II, 81.

Par le feu du ciel la cité presque aduste[1],
L'urne[2] menace encore Ceucalion[3],
Vexée Sardaigne par la Punique fuste[4],
Après le Libra[5] lairra[6] son Phaëton[7].

Traduction :

Par du feu tombé du ciel, la cité brûle presque entièrement; la révolution et la mort menacent encore l'homme juste. La Sardaigne sera endommagée par une flotte musulmane, après quoi la guerre abandonnera la Russie.

Le roi d'Espagne contre les musulmans

X, 95.

Dans les Espagnes viendra Roy très puissant,
Par mer et terre subjugant le midy :
Ce mal fera, rabaissant le croissant
Baisser les aesles à ceux du vendredy[8].

Traduction :

Un roi très puissant viendra en Espagne subjuguant les pays du Midi (Afrique du Nord) par mer et par terre; ce qu'il fera pour rabaisser la puissance du Croissant (arabe) et faire baisser les ailes aux adorateurs du vendredi.

1. Latin : *adustus :* brûlé. D.L.L.B. **2.** Vase qui servait aux anciens à puiser l'eau, à recueillir des suffrages, à conserver les cendres des morts. D.L.7.V. Pris par Nostradamus comme symbole de la révolution (eau) et de la mort. **3.** Faute de typographie : pour Deucalion (Cf. X, 6 et Présage 90). Fils de Prométhée, ce fut dans son règne qu'arriva le fameux déluge. Jupiter, voyant croître la malice des hommes, résolut de submerger le genre humain. La surface de la terre fut inondée, hors une seule montagne de la Phocide où vint s'arrêter la petite barque qui porte Deucalion, le plus juste des hommes. M.G.R. **4.** Italien : fusta : espèce de bâtiment long et de bas bord, qui marchait à la voile et à la rame. D.L.7.V. **5.** Latin : *Libra :* la Balance, constellation. D.L.L.B. Cf. V, 70. **6.** Futur de laïer : laisser. D.A.F.L. **7.** Nom grec de la planète Jupiter. Les Cyclopes donnèrent à Jupiter le tonnerre, l'éclair et la foudre, à Pluton un casque, et à Neptune un trident. Avec ces armes, les trois frères vainquirent Saturne. M.G.R. Pris comme symbole des guerres. **8.** Jour saint des Musulmans.

La défaite des musulmans

V, 80.

Logmion[1] grande Bisance approchera,
Chassée sera la barbarique ligue[2] :
Des deux loix l'une l'estinique[3] lachera,
Barbare et franche en perpétuelle brigue[4].

Traduction :

L'éloquent personnage s'approchera de la grande Turquie, l'alliance musulmane sera battue : des deux lois musulmanes, l'une (la chiite) sera abandonnée; il y aura de perpétuels tumultes entre Musulmans et Français.

Le roi de France en Italie Combats dans les Alpes

V, 50.

L'an que les frères du lys seront en l'aage,
L'un d'eux tiendra la Grande Romanie,
Trembler les monts, ouvert latin passage[5],
Pache marcher[6] contre fort d'Arménie.

Traduction :

L'année où le moment des frères Bourbons (les rois de France et d'Espagne) sera arrivé, l'un d'eux (le roi de France) occupera l'Italie, les montagnes (Alpes) trembleront, le passage vers l'Italie sera ouvert. La paix tardera à venir à cause des forces en Arménie.

1. Ogham, Ogmios ou Ogmius, dieu de l'éloquence et de la poésie chez les Gaulois; était représenté sous les traits d'un vieillard, armé d'un arc et d'une massue, attirant à lui nombre d'hommes par ses filets d'ambre et d'or qui partaient de sa bouche. D.H.B. **2.** Alliance, confédération de plusieurs États : ligue offensive et défensive. D.L.7.V. Cf. : « Et sera la secte barbarique du tout des Nations grandement affligée et déchassée. » Lettre à Henri, roi de France second. **3.** Latin : *ethnicus :* païen. D.L.L.B. Les deux lois musulmanes : les Sunnites, secte musulmane, du mot arabe sunnah (tradition), parce que ses ahdérents prétendent conserver la vraie tradition. Les Chiites, secte musulmane opposée à celle des Sunnites. Le nom de Chiites (factieux, hérétiques) leur est donné par les Sunnites qui se disent seuls orthodoxes. D.H.B. **4.** Tumulte, rixe. D.A.F.L. **5.** Col du Mont-Cenis, de Tende ou du Mont-Blanc. **6.** Latin : *marcens pax :* paix énervante, langueur de la paix. D.L.L.B.

Réunions de grandes troupes en Iran et en Arménie La défaite des troupes musulmanes

III, 31.

Aux chands de Mede[1], d'Arabe et d'Arménie,
Deux grands copies[2] trois fois s'assembleront :
Près du rivage d'Araxes[3] la mesgnie[4]
Du grand Soliman en terre tomberont.

Traduction :

Sur les territoires de l'Iran, de l'Arabie et de l'Arménie, deux grandes armées se rassembleront, l'armée sera concentrée à la frontière irano-arménienne, puis les soldats du grand chef musulman tomberont en terre.

Durée de la Troisième Guerre mondiale : 3 ans 7 mois Révolte de deux républiques socialistes Victoire en Arménie

IV, 95.

Le règne a deux laissé bien peu tiendront,
Trois ans sept mois passés[5] feront la guerre :
Les deux vestales[6] contre rebelleront
Victor[7] puisnay[8] en Armonique terre.

Traduction :

Les deux personnages auxquels le pouvoir aura été abandonné le garderont peu de temps. La guerre durera un peu plus de trois ans et sept mois. Deux des républiques du Pacte de Varsovie se rebelleront contre (l'U.R.S.S.), et le cadet (le roi de France par rapport au roi d'Espagne) sera vainqueur en Arménie.

1. Médie : partie de l'Asie Mineure. La plaine, bien arrosée au pied des montagnes, devient stérile vers l'est et le sud-est, et finit par former, au centre du plateau iranien, ce qu'on appelait le grand désert de Médie. D.L.7.V. **2.** Latin : *copiae :* corps d'armée, troupe. D.L.L.B. **3.** Rivière frontière entre l'Arménie russe et l'Iran; se jette dans la mer Caspienne. **4.** Mesgnie ou maisnie : troupe. D.A.F.L. **5.** Cf. Apocalypse 13 : « Puis je vis monter de la mer une bête qui avait dix cornes et sept têtes (les sept pays du Pacte de Varsovie)... La bête que je vis était semblable à un léopard; ses pieds étaient comme ceux d'un ours (U.R.S.S.), et sa gueule comme une gueule de lion... et il lui fut donné le pouvoir d'agir pendant *quarante-deux mois...* » **6.** Nom donné aux prêtresses de Vesta... Leur habillement consistait en une tunique de toile grise et blanche recouverte d'un grand manteau de *pourpre.* D.L.7.V. Nostradamus désigne toujours les républiques par des personnages féminins. **7.** Latin : *Victor :* vainqueur. D.L.L.B. **8.** Puîné : qui est venu au monde après la naissance d'un frère ou d'une sœur. Personne née après une autre. D.L.7.V.

Les deux ans d'occupation soviétique
La fin de l'empire soviétique

X, 32.

Le grand empire chacun an devait estre,
Un sur les autres le viendra obtenir :
Mais peu de temps sera son regne et estre
Deux ans aux naves[1] se pourra soustenir.

Traduction :

Le grand empire (soviétique) qui devait durer chaque année viendra obtenir les pays les uns après les autres, mais son pouvoir et son existence ne seront pas très longs. Il ne pourra se maintenir que deux ans grâce à sa marine.

Grand changement mondial dans les relations internationales
Libération de Marseille

III, 79.

L'ordre fatal[2] sempiternel par chaine,
Viendra tourner par ordre conséquent :
Du port Phocen[3] sera rompuë la chaine[4]
La cité prinse, l'ennemy quant et quant[5].

Traduction :

L'ordre universel qui s'enchaîne toujours sera changé par l'ordre qui lui succédera. L'asservissement de Marseille sera rompu, après que la Ville aura été occupée par tant et tant d'ennemis.

Débarquement anglo-américain à Bordeaux
Libération du Sud-Ouest
Proclamation d'une République d'Occitanie

IX, 6.

Par la Guyenne infinité d'Anglois,
Occuperont par nom d'Anglaquitaine :
Du Languedoc I. palme[6] Bourdelois,
Qu'ils nommeront après Barboxitaine[7].

1. Latin : *navis :* toute embarcation, vaisseau, barque. D.L.L.B. **2.** Ordre universel, loi qui, selon Malebranche, règle toutes les déterminations de Dieu, comme elle doit aussi régler les nôtres. D.L.7.V. **3.** Phocéen : Marseillais. Phocée, nom grec de Marseille. **4.** Dépendance, asservissement. D.L.7.V. **5.** Latin : *quantum :* une aussi grande quantité. D.L.L.B. **6.** Au figuré : signe de victoire. D.L.7.V. **7.** Mot composé de Barbe, c'est-à-dire Aénobarbe, Domitius Aenobarbus, mari d'Agrippine, symbolisant la République, et non; et du du mot occitan.

Traduction :

Une très grande quantité d'Anglo-Saxons américains débarqueront en Guyenne qu'ils occuperont en la nommant Aquitanie anglo-américaine. Ayant remporté la victoire depuis le Languedoc jusqu'au Bordelais, ils nommeront cette région « République d'Occitanie ».

•

Débarquement sur la côte de Guyenne Les batailles de Poitiers, Lyon, Montluel et Vienne

XII, 24.

Le grand secours venu de la Guyenne
S'arrestera tout auprès de Poitiers :
Lyon rendu par Mont Luel[1] et Vienne[2],
Et saccagez par tout gens de mestiers[3].

Traduction :

Le grand secours venu de Guyenne s'arrêtera près de Poitiers. L'armée de libération se rendra à Lyon par Montluel et Vienne qui seront saccagées par les soldats.

L'occupation de Toulouse Profanation de sa cathédrale

III, 45.

Les cinq estranges entrez dedans le Temple,
Leur sang viendra la terre prophaner,
Aux Thoulousains sera bien dur exemple,
D'un qui viendra ses lois exterminer.

Traduction :

Les cinq chefs étrangers entreront dans la cathédrale où leur sang viendra profaner le sol; ce sera un bien terrible exemple pour les Toulousains à cause de celui qui sera venu anéantir leurs lois.

1. Montluel : chef-lieu de canton de l'Ain. D.H.B. **2.** Chef-lieu d'arrondissement de l'Isère, au confluent de la Gère et du Rhône. D.H.B. **3.** On dit le métier des armes.

Mouvements révolutionnaires du Sud-Ouest La République d'Occitanie

I, 79.

Bazar[1], Lestore, Condon, Auch, Agine,
Esmeus par loix, querelle et monopole :
Car Bourd, Tholose Bay mettra en ruyne,
Renouveler voulant leur tauropole[2].

Traduction :

Bazas, Lectoure, Condom, Auch et Agen seront soulevés contre les lois et les querelles politiques de Paris, car la guerre mettra en ruine Bordeaux, Toulouse et Bayonne qui voudront reconstituer une république.

Écrasement des forces communistes à Toulouse

IX, 46.

Vuydez, fuyez de Tholose les rouges,
Du sacrifice faire expiation :
Le chef du mal dessous l'ombre[3] des courges[4]
Mort estrangler carne[5] omination[6].

Traduction :

Abandonnez, fuyez Toulouse, les communistes! Vous expierez vos exactions. Le chef qui aura déclenché le malheur sous apparence de niaiserie sera mis à mort selon un présage humain.

Écrasement des forces révolutionnaires à Nîmes et à Toulouse

IX, 9.

Quand lampe[7] ardente[8] de feu inextinguible,
Sera trouvée au temple des Vestales[9] :
Enfant[10] trouvé, feu, eau[11] passant par crible[12],
Nismes eau périr, Tholose cheoir les hales[13].

1. Pour Bazas, chef-lieu d'arrondissement de la Gironde. **2.** Grec : ταυροπόλος : adorée en Tauride, Diane ou Hécate. D.G.F. La Lune. symbole de la République. **3.** Sous ombre de : sous prétexte de, sous apparence. D.L.7.V. **4.** Provençal : coucoureou : niais, imbécile, sot. D.P. **5.** Latin : *carnea lex :* loi d'origine humaine. D.L.L.B. **6.** Latin : *ominatio :* présage. D.L.L.B. **7.** Latin : *lampas :* feu du ciel, bolide. D.L.L.B. **8.** Latin : *ardens :* enflammé, brûlant. D.L.L.B. **9.** A Rome la maison des Vestales était située entre le Forum et le Palatin, près du petit temple de Vesta. D.L.7.V. **10.** Latin : *infans :* abominable, affreux. D.L.L.B. **11** Symbole de la révolution comme les mots onde, tourbillon, pluie. **12.** Accabler. D.L.7.V. **13.** De l'ancien saxon halla : palais, temple. D.L.7.V.

Traduction :

Quand une fusée incendiaire qui provoque un feu inextinguible sera trouvée à Rome, chose qu'on jugera abominable, la guerre sera à son comble, les révolutionnaires seront accablés et périront à Nîmes; les églises de Toulouse s'écrouleront.

Destructions dans l'Aude par des fusées ou des météores Les luttes intestines entre révolutionnaires de Perpignan et de Toulouse La mort du chef révolutionnaire

VIII, 22.

Gorsan[1], Narbonne, par le sel[2] advertir[3],
Tucham[4], la grâce Parpignan trahie[5],
La ville rouge n'y voudra consentir,
Par haulte[6] vodrap[7] gris[8] vie faillie.

Traduction :

Coursan et Narbonne seront lésées par une fusée, à cause des révolutionnaires, Perpignan voudra s'attribuer l'honneur (du mouvement révolutionnaire), mais Toulouse s'y opposera, et le personnage sanguinaire sera mis à mort par celui qui portera un noble étendard (le roi de France, libérateur).

1. Coursan : ville de l'Aude à 7 kilomètres de Narbonne, sur la N. 113. 2. Grec : σέλας : sorte de météore, éclat, lueur. D.G.F. 3. Latin : *adverto :* je sévis contre, je punis. D.L.L.B. 4. La révolte des Tuchins : le tuchinat fut une véritable jacquerie. Les tuchins des villes combattirent surtout les agents du duc de Berry, mais s'efforcèrent aussi d'organiser la résistance contre les Anglais (allusion aux troupes américaines de libération). L'insurrection se répandit rapidement dans les sénéchaussées de Béziers et de Carcassonne, dans le *Toulousain,* dans le Rouergue, jusqu'en Auvergne et dans le Limousin et le Poitou. Les tuchins des campagnes s'attaquèrent aux châteaux dont ils détruisirent un grand nombre, aux nobles, aux clercs et aux riches, qu'ils massacraient sur leur passage (1382-1384). D.L.7.V. Nostradamus établit un parallèle entre les tuchins et les mouvements révolutionnaires du S.-O de la France. 5. Latin : *Rei sibi gratiam trahere :* s'attribuer l'honneur d'une chose. D.L.L.B. 6. Latin : *altus :* noble. D.L.L.B. 7. Mot fabriqué à partir de Volt : image, idole, et drapeau. D.A.F.L. 8. Allusion à la bourrique de Robespierre : on a dit que la bourrique de Robespierre était la guillotine, grise du sang qu'elle avait bu. D.L.7.V.

Les mouvements révolutionnaires dans le sud-ouest de la-France Leurs pillages et exactions Révolte contre eux

IX, 72.

Encore seront les saincts temples pollus[1]
Et expillez par Senat Tholosain :
Saturne deux trois[2] siècles revollus[3];
Dans Avril, May, gens de nouveau levain.

Traduction :

Les églises seront de nouveau profanées et pillées par les membres d'une assemblée toulousaine. L'époque (du pillage) reviendra six siècles plus tard (1982), puis en avril et en mai se lèveront des gens nouveaux (pour résister).

Les partis contre les communistes

IX, 51.

Contre les rouges sectes se banderont[4]
Feu, eau, fer, corde[5] par paix se minera[6]
Au point mourir ceux qui machineront,
Fors un que monde sur tout ruynera.

Traduction :

Les partis résisteront aux forces communistes, pendant la guerre et la révolution; l'esprit de paix s'affaiblira. Les traîtres mourront excepté l'un d'entre eux qui apportera la ruine sur terre.

Révolution et saccage de Toulouse

IX, 37.

Pont et molins[7] en Decembre versez,
En si hault lieu montera la Garonne[8] :
Murs, édifices, Tholose renversez,
Qu'on ne saura son lieu autant matronne.

Traduction :

Les ponts et les moulins de Toulouse seront détruits en décembre; la révolution sera si forte aux bords de la Garonne que les maisons et les édifices publics seront détruits au point que les mères de familles ne reconnaîtront plus leur domicile.

1. Latin : *polluo :* profaner. D.L.L.B. 2. Pour deux fois trois = 6. 3. La révolte des tuchins en 1382 + 6 siècles = 1982. Cf. VIII, 22. 4. Faire effort pour résister. D.L.7.V. 5. Latin : *cor, cordis :* intelligence, esprit, bon sens. D.L.L.B. 6. Consumer, détériorer, affaiblir progressivement. D.L.7.V. 7. Forme ancienne de moulin. D.A.F.L. 8. Eau, onde, pluie, inondation symbolisent toujours la révolution.

L'occupation de Carcassonne par les Russes

IX, 71.

Aux lieux sacrez animaux veu à trixe[1],
Avec celui qui n'osera le jour :
A Carcassonne pour disgrâce propice,
Sera posé pour plus ample séjour.

Traduction :

On verra des Russes dans les églises avec le personnage qui n'aura pas le courage de se montrer au grand jour. Après une disgrâce propice, il s'établira pour un plus grand laps de temps à Carcassonne.

Alliance entre la Roumanie, l'Angleterre, la Pologne et la R.D.A. Leur combat contre les musulmans dans le Bassin méditerranéen

V, 51.

La gent de Dace[2], d'Angletererre, et Polonne,
Et de Boësme[3] feront nouvelle ligue :
Pour passer outre d'Hercules la colonne[4],
Barcins[5], Tyrrans dresser cruelle brigue[6].

Traduction :

La Roumanie, l'Angleterre, la Pologne et l'Allemagne de l'Est feront une nouvelle alliance, pour passer au-delà de Gibraltar (en Méditerranée) et aller contre les Musulmans qui auront provoqué un cruel tumulte pour imposer leur tyrannie.

La fin de la guerre. La misère en Italie Les troupes musulmanes venues du Danube et de Malte Leur arrêt dans la Drôme

Présage 15, janvier.

L'indigne[7] orné[8] craindra la grande fornaise,
L'esleu premier, des captifs n'en retourne :

1. Grec : θρίχ, τριχος : cheveu, poil, toison. D.G.F. Les ours sont de grands animaux lourds, revêtus d'une *fourrure épaisse.* D.L.7.V. 2. Ancien nom de la Roumanie. D.H.B. 3. Bohême, aujourd'hui en Allemagne de l'Est. A.V.L. 4. Les Colonnes d'Hercule : Gibraltar. D.H.B. 5. Barcine : famille puissante de Carthage, dont le chef était Amilcar Barca, fut surtout illustrée par Annibal et Asdrubal. Elle fut toujours ennemie jurée du nom romain. D.H.B. Comme avec les mots Annibal ou Punique, Nostradamus désigne ici les Musulmans. 6. Tumulte. D.A.F.L. 7. Latin : *indignus :* infâme. D.L.L.B. 8. Latin : *orno :* équiper, armer. D.L.L.B.

Grand bas du monde, l'Itale non alaise[1]
Barb. Ister[2], Malte. Et le Buy[3] ne retourne.

Traduction :

L'infâme chef militaire craindra la grande fournaise. Le premier élu ne sera pas du nombre des prisonniers de retour. La grande puissance (l'U.R.S.S.) sera au bas du monde, l'Italie sera dans le malheur à cause des Mulsumans venus par le Danube et par Malte. Ils reculeront à partir de la Drôme.

L'U.R.S.S. et la guerre en Europe L'U.R.S.S. et la Turquie

V, 70.

Des régions subjectes à la Balance[4]
Feront troubler les monts par grande guerre,
Captif tout sexe deu[5] et tout Bisance,
Qu'on criera à l'aube terre à terre.

Traduction :

Les régions assujetties à l'U.R.S.S. viendront troubler les montagnes (les Alpes) par une grande guerre et feront des prisonniers de tout sexe dans toute la Turquie si bien qu'à l'aube on criera d'un pays à l'autre.

Les négociations pour l'entrée de l'Angleterre dans le Marché Commun juillet 1970

IV, 96.

La sœur aisnée de l'Isle Britannique,
Quinze ans[6] devant le frère aura naissance,
Par son promis moyennant verrifique,
Succedera au regne de balance[7].

1. Grec : ἤαιοιος : heureux. D.G.F. **2.** Hister : ancien nom du Danube. D.H.B. **3.** Le Buis : chef-lieu de canton de la Drôme. **4.** C'est le 7e signe du zodiaque. Les Egyptiens avaient consacré la Balance et le Scorpion au dieu du mal, Typhon, qui, non content de cet hommage astronomique, se faisait moins innocemment immoler des hommes roux. D.L.7.V. **5.** Contraction de DE LE. D.A.F.L. **6.** Du 1er au 12 décembre 1969, se tient le « sommet » européen des Six à La Haye. Le principe de l'entrée dans le marché commun de l'Angleterre est maintenant acquis et les négociations commenceront en juillet 1970... A son retour à Paris, le président Pompidou déclare que cette réunion a contribué à faire tomber les *défiances injustifiées* (promis verrifique). V.C.A.H.U. 1970 + 15 ans = août 1984 qui marquerait donc le tournant de la guerre et la chute de l'U.R.S.S. **7.** Cf. V, 70 et V, 61.

Traduction :

La grande sœur des Anglais (les U.S.A.) succédera à la puissance soviétique. Quinze ans plus tôt, le frère anglais prendra naissance (dans l'Europe) sous réserve de promesses vérifiables.

La guerre du roi de France contre l'U.R.S.S.

V, 61.

L'enfant du Grand n'estant à sa naissance
Subjuguera les hauts monts Appenis[1],
Fera trembler tous ceux de la balance[2],
Et des monts feux jusques à Mont-Cenis.

Traduction :

L'héritier du grand (pouvoir monarchique) n'étant qu'au début de son pouvoir subjuguera l'Italie, fera trembler tous ceux de l'U.R.S.S. et portera la guerre jusqu'au Mont-Cenis.

L'Armée russe battue à Chambéry et dans la Maurienne

X, 37.

Grande assemblée pres du lac du Borget[3],
Se rallieront près de Montmelian[4] :
Passant plus outre pensifs feront projet,
Chambry, Moriane[5] combat Saint-Julian[6].

Traduction :

De grandes troupes seront rassemblées près du lac du Bourget et se regrouperont près de Montmélian. Ne pouvant aller plus loin les chefs militaires perplexes feront des projets et seront battus à Chambéry et à Saint-Julien-de-Maurienne.

La reconquête depuis Barcelone jusqu'à Venise Défaite des troupes musulmanes Leur retraite en Tunisie

IX, 42.

De Barcelonne, de Gennes et Venise,
De la Secille peste Monet[7] unis :
Contre Barbare classe prendront la vise[8],
Barbar poulsé bien loing jusqu'à Thunis.

1. Nostradamus, par syncope, a enlevé une lettre au mot Apennins pour le faire rimer avec Mont-Cenis. **2.** Cf. V, 70 et V, 46. **3.** Lac du département de la Savoie, non loin de Chambéry et d'Aix-les-Bains. D.L.7.V. **4.** Ville de la Savoie à 15 kilomètres de Chambéry. D.H.B. **5.** Vallée de la Maurienne : commande l'accès à l'Italie par le col du Mont-Cenis. **6.** Village près de Saint-Jean-de-Maurienne. **7.** *Monoeci Arx :* Monaco. D.L.L.B. **8.** *Visere copias hostium :* reconnaître l'armée ennemie. D.L.L.B.

Traduction :

Depuis Barcelone et Gênes jusqu'à Venise, depuis la Sicile jusqu'à Monaco régnera la pestilence, reconnaîtront l'armée musulmane et la repousseront loin jusqu'en Tunisie.

Défaite de la marine occidentale par l'Armée Rouge Les ecclésiastiques persécutés Victoire de l'Occident au mois de novembre

IX, 100.

Navalle pugne[1] nuict[2] sera supérée[3],
Le feu, aux naves à l'Occident ruine :
Rubriche[4] neusve, la grand nef[5], colorée,
Ire a vaincu, et victoire en bruine[6].

Traduction :

Une bataille navale sera remportée de nuit, et la guerre ruinera la marine de l'Occident (U.S.A.). Une nouvelle armée rouge fera couler le sang au Vatican, les vaincus seront accablés, mais finiront par obtenir la victoire en novembre.

1. Latin : *pugna :* lutte entre deux armées, combat, bataille. D.L.L.B. **2.** Ce quatrain a été attribué, par des exégètes, à la bataille de Trafalgar qui s'est déroulée de 11 heures du matin à 17 heures ! Cf. D.L.7.V. **3.** Latin : *supero :* avoir l'avantage (à la guerre), vaincre. D.L.L.B. **4.** Latin : *ruber :* rouge. D.L.L.B. Cf. I, 82 et IV, 37. **5.** Désigne le navire de l'Église catholique. **6.** Cf. VI, 25, coup d'Etat du 18 brumaire.

LE DERNIER ET LE PLUS GRAND DES ROIS DE FRANCE 1983-1986 à 1999

– Nostradamus donne à ce roi plusieurs noms, titres ou attributs qui convergent tous vers une idée de légitimité :

1° CHIREN : anagramme de HENRIC, du latin *Henricus,* Henri.

2° *Le roi de Blois :* ses comtes étaient issus de la famille de Hugues Capet[1].

3° *Le Coq :* la première médaille où se voit un coq fut frappée en 1601, à la naissance de Louis XIII[2].

4° *Hercule :* le plus souvent on fait d'Hercule le type de la force et du courage[3].

– LES ÉTAPES DE SON RÈGNE :

. Son arrivée à Rome.
. La guerre contre la Libye.
. La reconquête de la France depuis l'Espagne jusqu'à l'Italie.
. Son établissement en Avignon, capitale.
. La guerre en mer Noire.
. Il réconcilie les Français.
. Défaite de l'armée rouge en Italie.
. Défaite des forces russo-musulmanes dans les Alpes.
. Son sacre à Reims.
. Son alliance et sa défense de l'Église catholique.
. La libération de l'Occident jusqu'en Israël.
. Sa lutte contre les forces musulmanes.
. Sa présence en Égypte.

1. D.H.B. **2.** *Le coq.* L. Arnould de Gremilly, coll. « Symboles ». Flammarion. 1958. **3.** D.L.7.V.

Entrée du roi de France à Rome
L'alliance du pape et du roi de France

VI, 28.

Le Grand Celtique entra dedans Rome
Menant amas d'exilez et bannis :
Le grand pasteur mettra à port[1] tout homme
Qui pour le Coq estoyent aux Alpes unis.

Traduction :

Le grand Français entrera à Rome menant un grand nombre d'exilés et de bannis. Le grand pape abritera tout homme qui aura soutenu le roi de France dans les Alpes.

Guerre du roi de France contre la Libye
Poursuite de la Hongrie jusqu'à Gibraltar

V, 13.

Par grand fureur le Roy Romain Belgique
Vexer voudra par phalange barbare :
Fureur grinssant[2] chassera gent Libyque,
Depuis Pannons[3] jusques Hercules[4] la hare[5].

Traduction :

Poussé par une grande fureur, le roi venu de Rome viendra en Belgique vexée par les troupes musulmanes. En fureur et en colère, il chassera les Libyens et les traquera depuis la Hongrie jusqu'à Gibraltar.

1. Latin : *portes :* abri, retraite. In portu esse : être hors de danger. D.L.L.B. **2.** Au figuré : être en colère. D.L.7.V. **3.** Pannonie, ancien nom de la Hongrie. **4.** Les colonnes d'Hercule : nom donné par les anciens au terme prétendu des travaux d'Hercule, c'est-à-dire aux deux points d'Afrique et d'Europe qui marque à l'E., de l'un et de l'autre côté, l'entrée du détroit de Gibraltar. D.L.7.V. **5.** Harer : traquer, tourmenter. D.A.F.L.

Le roi contre les révolutionnaires Son arrivée en Provence

Sixain 40.

Ce qu'en vivant le père n'avait sceu,
Il acquerra ou par guerre ou par feu,
Et combattra la sangsue[1] irritée[2],
Ou jouyra de son bien paternel
Et favory du grand Dieu Éternel,
Aura bien tost sa Province héritée.

Traduction :

Ce que son père n'aura pas connu durant sa vie, la guerre et l'incendie le lui feront acquérir, et il combattra la révolution stérile. Il bénéficiera du bien de son père et, favori du grand Dieu Éternel, il héritera bientôt de la Provence.

La Guerre en Norvège, en Roumanie, en Angleterre Le rôle du chef français en Italie

VI, 7.

Norneigre[3] et Dace[4], et l'isle Britannique,
Par les unis frères seront vexées[5] :
Le chef Romain issu du sang Gallique,
Et les copies[6] aux forêts repoussées.

Traduction :

La Norvège, la Roumanie et la Grande-Bretagne seront endommagées par les alliés unis (Union soviétique et Pacte de Varsovie)[7]. Puis le chef romain issu de sang français repoussera leurs troupes à travers les forêts.

1. La révolution : la buveuse de sang. **2.** Latin : *irritus :* inutile, vain, stérile. D.L.L.B. **3.** Anagramme de NERIGON, auquel Nostradamus a ajouté re par paragoge, ancien nom de la Norvège. D.H.B. **4.** Les traces de la domination romaine y sont encore visibles : les Valaques et les Moldaves se nomment Roumains. D.H.B. La Roumanie. **5.** Latin : *vexo :* je malmène, je trouble. D.L.L.B. **6.** Latin : *copiae :* troupe, armée. D.L.L.B. **7.** « Le 14 mai 1955, est signé le traité d'amitié, de coopération et d'assistance mutuelle : le pacte de Varsovie conclu entre l'U.R.S.S., l'Albanie, la Hongrie, la Bulgarie, la Pologne, la R.D.A., la Roumanie et la Tchécoslovaquie. Un commandement militaire *unique* est institué. » V.C.A.H.U. Notons que l'Albanie s'est retirée du pacte et que la Roumanie est le pays le plus contestataire.

Le rôle de la société saoudienne Tag dans la libération de la France

VIII, 61.

Jamais par le découvrement[1] du jour[2],
Ne parviendra au signe sceptrifère,
Que tous ses sièges ne soient en séjour,
Portant au Coq don du TAG[3] armifère.

Traduction :

Jamais il ne parviendra au pouvoir monarchique par la découverte de ce qui fera comprendre (ses origines) tant que toutes les villes n'auront pas été libérées, lorsque le TAG offrira au roi des armements.

Le roi de Blois contre les Russes Le pillage des Baléares

VII, 10.

Par le grand Prince limitrophe du Mans[4],
Preux et vaillant chef de grand exercite[5] :
Par mer et terre de Gallois et Normans[6],
Caspre[7] passer Barcelonne pillé Isle.

Traduction :

Le grand prince originaire de Blois qui sera le chef courageux et vaillant d'une grande armée (mènera la guerre) par terre et par mer entre les Français et les Russes qui depuis Barcelone seront passés dans les Baléares pour les piller.

1. Action de découvrir. D.L. 2. Au figuré : ce qui éclaire, ce qui sert à faire comprendre. D.L.7.V. 3. La société du Saoudien Akkram Ojjeh, grand ami de la France, s'appelle le TAG et a son siège à Genève. 4. Le Loir-et-Cher, où se trouve Blois, est limitrophe de la Sarthe. 5. Latin : *exercitus :* armée. D.L.L.B. 6. Ou Northmans, c'est-à-dire hommes du Nord. D.H.B. Nostradamus désigne par là les Russes, habitant le pays de l'Aquilon, le vent du nord. 7. Capraria : Cabrera, une des Baléares au sud de Majorque. D.H.B.

Henri V établi en Avignon

VIII, 38.

Le Roy de Blois[1] en Avignon régner,
Une autre fois le peuple en monopole,
Dedans le Rosne par murs fera baigner
Jusques à cinq[2] le dernier près de Nole[3].

Traduction :

Le roi de Blois gouvernera en Avignon, qui servira de capitale au peuple français; le Rhône baignera les murs de sa demeure. Il sera le dernier jusqu'à cinq (Henri V) et ira jusqu'auprès de Nole (en Italie).

L'occupation de la R.F.A. par le Pacte de Varsovie L'invasion par la vallée de la Loire

VIII, 52.

Le Roy de Bloys dans Avignon regner,
D'Amboise et seme[4] viendra le long de Lyndre :
Ongle à Poitiers, sainctes aisles ruyner,
Devant Boni[5].

Traduction :

Le roi de Blois régnera en Avignon. Les sept pays viendront le long de l'Indre jusqu'à Amboise : (l'ours russe) sortira ses griffes à Poitiers et ruinera l'aviation de l'Occident, mais avant il aura occupé Bonn.

Avignon, capitale de la France

III, 93.

Dans Avignon tout le chef de l'Empire
Fera arrest pour Paris désolé :
Tricast[6] tiendra l'Annibalique[7] ire,
Lyon par change sera mal consolé.

1. Avant Grégoire de Tours, Blois était déjà un lieu considérable. Ses comtes étaient issus de la famille de *Hugues Capet.* D.H.B. Nostradamus désigne ainsi l'ascendance capétienne de ce roi. **2.** Cf. Le Lorrain V, présage 76. **3.** Ville d'Italie (terre de Labour), à 37 kilomètres au S.-E de Capoue. D.H.B. **4.** Sedme, du latin *septimum :* septième. D.A.F.L. La Russie et les six pays du Pacte de Varsovie. **5.** Latin : *Bonna :* Bonn. D.L.L.B. Capitale de la R.F.A. **6.** Tricastin : dans le bas Dauphiné, réparti entre les départements de la Drôme (cantons de Saint-Paul-Trois-Châteaux, Grignan et Pierrelatte) et du Vaucluse (canton de Bollène). D.L.7.V. C'est là que se trouve l'usine d'enrichissement d'uranium financée par l'Iran. **7.** Annibal : général carthaginois, fils d'Amilcar. Son père lui avait fait jurer, dès son enfance, une haine implacable aux Romains. D.H.B. Nostradamus utilise les mots de carthaginois, punique ou Annibal pour désigner le monde musulman.

Traduction :

La capitale sera placée à Avignon parce que Paris sera détruit. Le Tricastin sera cause de la colère musulmane. Lyon se consolera mal du changement de capitale.

Avignon, capitale de la France

I, 32.

Le grand empire sera tost translaté
En lieu petit qui bientost viendra croistre
Lieu bien infime d'exiguë comté[1]
Où au milieu viendra poser son sceptre.

Traduction :

Le grand empire (français) sera transféré dans un petit lieu qui croîtra bientôt. Un lieu bien petit d'un comté où (le roi) viendra établir son pouvoir.

Grand changement en France la capitale en Provence

IV, 21.

Le changement sera fort difficile,
Cité, province au change gain sera :
Cœur haut, prudent mis, chassé luy habile,
Mer, terre, peuple son estat changera.

Traduction :

Le changement sera fort pénible. La province (ou la Provence) gagnera au changement de capitale. Le (roi) au cœur noble et sage sera mis au pouvoir après avoir chassé (l'ennemi) par son habileté; il changera l'état du peuple sur terre et sur mer.

L'installation du roi en Avignon Les offres d'autres cités déclinées

V, 76.

En lieu libere[2] tendra son pavillon[3]
Et ne voudra en citez prendre place :
Aix, Carpen, l'Isle[4] volce[5], mont Cavaillon.
Par tout ces lieux abolira sa trasse.

1. Comtat Venaissin : *petit pays* du midi de la France... On a quelquefois, mais à tort, appelé ce pays *Comtat* d'Avignon. D.H.B. **2.** Avignon resta soumise au Saint-Siège jusqu'en l'an 1791, où elle fut réunie à la France en même temps que le Comtat Venaissin. Cette réunion fut confirmée en 1797 par le traité de Tolentino. D.H.B. **3.** Logement portatif de forme ronde ou carrée, qui servait autrefois au campement des gens de guerre. D.L.7.V. **4.** L'Isle-sur-Sorgue : chef-lieu de canton du Vaucluse, à 22 kilomètres à l'est d'Avignon. D.H.B. **5.** Volces : peuple de la Gaule dans la Narbonnaise; oocupait la plus grande partie du Languedoc. D.H.B.

Traduction :

Dans un endroit libéré il établira son logement et ne voudra s'installer dans les cités suivantes : Aix, Carpentras, l'Isle-sur-Sorgue, Cavaillon et non plus dans le Languedoc où il supprimera la trace de son passage.

Henri V remporte la victoire
Henri V règne sur la France et l'Italie

VIII, 60.

Premier en Gaule, premier en Romanie,
Par mer et terre aux Anglais et Paris
Merveilleux faits par celle grand mesnie [1]
Violant [2], terax [3] perdra le NORLARIS.

Traduction :

(Henri V) sera le premier personnage en France et en Italie. Sur terre et sur mer pour les Anglais et les Parisiens, des faits exceptionnels seront accomplis par cette grande maison (la maison des Bourbons) et le Lorrain fera perdre le monstre (l'ours russe) en l'attaquant.

Henri V, descendant des Capétiens et des Guise
Ses faits d'armes en Mer Noire

VII, 24.

L'ensevely sortira du tombeau,
Fera de chaînes lier le fort du pont [4],
Empoisonné avec œufs du Barbeau [5],
Grand de Lorraine par le Marquis [6] du Pont [7].

Traduction :

Le descendant du Capétien enseveli (Louis XVI) sortira de l'ombre et mettra fin à la puissance maritime (soviétique) qui sera empoisonnée par ce descendant des Guise. Le grand Lorrain sera le garant des frontières de la Mer Noire.

1. De mansionem : maison. Ensemble de ceux qui habitent la maison : famille. D.A.F.L. **2.** Latin : *violo :* faire violence à quelqu'un, attaquer. D.L.L.B. **3.** Grec : τέρας : prodige, monstre. D.G.F. **4.** Grec : πόντος : la mer. D.G.F. **5.** Bar-le-Duc, patrie du duc de Guise, surnommé le balafré. Les armes de la ville comportent deux barbeaux. D.L.7.V. **6.** Seigneur préposé à la garde des Marches; était à l'origine un chef militaire préposé à la garde d'une marka ou marche frontière. **7.** Royaume de Pont : Etat situé dans la partie septentrionale de l'Asie Mineure sur les bords du Pont-Euxin (la Mer Noire). D.L.7.V. Aujourd'hui l'Arménie.

Le Lorrain V met fin aux dissensions

Présage 76, octobre.

Par le legat[1] du terrestre et marin,
La grande Cape a tout s'accomoder[2];
Estre à l'escoute tacite LORVARIN[3],
Qu'à son advis ne voudra accorder.

Traduction :

A cause de l'ambassadeur de la puissance terrestre et maritime, le grand Capétien se réconciliera avec tous : il saura les écouter sans rien dire, le Lorrain V, qu'on ne voudra que trop se ranger à son avis.

Libération du Vatican par Henri V

X, 27.

Par le[4] cinquiesme et un grand Herculès,
Viendront le temple[5] ouvrir de main bellique;
Un Clément, Jule[6] et Ascans[7] reculés,
Lespe[8], clef[9] aigle, n'eurent onc si grand picque.

Traduction :

Par le cinquième (Henri) qui sera aussi un grand et puissant personnage, on viendra rouvrir le Vatican avec une force militaire. Un pape du nom de Clément sera élu, les deux Allemagnes ayant reculé. Jamais l'Espagne et la Papauté n'eurent si grande attaque d'une force militaire (aigle).

1. Latin : *legatus*, nom masc. : envoyé, député, ambassadeur. D.L.L.B. **2.** S'arranger, se réconcilier. D.L.7.V. **3.** Duché de Lorraine . le duché de Haute-Lorraine eut pour premier duc particulier Frédéric d'Alsace, frère d'Aldabéron, évêque de Metz et beau-frère d'Hugues Capet (959). D.H.B. Nostradamus appelle ainsi Henri V pour préciser ses ascendances capétiennes. LORVARIN est l'anagramme de LORRAIN V. **4.** Plusieurs éditions ont Carle au lieu de Par le. **5.** Poét. : l'Église catholique. D.L.7.V. **6.** Juliers : ville d'Allemagne. Aujourd'hui en R.F.A. **7.** Ascanienne : une des plus anciennes familles allemandes, souche de la famille d'Anhalt. Elle donna des souverains au Brandebourg et à la Saxe. D.H.B. Territoire de la R.D.A. **8.** Plusieurs éditions ont l'Espagne au lieu de Lespe. **9.** Attributs de la papauté, les clefs sont une des formes des cadeaux que les souverains pontifes adressaient aux souverains à l'occasion de certaines fêtes. D.L.7.V.

Le roi de France, d'Italie et du Danemark
La libération de l'Italie et de la Mer Adriatique

IX, 33.

Hercules[1] Roy de Rome et d'Annemarc,
De Gaule trois le Guion[2] surnommé :
Trembler l'Itale et l'unde de Sainct Marc[3],
Premier sur tous Monarque renommé.

Traduction :

Hercule (le roi de France) sera roi de Rome et du Danemark. Par trois chefs (de guerre ou de partis) il sera surnommé « le Guide de la France ». L'Italie et la mer Adriatique trembleront. Premier de tous les chefs d'Etat, il sera un monarque renommé.

La reconquête de la France
La défaite d'un chef du Pacte de Varsovie
Le rôle des divisions blindées

IX, 93.

Les ennemis du fort bien esloignez.
Par chariots conduict le bastion :
Par sur les murs de Bourges esgrongnez[4]
Quand Hercules battra l'Haemathion[5].

Traduction :

Les ennemis seront repoussés et la défense assurée par les chars; ils seront taillés en pièces à Bourges quand le roi de France battra le chef allemand (R.D.A.)

Le roi de France reconnu
Sa victoire sur le chef allemand
La soumission du monde musulman

Présage 38, avril.

Roys salué Victeur, Imperateur[6],
La foy faussée le Royal faict cogneu :
Sang Mathien. Roy faict superateur[7]
De gent superbe[8] humble par pleurs venu.

1. Nostradamus donne le surnom d'Hercule au dernier roi pour signifier la force du personnage et les « travaux » qu'il doit accomplir. 2. Guide, chef. D.A.F.L. 3. Le lion de Saint-Marc : lion ailé, symbole de la République de Venise, laquelle a saint Marc pour patron. D.H.B. 4. Esgruignier : réduire en morceaux, broyer. D.A.F.L. 5. Ce mot désigne toujours un chef allemand. Cf. X,7. 6. Latin : *imperator :* celui qui commande, chef. D.L.L.B. 7. Latin : *superator :* vainqueur. D.L.L.B. 8. Latin : *superbes :* violent, tyrannique, fier. D.L.L.B. Cf. II, 79 « La gent cruelle et fière ».

Traduction :

Le roi sera salué comme vainqueur et comme chef, après une trahison, son origine royale sera connue. Il sera vainqueur par le sang d'un chef allemand. Les Musulmans deviendront humbles à cause de leurs malheurs.

La guerre en Grèce *L'incendie d'Istanbul par le roi de France*

IV, 23.

La legion[1] dans la marine classe
Calcine[2], Magne[3], souphre et poix[4] bruslera,
Le long repos de l'asseurée place,
Port Selin [5], Hercle feu les consumera.

Traduction :

Une armée transportée par mer mettra à feu la Thrace et la Morée, après une longue tranquillité de ces lieux, Hercule (le roi de France) y mettra le feu, dans le port musulman (Istanbul).

La restauration d'un Bourbon *La fin du système révolutionnaire*

Sixain 4.

D'un rond[6], d'un lis[7] naistra un si grand Prince,
Bien tost, et tard venu dans sa Province[8],
Saturne en Libra en exaltation[9] :
Maison de Venus en decroissante force,
Dame en apres masculin soubs l'escorce[10],
Pour maintenir l'heureux sang de Bourbon.

Traduction :

D'un Capétien, du lis (des Bourbons) naîtra un très grand prince, venu tôt et tard à la fois dans sa Provence, après que la Russie aura atteint son sommet : l'établissement du mensonge et de la luxure voyant sa force décroître, après le règne de la république sous des dehors masculins, pour maintenir l'heureux sang de Bourbon.

1. Latin : *legio :* troupes, armée. D.L.L.B **2.** Chalcédoine, ville de Bithynie, sur le Bosphore de Thrace, vis-à-vis de Byzance. D.H.B. **3.** Maïna ou Magne, pays de Grèce (Morée). D.H.B. **4.** Minéralogie : nom souvent donné aux bitumes : on distingue quelques espèces de bitumes, ce sont le naphte ou pétrole, etc. D.L.7.V. Probablement une allusion au napalm. **5.** Grec : Σελήνη : la lune. D.G.F. Le Croissant musulman. **6.** Latin : *rota :* le char du Soleil. D.L.L.B. Symbole des Capétiens. **7.** Nom de l'emblème royal. D.L.7.V. **8.** La province romaine : la Provence. D.L.L.B. **9.** Latin : *exalto :* je relève, je rehausse. D.L.L.B. Cf. II, 81 et V, 70. **10.** Apparence, dehors. D.L.7.V.

Mort du chef de l'État
Son remplacement par un jeune prince

IV, 14.

La mort subite du premier personnage
Aura changé et mis un autre au règne :
Tost, tard venu à si haut et bas aage,
Que terre et mer faudra qu'on le craingne.

Traduction :

La mort subite du chef de l'Etat aura amené un changement et mis un autre au pouvoir, venu tôt et tard à la fois, si jeune, malgré son origine très ancienne, qu'il faudra le craindre sur terre et sur mer.

Henri V – Un chef du monde

VI, 70.

Un chef du monde le grand CHIREN[1] sera :
PLUS OULTRE apres aymé craint redoubté :
Son bruit et los les cieux surpassera,
Et du seul titre Victeur fort contenté.

Traduction :

Le grand Henri sera un chef du monde. De plus en plus il sera aimé, craint et redouté. Sa renommée et ses louanges passeront par-dessus les cieux et il se contentera du seul titre de vainqueur.

Henri V, roi de France

IX, 41.

Le grand CHYREN soy saisir d'Avignon[2]
De Rome lettres en miel plein d'amertume
Lettre ambassade partir de Chanignon[3],
Carpentras pris par duc noir rouge plume.

Traduction :

Le grand Henri s'emparera d'Avignon lorsqu'il recevra de Rome des lettres amères; une mission diplomatique partira de Canino, lorsque Carpentras sera pris par un général noir à panache rouge.

1. Anagramme d'HENRIC, du latin *Henricus :* Henri. 2. Cf. « En Avignon tout le chef de l'Empire. » 3. Francisation de la ville italienne de Canino.

La défaite de l'Armée Rouge en Italie
Le chef ennemi prisonnier du roi Henri

IV, 34.

Le grand mené captif d'estrange terre,
D'or enchaîné au Roy CHYREN offert :
Qui dans Ausone[1] Milan perdra la guerre,
Et tout son ost[2] mis a feu et a fer.

Traduction :

Le grand chef d'un pays étranger (Russie?), conduit prisonnier, sera présenté prisonnier de son or au roi Henri. En Italie, à Milan, il perdra la guerre et toute son armée sera livrée au feu et au fer de la guerre.

L'invasion de l'Autriche, de l'Allemagne et de la France
La défaite des troupes russo-musulmanes dans les Alpes

V, 68.

Dans le Dannube et du Rhin viendra boire,
Le grand Chameau[3] ne s'en repentira :
Trembler du Rosne, et plus fort ceux de Loire,
Et près des Alpes Coq le ruinera.

Traduction :

Le grand chef russo-musulman viendra boire dans le Danube et dans le Rhin. Les habitants au bord du Rhône trembleront et encore plus ceux de la Loire. Puis, près des Alpes, le roi le ruinera.

La fin de la révolution
Le roi reçu à Aix et sacré à Reims

IV, 86.

L'an que Saturne en eau sera conjoinct,
Avecques Sol, le Roy fort et puissant,
A Reims et Aix sera receu et oingt,
Après conquestes meurtrira innocens.

1. Latin : *Ausonia :* ancienne contrée de l'Italie; par extension l'Italie. D.L.L.B. **2.** Armée, camp. D.A.F.L. **3.** Les chameaux paraissent originaires de l'Asie centrale... C'est l'animal le plus utile pour les transports de l'Asie centrale, le *Turkestan,* l'*Afghanistan,* la Mongolie, le sud de la *Sibérie* et le nord de la *Perse.* D.L.7.V. Nostradamus désigne par là un chef des troupes russo-musulmanes. Cf. X, 37.

Traduction :

L'année où la Révolution et la monarchie seront jointes, le roi fort et puissant sera reçu à Aix et oint à Reims, après par ses conquêtes il rendra les ennemis inoffensifs en les tuant.

Le roi de France met fin à la guerre Il libère le Sud-Ouest

VII, 12.

Le grand puisnay fera fin de la guerre,
Aux dieux assemble les excusez[1] :
Cahors, Moissac iront loin de la serre[2]
Refus[3] Lectore, les Agenois razez.

Traduction :

Le second né (Henri V après Juan-Carlos Ier) mettra fin à la guerre et par la grâce de Dieu il rassemblera ceux qui avaient été bannis. Ceux-ci libéreront Cahors et Moissac. Les occupants de Lectoure seront repoussés et Agen sera rasée.

Le grand roi lève une armée de libération Combats dans le Languedoc

I, 99.

Le Grand Monarque que fera compagnie
Avec deux Roys unis par amitié :
O quel souspir fera la grand mesgnie[4]
Enfans Narbon à l'entour, quelle pitié !

Traduction :

Le grand roi lèvera une armée. Les deux rois (France et Espagne) seront unis par amitié. O quel soupir (de soulagement) poussera la grande armée. Quelle pitié pour les enfants dans les environs de Narbonne !

Le quartier général du roi de France dans l'Ariège

IX, 10.

Moyne moynesse d'enfant[5] mort exposé,
Mourir par ourse et ravy par verrier[6]
Par Fois et Pamyes le camp sera posé,
Contre Tholose Carcass dresser forrier[7].

1. Latin : *excussus :* banni, rejeté, repoussé. D.L.L.B. **2.** Action de serrer, de soumettre à une pression. D.L.7.V. **3.** Latin : *refusus :* refouler, repousser. D.L.L.B. **4.** Troupe. D.A.F.L. **5.** Seuls les événements dévoileront l'identité de l'enfant dont il est question. **6.** Les grandes verreries se trouvèrent dans l'Empire Romain, puis au Moyen Age en Italie. E.U. **7.** Officier précédant un prince en voyage et chargé d'arrêter les logements de la cour. D.L.7.V.

Traduction :

Un religieux et une religieuse verront un enfant menacé de mort. Il sera mis à mort par les Russes, après avoir été capturé par un chef italien. Le campement de l'armée de libération sera établi dans l'Ariège et un officier envoyé du roi se dressera contre Toulouse et Carcassonne (occupées).

Le roi de France arrive dans les Pyrénées La monarchie et la fin du suffrage universel

IX, 73.

Dans Fois[1] entrez Roy cerulée[2] Turban,
Et régnera moins evolu[3] Saturne :
Roy Turban blanc Bisance cœur ban[4],
Sol, Mars, Mercure[5] près la hurne[6].

Traduction :

Le roi de France, à l'emblème bleu, régnera pendant un temps peu écoulé (peu longtemps). Le chef turc au turban blanc sera banni de son cœur; la monarchie régnera après la guerre et la disparition du suffrage universel.

Libération depuis les Pyrénées jusqu'à Rome

VI, 1.

Autour des Monts Pyrénées grand amas,
De gent estrange secourir Roy nouveau :
Près de Garonne du grand temple du Mas[7]
Un Romain chef le craindra dedans l'eau.

1. Ville principale de la Navarre. **2.** Azuré, bleu. D.A.F.L. Couleur des ducs de France. D.L.7.V. **3.** Latin : *evolutus :* écoulé. D.L.L.B. **4.** Substantif verbal de bannir. D.L7.V. **5.** Dieu des voleurs. D.L.7.V. **6.** L'urne, symbole du suffrage universel. **7.** Mas-d'Agenais : chef-lieu de canton de Lot-et-Garonne, sur la Garonne. On pense que c'est dans le voisinage que se trouvait le temple gallo-romain de Vernemet. D.L.7.V.

Traduction :

Autour des Pyrénées seront amassées de grandes troupes étrangères (américaines) qui viendront au secours du nouveau roi, près de la Garonne au Mas-d'Agenais, qu'un chef à Rome devra craindre pendant la révolution.

La reconquête depuis l'Espagne jusqu'à l'Italie

X, 11.

Dessus Jonchère[1] du dangereux passage.
Fera passer le posthume[2] sa bande[3],
Les monts Pyrens passer hors son bagage[4],
De parpignan courira[5] Duc[6] à Tende[7].

Traduction :

Par-dessus le dangereux passage de la Junquera, le dernier (des Bourbons) fera passer sa troupe et traversera les Pyrénées avec ses armements et il poursuivra le général (ennemi) jusqu'au col de Tende.

Le jeune prince ramène la paix. Son sacre

IV, 10.

Le jeune prince accusé faussement,
Mettra en trouble le camp[8] et en querelles :
Meurtry le chef pour le soustenement[9]
Sceptre appaiser : puis guérir escrouëlles[10].

Traduction :

Le jeune Prince sera accusé à tort, et mettra la perturbation et la querelle sur le territoire. Il meurtrira le chef (ennemi) par son courage, ramènera la paix par son pouvoir, puis guérira les écrouelles (on le sacrera).

1. Francisation de la Junquera : bourg d'Espagne (Catalogne, province de Girone) au pied méridional des Albères. D.L.7.V. **2.** Latin : *posthumus :* le dernier, né après la mort de son père. D.L.L.B. **3.** Troupe organisée pour combattre sous un même drapeau. D.L.7.V. **4.** Bague, arme. D.A.F.L. **5.** Poursuivre, chercher à saisir à la course. **6.** Latin : *dux :* chef d'une armée, général. D.L.L.B. **7.** Un des passages de la chaîne des Alpes maritimes, entre Nice et Coni. D.H.B. **8.** Latin : *campus :* territoire. D.L.L.B. **9.** Latin : *sustinentia :* patience, courage. D.L.L.B. **10.** Le roi de France et aussi celui d'Angleterre passaient pour avoir le pouvoir de guérir la scrofule. En France, c'était après la cérémonie du sacre que le roi touchait pour la première fois les écrouelles. Il imposait les mains sur les malades en disant : « Le roi te touche, Dieu te guérisse. » Cet usage subsistera jusqu'à Louis XIV qui toucha près de deux mille malades. D.L.7.V.

Le roi sacré par le pape
Sa lutte
contre les forces de gauche en Italie

V, 6.

Au Roy l'Augur[1] sur le chef la main mettre,
Viendra prier pour la paix Italique :
A la main gauche viendra changer de sceptre[2],
De Roy viendra Empereur pacifique.

Traduction :

Le Pape viendra poser la main sur la tête du roi (pour le sacrer) et viendra le prier de ramener la paix en Italie. Il viendra changer le pouvoir des forces de gauche et ce roi deviendra un gouvernant pacifique.

Mort de la République dans la guerre
Fin de grandes républiques : U.R.S.S.

Présage 110, mai.

Au menu peuple par débats et querelles,
Et par les femmes et défunts grande guerre :
Mort d'une Grande. Celebrer escrouëlles.
Plus grandes Dames expulsées de la terre.

Traduction :

Le petit peuple (le prolétariat) sera agité par des débats et des querelles à cause des femmes et des morts de la grande guerre. La République (une grande : Marianne) mourra. On célébrera le sacre et de plus grandes républiques (U.R.S.S. par exemple) seront chassées de la terre.

La fin de la révolution bolchevique

VIII, 18.

De FLORE[3] issuë de sa mort sera cause,
Un temps devant par jeusne et vieille bueyre[4]
Car les trois Lys luy feront telle pause,
Par son fruit sauve comme chair cruë mueyre.[5].

Traduction :

Son origine occidentale sera cause de sa mort (la révolution) due un moment avant à une vieille confusion rénovée, car les trois lis (du Bourbon) lui feront une telle halte que son enfant sauvé (Louis XVII) sera transmué en chair vive.

1. Latin : prophète. D.L.L.B. Notez le A majuscule. Utilisé par Nostradamus pour désigner le Pape. Cf. II, 36 : « Du grand prophète... » **2.** Autorité exercée de manière absolue. D.L.7.V. **3.** Femme de Zéphyr, le vent d'Occident. **4.** Occitan : mélange, confusion. D.P. **5.** Muer : changer. D.A.F.L.

L'origine capétienne du roi
Le roi chasse les musulmans
Le roi rend à l'Église son état primitif

V, 74.

De sang Troyen naistra cœur Germanique,
Qui deviendra en si haute puissance :
Hors chassera gent estrange Arabique,
Tournant l'Église en pristine prééminence.

Traduction :

De sang capétien, le roi naîtra avec des sentiments progermaniques et il atteindra une si grande puissance qu'il chassera hors de France les Musulmans et rendra à l'Église catholique son éclat primitif.

Libération des chrétiens prisonniers des Arabes par Henri V

II, 79.

La barbe crespe et noire par engin[1]
Subjuguera la gent cruelle et fière :
Un grand Chyren ostera du longin[2]
Tous les captifs par Seline bannière.

Traduction :

Il subjuguera par son génie la race cruelle et fière à la barbe crépue et noire. Le grand Henri affranchira au loin tous les prisonniers de la bannière du Croissant.

Le roi à Monaco
La chute du Pacte de Varsovie

VIII, 4.

Dedans Monech[3] le Coq sera receu,
Le Cardinal de France apparoistra :
Par Logarion[4] Romain sera deceu?
Foiblesse à l'Aigle, et force au Coq naistra.

Traduction :

Le roi sera reçu à Monaco; un cardinal français se montrera. Le chef romain (le Pape) sera déçu par les discours du chef de l'État anglais, l'aigle (du pacte de Varsovie) s'affaiblira et la force du roi commencera à se manifester.

1. Latin : *ingenium :* intelligence, esprit. D.L.L.B. **2.** Latin : *longinque :* au loin. D.L.L.B. **3.** Monaco. D.H.B. **4.** Mot fabriqué à partir de deux mots grecs : λόγος : discours, et Αρίων : Arion, nom du cheval que Neptune fit sortir de terre d'un coup de trident. D.L.7.V. Nostradamus désigne toujours l'Angleterre par Neptune et son trident.

Débarquement du roi à Monaco
Il installe son état-major à Antibes
Il chasse les troupes musulmanes

X, 87.

Grand Roy viendra prendre port près de Nisse
Le grand empire de la mort si en fera
Aux Antipolles[1] posera son genisse[2]
Par mer la Pille[3] tout esvanouyra.

Traduction :

Le grand roi débarquera près de Nice (Monaco) et agira contre le grand empire (soviétique), il révélera son génie à Antibes et chassera les pillards de la mer.

La reconquête jusqu'en Israël

Sixain, 30.

Dans peu de temps Medecin du grand mal,
Et la Sangsuë[4] d'ordre et rang inégal,
Mettront le feu à la branche d'Olive[5],
Poste[6] courir[7], d'un et d'autre costé,
Et par tel feu leur Empire accosté
Se ralumant du franc finy salive[8].

Traduction :

Dans peu de temps celui qui apportera le remède à la grande catastrophe (la Troisième Guerre mondiale) et les pays de la révolution (les pays de l'Est), inégaux en nature et en rang, porteront la guerre en Israël, puis il les poursuivra sur leurs positions de tous côtés et l'Empire (soviétique) sera atteint par le feu de la guerre qui en se rallumant mettra fin en France au régime des discours politiques.

1. Antipolis : Antibes. D.H.B. **2.** Pour génie, par paragoge pour les besoins de la rime. **3.** Cf. II, 4. **4.** La buveuse de sang. **5.** Mont des Oliviers, colline voisine de Jérusalem, sur laquelle se passa une partie des scènes de la Passion. D.L.7.V. **6.** Position. D.A.F.L. **7.** Poursuivre. D.L.7.V. **8.** Allusion aux discours des campagnes électorales.

Le grand Henri et les musulmans
Une armée espagnole au secours d'Israël

VIII, 54.

Soubs la couleur du traicté mariage,
Fait magnanime par grand Chyren[1] selin[2] :
Quintin, Arras recouvrez au voyage,
D'Espagnols faict second banc[3] macelin[4].

Traduction :

Sous prétexte d'un traité d'alliance, le grand Henri aura une attitude magnanime envers les Musulmans. Saint-Quentin et Arras seront libérées au cours de son périple. Et un deuxième fait de guerre sera accompli par les Espagnols en Israël.

Rivalité
entre les rois de France et d'Espagne
Chute des forces musulmanes
Libération de l'Angleterre et de l'Italie

VI, 58.

Entre les deux monarques eslongnez,
Lorsque le Sol par Selin[5] clair perdue :
Simulte[6] grande entre deux indignez,
Qu'aux Isles et Sienne la liberté, rendue.

Traduction :

Entre les deux rois (France et Espagne) qui seront loin l'un de l'autre, lorsque le Bourbon fera perdre leur éclat (puissance) aux forces du Croissant, il y aura une grande rivalité indigne d'eux, quand les îles Britanniques et l'Italie seront libérées.

Libération de l'Italie par le roi de France
Sa lutte contre les forces musulmanes

IV, 77.

SELIN[7] Monarque l'Italie pacifique,
Regnes unis, Roy Chrestien du monde :
Mourant voudra coucher en terre blésique[8].
Apres pyrates avoir chassé de l'onde.

1 Anagramme d'*HENRICUS : Henri.* **2.** Grec : Σελήνη : La Lune. D.G.F. Le Croissant musulman. **3.** Latin : *bancus :* poisson de mer inconnu. D.L.L.B. **4.** Latin : *macellum :* marché (où l'on vend la viande, la volaille, le *poisson,* les légumes). D.L.L.B. Allusion aux Lieux Saints, points de départ du christianisme. Cf. Le basacle, sixtain 31. **5.** Grec : Σελήνη : Lune, clair de lune. D.G.F. **6.** Latin : *simultas :* rivalité. D.L.L.B. **7.** Grec : Σελήνη : La Lune. D.G.F. Désigne le Croissant des Musulmans. **8.** Blaisois ou Blésois : petit pays qui avait Blois pour capitale. D.H.B.

Traduction :

Le roi de France rendra la paix à l'Italie en battant les Musulmans; des pays s'uniront. Il sera un roi chrétien du monde et demandera à être inhumé à Blois, après avoir chassé des mers les flottes musulmanes.

Sécession en Italie
Le secours du roi de France

VI, 78.

Crier victoire du grand Selin[1] Croissant,
Par les Romains sera l'Aigle clamé,
Ticcin[1], Milan, et Gennes ny consent,
Puis par eux mesmes Basil[2] grand réclamé.

Traduction :

On annoncera à grands cris la victoire des Musulmans. Les Romains appelleront au secours l'aigle (américain). Le Tessin et l'Italie du Nord refuseront ce secours, puis ils réclameront le grand roi (de France).

Le successeur de Jean-Paul II
L'alliance entre le pape et le roi de France

Sixain 15.

Nouveau esleu patron du grand vaisseau[3],
Verra long temps briller le cler flambeau
Qui sert de lampe[4] à ce grand territoire,
Et auquel temps armez sous son nom,
Joinctes à celles de l'heureux de Bourbon
Levant, Ponant, et Couchant sa mémoire.

Traduction :

Lorsqu'un nouveau chef du grand vaisseau de l'Eglise sera élu, on verra longtemps briller ce flambeau lumineux qui sert de symbole de vie au monde. A cette époque-là des armées seront réunies sous son nom et alliées à celles du roi de France dont la mémoire restera dans les pays de l'Est, dans les pays arabes et africains et en Amérique.

1. Grec : Σελήνη : D.G.F. Le croissant de lune, symbole des Musulmans. **2.** Grec : βασιλεύς : roi. D.G.F. **3.** La barque de Pierre. **4.** Source métaphorique de vie ou de clarté. D.L.7.V.

La brouille entre les trois grands (U.S.A. – Russie – Chine) La fin du règne du roi de France

Présage 44, octobre.

Icy dedans se parachevera
Les trois Grands hors[1] le BON BOURG sera loing :
Encontre d'eux l'un d'eux conspirera,
Au bout du mois on verra le besoin[2].

Traduction :

Ici (en France) son règne s'achèvera. Les trois grandes puissances (U.S.A., Russie et Chine) feront des machinations et le Bourbon sera loin. L'un des trois (la Chine) conspirera contre les deux autres et, fin octobre, on verra ses œuvres.

La fin du protestantisme en Suisse La mort du grand roi

VIII, 5.

Apparoistra temple[3] luisant orné[4]
La lampe et cierge[5] à Borne[6] et Breteuil[7];
Pour la Lucerne[8] le canton destorné[9],
Quand on verra le grand Coq au cercueil.

Traduction :

On verra l'Eglise catholique brillante et honorée; on dira des messes en Hollande et en Picardie. En Suisse on changera d'idéologie religieuse, quand le grand roi mourra.

1. Pour horde : machination, ruse. D.A F.L. **2.** Besogne, forme féminine de besoin : tâche, ouvrage. D.L.7.V. **3.** Poét. : l'Eglise catholique. D.L.7.V. **4.** Latin : *ornatus :* distingué, honoré, considéré. D.L.L.B. **5.** Allusion à la lampe et aux cierges qui sont allumés à l'autel pendant la messe. **6.** Village des Pays-Bas. D.L.7.V. Pays à majorité protestante. **7.** Chef-lieu de canton de l'Oise, aux sources de la *Noye.* D.L.7.V. En Picardie. **8.** Ville de Suisse, chef-lieu du canton de Lucerne, à 94 kilomètres au S.-E. de *Bâle.* D.H.B. **9.** Changer de direction. D.L.7.V. Nostradamus indique ici la fin de l'« hérésie » protestante en prenant des lieux géographiques précis ayant un rapport direct avec la vie de Calvin : « Jean Calvin, fondateur de la Réforme en France, naquit à *Noyon,* en Picardie, en 1509, et mourut à Genève en 1564... A l'automne de 1534, il se retire à Strasbourg, puis à *Bâle.* Dans cette dernière ville, il achève, en 1535, son livre, l'Institution chrétienne... En même temps, il s'occupait de la propagation extérieure de sa doctrine; il était en correspondance avec la France, les *Pays-Bas,* l'Ecosse, l'Angleterre, la Pologne. » D.L.7.V.

Le roi de France accueilli au Caire

X, 79.

Les vieux chemins seront tous embellis.
L'on passera à Memphis[1] somentrées[2] :
Le Grand Mercure[3] d'Hercules fleur de lys,
Faisant trembler terre, mer et contrées.

Traduction :

Les vieux chemins seront décorés pour le passage au Caire[4], dont la population aura été avertie, du puissant roi à la fleur de lis qui fera trembler plusieurs pays sur terre et sur mer.

Le roi de France en Égypte
La chute du mur de Berlin
Les Russes à Paris en sept jours

V, 81.

L'oyseau Royal sur la cité solaire[5]
Sept mois devant fera nocturne augure :
Mur d'Orient cherra tonnerre esclaire,
Sept jours aux portes les ennemis à l'heure.

Traduction :

Le roi, au Caire, donnera un sombre avertissement sept mois avant (la fin de la guerre). Le mur de (l'Europe) de l'Est (Berlin) tombera sous le tonnerre et le feu de la guerre, ainsi que les ennemis qui avaient atteint Paris en sept jours.

1. Ville de l'Égypte ancienne, sur la rive gauche du Nil, au sud des célèbres pyramides de Gizeh. Quand l'Égypte entière eut été réunie en un seul empire, elle en fut pendant un temps la capitale. D.H.B. **2.** Somondre ou Semondre : avertir. D.A.F.L. **3.** On le représente sous la figure d'un beau jeune homme. D.H.B. **4.** Cf. V, 81. **5.** Latin : *Solis Urbs :* Héliopolis. D.L.L.B. Héliopolis, c'est-à-dire Ville du Soleil, ville de la basse Égypte, était située à 11 kilomètres au N.-E. du Caire. D.H.B.

RÔLE IMPORTANT DE L'AFRIQUE DU SUD DANS LE TROISIÈME CONFLIT MONDIAL

L'U.R.S.S. et le Pacte de Varsovie contre l'Afrique du Sud Combats en Palestine

Sixain 56.

Tost l'Eléphant[1] de toutes parts verra
Quand pourvoyeur au Griffon[2] se joindra,
Sa ruine proche, et Mars qui toujours gronde :
Fera grands faits aupres de terre saincte,
Grands estendars[3] sur la terre et sur l'onde,
Si[4] la nef a esté de deux frères enceinte.

Traduction :

L'Afrique du Sud verra de toutes parts (des événements) quand le pourvoyeur (russe) se joindra au Pacte de Varsovie. Sa ruine approche et la guerre qui gronde toujours causera de grands événements auprès de la Terre Sainte (Israël). Il y aura sur terre et sur mer de grandes forces militaires lorsque l'Eglise aura enfanté deux frères (Jean Paul Ier et Jean-Paul II).

1. Olifant (du latin *elephantus :* éléphant) : nom donné à plusieurs montagnes et rivières de l'Afrique australe, en raison des éléphants qu'y rencontrèrent en grand nombre les premiers Européens qui les visitèrent, et qui leur donnèrent cette désignation. Les monts Olifant se trouvent dans la partie occidentale de la colonie du Cap, près d'un petit fleuve, Olifant, qui se jette dans l'Atlantique. D.L.7.V. **2.** Cf. : X, 86, « Comme un gryphon viendra le roi d'Europe. » **3.** Enseigne de guerre. D.L.7.V. **4.** Latin : en cas que, à la condition que, quand. D.L.L.B.

L'Europe de l'Est et l'Armée sud-africaine

Sixain 29.

Le Griffon[1] se peut apprester
Pour à l'ennemy resister,
Et renforcer bien son armée,
Autrement l'Elephant[2] viendra
Qui d'un abord le surprendra,
Six cens et huict, mer enflammée.

Traduction :

L'Europe de l'Est (le Pacte de Varsovie) peut se préparer à résister à l'ennemi et bien renforcer son armée, car des troupes venues d'Afrique du Sud viendront la surprendre. La mer sera enflammée pendant vingt mois.

La défaite du Bloc de l'Est

Sixain 39.

Le pourvoyeur du monstre sans pareil,
Se fera voir ainsi que le Soleil,
Montant le long la ligne Méridienne,
En poursuivant l'Eléphant et le loup[3],
Nul Empereur ne fit jamais tel coup,
Et rien plus pis à ce Prince n'advienne.

Traduction :

Le pourvoyeur (russe) d'un fléau sans égal se montrera en même temps que le Bourbon, montant suivant un méridien, en poursuivant l'Afrique du Sud et l'Allemagne. Aucun Empereur (Hitler par exemple) ne fit jamais un tel coup, mais il ne pourra rien arriver de pire à ce chef.

1. Cf. X, 86 et sixain 56. **2.** Cf. sixain 56. **3.** L'Afrique du Sud (Le Cap) et l'Allemagne sont situées sur le même méridien.

LA FIN DE LA CIVILISATION OCCIDENTALE

– L'avant-dernier pape : son installation et sa mort sur le mont Aventin.
– L'antéchrist. Sa naissance en Asie.
– Son élection.

GUERRES DE L'ANTÉCHRIST :

– L'invasion de la France (Rouen et Evreux).
– La fin du règne d'Henri V.
– Ruine économique d'Israël.
– L'Alliance des Jaunes et des Musulmans.
– L'Alliance des Blancs et des Noirs.
– La chute de l'Europe.
– La conquête de l'Espagne.
– Les persécutions religieuses.
– Ruine de Rome et du Vatican.
– La capture du dernier pape.
– La fin de la monarchie et la ruine de l'Eglise catholique.

Le Saint-Siège change de lieu

VIII, 99.

Par la puissance des trois Roys temporels,
En autre lieu sera mis le saint-siège :
Où la substance de l'esprit corporel[1],
Sera remis et reçu pour vray siège.

Traduction :

A cause de la puissance de trois chefs d'Etat, le Saint-Siège sera installé dans un autre lieu (que le Vatican) et on y célébrera de nouveau la messe.

Le successeur de Jean-Paul II s'installe et meurt sur le Mont Aventin

II, 28.

Le penultième du surnom de prophète[2],
Prendra Diane[3] pour son jour et repos :
Loing vaguera[4] par frenetique[5] teste,
En delivrant un grand peuple d'impos.

Traduction :

L'avant-dernier pape s'établira sur le mont Aventin et y mourra, le trône de Saint-Pierre sera vacant à cause d'un chef fou venu de loin qui aura délivré d'impôt un grand peuple (Chinois).

L'antéchrist fils d'un moine bouddhiste ou zen. L'antéchrist, un jumeau

I, 95.

Devant moustier[6] trouvé enfant besson[7],
D'héroicq[8] sang de moyne vetutisque[9],
Son bruit par secte, langue et puissance son,
Qu'on dira soit eslevé le vopisque [10].

1. Corporal : linge béni que le prêtre étend sur l'autel pour y déposer le calice et l'hostie pendant la messe. Cette pièce de lingerie liturgique, destinée à représenter le suaire de Jésus-Christ, était, à l'origine, beaucoup plus grande qu'aujourd'hui. D.L.7.V. **2.** Latin : *propheta :* prêtre qui prédit l'avenir. D.L.L.B. Le Pape est également prêtre. Cf. II, 36. **3.** Le temple de Diane à Rome se trouvait sur le mont Aventin. D.L.7.V. **4.** Vaguer : ancienne forme de vaquer. D.A.F.L. Etre vacant, inoccupé. D.L.7.V. **5.** Atteint de folie furieuse. D.L.7.V. **6.** Forme populaire de monastère. D.E.N.F. **7.** Jumeau. D.A.F.L. **8.** Noble, élevé, épique. D.L.7.V. **9.** Latin : *vetustico :* vieillir. D.L.L.B. **10.** Latin : *vopiscus :* jumeau né viable. D.L.L.B.

Traduction :

Un jumeau sera trouvé devant un monastère, issu du sang noble d'un moine devenu vieux. Son bruit sera grand par son parti, sa langue et la puissance de sa voix, si bien qu'on demandera que soit porté au pouvoir le jumeau survivant.

Naissance de l'antéchrist en Asie Son invasion jusqu'en France

V, 84.

Naistra du gouphre et cité immesurée,
Nay de parents obscurs et ténébreux[1] :
Quand la puissance du grand Roy revérée,
Voudra destruire par Rouen et Evreux.

Traduction :

Il naîtra du malheur et d'une ville incommensurable (ville chinoise ou japonaise) et sera né de parents obscurs et perfides, quand la puissance du grand roi (de France) aura été honorée, il voudra détruire (l'Occident) jusqu'à Rouen et Evreux.

L'invasion venue d'Asie en Italie et en France

II, 29.

L'Oriental sortira de son siège
Passer les monts Apennins voir la Gaule :
Transpercera le ciel les eaux les neiges
Et un chacun frappera de sa gaule[2].

Traduction :

Le chef asiatique sortira de son pays pour franchir les monts Apennins et venir en France. Il traversera le ciel (invasion aérienne), franchira les rivières et les montagnes, et frappera les pays d'impôts.

Attaque aérienne contre le siège du roi de France. Sept mois de guerre acharnée. L'invasion à Rouen et Évreux et la chute du roi

IV, 100.

De feu celeste au Royal édifice
Quand la lumière de Mars deffaillera :
Sept mois grand guerre, mort gent de maléfice,
Rouën, Evreux au Roy ne faillira.

1. Secret, perfide. D.L.7.V. **2.** Taille, impôt. D.L.7.V.

Traduction :

Le palais du roi sera détruit par une fusée quand les lueurs de la guerre déclineront. Grande sera la guerre durant sept mois, et elle provoquera la mort du peuple par ses calamités, et l'invasion jusqu'à Rouen et Evreux provoquera la chute du roi.

La naissance de l'antéchrist
La famine sur terre

III, 42.

L'enfant naistra à deux dents en la gorge,
Pierre en Tuscie[1] par pluy tomberont,
Peu d'ans apres ne sera bled ni orge,
Pour saouler ceux qui de faim failliront.

Traduction :

L'enfant naîtra avec deux dents dans la gorge, il y aura en Italie (Toscane) une pluie de pierres (bombardements?). Quelques années plus tard il n'y aura ni blé ni orge pour rassasier les hommes qui mourront de faim.

L'antéchrist : le plus grand ennemi du genre humain

X, 10.

Tasche de murdre[2] enormes adultères[3],
Grand ennemy de tout le genre humain :
Que sera pire qu'ayeuls, oncles ne peres[4],
En fer, feu, eau, sanguin et inhumain.

Traduction :

Souillé par les meurtres et les crimes abominables, le grand ennemi du genre humain sera pire que tous ses prédécesseurs. Par le fer et le feu de la guerre et la révolution il fera couler le sang de façon inhumaine.

1. Une des dix-sept provinces du diocèse d'Italie au IVe siècle; comprenait l'Etrurie et l'Ombrie, et avait pour chef-lieu Florence. D.H.B. **2.** Forme primitive de meurtre. D.A.F.L. **3.** Latin : *adulterium :* commerce criminel. D.L.L.B. **4.** Y compris Hitler!

Naissance de l'antéchrist
Utilisation des défoliants. La famine
Les déportations en Asie
(Cambodge – Viêt-Nam)

II, 7.

Entre plusieurs aux isles desportez,
L'un estre nay a deux dents en la gorge :
Mourront de faim les arbres esbrotez[1],
Pour eux neuf Roy, nouvel edict leur forge.

Traduction :

Plusieurs hommes ayant été déportés dans des îles, l'un d'entre eux naîtra avec deux dents dans la gorge. Les hommes mourront de faim à cause des défoliants. Un nouveau chef leur imposera de nouvelles lois.

L'élection de l'antéchrist
Il soumet les plus grands États

VIII, 41.

Esleu sera Renard[2] ne sonnant mot[3],
Faisant le sainct public vivant pain d'orge[4],
Tyrannizer apres tant a un cop?
Mettant à pied des plus grands sur la gorge[5].

Traduction :

Un homme rusé sera élu sans rien dire; il jouera au saint en vivant de façon rustique. Puis il exercera subitement sa tyrannie en mettant les plus grands pays dans un état de contrainte absolue.

L'antéchrist
Les pays communistes d'Asie entraînés dans la guerre – 1999

X, 66.

Le chef de Londres par regne l'Americh,
L'isle d'Escosse t'empiera par gelée[6] :
Roy Reb[7] auront un si faux Antechrist,
Que les mettra trestous dans la meslée.

1. Provençal : esbroutar : ébourgeonner. D.P. **2.** Au figuré : homme rusé. D.L.7.V. **3.** Ne sonner mot : ne dire mot, se taire. D.L.7.V. **4.** Grossier comme du pain d'orge : fort grossier. D.L.7.V. **5.** Mettre, tenir le pied sur la gorge : mettre, tenir dans un état de contrainte absolue. D.L.7.V. **6.** Allusion à un hiver particulièrement rigoureux. **7.** Latin : *robeus* : rouge. D.L.L.B.

Traduction :

Le chef du gouvernement anglais sera soutenu par le pouvoir des Etats-Unis, lorsque le froid rendra le sol de l'Ecosse dur comme pierre, les chefs rouges auront à leur tête un antéchrist si perverti qu'il les entraînera tous dans la guerre.

Les 27 ans de guerre de l'antéchrist 1999-2026

VIII, 77.

L'antechrist trois bien tost annichilez,
Vingt et sept ans sang durera sa guerre :
Les heretiques[1] morts, captifs exilez,
Sang corps humain eau rougie greler terre.

Traduction :

L'Antéchrist anéantira bientôt trois pays. La guerre qu'il mènera durera vingt-sept ans. Les opposants seront mis à mort et les prisonniers déportés. Le sang des corps rougira l'eau, la terre sera criblée de coups (fusées, bombardements).

L'alliance entre les musulmans et les Jaunes. L'invasion de l'Europe Persécution des chrétiens

VI, 80.

De Fez le regne parviendra à ceux d'Europe,
Feu leur cité, et lame tranchera :
Le grand d'Asie terre et mer à grand troupe,
Que bleux[2], pers[3], croix à mort déchassera.

Traduction :

Le pouvoir du Maroc parviendra jusqu'en Europe, mettra le feu à ses villes et massacrera ses habitants. Le grand chef asiatique lancera de nouvelles armées par terre et par mer, les Jaunes, au teint blême, pourchasseront les Chrétiens pour les faire périr.

1. Par extension, qui professe des opinions contraires à celles généralement admises. D.L.7.V. **2.** N'indique pas une couleur bien définie : blême; du latin *flavus :* jaune. D.A.F.L. **3.** Livide, blême. D.A.F.L.

Grands changements avec la fin de la République Invasion aérienne

I, 56.

Vous verrez tard et tost faire grand change,
Horreurs extrêmes et vindications.
Que si la Lune conduicte par son ange,
Le ciel[1] s'approche des inclinations[2].

Traduction :

Vous assisterez tôt ou tard à de grands changements, de terribles horreurs et des vengeances jusqu'à ce que la République soit morte, des changements seront alors proches par le ciel.

L'invasion jaune à travers la Russie et la Turquie

V, 54.

Du pont Euxine[3], et la grand Tartarie[4],
Un Roy sera qui viendra voir la Gaule,
Transpercera Alane[5] et l'Arménie,
Et dans Bizance lairra[6] sanglante Gaule[7].

Traduction :

De la Mer Noire et de Chine, un chef viendra jusqu'en France après avoir traversé la Russie et l'Arménie et laissera son pavillon rouge sang en Turquie.

La fin du roi de France La puissance du Chef asiatique

X, 75.

Tant attendu ne reviendra jamais,
Dedans l'Europe, en Asie apparoistra :
Un de la ligue yssu du grand Hermes[8]
Et sur tous Roys des Orients croistra.

1. Allusion à X, 72 : « Du ciel viendra un grand roi d'effrayeur. » **2.** Latin : *inclinatio :* changement, variation, vicissitude. D.L.L.B. **3.** Le Pont-Euxin, ancien nom de la Mer Noire. D.H.B. **4.** La Tartarie asiatique se divisait en Tartarie chinoise (Mongolie, Mandchourie, Dzoungarie, etc.) à l'est, et Tartarie indépendante (ou Turkestan) à l'ouest. D.H.B. **5.** Latin : *Alani,* peuple de Sarmatie (ancien nom de la Russie). D.L.L.B. **6.** Futur de laïer, laisser. D.A.F.L. **7.** Marine : gaule d'enseigne : mât de pavillon. D.L.7.V. **8.** Mercure en latin, dieu des voleurs. Ambassadeur plénipotentiaire des dieux, il assiste aux traités d'alliance, les sanctionne, les ratifie, et ne reste pas étranger aux déclarations de guerre entre les cités et les peuples. M.G.R.

Traduction :

(Le roi Bourbon) qu'on avait attendu ne reviendra jamais plus en Europe. Un personnage apparaîtra en Asie pour faire du pillage et prendra puissance sur tous les Etats asiatiques.

L'antéchrist contre Henri V
Le recul de la puissance communiste
Nouvelle terreur musulmane

IX, 50.

MENDOSUS[1] tost viendra a son haut regne,
Mettant arrière un peu le Norlaris :
Le Rouge blesme[2] le masle à l'interegne[3]
La jeune crainte et frayeur Barbaris.

Traduction :

Le trompeur arrivera tôt à la puissance de son pouvoir, mettant en arrière le Lorrain. Le pouvoir communiste s'étant affaibli entre les deux conflits, il faudra de nouveau redouter et être effrayé par les Musulmans.

La fin du Bourbon
La ruine économique d'Israël

Sixain 34.

Princes et Seigneurs tous se feront la guerre,
Cousin germain le frère avec le frère,
Finy l'Arby[4] de l'heureux de Bourbon,
De Hierusalem les Princes tant aymables,
Du fait commis enorme et execrable
Se ressentiront sur la bourse sans fond.

Traduction :

Tous les chefs d'Etat et de gouvernement se feront la guerre, on se battra entre frères et entre cousins. L'arbitrage suprême de l'heureux prince de Bourbon sera fini. Les chefs si aimables d'Israël, à cause d'un acte énorme et exécrable, éprouveront la ruine économique.

1. Latin : *mendosus :* qui a des défauts, défectueux, vicieux, faux. D.L.L.B. **2.** S'affaiblir. D.L.7.V. **3.** Troisième conflit mondial et guerres de l'Antéchrist. 1999. **4.** Latin : *arbiter :* maître, arbitre suprême. D.L.L.B.

Conquête de l'Espagne par les troupes musulmanes

V, 55.

De la Felice[1] Arabie contrade[2],
Naistra puissant de la loy Mahométique,
Vexer l'Espagne conquester la Grenade,
Et plus par mer à la gent Ligustique.

Traduction :

A partir du territoire de la riche Arabie prendra naissance un puissant chef musulman qui vexera l'Espagne par la conquête de Grenade et plus encore l'Italie par la mer.

Le dernier conflit du XXe siècle – 1999

I, 51.

Chefs d'Aries[3], Jupiter[4] et Saturne[5],
Dieu éternel quelles mutations,
Puis par long siecle son maling temps retourne
Gaule et Italie, quelles émotions.

Traduction :

Quels changements seront provoqués par les chefs de guerre, avant le retour à la lumière et à l'Age d'or; puis après un long siècle (le xxe) le temps du malin (de la destruction) s'en retournera. Quels troubles en France et en Italie.

Le communisme asiatique contre l'Europe et l'Afrique noire

VI, 10.

Un peu de temps les temples des couleurs,
De blanc et noir des deux entremeslée :
Rouges et Jaunes leur embleront les leurs
Sang, terre, peste, faim, feu d'eau affollée.

Traduction :

Pendant un peu de temps les Eglises retrouveront leur éclat. Les Blancs et les Noirs feront des unions entre eux. Les Rouges et les Chinois se rassembleront contre eux et la terre sera en folie par le sang, la maladie, la famine, la guerre et la révolution.

1. Latin : *felix :* fécond, riche, opulent. D.L.L.B. (le pétrole). **2.** Forme primitive de contrée. D.A.F.L. **3.** Nom latin de la constellation du Bélier : machine de guerre dont les anciens se servaient pour battre les murailles. D.L.7.V. **4.** Jupiter était l'objet d'un culte chez toutes les populations italiques, pour qui il personnifiait la lumière, les phénomènes célestes. D.L.7.V. **5.** Ou Cronos; devint le symbole du temps. Dans la mythologie : temps de Saturne et de Rhée, Age d'or qui dura tout le temps que Saturne gouverna l'univers.

L'invasion de l'Europe par la Chine

Présage 40, juin.

De maison sept par mort mortelle suite,
Gresle, tempeste, pestilent mal, fureurs :
Roy d'Orient d'Occident tous en fuite,
Subjuguera ses jadis conquereurs[1].

Traduction :

Pour avoir semé la mort, les sept pays de l'Europe de l'Est connaîtront une suite mortelle. Ils seront accablés par les bombardements, la tempête, l'épidémie et la fureur des ennemis. Le chef de l'Asie mettra tous les Occidentaux en fuite et subjuguera ses anciens conquérants.

L'invasion de la France en juillet 1999
Invasion aérienne

X, 72.

L'an mil neuf cent nonante neuf sept mois,
Du ciel[2] viendra un grand Roy d'effrayeur
Ressusciter le grand Roy d'Angoulmois[3],
Avant apres Mars regner par bonheur.

Traduction :

En juillet 1999, un grand chef terrifiant viendra par la voie des airs pour faire revivre le grand conquérant de l'Angoumois. Avant et après la guerre régnera heureusement.

1. « En 1839, la Chine ayant saisi des caisses d'opium indien, l'*Angleterre* entreprit la guerre de l' " Opium ". Le traité de Nankin cédait à l'Angleterre l'île de Hong-Kong et ouvrait à son commerce cinq ports chinois. Ces ports furent ouverts en 1844 (traité de WAM-POA) au commerce des *Etats-Unis*, de la *France*, puis d'autres *Etats d'Occident*. Sous Hien-Foung (1851-1862), l'assassinat de missionnaires chrétiens amena l'intervention *franco-anglaise*, la prise de Canton (1857), celle de Tien-Tsin (26 juin 1858). Le traité fut violé, *Pékin occupé* (1860) et la Chine forcée de signer le deuxième traité de Tien-Tsin (24 octobre 1860). Au Nord, la Chine avait dû céder aux Russes (1858, 1860) des territoires sur l'Amour-Oussouri et sur la côte... en 1871, la Russie occupa Kouldja et toute la vallée de l'Illi. De 1882 à 1885, la Chine fut en guerre avec la France pour le Tonkin; par les traités de Tien-Tsin (11 mai 1884 et 4 avril 1885), elle dut renoncer à ses prétentions sur le Tonkin et ouvrir au commerce français les provinces limitrophes de ce pays... Enfin la Chine était entamée, non seulement par le Japon, mais par la *Russie*, l'*Allemagne*, l'*Angleterre* et la *France*. » D.L.7.V. (ses jadis conquéreurs !). **2.** Cf. Les sauterelles de l'Apocalypse. **3.** L'Angoumois fut conquis par les Wisigoths et bientôt menacé par les Huns, race mongole sous le commandement d'Attila.

La fin du règne d'Henri V
La fin de l'Eglise catholique

I, 4.

Par l'univers sera fait un Monarque,
Qu'en paix et vie ne sera longuement :
Lors se perdra la piscature barque[1],
Sera régie en plus grand détriment[2],

Traduction :

Un monarque sera sacré par le monde mais il ne vivra pas longtemps en paix. C'est alors que s'écroulera l'Eglise, gouvernée dans le plus grand désastre.

Invasion venue d'Asie en Turquie et en Egypte
La fin de l'Eglise catholique

V, 25.

Le prince Arabe, Mars, Sol, Venus, Lyon[3],
Regne d'Eglise par mer succombera :
Devers la Perse bien près d'un million,
Bizance, Egypte, ver. serp.[4] invadera[5].

Traduction :

Le chef arabe déclenchera la guerre et la subversion contre la souveraineté monarchique et le pouvoir de l'Eglise succombera par une invasion maritime. Près d'un million de soldats seront en Iran et Satan envahira la Turquie et l'Egypte.

La chute des pays de l'Europe de l'Ouest

X, 99.

La fin le loup, le lyon, bœuf[6] et l'asne[7],
Timide dama[8] seront avec mastins[9] :
Plus ne cherra[10] à eux la douce manne,
Plus vigilance et custode[11] aux mastins.

1. Barque de saint-pierre ou nef de l'Eglise; fait partie des symboles qu'affectionnait l'Eglise naissante. D.L.7.V. Allusion également à la phrase du Christ à Pierre : « Je te ferai pêcheur d'hommes. » **2.** Désastre. D.L.7.V. **3.** Emblème de souveraineté. D.L.7.V. **4.** Latin : *versus serpens :* serpent qui est retourné. Allusion à l'Apocalypse, XII, 9 : « Et il fut précipité, le grand dragon, le serpent ancien, appelé le diable et Satan, il fut précipité sur la terre, et ses anges furent précipités avec lui. » **5.** Latin : attaquer, traverser, envahir. D.L.L.B. **6.** Bœuf de Lucanie, nom donné à l'éléphant par les Romains. D.L.7.V. On a vu que l'éléphant représentait l'Afrique du Sud : sixains 26, 39 et 56. **7.** Cf. III, 23 et X, 31. **8.** Latin : *dama :* daim. D.L.L.B. Genre de mammifère ruminant, famille des *cervidés.* D.L.7.V. Cf. V, 4. **9.** Cf. V, 4. Cela n'est certainement pas un hasard si Nostradamus réunit, de nouveau dans un quatrain, le cerf (la Pologne) et les mastins (les Anglais). **10.** Du verbe choir : tomber. D.A.F.L. **11.** Latin : *custos :* garde, sentinelle. D.L.L.B.

Traduction :

Lorsqu'on verra la fin de l'Allemagne, de l'Angleterre, de l'Afrique du Sud et des troupes musulmanes, la timide Pologne sera alliée avec l'Angleterre. Ils n'auront plus la douceur de vivre et les Anglais ne seront plus surveillés et gardés.

Persécution des religieux. Cherté de la vie

I, 44.

En bref seront de retour sacrifices,
Contrevenans seront mis à martyre,
Plus ne seront moines, abbés, novices,
Le miel sera beaucoup plus cher que cire.

Traduction :

Le sacrifice des croyants recommencera; ceux qui s'opposeront au pouvoir seront martyrisés. Il n'y aura plus ni moines, ni abbés, ni novices, on connaîtra la cherté de la vie.

Incendie de Rome
Expulsion d'un cardinal par le pape
Scandales commis par des ecclésiastiques

III, 17.

Mont Aventin[1] brusler nuict sera veu,
Le ciel obscur tout à un coup en Flandres,
Quand le Monarque chassera son neveu[2],
Leurs gens d'Eglise commettront les esclandres.

Traduction :

On verra brûler Rome la nuit. Le ciel s'obscurcira brusquement en Belgique quand le pape chassera un cardinal, et les ecclésiastiques commettront des esclandres.

L'assassinat du pape. La mort du Capétien
Débarquement sur les côtes varoises

VII, 37.

Dix envoyez, chef de nef mettre à mort,
D'un adverty[3], en classe guerre ouverte :
Confusion chef. l'un se picque et mord[4],
Leryn[5], Stecades[6] nefs, cap[7] dedans la nerte[8].

1. L'une des collines de Rome. D.L.7.V. **2.** Cardinal neveu : Cardinal qui est le neveu du Pape vivant. D.L.7.V. **3.** Latin : *adversor :* s'opposer à, contrarier. D.L.L.B. **4.** De mordrir : meurtrir, tuer. D.A.F.L. **5.** Iles françaises de la Méditerranée, sur la côte du département du Var, vis-à-vis de la pointe qui termine à l'est le golfe de La Napoule. D.H.B. **6.** Staechades : îles d'Hyères; on nomme ainsi quatre îles qui sont situées sur la côte du département du Var : ce sont Porquerolles, Port-Cros, Bagneaux et l'île du Levant ou Titan. D.H.B. **7.** Le Capétien. Cf. Louis XVI et Varennes. IX, 20. **8.** Ou Hertha, la Terre, divinité chez les Germains. D.L.L.B.

Traduction :
Dix hommes seront envoyés pour assassiner le Pape, mais l'un d'entre eux s'y opposera, la guerre sera ouverte par l'armée. Dans la confusion le chef (du groupe) se suicidera et mourra, des bateaux débarqueront sur les côtes varoises, le Capétien sera alors mis en terre.

Ruine de Rome et du Vatican

I, 69.

La grand montagne ronde de sept stades[1],
Après paix, guerre, faim, inondation,
Roulera loing, abismant grand contrades[2],
Mesmes antiques, et grand fondation.

Traduction :
La grande ville aux sept collines, après une période de paix, connaîtra la guerre, la famine et la révolution qui s'étendra loin, ruinant de grands pays et même les ruines antiques et la grande fondation (le Vatican).

Ruine de Rome et du Vatican
Capture du pape

II, 93.

Bien pres du Tymbre presse la Lybitine[3],
Un peu devant grande inondation :
Le chef du nef prins, mis à la sentine[4],
Chasteau[5], palais en conflagration.

Traduction :
Bien près du Tibre la mort menace. Un peu avant il y aura eu une grande révolution. Le chef de l'Eglise sera fait prisonnier et mis au rebut. Le Château (Saint-Ange) et le Palais (du Vatican) seront en conflagration.

1. Degré. D.L.7.V. « Nulle ville au monde n'offre autant de monuments *anciens* et modernes accumulés sur un espace aussi étroit... Bâtie d'abord sur *sept* collines, elle en avait progressivement envahies plusieurs autres et elle finit par comprendre dans son enceinte douze *montagnes.* » D.H.B. 2. *Contrede :* forme primitive de contrée. D.A.F.L. 3. Latin : *Libitina :* déesse qui présidait aux funérailles; par extension, la mort. D.L.L.B. 4. Latin : *sentina :* lie, rebut. D.L.L.B. 5. Le Château Saint-Ange est situé en face du Vatican. D.L.7.V.

Fin de la monarchie et ruine de l'Eglise catholique

X, 55.

Les mal'heureuses nopces celebreront,
En grande joye mais la fin mal'heureuse:
Mary et mere nore[1] desdaigneront,
Le Phybe[2] mort, et nore plus piteuse[3].

Traduction :

Les gens se féliciteront d'alliances malheureuses qui les auront mis dans la joie, mais qui, en fin de compte, seront porteuses de malheur. Les gens dédaigneront la Vierge Marie et l'Eglise. La monarchie s'éteindra et l'Eglise sera en encore plus piteux état.

1. Nora pour nurus. D.A.F.L. Bru, épouse du fils. D.L.L.B. Epouse de Jésus-Christ, Eglise de Jésus-Christ. D.L.7.V. 2. Phoebus, surnom d'Apollon, dieu du Soleil. D.L.7.V. Selon son habitude, Nostradamus désigne ainsi la monarchie. 3. On comprend ici la terrible sentence de Nostradamus, dans la lettre à César : « Les hommes de parti, de gouvernement ou de *religion*, le trouveraient si mal accordé à leurs oreilles qu'ils ne manqueraient pas de condamner ce que l'on verra et reconnaîtra dans les siècles à venir... »

ÉPILOGUE

DE LA MODESTIE!

« L'homme est un roseau, le plus faible de la nature, mais c'est un roseau pensant. »

Blaise PASCAL.

Si l'on considère l'étendue des connaissances nécessaires à la compréhension parfaite d'une œuvre telle que celle de Nostradamus, on est amené à constater que l'individu capable d'un tel prodige n'existe pas. Devant un tel monument de connaissances, on ne peut que se sentir tout petit.

Plus j'avançais dans mon travail, plus les découvertes du sens de tel ou tel quatrain s'accumulaient, plus les certitudes s'imposaient à moi quant à l'authenticité et au sérieux des centuries, plus il me semblait que je tenais enfin la « clef » du puzzle, et plus je me sentais petit, ignare et insuffisamment muni pour saisir l'étonnante intelligence qui transpire à travers toute l'œuvre de Nostradamus.

Si, dans la lettre qu'il écrivit le 1er mars 1555 à son fils spirituel et traducteur, j'avais l'audace de m'attribuer un passage quelconque, ce serait assurément celui-là : « et je ne veux pas parler ici des années qui n'ont pas encore suivi, mais de tes mois de guerre pendant lesquels tu ne seras pas capable, dans ton débile entendement, de comprendre ce que je serai contraint, après ma mort, de t'abandonner. »

En réalisant ce travail, je n'ai nullement la prétention, comme certains hélas! d'avoir définitivement décrypté et décodé le message de Michel de Notredame. Je n'ai que le sentiment d'apporter à l'édifice une modeste contribution, réalisée avec la plus grande sincérité et une honnêteté intellectuelle qui, je l'espère, ne sera pas mise en doute.

Au terme de cet ouvrage, j'ai une impression d'imperfection, malgré tout le labeur que j'ai dû fournir pour, pendant vingt ans, préparer des outils de travail, accumuler de la documentation, lire de nombreux ouvrages d'histoire, mettre en mémoire, par la méthode du « par cœur » – la seule qui ait toujours fait preuve de son efficacité –, le vocabulaire de Nostradamus et un grand nombre de quatrains et sixains.

Avec la plus grande lucidité, je me rends compte des imperfections du travail accompli, des risques d'erreurs – et Dieu sait s'ils sont grands! –, des égarements subjectifs. Ainsi, il est fort probable que j'aurais attribué un certain nombre de quatrains à la Troisième Guerre mondiale, qui, en réalité, concernent la guerre de l'antéchrist qui débute en 1999; ce type d'erreurs étant d'autant plus facile à faire que les Musulmans sont les alliés des Russes dans le Troisième Conflit mondial, et le seront des Chinois dans la guerre de l'Apocalypse. De ce fait, des quatrains se rapportant au monde musulman sont difficiles à situer dans le temps; du moins avec précision.

Cet ouvrage présente la moitié environ des 1 160 quatrains et sixains que comprend l'œuvre de Nostradamus. Les quatrains restants feront l'objet d'un second livre. Les textes ici traduits sont, pour la plupart, les plus précis et permettent déjà d'avoir une idée d'ensemble, tant sur le plan de la langue que sur celui de l'esprit du prophète.

Quatrains et sixains ci-inclus donnent suffisamment de précisions pour avoir une bonne connaissance des événements passés et à venir annoncés par Michel de Notredame.

Après avoir traduit et confronté à l'histoire plus de 200 quatrains se rapportant à des événements passés, je me suis, pendant quelque temps, demandé pourquoi Nostradamus avait mis dans son œuvre des détails de l'histoire dont l'utilité n'est pas prouvée à première vue.

Trois raisons ont probablement justifié cela. Tout d'abord, Nostradamus voulait ainsi imposer à son traducteur une importante quantité de travail, montrant ainsi que ce n'est pas dans la facilité que l'homme peut s'enrichir. Ensuite, comme il était obligé d'obscurcir son message du fait du contexte religieux du XVIe siècle, les détails historiques avaient alors bien peu de chances d'être compris ou retrouvés. Ce qui assurait, pour quatre siècles, l'incompréhension nécessaire pour que son message parvienne jusqu'aux hommes du XXe siècle. Enfin, et c'est sans doute la raison majeure, la profusion de précisions ahurissantes que l'on trouve dans les quatrains apporte une démonstration presque irréfutable de l'authenticité, de la valeur et de la justesse de ses prophéties. Ainsi l'armée française avec MacMahon à *Buffalora*, le débarquement de Garibaldi à *Magnavacca*, la fuite à *Varennes*, le nombre de gros navires (les trois-ponts, les porte-avions d'alors) de la flotte de Nelson à Trafalgar, la durée de vie d'Hitler (670 mois), etc., sont autant de détails qui rendent les centuries difficilement contestables.

La plupart du temps, les contradicteurs de Nostradamus sont des gens qui ne connaissent pas l'œuvre, mais qui la contestent parce que le peu qu'ils en connaissent bouscule leurs convictions ou engagements personnels, ou bien – et ceux-là sont excusables – parce qu'ils ont lu des livres où le texte a été torturé à loisir et où l'imprécision de la traduction est aussi grande qu'est impressionnante la précision du texte original, une fois le travail philologique et historique indispensable accompli.

Quand je pense au travail que j'ai dû fournir pour donner ici la moitié du texte, et avec toutes les imperfections dont j'ai conscience, je me demande comment bien des gens peuvent se permettre de discuter, critiquer, contester ce monument de culture que constitue la prophétie de Michel de Notredame.

Ce phénomène fort répandu dans l'Occident du xxe siècle, où quoi que l'on fasse est d'abord critiqué et contesté, avant même d'en avoir pesé la valeur, constitue un frein à l'esprit créatif. Destouches écrivait : « la critique est aisée, mais l'art est difficile ».

Je n'ai donc fait, pour tenter de comprendre Nostradamus, qu'un travail de fourmi; ce qui ne relève pas du génie et devrait, en réalité, être une règle générale.

Deux principaux défauts de l'homme sont responsables de l'état d'esprit destructeur : l'orgueil et la jalousie. Si l'individu ne se croyait pas toujours supérieur à son voisin, sous quelques bons prétextes (milieu social, diplômes, naissance, race, etc.), il s'ouvrirait des portes vers la connaissance, alors qu'il ferme son esprit par sa prétention.

***

Le message ici exposé ne sera certainement pas du goût de tout le monde, tant l'histoire des hommes paraît, à travers l'œuvre et l'esprit de Nostradamus, indépendante des engagements ou conceptions politiques, philosophiques, idéologiques ou religieuses.

Mon père, annonçant en 1938 la guerre franco-allemande, la perte de la guerre par l'Allemagne et la fin misérable d'Hitler, fut taxé de germanophobie, ce qui conduisit à la saisie et à la destruction de son livre.

De même, aujourd'hui, je risque d'être accusé de soviétophobie ou d'anticommunisme primaire, alors que le soviétisme, dans l'histoire de la Russie, n'est qu'un épisode relativement court comparé aux dix siècles de continuité du régime tsariste qui débuta lorsque Vladimir le Grand introduisit le christianisme en Russie en 988. De même, les système républicain français ne représente, en additionnant les durées des cinq républiques, qu'environ cent quinze ans, en regard des treize siècles de système monarchique (496-1792), qui débuta le jour où Clovis se fit sacrer à Reims par saint Remi.

J'aimerais que mon lecteur, quelles que soient sa race, sa religion ou ses convictions politiques ou religieuses, essaie un instant de faire table rase de tout ce qu'il considère comme étant la Vérité, qui n'est jamais que la sienne, et ouvre son esprit à une vision transcendantale de l'histoire que, peut-être, seule la prophétie peut faire acquérir; parce qu'elle n'est ni dans le temps ni dans l'espace, mais liée au rapport espace-temps devant lequel l'homme n'est qu'un infirme. Pour parvenir à une réflexion débarrassée d'idées partisanes, il faut méditer sur l'analyse que fit, aux environs de 411 avant Jésus-Christ, l'historien grec Thucydide, de la guerre du Péloponnèse :

« Thucydide montre ce que c'est que la guerre, pourquoi elle a lieu, ce qu'elle fait et ce qu'elle doit continuer à faire, à moins que les hommes n'apprennent à se conduire mieux. Athéniens et Spartiates ne se battirent que pour une raison... parce qu'ils étaient puissants et de ce fait étaient forcés (ce sont les mots mêmes de Thucydide) de chercher à accroître leur puissance. Les deux adversaires se battirent non pas parce qu'ils étaient différents – Athènes étant une démocratie et Sparte une oligarchie – mais parce qu'ils étaient semblables. La guerre n'avait rien à voir avec les divergences d'idées ou les conceptions du bien et du mal. La démocratie est-elle le bien, et le gouvernement de la masse par quelques-uns le mal? Se poser la question aurait été pour Thucydide chercher à s'éloigner du problème. Il n'y avait pas de puissance représentant le bien. *La puissance*, quel que fût celui qui l'exerçait, était le démon, le corrupteur des hommes... Thucydide a probablement été le premier à saisir, et en tout cas à exprimer par des mots, cette nouvelle doctrine qui allait devenir celle du monde entier[1]. »

Ne parle-t-on pas aujourd'hui des deux super-puissances (U.S.A.-U.R.S.S.), ce que furent Sparte et Athènes en leur temps? Et, depuis Thucydide, les exemples de rivalités de puissances se sont multipliés, antagonismes cachés la plupart du temps derrière des différences de religion ou d'idéologies.

Prendre parti pour l'une des deux grandes puissances, dont la rivalité nous étreint peu à peu, serait prendre le parti de la guerre. Se laisser berner par l'aspect politique ou idéologique du problème permet aux chefs d'Etat dévorés par l'ambition et le désir de puissance, de remplir leurs régiments, et, pour assouvir leur folie hégémonique, de faire s'entretuer les peuples, dont je ne suis pas sûr que les aspirations profondes ne soient pas exclusivement pacifiques.

Quand cesserons-nous de nous glorifier de victoires telles qu'Austerlitz, Iéna, Eylau (la boucherie sous la neige!) qui, pour nos adversaires, furent des défaites, comme le furent pour nous Trafalgar et Waterloo, avec, pour les deux camps, leur cortège funèbre de viols, de massacres, de corps sanguinolents, sinistres pantins de la désespérance, fruits nauséabonds de la tragédie humaine dans le jardin des supplices?

1. Edith Hamilton : *The Great Age of Greek Literature*. New York, 1942.

Quand cesserons-nous d'élever des monuments aux morts? Tel l'arc de triomphe qui fut érigé pour immortaliser les victoires remportées par Napoléon Ier. Un triomphe obtenu grâce à des milliers de morts et à des souffrances souvent indescriptibles est-il un triomphe?

Quand nous déciderons-nous donc à glorifier la Vie avec ce qu'elle porte en elle de bonheur pour l'homme?

L'homme, parmi tous les mammifères, sera-t-il celui qui restera le plus féroce de tous, tuant par plaisir et non par besoin?

Montesquieu écrivait dans les *Lettres persanes : «* Tu crains, dis-tu, que l'on invente quelque manière de destruction plus cruelle que celle qui est en usage. Non. Si une fatale invention venait à se découvrir, elle serait bientôt prohibée par le droit des gens. » Voilà l'exemple type de l'antiprophétie que le cartésianisme a fait proclamer aux penseurs du XVIIIe siècle, avec, pour chef de file, Jean-Jacques Rousseau dont Nostradamus fait le principal responsable des drames du XXe siècle. Ses utopies reprises par les penseurs du XIXe et du XXe siècle (Proudhon, Saint-Simon, Karl Marx) ont été « récupérées » par des hommes d'Etat ambitieux et leur ont servi d'armes redoutables pour assouvir leur ambition effrénée. Aurait-on oublié qu'un certain Adolf Hitler créa en Allemagne un régime qui prit le nom de National-*Socialisme*? Socialisme! Socialisme! Que de crimes a-t-on commis et continue-t-on de commettre en ton nom!

Toute mon attention va aux humbles, aux petites gens, foncièrement bons et qui croient à un socialisme qui, certes, n'est pas éloigné du message de Jésus-Christ, qui vint – en son temps – bousculer les puissants du monde et leur jeter à la figure les monstrueuses responsabilités qu'ils portaient dans le malheur des peuples. Est-ce un hasard si, dans leurs discours, et à quelque parti qu'ils appartiennent, les hommes politiques n'ont jamais le moindre accent de sincérité? La volonté de pouvoir et l'amour du prochain ne peuvent pas faire bon ménage. D'où, peut-être, pourrions-nous déduire le sens profond de cette phrase du Christ : « Rends à César ce qui est à César, et à Dieu ce qui est à Dieu. » César est puissance, Dieu est amour...

Mon père, en 1937, plongé dans le décryptage des quatrains de Nostradamus, écrivait :

« Que pendant soixante ans encore, l'homme s'acharne sur toute la surface du misérable grain de poussière que nous habitons dans la ronde infinie du ciel, à accumuler, à perfectionner les engins de destruction et de mort, au rythme qui est d'ores et déjà commencé, et les massacres seront tels que la terre se dépeuplera, vérifiant non seulement la parole des prophètes de l'Ancien Testament, mais aussi celle de Nostradamus qui nous occupe ici " que des trois parts du monde plus que des deux défaudra "[1]. »

L'arme atomique n'existait pas encore et la destruction apocalyptique d'Hiroshima était un début de réalisation de cette « vision prophétique », que venait d'inspirer à mon père la fresque de catastrophes dépeintes à travers les centuries.

La recherche, la découverte et la mise au point d'armes nucléaires, chimiques, bactériologiques continuent à un rythme accéléré, alors que les pays qui détiennent ces armements ont tous signé, en 1925, la Convention de Genève, qui les interdit.

Le 14 juillet 1790, la déesse « RAISON » était consacrée sur l'autel de l'athéisme et allait inspirer, par exportation des idées de la Révolution française, un grand nombre de pays qui, peu à peu, allaient se regrouper dans la Société des Nations, puis dans l'Organisation des Nations Unies. Or, tous les pays qui s'affrontent depuis la dernière guerre sont membres de cette organisation : U.S.A. contre Corée du Nord, U.S.A. contre Vietnam, Turquie contre Chypre, U.R.S.S. et Cuba contre Angola et Ethiopie. Les mouvements de libération nationale ont bon dos! La normalisation et la pacification également!

Hitler commença sa guerre hégémonique en volant au secours des minorités allemandes d'Europe. Que les guerres soient faites par des monarchies, des dictatures ou des républiques, elles ont toutes le même but : la puissance, et toutes le même résultat : le malheur des peuples.

On pourrait se demander pourquoi la prophétie de Nostradamus est surtout centrée sur les catastrophes dont les hommes sont responsables. En effet, le nombre des quatrains ou sixains attribués à tel ou tel événement est proportionnel à son aspect destructeur et terrifiant. Ainsi la France de Louis XIV, sans la Lorraine, Mulhouse, la Savoie, Nice, la Corse et le Comtat Venaissin, avec ses vingt millions d'habitants et son armée de 300 000 hommes, a-t-elle moins intéressé Nostradamus que la France du XXe siècle. En effet, en 1914, la France comptait 41 millions d'habitants. Elle laissa sur les champs de bataille de la Marne 1 400 000 morts. L'Allemagne, avec ses 58 millions d'habitants, perdit 2 millions d'hommes. Au total la guerre de 1914-1918 fit 8 700 000 morts. La Seconde Guerre mondiale en fit 36 millions.

A ces guerres modernes effroyablement coûteuses en vies humaines, il faut ajouter les millions d'individus « rescapés » mutilés, estropiés, handicapés, gazés, brûlés, rendus fous et inadaptables à une vie normale. Et que dire des destructions massives de populations civiles : Hiroshima, 160 000 morts; Dresde, 300 000; camps de la mort, extermination de millions

1. Lettre à Henry, Roy de France Second, Adyar, 1937.

de Juifs, de Tziganes, d'Arméniens, de Vietnamiens, de Cambodgiens, etc. Chiffres! Chiffres terribles! secs! impitoyables! et qui ne souffrent aucune interprétation, ni aucun commentaire...

Arrivés au seuil du XXIᵉ siècle, depuis ces sombres prévisions du docteur de Fontbrune, force est de constater que la course aux destructions de plus en plus massives n'a cessé et ne cesse de faire peser sur l'espèce humaine elle-même une terrible menace d'anéantissement. Le XXᵉ siècle a vu une grande partie de l'humanité livrée à des chefs d'Etat sans foi, animés d'un matérialisme pur et dur, qui a rendu les rivalités de puissance encore plus acerbes et dangereuses qu'elles ne le furent dans les siècles précédents. C'est sans doute ce qui explique que la vision de Nostradamus soit axée sur cette période où les nations, et surtout les plus puissantes, sont, avec leurs armements monstrueux et apocalyptiques, confrontées les unes aux autres, avec une fureur destructrice jamais encore atteinte. De l'arbalète à la bombe à neutrons il y a une terrible constante, représentant un mouvement uniformément accéléré dans la mise au point d'engins de mort.

La question fondamentale est donc de savoir si l'homme, après des millénaires de progrès scientifique, a réalisé quelque progrès dans le domaine de l'humain, pris au sens de l'homme créé à l'image de Dieu. Il est fort pénible de constater que cette image n'est qu'une grossière caricature et que l'homme est encore bien éloigné de ce Dieu d'amour dont est venu parler le Christ, il y a bientôt deux mille ans.

Si l'homme, dans son matérialisme, reste livré à lui-même, il court à sa perte.

Cependant, il ne faut pas désespérer. Si nous n'avions que l'analyse logique que font actuellement les futurologues, les politiques, les démographes, les sociologues et les économistes, l'horizon de l'homme serait entièrement bouché. L'humanité n'aurait comme perspective que la destruction finale. Le pessimisme absolu serait de règle et aucune prospective ne nous permettrait d'attendre une amélioration d'une situation planétaire qui ne devrait et ne pourrait conduire qu'à l'explosion finale.

Dans ce panorama apocalyptique, il ne nous reste comme espoir que le message prophétique apporté à l'homme au-delà de ses folies. Que ce soient les prophètes de l'Ancien Testament ou ceux du Nouveau, que ce soit le Christ ou que ce soit Michel de Notredame, tous nous annoncent la réalisation du « Royaume » où régnerait enfin une paix universelle entre les hommes.

« Il y aura une grande affliction; telle que depuis le commencement du monde jusqu'à présent il n'y en a point eu, et il n'y en aura jamais de semblable. Que si ces jours-là n'avaient pas été abrégés, personne n'échapperait; mais ils seront abrégés à cause des élus... Car de faux Christ et de faux prophètes[1] s'élèveront et feront de grands signes et des prodiges, pour *séduire les élus* mêmes, s'il était possible... Car, comme un éclair sort de l'Orient et se fait voir jusqu'à l'Occident, il en sera aussi de même de l'avènement du Fils de l'homme[2]. »

Le prophète Malachie[3] a confirmé lui aussi cela en attribuant au dernier pape le commentaire suivant, en latin : « In persecutione extrema sacrae Romanae Ecclesiae, sedebit Petrus Romanus qui pascet oves in multis tribulationibus; quibus transactis, civitas septicollis diruetur, et Judex tremendus judicabit populum » (« Dans la dernière persécution de la sainte Eglise Romaine, siégera Pierre le Romain, qui paîtra ses brebis au milieu de nombreuses tribulations. Ces tribulations passées, la ville aux sept collines (Rome) sera détruite et le Juge terrible jugera le peuple »)[4].

Autrement dit, le Christ viendrait, à la fin des temps prophétisés, mettre de l'ordre parmi les marchands de canons, comme il en mit, en son temps, parmi les marchands du Temple.

Toutes les prophéties sont centrées sur l'histoire d'Israël, porteur de l'Ancien Testament, et sur celle de l'Eglise catholique, avec sa fille aînée, la France, porteuse du Nouveau Testament. Et je relèverai, sans en tirer de conclusions hâtives, quelques curieuses « coïncidences ». Le symbole d'Israël est une étoile à six branches et la France moderne est désignée sous le nom d'hexagone dans lequel peut s'inscrire l'étoile à six branches. Le drapeau d'Israël est bleu et blanc; le drapeau national de la France, avant 1790, était un écusson bleu portant trois fleurs de lis, sur fond blanc.

En cette fin du XXe siècle, l'importance planétaire de ces deux pays, autour desquels tournent les plus importants problèmes internationaux, n'est pas en rapport avec leur puissance matérielle et économique. Trois cités font parler d'elles plus que nulle autre, à savoir Jérusalem, avec ses Lieux Saints, Rome, avec son pape et Paris, toujours écoutée, quel que soit le chef d'Etat qui gouverne la France. Ces trois villes constituent les trois piliers de la civilisation occidentale judéo-chrétienne, dont les six premiers millénaires sont écoulés; va s'ouvrir alors, dans une cinquantaine d'années, le septième millénaire ou ère du Verseau, qui apportera à l'homme la paix universelle et la prospérité tant spirituelle que matérielle.

L'importance de cet aspect positif pour l'homme du message est telle que Nostradamus l'a notée dans la lettre à son fils César :

1. Russel, Moon, Georges Roux – le christ de Montfavet – et tous ceux qui ont fondé, au nom du Christ, des sectes, des chapelles ou des Eglises. 2. Matthieu XXIV, 21, 22, 24, 27. 3. Auteur de la célèbre Prophétie des Papes. 4. Abbé Joseph Maître : *Les Papes et la Papauté*, Lib. P. Lethielleux, Paris, 1902.

« Car selon les signes du ciel [1], l'Age d'or reviendra, après une période révolutionnaire qui renversera tout de fond en comble dont le monde s'approche, et qui, du moment présent d'où j'écris, commencera à se développer avant cent soixante-dix-sept ans, trois mois, onze jours, entraînant la corruption des idées et des mœurs, des guerres et une longue famine... »

Le délai indiqué par le prophète rapporté à mars 1555, date à laquelle il écrivit la lettre à César, répond à la première venue de J.-J. Rousseau à Paris en 1732.

Nous vivons la fin d'un monde et non la fin du monde, comme le prétendent quelques exploiteurs du morbide. Cette mort d'une civilisation, parmi tant d'autres, amènera la naissance d'une nouvelle civilisation débarrassée des aberrations de la précédente. C'est ce que pressentait Henry Miller lorsqu'il écrivait, en 1945 :

« Un nouveau monde est en train de naître, un nouveau type d'homme bourgeonne aujourd'hui. La grande masse de l'humanité, destinée de nos jours à souffrir plus cruellement peut-être que jamais, finit par être paralysée de peur, s'est repliée sur elle-même, ébranlée jusqu'à l'âme et n'entend, ne voit, ne sent plus rien que sous le rapport des urgences quotidiennes du corps. C'est ainsi que meurent les mondes. En premier, c'est la forme qui meurt. Mais, bien que peu s'en rendent compte lucidement, jamais la forme ne serait morte si l'on n'avait pas déjà tué l'esprit. »

Chaque civilisation s'est crue immortelle. Et je suis certain que les Romains des années 200 à 250 après Jésus-Christ ne pouvaient imaginer, hormis leurs prophètes, que, quelques siècles plus tard, on visiterait les ruines de ce que fut leur immense et brillant empire.

En conclusion, les prophéties de Nostradamus, comme celles des grands prophètes de l'Ancien Testament, comme celles du Christ ou comme l'Apocalypse, ne sont donc pas une théorie morbide de catastrophes ininterrompues ou d'imprécations contre l'homme, mais un message d'espérance. Que serait-ce donc que l'avenir de l'homme, sans ce divin message? L'homme sans Dieu, mais adorateur de la déesse « Raison » devait, nous avait-on promis, établir sur le monde le règne des Droits de l'Homme. Après deux siècles de ce soi-disant nouvel ordre mondial, il faudrait une bonne dose de malhonnêteté pour prétendre que l'homme, sa raison et surtout son orgueil ont amélioré le sort des peuples. Faut-il imaginer que le pape Jean-Paul II ait fait cette analyse pour reprendre à son compte la défense des Droits de l'Homme et, avec son bâton de Pasteur de tous les peuples de la terre, aller, comme à Saint-Denis ou

1. Le passage du soleil des Poissons dans le Verseau représenté par une corne d'abondance, les poissons vivant dans l'eau, symbole de la révolution.

devant l'UNESCO, mettre l'homme en garde contre son matérialisme destructeur? Il fait là vraiment œuvre de prophète, ce qu'un pape doit être, à l'image de Pierre, auquel le Christ confie la mission d'évangélisation des hommes. C'est d'ailleurs pourquoi Nostradamus utilise le mot prophète pour désigner le Pape.

J'ai appris l'histoire à l'école, dans des manuels d'une étonnante médiocrité, doués d'un pouvoir soporifique certain; à tel point qu'ayant en poche mon baccalauréat, il ne me restait que peu de chose de ce que l'on m'avait enseigné, et, c'est beaucoup plus grave, des idées fausses; les historiens de droite ou de gauche ayant torturé les faits historiques pour les accommoder à leurs idéologies. Les émules de Thucydide ne sont malheureusement que trop rares!

A l'époque où l'historien Alain Decaux, entrant à l'Académie Française, dénonce le sabotage de l'enseignement de l'histoire en France, je voudrais émettre un vœu : que ce livre donne aux jeunes Français une passion de l'histoire comparable à celle que m'a donnée la prophétie de Nostradamus.

Malgré les tribulations annoncées par les prophètes, je veux croire à l'Homme et à sa perfectibilité, et particulièrement en cette année 1980 où les nuages s'amoncellent à l'horizon, avant qu'éclate l'orage. C'est pourquoi je retiendrai ce jugement de Shakespeare mis dans la bouche d'Hamlet :

« Quel chef-d'œuvre que l'homme! Qu'il est noble dans sa raison! Qu'il est infini dans ses facultés! Dans sa force et dans ses mouvements, comme il est expressif et admirable! par l'action semblable à un ange! par la pensée semblable à un Dieu! C'est la merveille du monde!...

Qu'est-ce que l'homme, si le bien suprême, l'aubaine de sa vie est uniquement de dormir et de manger?... Une bête, rien de plus. Certes, celui qui nous a faits avec cette vaste intelligence, avec ce regard dans le passé et *dans l'avenir*, ne nous a pas donné cette capacité, cette raison divine, pour qu'elles moisissent en nous inactives. »

BIBLIOGRAPHIE SUR NOSTRADAMUS

Abréviations

B.N. : Bibliothèque Nationale.
B.M.A. : Bibl. Municipale Aix-en-Provence.
B.M.L. : Bibl. Municipale Lyon.

ALLAINES Henri d' : *Actualité de l'Apocalypse*, La Colombe, Paris, 1963.

ALLEAU René : *Nostradamus le plus grand prophète de l'histoire*, *in* revue « Sallonensa », Salon, 1957.

ALLIAUME Maurice : *Magnus Rex de Nostradamus et son drapeau*, édité « à compte d'auteur » à Chartres, 1948.
Prédictions vraies de Nostradamus et Mandragore, édité « à compte d'auteur » Chartres, 1939.
Tableau Miraculeux de Rubens cryptographiquement prédit par Nostradamus représentant au réel la naissance de Louis XIII, mais au figuré celle du masque de fer, Chartres, 1958.

AMADOU Robert : *Le Devin et son Art*, *in* Le Crapouillot, n° 18, 1952.

AMIAUX : *Nostradamus*, Sorlot, Paris.

ANQUETIL Georges : *L'Anti-Nostradamus*, Ed. de la Maison des Ecrivains, Paris, 1940.

ARTIGNY Abbé d' : *Nouveaux mémoires d'histoire, de critique et de littérature*, 1794.

ASTRUC Jean : *Mémoires pour servir à l'histoire de la faculté de Montpellier*, 1767.

AUCLAIR Raoul : *Les Centuries de Nostradamus*, Deux Rives, Paris, 1958.
Le Crépuscule des Nations, La Colombe, Paris.
Les Centuries de Nostradamus ou le dixième livre sibyllin, Nouvelles Editions Latines, 1957.

BARBARIN Georges : *Les Derniers Temps du monde, de l'Antéchrist au Jugement dernier*, coll. « Histoire et Tradition », Ed. Dervy, Paris, 1951.

BARESTE Eugène : Editions des Centuries, Maillet, Paris, 1840-1842. (B.M.A.)

BARTOSHEK Norbert : *Nostradamus und seine berühmte Prophezeiungen,* 1946.
BELLAND docteur : *Napoléon, premier empereur des Français, prédit par Nostradamus,* Paris, 1806.
BELTIKHINE G. : *Un document chiffré : Le Secret des Centuries, in* revue « Inconnues », n° 12, Lausanne, 1956.
BERTRAND Michel : *Histoire secrète de la Provence,* « Histoire secrète des provinces françaises », Albin Michel, Paris, 1978.
BJORNDAHL-VEGGERBY Paul : *Nostradamus et les ruines gallo-romaines à Martres-Tolosane,* Ed. Leisner, Copenhague, 1976.
BLANCHARD et REYNAUD-PLENSE : *La Vie et l'Œuvre de Michel Nostradamus,* Imp. Léon Guillaumichon, Salon, 1933. (B.M.A.) *Histoire de Salon,* Salon 1935.
BONIFACE A. : *Buonaparte prédit par des prophètes et peint par des historiens, des orateurs et des poètes ou morceaux en prose et en vers sur les circonstances actuelles, recueillis par A. Boniface.* De l'imprimerie de d'Hautel, Paris, 1814.
BONNELIER Hippolyte : *Nostradamus, roman historico-cabalistique,* A. LEDOUX, Paris, 1833, 2 vol.
BONNET Jean : *Résumé des prophéties de Nostradamus. Les événements et les symboles,* suivi de : *Commentaires de la Bible par Nostradamus et de détermination des dates dans Nostradamus,* Paris, 1973.
BONNOT Jean de : *Les Oracles de Michel de Nostredame dit Nostradamus.* Commentaires d'Anatole Le Pelletier et Serge Hutin, Paris, 1976, 2 volumes.
BOROCH Erick Karl : *Der Prophet Nostradamus,* 1912.
BOSWELL Rolfe : *Nostradamus speaks,* 1941.
BOUCHE Honoré : *La Chorographie et l'Histoire de Provence,* Charles David, Aix-en-Provence, 1664.
BOUCHET Marguerite : *Les Oracles de Michel de Nostredame,* Les Livres Nouveaux, Paris, 1939.
BOULENGER Jacques : *Nostradamus,* Excelsior, Paris, 1933.
BOUSQUET Raoul : *Nostradamus, sa famille et son secret,* Fournier-Valdes, Paris, 1950.
La Maladie et la Mort de Nostradamus, in « Aesculape », novembre 1950.
BOUTIN André : *Michel de Nostre-Dame, astrologue et médecin,* Thèse pour le doctorat en médecine, Librairie Le François, Paris, 1941.
BOUYS Théodore : *Nouvelles considérations sur les Oracles et particulièrement sur Nostradamus,* Paris, 1806, chez Desenne, Debray.
BOYER Jean : *Deux peintres oubliés du XVIIe siècle, Etienne Martellange et César Nostradamus, in* « Bulletin de la Société de l'histoire de l'Art Français », 1971, pp. 13 à 20.
BRICAUD Joanny : *La Guerre et les Prophéties célèbres,* Paris, 1916.
BUGET P.F. : *Etude sur Nostradamus, in* « Bulletin du bibliophile de la librairie Techner, Paris, 1860.
BUSET Claude : *Nostradamus et autres prophètes du Père et de l'Esprit,* La Pensée Universelle, Paris, 1974.

CADRES Geoffroy : *L'Etrange docteur Nostradamus,* La Pensée Universelle, Paris, 1978.
CANDOLLE (comte de) : *Armorial de César de Nostredame,* Arles, 1899. (B.M.A.).

CAVANAGH John : *Michel de Nostradamus*, 1923.

CAVE Térence C. : *Peinture et émotion dans la poésie religieuse de César de Nostradamus, in* « Gazette des Beaux-Arts », t. LXXV, janvier 1970. (B.M.A.)

CENTURIO N. : *Nostradamus, der Prophet der Weltgeschichte.* Richar Schikowski, Berlin, 1955.

CHABAUTY (abbé E.A.) : *Lettres sur les Prophéties modernes et concordance de toutes les prédictions jusqu'au règne de Henry V*, Ed. Henri Houdin, Poitiers, 1872.

CHAVIGNY (A. de) : *Les Pléiades du Sieur de Chavigny, Beaunois, divisées en VII livres, prises et tirées des anciennes prophéties et conférées avec les oracles du tant célèbre et renommé Michel de Nostradame, jadis conseiller et médecin de trois Rois très chrestiens. Où est traité du renouvellement des siècles, changement de l'Empire et advancement du nom Chrestien...* Lyon, Pierre Rigaud, 1604, 2 parties en 1 vol. in-8 vel.

CHAVIGNY J.A. (de) : *Commentaires du Sieur de Chavigny sur les Centuries et Prognostications de feu Michel de Nostredame du Breuil*, Paris, 1596. *La première Face du Janus français extraite et colligée des Centuries de Michel Nostradamus, par les héritiers de Pierre Roussin*, à Lyon, 1594. (B.M.L.)
Vie et testament de Michel Nostradamus, Paris, 1789.
Bref discours sur la Vie de Michel de Nostredame, in « Revue de l'Agenois », 1876.

CHEETHAM Erika : *The Prophecies of Nostradamus.* Capricorn Books. Putnam's sons, New York, 1973.

CHOLLIER Antoine : *Les Prophéties de maistre Michel Nostradamus*, Imp. Allier, Grenoble, 1940.

CHOMORAT Michel : *Nostradamus entre Rhône et Saône*, Ed. Ger, Lyon, 1971.
Supplément à la bibliographie lyonnaise de Nostradamus. Centre culturel de Buenc, Lyon, 1976. (100 exemplaires numérotés de 1 à 100.) Nouvelles recherches sur les « prophéties » de Michel Nostradamus *in* « Revue française d'histoire du livre », n° 22, 1er trimestre 1979.
Bibliographie lyonnaise de Nostradamus, suivie d'un inventaire des manuscrits relatifs à la famille Nostradamus. Centre culturel de Buenc, Lyon, 1973.

COLIN de LARMOR : *La Guerre de 1914-1918 vue en 1555 par Nostradamus.* La Roche-sur-Yon, 1922.
Merveilleux Quatrains de Nostradamus, Nantes, 1925. (B.M.A.)

COLIN-SIMARD : *Rois et Reines au rendez-vous des astrologues, in* « Historia », n° 157, 1959.

CORVAJA Mireille : *Les Prophéties de Nostradamus*, de Vecchi, Paris, 1975.

COUILLARD Antoine : *Les Contredits aux prophéties de Nostradamus*, Charles l'Angelier, Paris, 1560.

CRESCIMBENI Giovanni-Mario : *Istoria della volgar poesia-TII : Le vite de'piu celebri poeti provenzali, seritte in lingua francese da G.M. Crescimbeni.* B.U. Montpellier (voy. Jean de Nostredame).

CRISTIANI (Chanoine) : *Nostradamus, Malachie et Cie*, Le Centurion, 1955.
Un Curieux Homme : Nostradamus, in « Ecclesia » n° 73, 1955.

CROUZET François : *Nostradamus, Poète français*, Coll. « Idée Fixe », Julliard, Paris, 1973.

DAUDET L. : *Nostradamus*, in « Revue universelle », 1925, t. I. (B.M.A.)
DAVID-MARESCOT Yves et Yvonne : *Prédictions et Prophéties*. Ed. Idégraf et Vernoy, Genève, 1979.
D.D. : *The Prophecies of Nostradamus concerning the kings and queens of Great Britain*. London, 1715.
DELCOURT Marie : *L'Oracle de Delphes*, 1954.
DEMAR-LATOUR : *Nostradamus et les Evénements de 1914-1916*, Paris, 1916. (B.N.)
DEPERLAS Félix : *L'Avenir ou les Grands Personnages et les Grands Evénements de ce temps*, Paris, 1885.
Révélations de la Providence, Paris, 1885.
DUPONT-FOURNIEUX Y. : *Les Derniers Jours des Derniers Temps*. (Préface du docteur Fontbrune), La Colombe, Paris, 1959.

EDOUARD P. : *Texte original et complet des Prophéties de Michel Nostradamus*. Les Belles Editions, Paris, 1939.
EDOUARD et MEZERETTE : *Texte original des Prophéties de Nostradamus de 1600 à 1948 et de 1948 à l'an 2000*. Les Belles Editions, Paris, 1947.
ERLANGER Ph. : *La Reine du Massacre*, in « Historia », nº 340, mars 1975.

FERVAN Jean : *La Fin des temps*, éd. La Bourdonnais, Paris, 1937.
FONTBRUNE (docteur de) : *Les Prophéties de Nostradamus dévoilées. Lettres à Henry Second*. Adyar, 1937.
Les Prophéties de Maistre Michel Nostradamus expliquées et commentées, éd. Michelet, Sarlat, 1938, 1939, 1940, 1946, 1958 et 1975, J.-Ch. de Fontbrune à Aix-en-Provence, diffusé par le Groupe des Presses de la Cité.
FONTBRUNE (docteur Max de) : *Ce que Nostradamus a vraiment dit*, Préface d'Henry Hiller. Ed. Stock, 1976.
FONTBRUNE (docteur de) : *La Prédiction mystérieuse de Prémol*, Michelet, Sarlat, 1939, épuisé.
La Divine Tragédie de Louis XVII, Michelet, Sarlat, 1949, quelques exemplaires disponibles chez J.-Ch. de Fontbrune, 3, cours Gambetta à Aix-en-Provence.
FONTBRUNE (docteur de) : *l'Etrange XXᵉ siècle vu par Nostradamus*, Michelet, Sarlat, 1950, épuisé.
Pourquoi je crois en Nostradamus, in « Ecclesia », nº 82, 1956.
Le docteur Nostradamus vous parle, in « Les Cahiers de Marottes et Violons d'Ingres », nº 10, Paris, 1953.
Nostradamus, in « Synthèses », nº III, août 1955.
FORETICH Rodolphe : *La Prophétie des Papes, analysée à la lumière des prédictions de Nostradamus*, Salvador, 1961. (B.N.)
FORMAN Henry-James : *Les Prophéties à travers les siècles*, Payot, 1938.
FRONTENAC Roger : *La Clé secrète de Nostradamus*, Denoël, Paris, 1950.
FULKE : *Contra inutiles Astrologorum praedictiones, Nostradamus*, Cunningham, 1560. (British Museum.)

GARÇON Maurice : *Il y a 450 ans Nostradamus naissait*, in « Historia », nº 85, 1953.

GARENCIERES Theophilus : *The True Prophecies of Prognostications of Michael Nostradamus*, London, 1672.
GAUQUELIN Michel : *Les Astres ont-ils changé le cours de l'histoire? in* « Historia », n° 203, 1963.
GAY-ROSSET Claude : *Michel de Nostredame, une rencontre du quatrième type, in* « Midi-Mutualité », n° 12, janvier-février 1979. Marseille.
GIMON Louis : *Chroniques de la ville de Salon depuis son origine jusqu'en 1792, adaptées à l'histoire*, Aix-en-Provence, 1882.
GIRARD Samuel : *Histoire généalogique de la Maison de Savoie*, 1660.
GRAVELAINE Joëlle (de) : *Prédictions et Prophéties*, Hachette, Paris, 1965.
GUÉRIN Pierre : *Le Véritable Secret de Nostradamus*, Payot, Paris, 1971.
GUICHARDAN S. : *La Chasse aux prophéties*, Bonne Presse, Limoges, 1941.
GUICHENOU Joseph : *Catalogue de tableaux au musée Calvet*, Avignon, 1909.
GUYNAUD Balthazard : *Concordance des prophéties depuis Henri II jusqu'à Louis le Grand*, Jacques Morel, Paris, 1693.

HADES : *Que sera demain?* La Table Ronde, Paris, 1966.
HAITZE Pierre Joseph de : *La Vie de Nostradamus*, Aix-en-Provence, David, 1712.
Vie et Testament de Nostradamus, 1789.
HAITZE Pierre Joseph de : *La Vie de Nostradamus*, Aix-en-Provence, 1911.
HAROLD R.A. : *Les Prophètes et les Prophéties de l'Apocalypse à nos jours*, Ed. La Caravelle à Bruxelles et l'Avenir à Paris, 1948.
HILDEBRAND Jakob : *Nostradamus sueddeutsche monatshefie*, 1932.
HOLTZAUER Jean-Louis : *Nostradamus, un praticien sous la Renaissance, in* revue « Laboratoires S.O.B.I.O. », Ed. Labo, 92 Levallois, 1975.
HUTIN Serge : *Les Prophéties de Nostradamus avec présages et sixains*, Pierre Bellefond, Paris, 1962, 1972, 1978, Poche-Club, Paris, 1966, Hachette, Paris, 1975.
Les Prophéties de Nostradamus, Club Géant Historique. Les Editions de la Renaissance, Paris, 1966.

IACCHIA U. : *La Tunisie vue par Nostradamus*, Imp. d'Art, Tunis.
IAF : *Le Substrat mathématique de l'Œuvre de Nostradamus*, Ed. de Psyché, Paris, 1949.
I.M. : *Le vrayes centuries de Me Michel Nostradamus expliquées sur les affaires de ce temps*, chez I. Boucher, 1652.
INCONNU (auteur) : *La Première Invective du Seigneur Hercules, Le François, contre Nostradamus*, Michel Jove, Lyon, 1558.
Huictain contre Nostradamus, Roux, Lyon, 1557.
Déclaration des abus, ignorances, séditions de Michel Nostradamus, Pierre Roux et Jean Tremblay, Avignon, 1558. (Ces trois livres sont à la B.M.L.)
IONESCU Vlaicu : *Le Message de Nostradamus sur l'Ere Prolétaire*, éd. à compte d'auteur, diffusé par Dervy livres, Paris, 1976.
Nostradamus et la gnose, in « Atlantis », n° 301, janvier-février 1979. 30, rue de la Marseillaise, 94300 Vincennes.

JACQUEMIN Suzanne : *Les Prophéties des Derniers Temps*, La Colombe, Paris, 1958.
JANT (chevalier de) : *Prédictions tirées des Centuries de Nostradamus qui, vraisemblablement peuvent s'expliquer à la guerre entre la France et l'Angleterre contre les provinces unies*, 1673.
Prophéties de Nostradamus sur la longueur des jours et la félicité du règne de Louis XIV, 1673.
JAUBERT Etienne : *Eclaircissement des véritables quatrains de Nostradamus et Vie de M. Nostradamus*, Amsterdam, 1656.

KERDELAND Jean (de) : *De Nostradamus à Cagliostro*, Ed. Self, Paris, 1945.
KLINCKOWSTROEM (G.C.Von) : *Die ältesten Ausgaben des « Prophéties » des Nostradamus*, mars 1913.
KNIEPF Albert : *Die Weisagungen des alten französischen Sehers Michel Nostradamus und der Weltkrieg*, Hambourg, 1915.
KRAFFT Karl E. : *Nostradamus prezice vütorul Européi*, Bucarest, 1941.

LABADIE Jean : *Peut-on dire l'avenir?* Aubanel, Avignon, 1941.
LAMONT André : *Nostradamus sees all*, 1942.
LAMOTTE Pierre : *De Gaulle révélé par Nostradamus il y a quatre siècles*, Le Scorpion, Paris, 1961. (B.N.)
LANGLOIS Charles : *Les Contradictions de Nostradamus*, 1560.
LAURENT : *Prédictions jusqu'à l'an 2000. Prophéties du Christ, de Nostradamus, des Papes St Malachie*, Laurent, 91 Brunoy.
LAVER James : *Nostradamus*, Penguin Books, 1942.
Nostradamus, the future foretold, Georges Mann, Maidstone, 1973.
LEE MAC CANN : *Nostradamus, the man who saw through time*, 1941.
LEGRAND Jean René : *Pronostics pour l'an 1959*, *in* « Initiation et science » n° XLVII, 14e année, janvier-mars 1959. Omnium littéraire, Paris.
LEONI Edgar : *Nostradamus, life and literature*, 1961.
LE PELLETIER Anatole : *Les Oracles de Nostradamus, astrologue, médecin et conseiller ordinaire des rois Henry II, François II et Charles IX*, Le Pelletier, Imprimeur, typographe, 40, rue d'Aboukir, Paris, 1867, 2 vol.
LE ROUX Jean : *La Clé de Nostradamus, Isagoge ou Introduction au véritable sens des Prophéties de ce fameux auteur*, chez Pierre Giffard, rue Saint-Jacques-près-les-Maturins, Paris, 1710. (Musée d'Arbaud, Aix-en-Provence.)
LEROY Edgar (docteur) : *Les Origines de Nostradamus*, *in* « Mémoires de l'Institut historique de Provence », t. XVIII, Marseille, 1941.
Sur un quatrain de Nostradamus.
Jaume de Nostredame et la Tour de Canillac « Mémoires de l'Institut historique de Provence » t. XIX, Marseille, 1942.
Pierre de Nostredame de Carpentras, communication à l'Institut historique de Provence, 1948.
Nostradamus et le curé d'Argœuvres, *in* « cahier de pratique médico-chirurgicale », Avignon, 1939, n° 5.
Saint-Paul-de-Mausole à Saint-Rémy-de-Provence, Imp. générale du Sud-Ouest, Bergerac, 1948.
Nostradamus, ses origines, sa vie, son œuvre, Imp. Trillaud, Berge-

rac, 1972.
Romanin, les cours d'amour de Jehan de Nostredame, Avignon. 1933. (B.M.A.)
Saint Rémy de Reims, Marseille, 1937. (B.M.A.)
Nostradamus, détective avant la lettre, Avignon, 1949. (B.N.)
Le Latin du tabellion provençal Jaume de Nostredame, notaire à Saint-Rémy-de-Provence dans les actes de 1501 à 1513, Avignon, 1961.
Saint-Paul-Tricastin et Saint-Paul-de-Mausole, Contribution à l'histoire d'une légende, « Bull. Philologique et Historique », 1959.
LIGEOIX-DE-LA-COMBE : *La Troisième Guerre Mondiale d'après les prédictions de Nostradamus,* Bordeaux, 1961.
LOOG C.L. : *Die Weisagungen des Nostradamus,* 1921.
LORIOT Louis : *Entretien de Rabelais et de Nostradamus,* Nogent-le-Rotrou, 1960, et Paris, 1907, *in* « Revue des Etudes rabelaisiennes », t. V, pp. 176-184.
MABILLE Pierre : *Nostradamus, ses prophéties, son temps, in* « Inconnues », Lausanne, 1955.
MABY Pascale : *Le Dossier des Prophètes, voyants et astrologues.* Coll. « Les Chemins de l'Impossible », Albin Michel, Paris, 1977.
MAC NEICE Louis : *L'Astrologie,* Tallandier, Paris, 1966.
MADELEINE Georges : *La Prochaine Guerre Mondiale vue par Nostradamus,* Toulon, 1952, Ed. Proventia.
MAIDY Léon-Germain (de) : *Sur une inscription liminaire attribuée à Nostradamus,* Nancy, 1917.
MARQUES DA CRUZ : *Profecias de Nostradamus,* Ed. Cultrix, Sao Paulo.
MARTEAU Pierre : *Entretiens de Rabelais et de Nostradamus,* 1690.
MENESTRIER François : *La Philosophie des images énigmatiques,* Lyon, 1694.
MERICOURT M.J. : *Gesta Dei per Francos,* Paris, 1937.
Nostradamus et la crise actuelle, Paris, 1937.
MONDOVI Pierre : *Un Provençal hors du commun : Nostradamus, in* « Racines » n° 4, mai 1979, Aix-en-Provence.
MONNIER : *Résurrection merveilleuse en 1877 de Michel de Nostredame,* plusieurs brochures de 1889 à 1896.
MONTEREY Jean : *Nostradamus, prophète du XXe siècle,* La Nef, Paris, 1963.
MOTRET : *Essai d'explication de deux quatrains de Nostradamus.* Nevers, 1806.
MOUAN L. : *Aperçus littéraires sur César Nostradamus et ses lettres inédites à Peiresc,* « Mémoires de l'Académie », t. X, Aix, 1873. (B.M.A.)
MOULT Thomas-Joseph : *Prophéties perpétuelles, très anciennes et très certaines,* Almanach XVIIe siècle.
Prophéties perpétuelles, Ed. des Cahiers astrologiques, Nice, 1941.
MOURA Jean et LOUVET Paul : *La vie de Nostradamus,* Gallimard, Paris, 1930.
MURAISE Eric : *Du Roy perdu à Louis XVII,* Julliard, Paris.
Saint-Rémy-de-Provence et les secrets de Nostradamus, Julliard, Paris, 1969.
Histoire et Légende du grand Monarque, Coll. « Les Chemins de l'Impossible », Albin Michel, Paris, 1975.

NECROMAN Don : *Comment lire les Prophéties de Nostradamus*, Ed. Maurice d'Hartoy, Paris, 1933.

NEYRAL Georges : *La Vraie Vie de Michel de Nostredame*, Thèse à Toulouse, 1951.

NICOULLAUD Charles : *Nostradamus, ses prophéties*, Perrin et Cie, Paris, 1914.

NOSTRADAMUS César : *Poésies*, chez Colomiez, Toulouse, 1606-1608.
L'Entrée de la reine Marie de Médicis en sa ville de Salon, Jean Tholosan, Aix-en-Provence, 1602.
Histoire et Chroniques de Provence, Simon Rigaud, Lyon, 1614.

NOSTRADAMUS Michel : *Les Prophéties de M. Michel Nostradamus : Principales Editions :*
– Macé Bonhomme, Lyon, 1555;
– Antoine du Rosne, Lyon, 1557-1558;
– Barbe Régnault, Paris, 1560;
– Pierre Rigaud, Lyon, 1566;
– Benoist Rigaud, Lyon, 1568; *in* 8. B.U. Montpellier n° 48340.
– Charles Roger, Paris, 1569;
– Pierre Meunier, Paris, 1589;
– Jean Poyet, Lyon, 1600 (B.N.);
– Benoist Rigaud, Lyon, 1605;
– Pierre Rigaud, Lyon, 1605 (B.N.);
– Pierre Rigaud, Lyon, 1610 (B.N.), 1649;
– Claude La Rivière, Lyon, 1611;
– Vincent Sève, Beaucaire, 1610;
– Pierre Chevillot, Troyes, 1611;
– Simon Rigaud, Lyon, 1644;
– Pierre de Ruau, Troyes, 1649 (B.N.);
– Winckermans, Amsterdam, 1657;
– Jean Balam, Lyon, 1665;
– Jean Ribon, vis-à-vis la Sainte Chapelle à l'image Saint Louis, Paris, 1669;
– Jean Huguetan, Lyon (XVIIe siècle);
– Jean Ianson, Amsterdam, 1668;
– Jean Besongne, Rouen, 1681;
– Besson, Lyon, 1691;
– Jean Viret, Lyon, 1697 (B.M.L.);
– Lambert-Gentot, *Nouvelles et Curieuses prédictions de M. Nostradamus, pour sept ans depuis l'année 1818 jusqu'à l'année 1824*, Lyon, 1818;
– Landriot, Riom, pas de date d'édition (XIXe);
Fac-similé : Ed. Chevillot, 1611, Delarue, Paris;
– Ed. d'Amsterdam (1668) par Ed. Adyar, Paris, 1936.
Prognostication nouvelle et prédiction portenteuse pour l'an 1555 composées par Maistre M. Nostradamus, Jean Brotot, Lyon.
Démonstration d'une comette, Jean Marcorelle, Lyon, 1571. (B.N.)
Prognostication et prédiction des quatre temps pour 1572, Melchior Arnoullet, Lyon, 1572. (B.N.)
Prophéties par l'Astrologue du Très Chrétien Roy de France et de Madame la Duchesse de Savoye, F. Arnoullet, Lyon, 1572. (B.N.)

NOSTRADAMUS Michel : *Lettre de Maistre Michel Nostradamus de Salon-de-Craux-en-Provence à la Royne, mère du Roy*, Benoist Rigaud, Lyon, 1566.

Almanach pour l'an 1573 avec les présages, Pierre Roux, Avignon, 1562.
Prophétie ou Révolution merveilleuse des 4 saisons de l'an. Michel Jove, Lyon, 1567.
Traité de fardements et confitures, Antoine Volant, Lyon, 1555.
Paraphrase de C. Galen, traduite par Nostradamus, Antoine du Rosne, Lyon 1557.
Excellent et très utile opuscule de plusieurs exquises receptes, Benoist Rigaud, Lyon, 1572.
Almanach pour l'an 1567, Benoist Odo, Lyon.
La Grant pronostication nouvelle avec la déclaration ample de 1559, Jean Brotot, Lyon, 1558.
Prophéties sur Lyon, La France et le monde entier dans les premières années du XXe siècle, 5 fascicules, Lyon, P. Bousset et M. Paquet, 1907-1909.
Almanach des prophéties, P.N. Jausserand, Lyon, 1871-1872.
Les Merveilleuses Centuries et Prophéties de Nostradamus, illustrations en couleur de Jean Gradassi, Ed. André Virel, Ed. Artisanales SEFER. 880 exemplaires, Nice, 1961.
Les Prophéties de Nostradamus, texte complet, livre « Club des Champs Elysées », Ed. Baudelaire, Paris, 1967.
Prophéties nouvelles de Michel Nostradamus trouvées dans sa tombe au moment de l'ouverture dans l'église des Cordeliers de Salon pour 1820, 1821, 1822, 1823, 1824, 1825 et 1826. A Toulon de l'Imprimerie de Calmen, imprimeur du Roi, 11, rue d'Angoulême.
Les Prophéties de Nostradamus (texte complet) « Les Cent un chefs-d'œuvre du Génie Humain », Prodifu, 5, rue du Coq-Héron, 75001 Paris.
Les Prophéties de Nostradamus, à compte d'auteur par Marc Billerey. Mallefougasse (Alpes de Provence), 1973.
Editions non datées (XVIe et XVIIe siècles) : Antoine Baudraud et Pierre André, Lyon.

NOSTREDAME Jean (de) : *Les Vies des plus célèbres et anciens poètes provençaux qui ont fleuri du temps des comtes de Provence*, Basile Bouquet, Lyon, 1575.

NOVAYE (baron de) : *Aujourd'hui et demain*, Paris, 1905.

PAGLIANI Coraddo : *Di Nostradamus e idi sue una poco nota iscrizione Liminare torinen*, *in* « Della Rassegna mensile Municipale », n° 1, Turin, 1934.

PARISOT F. : *Le Grand Avènement précédé d'un grand prodige*, typographie des Célestins, Bar-le-Duc, 1873.

PARKER Eugène : *La Légende de Nostradamus et sa vie réelle*, Paris, 1923.

PATRIAN Carlo : *Nostradamus, le Profezie.* Edizioni Méditerranée, Roma, 1978. Via Flaminia, 158.

PELAPRAT Jean-Marie : *Varennes et 1792 sauvent Nostradamus*, *in* « Historia », n° 397 *bis*, « Voyance et Prophéties », Ed. Tallendier, Paris.

PICHON Jean-Charles : *Nostradamus et le Secret des temps*, les Productions de Paris, 1959.
Nostradamus en clair, R. Laffont, Paris, 1970.
Le Royaume et les Prophètes, R. Laffont, 1963.

PIOBB P.V. : Fac-similé de l'édition d'Amsterdam, Adyar, Paris, 1936. *Le Sort de l'Europe d'après la célèbre Prophétie des papes de Saint-Malachie, accompagnée de la Prophétie d'Orval et des toutes dernières indications de Nostradamus,* Dangles, Paris, 1939.
PRIVAT Maurice : *1938, année de relèvement.*
1938, année d'échéance.
1939, année de reprise. Médicis. Paris, 1938.
Demain, la guerre.
1940, prédictions mondiales, année de grandeur française. Editions Médicis, Paris.
PUTZIEN Rudolf : *Friede unter Volkern? Die Weisagungen des M. Nostradamus und ihre Bedeutung für Atomzeitalter.* Drei eichen Verlag. H. Kissener, München, 1958.

REED Clarence : *Great Prophecies about the war.* Faber and Faber, London, 24, Russell Square, 1941.
REYNAUD Jean-Lucien : *Nostradamus n'a pas menti,* conférence, Ville-d'Avray, 1948.
Nostradamus délié, Ville-d'Avray, 1949.
REYNAUD-PLENSE : *Les Vraies Prophéties de Nostradamus,* Salon, 1939.
ROBB Steward : *Nostradamus on Napoléon,* The Oracle Press, New York, 1961.
Nostradamus on Napoléon. Hitler and the Present crisis. Ch. Scribnerb sons. New York, 1941.
Prophecies on world events by Nostradamus, New York, 1961.
ROBERT Henry : *The Complete Prophecies of Nostradamus,* Ed. H. Roberts Great Neck, New York, 1971. Traduit en japonais par Kasuko Daijyo sous la direction d'Hidéo Uchida. Ed. Tama, Tokyo, 1975.
ROCHETAILLE P : *Prophéties de Nostradamus.* La clef des centuries, son application à l'histoire de la Troisième République, Adyar, 1939.
ROISIN Michel (de) : *Ulrich de Mayence, maître de Nostradamus, in* « Aesculape », n° 5, 1969, 52e année.
Plus fort que Nostradamus : Ulrich de Mayence, in « Constellation », n° 199, novembre 1964.
ROLLET Pierre : *Interprétation des Hiéroglyphes de Horapollo,* Ramoun Bérenguié, Aix-en-Provence, 1968.
ROUDENE Alex : *Les Prophéties, vérité ou mensonge,* Coll. « Mondes magiques », éd. de l'Athanor, Paris, 1976.
ROUELLOND DE LA ROUELLONDIÈRE DE CHOLLET : *La Prophétie de Rouellond, Manuscrit du XVIe siècle,* chez Victor Pipeau, libraire à Beauvais, 1861.
ROUVIER Camille : *Nostradamus,* Marseille, La Savoisienne, 1964.
RUIR Emile : *Le Grand Carnage d'après des prophéties de Nostradamus de 1938 à 1947,* Ed. Médicis, Paris, 1938.
L'Écroulement de l'Europe, d'après les prophéties de Nostradamus, 1939, Paris.
RUIR Emile : *Nostradamus, ses Prophéties, 1948-2023,* Paris, 1948.
Nostradamus. Les Proches et Derniers Evénements, Ed. Médicis, Paris, 1953.
RUZO Daniel : *Les Derniers Jours de l'Apocalypse,* Payot, 1973.
Los ultimos dias del apocalipsis. Michel Shultz, n° 21, Mexico 4 DF.

SEDE Gérard de : *Les Secrets de Nostradamus,* Julliard, Paris, 1969.
SPICA-CAPELLA : *La Clef des prédictions nostradamiques,* Ed. des soirées astrologiques, 1941.

TAMIZEY DE LARROQUE : *« Les Correspondants de Pieresc. » César Nostradamus,* lettres inédites écrites de Salon à Peiresc en 1628-1629, Typographie Marius Olive, Marseille, 1880.
TARADE Guy : *La Clef des centuries de Nostradamus, in* « Pégase », nº 3, 1974.
Les Dernières Prophéties pour l'Occident, Coll. « Les Enigmes de l'Univers », Robert Laffont, Paris, 1979.
TORNE-CHAVIGNY H. : La réédition du livre des prophéties de Nostradamus, Ed. de 1862 et augmentée en 1872.
Prospectus : interprétation de 30 quatrains, 1860.
L'Histoire prédite et jugée par Nostradamus, 3 vol. Bordeaux, 1860.
Affiches : tableau de l'histoire prédite et jugée, 1862.
Prospectus des lettres du grand prophète : interprétation de 20 quatrains.
Les lettres du grand prophète.
Henri V à Anvers.
Nostradamus et l'astrologie.
Les Blancs et les Rouges.
La Salette et Lourdes.
La mort de Napoléon III.
Mac-Mahon et Napoléon IV.
Le roy blanc et la fusion.
Portraits prophétiques d'après Nostradamus.
Prophéties dites d'Olivarius et d'Orval.
L'Apocalypse interprétée par Nostradamus, 1872.
Almanach du grand prophète Nostradamus pour 1873.
Nostradamus éclairci ou Nostradamus devant monseigneur Dupanloup, Saint-Denis-du-Pin, 1874.
Ce qui sera d'après le grand prophète Nostradamus, suivi de l'*Almanach pour 1878.*
Influence de Nostradamus dans le gouvernement de la France, 1878.
Concordance de Nostradamus avec l'Apocalypse, Veuve Dupuy à Bordeaux, 1861.
TOUCHARD Michel : *Nostradamus,* Grasset, 1972, et Ed. Celt, coll. « Histoire des personnages mystérieux et des sociétés secrètes », Paris, 1972.
TOUCHARD Michel : *Les Prophéties de Michel Nostradamus. Le rêve fou, in* « Historia », hors-série nº 34, 1974.
TRONC DE CONDOULET : *Abrégé de la vie de Nostradamus,* suivi d'une *Nouvelle découverte de ses quatrains,* J. Adibert, Aix-en-Provence. (B.M.A.).

VAN GERDINGUE René : *Le Nez de Cléopâtre, in* « Messidor » nº 29, Montfavet, Vaucluse.
VERDIER (du) : *Les Vertus de notre maistre Nostradamus,* Genève, 1562.
VIAUD Jean : *1999, un tournant dans l'histoire des hommes, in* « Constellation » nº 166, février 1962.

VIDEL Laurent : *Déclaration des abus, ignorances et séditions de Michel Nostradamus,* Avignon, 1558.
VIGNOIS Elisée (du) : *Notre Histoire racontée à l'avance par Nostradamus,* Paris, 1910.
L'Apocalypse, interprète de la Révolution, d'après Nostradamus, Noyon, 1911.
VOGEL Cyrille : *Saint Césaire d'Arles,* 1937.
VOLDBEN A. : *After Nostradamus,* Neville Spearman, London, 1973.

WARD Charles A. : *Oracles of Nostradamus,* London, 1891.
WILLOQUET Gaston : *La Vérité sur Nostradamus,* Ed. Traditionnelles, Paris, 1967.
WINCKERMANS : *Editions des Centuries,* Amsterdam, 1657.

WOOLF H. I. : *Nostradamus,* London, 1944.

YRAM : *Prophéties connues et prédictions inédites,* Préface de Papus, l'Edition d'Art, Paris.

ZEVACO Michel : *Nostradamus* (roman) Fayard, 1909, et Livre de Poche, nº 3306.

TABLE
DES QUATRAINS, SIXAINS ET PRÉSAGES

	I	II	III	IV	V	VI	VII	VIII	IX	X	XI	XII	S	P
1	49	335	364			414								
2	50	94		146				300	269					86
2 bis								290						
3	312	356			189				197	305				375
3 bis								275						
4	435	339			238	376		417						370
4 bis								290						
5	342		292		233		421		135	382			410	
6	186	372			416	309	341	370	391				76	
7	379	429				403		373		191				
8			227	63	375	92	305						351	384
9	313		268	369		143			393				98	
10				415	183	433	404	372	413	428				
11		163		110		64		123	103	415				330
12	131		317	212	354		413	185		304				333
13			162		402	199	130			139				
14	218			411	314			293					254	
15	198	309	88		306			347					420	396
16				196	356			295	226					
17			436		380			362	250	104				153
18	352	387	210	73				416	80	69				
19		276				228	193	115						
20					122				101					
21				406		359		341	113	285			253	
22				156		323	307	394						
23	160		350	410	331	293		100		265				
24							407		106	158		392		
25		201	140		435	128	213						255	
26	157	368	294		219	124	138	81		76				350
27			314	301	383			249		408			331	
28	346	426	182	89		402		293	354					
29	264	427			126		52		74	302			424	339
30		346	64		365	243			338				418	
31			390			271	195			348			282	360
32	406	336		266		168				391				385
33			259	333	111			125	409	345				
34	235	315	116	412		376		303	97				432	364
35	53	302	231	164			294		167				283	
36		142		151			358					59		

	I	II	III	IV	V	VI	VII	VIII	IX	X	XI	XII	S	P
37			200	365			436	335	395	398				
38		274		355		129	180	405		366				409
39	176		120	386	188								424	
40	221	291		323						114			403	434
41	365	306						429	411				137	296
42			428	369	187	312		177	398					
43		307	151	147		377				91			79	
44	436	202			383	385			371	358				421
45			392	311	203					71				
46	300	291	374	353	324			300	393	132			329	
47	221	308	268		357									
48	382			340						225				
49		220	245	103		359		386	84	367				
50			192	387	389				432				333	320
51	433		66		396	105		347	395	207				
52						205		405	289	214			62	320
53		88	241			366		189	251				248	
54	178			136	431			419	262				256	319
55			67		433				212	438			107	
56	431				237	344						292	423	
57	102	93	223		303	115		142					133	321
58	165	105	230	360		419			99	384				
59		364	278	263				289				296		
60	119	316	314	68	136	77		407	337	316				338
61	127		314	267	398			404	58					
62	90	308	345	54	336	72		307		171		55		216
63				118	258	95			344					
64		372	60	179		290			344	272				
65		332		210				247		295		363		
66			110							429				
67		166	231			252								
68		334	174	315	412				304					324
69	437	175								349		371		
70	284		334	154	397	411		286						
71			334		373			73	396					
72	361	360						359	395	434				
73	351			183	332		144	379	414					
74	134			343	417	379								
75	149		145	161		61			170	431				322
76	119	159	232		406				252					408

	I	II	III	IV	V	VI	VII	VIII	IX	X	XI	XII	S	P
77	148	209		419				430						
78	255	335	352			420								
79	393	417	391		150	368				422				
80	363			242	389	430		117						
81		388			422	370		274						
82	353		341	352	208									
83								338						
84		337	376		427	234								
85			345		340	355		155	301					
86	108	317		412	350			363	70	347				
87			82			206				418				
88	165	329	361	56		317		127		361				321
89			169	85					181	83				217
90	362	277	348	367	172	236								
91	291	349												
92	295		343		238	377				371				
93		437	405					323	409					
94	311			342	354			324	240					
95	426	313	383	390		204			260	388				
96		367		397	305	375		280						
97		303	279			328				339				
98	164	109	65		328									322
99	413	141	373		257			426	299	435				320
100				427					399	224				

Présages 101 : p 132; 110 : p 416; 125 : p 330; 141 : p 57

TABLE

CHAPITRE PREMIER

DE LA MÉTHODE 5

Préface de M. Michel de Nostradamus à ses prophéties 13
Traduction 19
Abréviations 43

CHAPITRE II

NOSTRADAMUS HISTORIEN 47

CHAPITRE III

NOSTRADAMUS PROPHÈTE 287

Le climat d'avant-guerre 289

LA TROISIÈME GUERRE MONDIALE 297

Invasion de l'Italie 299
La chute de la Cinquième République 311
Le Moyen-Orient et le Troisième Conflit 313
Monseigneur Lefebvre et les Traditionalistes 319
L'invasion. Les opérations militaires 327
La destruction de Paris 375
La conjuration 379
La victoire de l'Occident 381

Le dernier et le plus grand des rois de France, 1983-1986 à 1999 401
Rôle important de l'Afrique du Sud dans le troisième conflit mondial 423

LA FIN DE LA CIVILISATION OCCIDENTALE . . 425

ÉPILOGUE

DE LA MODESTIE 439

Bibliographie sur Nostradamus 451
Table des quatrains, sixains et présages 463

IMPRIMÉ EN FRANCE PAR BRODARD ET TAUPIN
Usine de La Flèche (Sarthe), le 04-02-1991.
6470D-5 - N° d'Editeur 1869, mai 1982.

PRESSES POCKET - 8, rue Garancière - 75006 Paris
Tél. 46.34.12.80